경쟁의
종말

자작나무의 경영서

경쟁의
종말

| 기업 생태계 시대의 리더십과 전략 |

초판 1쇄 인쇄 • 1998년 9월 20일
초판 3쇄 인쇄 • 2013년 4월 25일

지은이 • 제임스 F.무어
옮긴이 • 강병구
펴낸이 • 신영임

펴낸곳 • 자작나무
출판등록 • 제10-713호(1992.7.7)
주소 • 서울시 성북구 보문로76 평화B/D 201호
전화 • 02-923-5160
팩스 • 02-953-5198
이메일 • chajaknamu@hanmail.net

ISBN • 89-7676-409-9-13320

[기업생태계 시대의 리더십과 전략]

경쟁의
종말

제임스 F. 무어 지음 · 강병구 옮김

자작나무

"『경쟁의 종말』은 새로운 인터넷 생태계에서 우리들이 경험하고 있는 변화의 본질을 정확하게 포착하고 있다. 뛰어난 선견지명이다."
—제임스 L. 박스데일, 넷스케이프 사의 사장이자 최고경영자

"무어는 오늘날 경영 사고방식—과 경영활동—에서 일어나고 있는 근본적인 변화를 정확하게 파악하고 있다. 즉 생태계는 기계론적인 세계가 아니며, 기업은 기계가 아니다. 그것들은 어느 누구도 통제할 수 없을 만큼 끊임없이 변화하는 기업생태계 안에서 공진화하는, 예측할 수 없는 유기적 조직체들이다. 회사 규모에 관계없이 경영자들은 변화하는 환경 속에서 공진화하는 방법은 무엇인지를 정확하게 파악해야 한다. 현재 상태의 경쟁이 아니라 앞으로 변화돼 나타날 경쟁과 경쟁하기 위해.
—에스더 다이슨, 다이슨 에드벤처(Dyson-EDventure) 지주회사 사장

"소비자의 힘이 막강해지고 전세계적인 시장들이 구성되며 혁명적인 기술들이 소개되고 있는 새로운 경제에 직면한 리더들을 위한, 독

특하면서도 믿을 수 있는 확실한 조언."

　—로버트 E. 앨런, AT&T 최고경영자

"기업의 세계를 하나의 생태계로 바라보는 접근방식과 생물학적인 분석은 매우 유용하며 또한 대단히 풍부한 전망을 제공한다. 〈무어의〉 개인적인 스타일은 나에게 일종의 공유와 존재에 대한 감각을 준다. 이것은 교과서가 아니다. 경험이다.

　—보 에크먼, SIFO 경영 그룹 AB 의장이며 최고경영자

"21세기로 나아가고 있는 경영 세계에는 자신의 새로운 현실을 구성하는 새로운 언어가 필요하다……. 〈무어의〉 과감한 생물학적 은유의 사용은…… 많은 비즈니스맨들이 그들 자신의 새로운 세계를 깊게 이해한 상태에서 출발할 수 있게 도와줄 것이다."

　—애리 P. 디지우스, 전(前) 로열 더치 셸 사 전략계획 수립 및 행
　　동 계획개발 팀장

"무어는 전략의 중심 개념들을 재구성하고, 기업과 가치창조 및 미래에 대한 사고에 독창적이고 역동적인 접근방법을 창조해 냈다. 그가 제시하는 개념들은 교실에서나 기업에서나 학생들과 정책 입안자들에게 새로운 패턴들과 새로운 가능성들을 바라보도록 고무하면서 강력한 힘을 발휘하고 있다."

　—존 로젠블럼, 버지니아 대학 다든(Darden) 경영대학원 경영학 교
　　수

제임스 F. 무어는 리더십과 전략에 대한 세계적인 상담가 중의 한 사람이다. 1993년 『하버드 비즈니스 리뷰(Harvard Business Review)』에 실린 그의 논문 「약탈자들과 먹이: 경쟁의 새로운 생태학(Predators and Prey: A New Ecology of Competition)」은 그 해 가장 뛰어난 논문에 수여하는, 권위 있는 맥킨지 상(McKinsey Award)을 받았다. 그는 하버드에서 박사 학위를 받고, 하버드와 스탠퍼드 경영대학원에서 연구 활동을 했으며, 매사추세츠 주 케임브리지에 있는 전략 컨설팅 및 투자 회사 GeoPartners Research, Inc.의 창립자이자 현재 회장이다.

■감사의 말

이 책은 많은 사람들이 베푼 관대한 배려와 도움에 힘입은 바 크다. 먼저 내가 이 프로젝트에 전념했던 지난 몇 년 동안 사랑과 지혜와 인내, 그리고 이해를 보여주었던 아내 조안 시폴라 무어에게 감사한다. 덧붙여 두 아들 그레이엄과 아서는 나에게 몇 번씩이나 "아빠, 아빠 책이 끝나면 우리와 더 많이 놀아줄 거지요?" 하고 묻곤 했었다. 이제야 나는 아이들과 더 많은 시간을 보낼 수 있게 됐다. 또한 나의 부모님, 조부모님, 형제들, 그리고 친가와 외가를 포함한 가까운 친척들과 조카들에게도 고마움을 전하고 싶다.

지난 몇 년 동안 나와 함께 열심히 일했던 사람들, 그리고 내 개인적인 생태계를 구성해줬던 사람들에게 특별한 고마움을 느낀다. 리더십과 전략에 관해 내가 그 동안 배웠던 많은 것들은 실로 나의 아주 오랜 친구인 AT&T의 할 버링게임(Hal Burlingame)에게서 배운 바가 크다는 것을 인정하지 않을 수 없다. 또 AT&T의 존 페트릴로(John Petrillo)는 나에게 지적인 엄격함과 실제적인 효과를 어떻게 결합해야 하는가에 대해 아주 많은 것을 가르쳐주었으며, 진정으로 내게 큰 힘이 돼주었다. 내 자신의 한계를 뛰어넘을 수 있게끔 끊임없이 나의 의

욕을 고취시켰던, MIT의 돈 셴(Don Schön)은 믿음직한 조언자이자 동료였다. 리사 피츠기본스(Lisa Fitzgibbons)와 제인 부퍼드(Jane Bouffard)는 아주 오래 전부터 지오파트너스 연구소 창립을 위해 함께 일했으며, 그들은 개인적인 전략 제시, 이론적인 협력 그리고 지속적인 동료의식과 모험심을 유감없이 발휘했다. 월터 파퍼(Walter Popper)와 플리트 힐(Fleet Hill)은 여러 해 동안 중요한 시기마다 용기를 북돋워주었다. 수 로우 프랭클린(Sue Lowe Franklin)은 그 동안 믿음직한 친구이자 다시없이 소중한 동료, 그리고 뜻밖의 것을 발견하는 능력을 가진 천사였다. 마이클 매코비(Michael Maccoby)는 나에게 경영 상담자는 열정적일 뿐만 아니라 상대방에게 공감해야 한다고 강조했다.

그리고 많은 실무자들은 관련 연구 및 상담을 통해 지원함으로써 그리고 그들의 통찰력을 공유하게 함으로써 이 책이 세상에 나올 수 있게 도와주었다. 머펫(Muppets)의 창립자인 짐 핸슨(Jim Henson)은 변화에 맞춰 움직이는 방법과 삶에 비전을 제시하기 위해 다른 사람들이 제휴하도록 고무하는 방법을 구체적으로 보여주었다. 스타라이트 통신의 빌 오브라이언(Bill O' Brien)은 끊임없는 창조력을 발휘해 수많은 도전적인 전략을 구사하는, 내가 아는 가장 전도유망한 기업가 중한 사람이다. 자신의 이야기를 들려준 그에게 감사를 드린다.

인텔(Intel Corporation)의 프랭크 질(Frank Gill)과 팻 겔싱거(Pat Gelsinger), 그리고 크레이그 키니(Craig Kinney)는 기업의 세계에서 가장 흥미롭고 야심적인 미래 형성을 위해 주도적인 기업심을 발휘했던 리더들이다. 이 세 사람은 모두 절대적이고 값진 도움을 이 책에 보탠 사람들이다. 휴렛 팩커드(Hewlett-Packard)의 루 플랫(Lew Platt), 수전

버넷(Susan Burnett), 스리니바스 서커마르(Srinivas Sukumar), 클라우디아 데이비스(Claudia Davis), P. J. 오브라이언(P. J. O'Brien) 그리고 바이런 앤더슨(Byron Anderson)은 이 책의 주요 견해들을 제시하고 지지했던 사람들이다. 그들의 독창적인 견해에 진심으로 감사드린다.

네덜란드 셸 그룹(Royal Dutch Shell Group)의 톰 커밍스(Tom Cummings), 토니 웜슬리(Tony Warmsley) 그리고 보브 컴퍼니(Bob Company)는 여러 가지 계획을 전략으로 전환시키기 위해 경영진과 함께 일할 수 있는 풍부한 환경을 내게 제공했다. 이러한 노력들은 이 책의 전반적인 접근방법에 공헌한 바 크다. 괴런 린달(Göran Lindahl), 레너트 하글뢰프(Lennart Haglöf)와 폴 케팔라스(Paul Kefalas)는 차기 ABB 아시아 브라운 보버리(ABB Asea Brown Boveri)를 창설하는 업무에 하루도 빠짐없이 종사했다. 그들의 공헌도 무척 고맙다. 1989년으로 거슬러 올라가서, 선 마이크로시스템(Sun Microsystems)의 스콧 맥닐리(Scott McNealy), 에릭 슈미트(Eric Schmidt), 빌 조이(Bill Joy), 그리고 낸시 센도르프(Nancy Schoendorf)는 게임을 변화시키는 것의 장점에 대해 내 시야를 넓혀 주었다.

내가 배운 많은 것들은 지난 몇 년 동안 AT&T의 훌륭한 사람들과 작업한 결과들이다. 너무나 많은 사람들이 도와주었기 때문에 여기에서 일일이 다 열거할 수는 없지만, 나에게 특별한 의미가 있는 몇몇 사람들을 빠뜨린다는 것 역시 커다란 실수가 될 것이다. 따라서 그분들이 각자가 기여했던 모든 것들에 대해 나의 진심어린 감사의 말을 간단히 전하는 것으로 양해해 주기 바란다. 그러나 특별히 따로 언급하고 싶은, 나의 발전에 중요한 역할을 했던 소리 없는 영웅이 두 사람 있다. 그들은 다름 아닌 헨리 '후트' 깁슨(Henry "Hoot" Gibson)과 테이퍼스 센(Tapas Sen)이다. 정말이지 그들에게 깊은 감사를 드린다.

아울러 인류학자이자 인공두뇌학자인 그리고리 베이트슨(Gregory Bateson)은 나로 하여금 경제적, 사회적 그리고 생물학적 시스템들 사이에 많은 공통점이 있다는 것을 깨닫게 했다. 제도파 신학학교(Episcopal Divinity School)의 존 스노(John Snow)는 내가 이러한 개념들을 실천적으로 적용하도록 격려해주었다. 하버드 대학의 C. 롤런드 '크리스' 크리스턴슨(C. Roland "Chris" Christensen)과 해리 래스커(Harry Lasker)와 스탠퍼드 대학의 리처드 파스칼르(Richard Pascale), 크리스 아지리스(Chris Argyris)와 다이안 아지리스(Dianne Argyris), 리 겔트먼(Lee Geltman), 캐시 헌(Kathy Hearn), 알란 로빈슨(Alan Robinson)은 각자의 독특한 방법으로 리더십과 전략을 하나의 정신적이고 심리적인 과정으로 이해할 수 있게, 그리고 경영진과 함께 일하면서 그들의 능력을 심화시킬 수 있게 가르쳐주었다. 보 에크먼(Bo Ekman)은 기업과 사회의 대화 가능성을 강조했고 버지니아 다든 경영대학원(University of Virginia Darden School of Business)의 존 로젠블럼(John Rosenblum)과 진 라이케(Jeane Leidke)는 아주 소중한 동료들이었다. 그들은 내 아이디어들을 경영분야 전반에 걸친 다른 것들에 비춰볼 수 있도록 해주었으며, 나를 북돋아주었다.

하버드의 비교동물학 박물관과 제휴해 대부분의 연구 작업을 해왔던 생물학자 짐 웨터러(Jim Wetterer)는 생태학적이고 진화론적인 개념들은 물론 특수한 생물학적 실례들로부터 근본적인 도움을 받을 수 있도록 해주었다. 짐과 나를 연결시켜 주었던 하버드의 에드워드 윌슨

(Edward O. Wilson)에게도 또한 고마움을 전한다.

브루스 헨더슨(Bruce Henderson), 마이클 로스차일드(Michael Rothschild), 리처드 넬슨(Richard Nelson), 시드니 윈터(Sidney Winter), 글렌 캐럴(Glenn Carroll), 마이클 하넌(Michael Hannan), 존 프리먼(John Freeman)과 찰스 폼브런(Charles Fombrun)을 포함한 수많은 경영 이론가들이 생물학과 기업을 하나로 통합하는 시도를 해왔다. 그러나 나는 W. 그레이엄 에스틀리(W. Graham Astley)에게 특별한 빚이 있다. 그는 1983년에 내가 박사과정 이후의 연구과정(postdoc)에 있는 동안 생태학적인 붕괴와 기업의 붕괴 사이 유사성을 지적했으며, 그때 이후로 구축했던 나의 사고체계에 하나의 연결고리를 제공해주었다.

MIT 국제 자동차 프로그램(International Motor Vehicle Program)의 찰스 파인(Charles Fine)은 내가 자동차산업의 공(共)진화를 이해하는 데 중요한 역할을 해주었다. 혼란에 빠진 의료 정책의 미로를 헤치고 나아가도록 도와주었던, 하버드 에이즈 연구소의 릭 머링크(Ric Marlink)뿐만 아니라 이전에 하버드 공중보건 대학원에 있던 샘 래빗(Sam Levitt)과 스탠퍼드의 앨레인 엔토븐(Alain Entoven)과 리처드 스콧(Richard Scott), 존슨 앤드 존슨 사의 보 삭스베르그(Bo Saxberg), 에머슨 병원의 노먼 와인베르그(Norman Weinberg), AT&T의 돈 해링턴(Don Harrington), 이전에 하버드 보건계획 단체에 있던 케이트 울프(Kate Wolf)와 일에 대한 열정이 남다른 데이빗 코어코즈(David Korkosz)에게 감사드린다. 찰스 파이어스톤(Charles Firestone)과 애스펀 연구소(Aspen Institute)는, 이 책에 독창적인 기여를 했던, 원거리 통신과 기업 진화에 대한 논문을 쓰는 데 필요한 자금과 뛰어난 논평을 제공해주었다. 터프스(Tufts)의 스튜어트 브로트먼(Stuart Brotman)과 하버드의 토니 외팅거(Tony Oetinger)는 원거리 통신 정책을 보는, 아주 유용한 통찰력을 주었다. 존 마르코프(John Markoff)와 데이빗 커크패트릭(David Kirkpatrick)은 첨단기술 세계에 대해 아주 좋은 얘기를 해주었고 아서 치폴라 2세(Arthur Cipolla Jr.)는 핵심적인 내용을 파악해주었다.

나의 제도적인 기반이자 제2의 가족은 전략 컨설팅 및 투자 회사인 지오파트너스 연구소(GeoPartners Research, Inc.)였다. 애시턴 피어리(Ashton Peery)는, 내가 이 책을 쓰는 동안 연구소 모든 직원이 활발하게 우리 고객 자문 일에 응하게 하면서 지오파트너스를 훌륭하게 이끌었다. 미첼 크루스(Michelle Crews)는 언제나처럼 그 공동체와 함께 했다. 마이클 태터솔(Michael Tattersall)은 아이디어들을 선택해 경영자들이 그에 상응하는 전략을 개발할 수 있게 돕는 방법을 완성했다. 크리스 마인스(Chris Mines)는 우리 시각이 전략적 계획 수립뿐만 아니라 투자 평가 문제들에도 영향을 끼칠 수 있게끔 경영분석 능력을 확고하게 쌓았다. 나와 오랫동안 함께 일했던 제인 부퍼드와 리사 피츠기본스에 대해서는 이미 언급했다. 패티 호런(Patty Horan)과 앤드루 케이플런(Andrew Kaplan), 켄 뱀버거(Ken Bamberger), 그레이스 차이(Grace Tsai)와 마찬가지로, 애버게일 크리스토퍼(Abigail Christopher)와 톰 하틀리(Tom Hartley)는 이 책을 위한 중요한 연구와 지적인 대화 그리고 도덕적인 지원을 해주었다. 원고를 읽고 논평해주었던, 지오파트너스와 제휴한 전문가들 중에는 보브 바이처(Bob Beitcher)와 리처드 피시맨(Richard Fishman)뿐만 아니라 아이스 안토니오(Ayis Antoniou),

이바르 버지(Ivar Bazzy), 스콧 브래디(Scott Brady), 애버게일 데모풀로스(Abigail Demopulos), 제프 프랜서(Jeff Francer), 벤 굿먼(Ben Goodman), 데이빗 할프린(David Halprin), 데이빗 핸킨(David Hankin), 레베카 카남(Rebecca Kannam), 린다 레빈슨(Linda Levinson), 짐 래빗(Jim Levitt), 그리고 머레이 메트칼프(Murray Metcalfe)가 포함돼 있다. 낸시 골드버그(Nancy Goldberg)는 우정과 대단한 그래픽 솜씨를 보여주었고 브랜다 제글린스키(Brenda Jeglinski)와 시어 모스캇(Thea Moskat), 머린 월(Maureen Wall), 마크 앤더스(Mark Anders)의 행정적인 도움은 특별한 관심을 받을 만하다.

보브 앨런(Bob Allen), 짐 박스데일(Jim Barksdale), 톰 애이젠맨(Tom Eisenman), 그레그 프랭클린(Greg Franklin), 샌디 프레이저(Sandy Fraser), 아리 디제우스(Arie DeGeus), 존 켈리(John Kelley), 데이빗 멜러(David Mellor), 로렌스 마이오(Lawrence Miao), 보브 마운틴(Bob Mountain), R. 클레이 멀포드(R. Clay Mulford), 질 로더(Gil Roeder), 마리언 스미스(Marion Smith), 캐럴린 밴더립(Caroline Vanderlip), 딕 베데마이어(Dick Wedemeyer), 데보라 울터(Deborah Wolter), 고든 우(Gordon Wu)와 우리의 특별한 친구 애미 샐러(Amy Thaler)를 포함해 앞에서는 거론하지 않았지만, 원고에 대한 그들의 생각을 전하느라 일부러 시간을 내주었던 사람들 모두에게도 역시 감사를 드린다.

사실 글쓴이에 대한 평가는 얼마나 좋은 편집자를 만나느냐에 따라 달라진다. 나는 훌륭한 편집자를 많이 만나는 행운을 얻었다. 그들은 나에게 저술하는 것과 저술을 하면서 생각하는 것을 가르쳐 주었고 생각지도 않게 좋은 친구가 됐다. 고(故) 낸시 잭슨(Nancy Jackson)은 내가 처음으로 편집재능을 발휘할 수 있게 해주었다. 나는 지금도 그녀를 그리워한다. 하버드 경영대학원 신문사의 마저리 윌리엄스(Marjorie Williams)는 나의 회사에서 2년 동안 일했으며, 그녀는 나에게 저술과 삶의 품위에 대해서 많은 것을 가르쳐 주었다. 『하버드 비즈니스 리뷰』의 자극적이고 엄격하며 상냥한 선임 편집자 낸 스톤(Nan Stone)는 나를 위해 아침 일찍부터 시간을 내주었으며, 커피값을 치르고 격려해주었다. 애스더 다이슨(Esther Dyson)은 훌륭한 지지자였는데, 지적인 측면에서나 개인적인 생활에서 나타나는 강한 성격과 담대함이 글쓰기와 인생 전반에 가장 중요하다는 점을 일깨워주었다. 『전략과 사업(Strategy & Business)』의 선임 편집자인 조엘 쿠르츠만(Joel Kurtzman)이 좋은 친구임은 말할 필요도 없고, 내가 최고 수준의 책을 내겠고 씨름하고 있을 때, 신뢰할 수 있게 지도하고 협력해주었다. 『업사이드(Upside)』의 카렌 사우스윅(Karen Southwick)은 끊임없는 아이디어의 원천이었으며, 여러 차례 긴급하게 편집해야 할 일이 생겼을 때 이를 훌륭하게 해결해 어쩔 줄 모르고 있는 나를 구해주었다. 하버드 경영대학원 신문사의 캐럴 프랑코(Carol Franco)는 이 책에서 제시하는 아이디어들을 깊이 믿고, 초기 단계에 이 책을 체계적으로 정리하는 데 절대적인 도움을 주었다. 나는 항상 그녀에게 감사해야 할 것이다.

소니 클라인필드(Sonny Kleinfield)는 이 책 전체를 편집해주었다. 시간에 쫓겨 분방한 가운데서도 그녀가 보여준 아량과 노련함, 상냥함에 그리고 이 프로젝트에 대해 보여주었던 헌신적인 노력에 깊은 감사를 드린다. 나의 편집자, 하퍼비즈니스 출판사의 커스턴 샌드버그(Kirsten Sandberg)는 원고를 마무리짓기 위해 나와 함께 열심히 일했다. 침착하게 쉬지 않고 일하던 그녀의 숙련된 솜씨와 신뢰와 능력에 정말로 깊이 감사한다. 하퍼비즈니스 출판사의 부사장인 애드리언 잭하임(Adrian Zackheim)은 이 프로젝트와 이것에 대한 확신, 그리고 이것에 대한 추진력 등에서 더할 나위 없는 후원자였다. 하퍼콜린스(HarperCollins) 출판사의 리사 베르코비츠(Lisa Berkowitz), CMA의 베스 그로스만(Beth Grossman)과 레슬리 그로스만(Leslie Grossman)는 교열에 뛰어난 능력을 발휘했다. 여전히 매력적이고 위트가 넘치는 나의 대리인 리처드 파인(Richard Pine)은 처음부터 끝까지 아주 효과적으로 일을 처리했다. 여러분 모두에게 마음 깊은 곳에서 우러나는 감사를 드린다.

기업경영에 새로운 패러다임이 필요하다는 것을 많은 사람이 느낀다. 지난 십수 년 동안 나타난 경영환경의 변화는 여기서 새삼 언급할 필요가 없다. 이러한 변화가 초래한, 누구나 느낄 수 있는 현상은 그 명성이 혁혁한 기업, 즉 과거의 경쟁환경에서 경쟁기업에 비해 매우 유리한 위치에서 경영을 해왔던 기업들이 어느 순간엔가 사라져 없어지거나 겨우 명맥만 유지하는 위치로 전락하고 만 것이다. 이러한 현상을 설명하는 비교적 공통된 의견은 시장변화에 적응하지 못했기 때문이라는 것이다. 시장변화에 적응하지 못했다 함은 과거의 경영을 답습했다는 것으로, 과거의 경쟁환경에는 적절했던 경영전략이 오늘의 경쟁환경에는 맞지 않아 산업계 내에서의 경쟁적 위치를 잃어버렸다고 설명할 수 있다. 그러면 어떠한 경영 패러다임이 오늘날과 같은, 매우 격동적인 경영환경에 적절한 것일까 하는 의문이 생긴다.

전통적 기업경영은 정해진 사업영역 안에서 비교적 한정된 수의 경쟁자를 대상으로 기능별 조직을 중심으로 이루어졌다. 이러한 경영은 적절한 사업영역을 확보한 뒤 적절한 가치부가 활동으로 그 시장이 요구한다고 판단되는 제품을 생산, 분할된 시장에서 판매하는 것으로 특징지을 수 있다. 그러나 오늘날의 경쟁환경, 즉 국제경쟁·정보기술·가치를 창조하는 새로운 방법 등은 기업으로 하여금 기존 경쟁체계에서 자사의 위치를 찾는 수동적 자세가 아니라 일련의 가치창조 시스템을 이끌어갈 수 있는 능동적 자세를 요구하고 있고, 따라서 이에 걸맞은 새로운 기업경영에 대한 시야가 필요하다고 할 수 있다.

오늘날의 시장환경은 원재료가 완제품으로 만들어지기까지 여러 가공과정에 어떤 기업이 어떤 활동을 하고 경쟁사와 어떤 경쟁을 하고 있는가를 문제삼는 것이 아니라 그것이 만들어지는 전체 과정의 경제성, 즉 비용과 효율성을 문제시하고 있다. 최고의 경영성과를 달성하기 위해서는 자사 내부만을 살펴보는 것이 아니라 가치를 창조하고 있는 일련의 기업군이 어떻게 협력하고 있는가를 살펴보고 자신이 그 시스템에 주도적 역할을 해야만 한다는 것을 말한다. 즉 과거의 관점에서 전략 초점을 단순한 경쟁에 둘 경우 여타 쓰러져간 과거 기업과 다를 게 없다는 것이다.

폭발성을 지닌, 현재와 같은 경쟁환경에서 경영전략은 더 이상 우리가 알고 있는 가치가 부가 되는 연결고리 속에서 고정된 활동을 하는 것으로 한정지을 수 없다. 성공적인 기업은 가치를 부가한다기보다는 그것을 다시 창조한다. 이러한 기업의 전략적 분석은 자신이나 자신이 속한 산업계가 아니라 가치가 창조되는 전체 시스템으로 하나의 생태계를 이루는 집단이라는 것에 초점을 맞춰야 한다. 생태계란 서로 도움을 주고 받는 일군의 동·식물이 하나의 집단을 이뤄 진화해나가는 시스템이다. 이 책은 이런 관점에서 기업경영을 살펴보고 있다.

『경쟁의 종말』은 자연생태계에서 일어나는 법칙을 기업경영에 도입해 성공적인 기업의 경영전략을 설명하고 있다. 이 책의 매우 독특한 면은 자연생태계에서 생물들이 보여주는 공생적 관계를 사회과학적 관점에서 파악하고 이를 기업군이 이루는 기업생태계로 연장해 살펴보고 있다는 것이다. 이 책에서 살펴본 성공적인 기업의 특징은 이 기업생태계의 중심에서 생태계의 발전방향을 제시하고 기업생태계를 구성하고 있는 일군의 기업들을 이끌고 나가는 역할을 수행한다는 점이다. 이 책은 성공적인 기업의 역할을 분석해 오늘날의 기업경영에 필요한 패러다임을 제시하고 있다. 따라서 새로운 경쟁환경을 맞은 우리나라 기업의 경영자들에게 매우 유익할 것이다. 끝으로 역자의 지난번 저서에서도 그랬듯이 이 책의 번역이 완료되기까지 보이지 않는 곳에서 지원해주신 많은 분들께 감사드리고 특히 도서출판 자작나무에 사의를 표한다.

1998년 8월
강병구

차례

사업은 왜 실패하는가?

경비행기를 타고 하와이라는 큰 섬을 한 바퀴 돌다보면, 눈 아래 장엄한 광경이 펼쳐진다. 가장 가까운 대륙에서도 3200킬로미터가 넘게 떨어져 바다에 외로이 모습을 드러내고 있는 하와이의 중앙에는 거의 4300미터 높이로 우뚝 솟은 장대한 사화산(死火山), 마우나 케아(Mauna Kea)가 있으며, 그 정상에는 가끔 눈발이 흩날리곤 한다. 그리고 남동쪽 해안을 따라 해수면 가까이에서는 빨갛게 타오르는 활화산들이 불을 뿜어내고 있다. 이 분화구들은 거대한 안개구름을 만들면서 그때마다 바닷속으로 붉은 용암을 맹렬히 토해내 그러잖아도 광대한 땅덩어리를 조금씩 넓혀주고 있다. 이 다채로운 환경 속에는, 고산지대의 사막에서부터 열대 다우림(多雨林)에 이르는 광대한 지역에 서식하는 여러 종(species)의 개체군으로 구성된, 독특하고 장려한 생태계가 여럿 존재한다.

하와이 하면 대부분의 사람들은 파인애플과 파파야는 물론이고 우뚝 솟은 호텔과 진주조개를 잡는 잠수부를 떠올리지만, 나는 몇몇 기업 공동체들이 행동하고 발전해 나가는 방식에 대한 어떤 상을 떠올리곤 한다.

역사가 3000만 년 가까이 되는 하와이는 놀라울 정도로 자립적인 생물학적 세계를 이루고 있었다. 많은 동식물들이 바람에 혹은 파도에 실려 이 섬에 왔지만, 자기 기반을 확고하게 구축한 것은 거의 없었다. 과학적으로 판단해보아도 식물의 성공적인 이주란 2만 년이나 3만 년 만에 겨우 한 번 일어날까 말까 하다고 한다. 그러나 이들 몇 안 되는 이주자들은 새로운 종으로 아주 다양하게 분화했다. 약 270종의 꽃나무에서 1000종이 넘는 새로운 종이 창조됐고, 수백 종에 불과하던 벌레 이주자들은 약 1만 가지의 새로운 종으로, 15종도 채 안 되던 새들은 지금은 70종이 넘는 새로운 종들로 발전했다.[1] 자연 환경의 보호를 받으며 고립된 상태에서 진화해온 하와이의 식물군과 동물군을 보노라면, 관세와 규제, 보수적인 기업체 소유자들, 그리고 정비가 잘 된 참호 같은 이해관계자에게 엄중하게 보호받던 전통적인 산업들이 떠오른다. 전통적인 산업군에는 하와이 제도에 서식하는 독특한 생물 형태와 비슷한, 비효율적인 기술과 경영이 횡행하고 있다.

그렇지만 전통적인 산업들은 하와이의 생태계와는 달리 파릇파릇 새싹이 돋는 듯한 다채롭고 장엄한 광경을 보여주지는 않는다. 오히려 걷잡을 수 없는 계급 분화와 기존 질서를 위협하는 모든 것에 대한 고집스러운 저항을 보여줄 뿐이다. 그러나 전통적인 산업이나 하와이의 생태계나 자기 기반을 확립하는 패턴과 파국으로 치닫는 역동적인 과정은 놀랄 정도로 비슷하다.

오랫동안 계속됐던 하와이의 생태학적 균형상태는 1500년 전에 폴리네시아 사람들이 이 섬에 이주하면서 순식간에 깨져버렸다. 이주자들은 돼지와 개, 그리고 다양한 종류의 식물들을 가지고 들어왔다. 그후 1778년 제임스 쿡이 이곳에 상륙하면서 서구의 물결이 밀려들기 시작했다. 그 뒤를 이은 이주자들은 개미 · 장수말벌 · 고양이 · 쥐 · 모기 등 동물들과 엄청나게 많은 식물을 전파했다. 이 침입자들은 낙원을 사정없이 파괴했다. 사람들의 이주가 시작되면서 하와이 토착 조류들이 40% 남짓 자취를 감췄다. 그리고 아주 최근에는 골프장과 주택건설의 증가로 이곳의 지역 생태계가 급격한 변화를 겪었다.[2]

거의 똑같은 식으로, 전통적인 산업들은 모두 새로운 기술과 경영기법 및 조직형태의 공격을 받고 있다. 이런 것들은 전지구적인 자본흐름과 경영기법의 국제간 이동이라는 새로운 물결 속에서 태어나고 있으며, 규제완화라는 다리를 건너 각국의 경제개발 정책으로 크게 고무되고 있다. 그 와중에 복잡하게 얽혀 있는 수많은 기술과 경영기법들은 점점 낡은 것이 되고 있다.

나는 평범한 경영이론가로서 이러한 변화의 필요성과 장점들을 실감하고 있다. 그러나 또한 많은 사람들이 그들의 사업과 생계에 엄청난 압박을 받으면서 고통과 혼란을 느끼고 있다는 것도 인정한다. 그 사람들에게는 경제적 · 기술적 진보가 곧 그들의 하와이식 낙원의 파괴와 직결된다.

전통적인 의미의 경쟁은 죽었다

이제 해변에서 사람과 차들의 행렬로, 모래밭에서 카펫으로, 그리고 밝은 하와이언 셔츠에서 잿빛 울 셔츠로 옮겨 가보자. 나는 기업경쟁이라는, 변화하는 생태계로부터 엄청난 영향을 받으면서 그들을 삼켜버리는 변화들을 이해하고, 그 변화를 주도할 수 있는 방법들을 모색하는 기업들을 매일 본다. 그때 나는 그들에게 경쟁의 종말에 대해서 말해준다.

그렇다고 경쟁이 사라지고 있다는 것은 아니다. 오히려 더욱 심화되고 있다. 그러나 우리 대부분이 상투적으로 생각해오던 형태의 경쟁은 죽었다. 그리고 이러한 사실을 인정하지 않는 기업 경영자는 누구든지 위협을 받게 된다. 왜 그런가. 경쟁에 대한 전통적인 사고방식은 "제품이나 서비스를 제공하면 시장논리에 의해 경쟁 우위가 결정된다"는 것이다. 당신의 제품 또는 서비스가 경쟁자보다 우수하면 당신이 승리자가 된다는 논리다. 그래서 당신은 고객에게 귀를 기울이고 제품이나 서비스를 만들어내는 과정에 투자해 제품이나 서비스의 질을 높인다.

하지만 이러한 관점이 갖고 있는 문제점은 그 기업이 놓인 상황, 즉 환경을 무시하고, 그러한 환경 속에서 다른 기업과 함께 나아가야 할 필요성, 즉 갈등 뿐만 아니라 협력도 포함된 과정을 무시한다는 것이다. 일류 기업도 자신을 둘러싸고 있는 상황 때문에 무너질 수 있다. 그것은 마치 하와이에 서식하고 있던 동식물 종(種)이 환경이 달라지자 멸종한 것과 같다. 그들 자신은 아무런 잘못도 저지르지 않았지만 그들의 집인 생태계 자체가 파괴됨으로써 사라질 위기에 처한 것이다. 평균소득 수준이 계속해서 떨어지는 지역에 있는 식당은 아무리 훌륭해도 망하기 십상이다. 아무리 일류라도 브래들리스(Bradlees), 칼도어(Caldor), 케이마트(Kmart) 등 판매실적이 계속해서 떨어지고 있는 산매 연쇄점에 물건을 공급하는 업체는 조심하는 게 좋다.

때때로 전체 생태계는 어느 정도 확고한데 한 기업이 차지하고 있는 특수한 생태적 지위가 새로 들어오는 종들의 도전을 받기도 한다. 한 시장에 유사 기업이 너무 많아 아무도 합당한 이익을 얻을 수 없다면 문제다. 항공사, 제철회사, 장거리전화회사, 그리고 규제가 풀린 전력회사들이 모두 이런 딜레마에 직면해 있다. 그들이 취급하는 품목은 주로 가격으로 경쟁하는 일상재다. 항공예약 시스템이 정착하면서 고객이 누리게 된 부수 효과 중 가장 중요한 것은 각 항공사의 가격을 비교해서 구매할 수 있게 됐다는 것이다. 이와 같이 새롭고 효율적인 시장은 제품가격과 판매이익을 급격하게 끌어내리는 주요인이 됐다.

통신구매와 인터넷의 지속적인 팽창은 식료품에서 자동차에 이르는 거의 모든 시장에 일종의 일상재와 같은 거래방식을 들여올 것이다. 그토록 격심한 가격경쟁이 단기적으로는 소비자들에게 좋을지 몰라도, 판매이익이 거의 제로에 가까워진 기업들은 다음 세대의 제품에 투자할 의욕을 잃어 기술혁신을 중단할 수도 있다.

경쟁에 대한 기존 관점으로는 위에서 말한 문제들, 즉 당신의 기업을 둘러싸고 있는 경제적 구조의 붕괴나 너무나 많은 유사기업들 때문에 당신의 영역이 침식돼 나타나는 현상을 전혀 인식하지 못한다. 이러한 문제 때문에 기업이 침몰하는 사례를 나는 실제 상담 과정에서 수없이 보았다. 효율적인 업무를 통해 생산한 좋은 제품과 서비스를 제공했으면서도 이런 상황에 처할 수밖에 없었던 사례들을.

이와는 대조적으로 세계 최대 기업을 이끌고 있는 경영진은 이런 문제들을 잘 알고 있다. 많은 경우 그들은 전략계획예산 대부분을 대개 지구 반대편에 새로 나타난 공격적인 경쟁사에 의해 일상재(역자주 : 상품은 브랜드에 영향을 받는 데 반해 일상재는 고객들이 브랜드를 염두에 두지 않고 가격에 민감한 것을 말한다)가 돼버린 자신들의 제품이나 서비스를 다시 상품화할 방법을 찾는 데 쓰고 있다. 그들은 또 자신들이 기여하던 사회적·경제적 상황의 변화로 인해 자신들이 내놓은 세품과 서비스가 한계에 다다랐다는 것도 알고 있다.

그런데 많은 경영자들은 이러한 도전 앞에 속수무책이다. 전통적인 제품 및 서비스 경쟁과 업무과정 개선에 토대를 둔 그들의 경영 모델은 필요조건일 뿐 충분조건은 아니다. 자산 규모가 수억 달러인 기업을 경영하고 있는 어느 경영자는 이렇게 말했다.

"때때로 나는 차를 몰고 가다가 방향을 바꾸려는 순간 갑자기 핸들이 말을 듣지 않는 꿈을 꿉니다. 나는 핸들을 틀지만 차는 계속해서 앞으로만 나아갑니다. 그런데 핸들을 좀더 자세하게 살펴보면 그건 애들이 갖고 노는 장난감 핸들이지요. 어찌 보면 실제 상황 같기도 한데 그야말로 속수무책이죠."

이런 도전에 직면해 나타나는 한 가지 반응이 감량경영(downsizing)이다. 결의가 단호하고 행운이 약간 따른다면, 어떤 회사는 시장이 붕괴되기 전에 규모를 줄일 수도 있을 것이다. 종업원들은 거리로 내몰리고 자산은 평가절하될 것이다. 또한 극심한 가격경쟁으로 기업 수입이 제로에 도달하기 전에 제비용을 삭감할 수도 있을 것이다. 그러나 이러한 전술은 한동안은 효과가 있을지 모르나 궁극적으로는 기업을 파멸시킨다. 근로 의욕은 땅에 떨어지고, 규모의 경제는 사라진다. 비용을 계속해서 낮출 수도 없다. 결국 판매이익은 바닥으로 떨어지고 투자자들과 기타 이해관계자들도 기업을 외면하게 될 것이다. 그리고 제일 마지막에 남은 사람이 회사의 불을 끄고 문을 닫을 것이다.

이에 대한 또다른 대응은 시장창출이다. 기술혁신만이 전진할 수 있는 유일한 길임을 잘 알고 있는 경영자는 많다. 그들은 전도 유망한 시장 영역과 새로운 시장 접근방법—인터넷, 생명공학과 보건, 아시아 같은 새로운 시장—을 찾아나선다. 여기에서 그들은 시장창출이 실제로는 경제개발이 응용된 형태라는 사실과 마주친다.

실현 가능한 경제적 미래를 구체화하기 위해서는 다양한 시장 참여자들이 강력하게 협력해야 한다. 그러기 위해서는 참여자들이 모두 공유하는 비전을 창출해 제휴 관계를 형성하고, 상호 협의적인 거래 방법을 만들어내고, 그들 사이의 복잡한 관계들을 관리할 필요가 있다.

그러나 이런 것들을 대학에서는 거의 가르쳐 주지 않을 뿐 아니라 대부분 회사의 전략계획 입안과 예산편성 시스템에서도 전혀 고려되지 않고 종래의 조직구조와 직무기술서에 의해서도 전혀 지원을 받지 못하고 있다. 따라서 새로운 시장을 창출하려는 진취적인 시도는 계속 어려움을 겪게 된다.

자신을 둘러싼 경제환경을 이해하자

경제가 변화하는 속도는 계속해서 빨라지고 있다. 제품이 낡거나 일상재로 바뀌는 기세는 결코 누그러지지 않을 것이다. 우리에게 필요한 것은 기업발전과 시장창출을 위한 더 좋은 도구들이다. 이 책은 그 출발점을 제시하고 있다. 나는 기업가나 회사 경영자는 물론이고 우리 사회의 경제적 복지에 관심 있는 시민들까지 이 책을 읽으리라고 생각한다. 제목과는 달리 나의 의도는 이 책이 희망을 주었으면 하는 것이다. 경쟁의 죽음 저 너머에는 새롭고 좋은 어떤 것이 기다리고 있다. 거기서는 새로운 경제 속에서 번영하기 위한 방법들이 모색되고 있으며, 그래서 우리에게 가르쳐줄 것이 많은 경영자들과 기업들이 있다.

새로운 세계에서도 제품과 서비스의 경쟁은, 업무과정 개선과 함께, 여전히 우리가 해야 할 중요한 일이다. 그러나 시장창출에 대해서는 새로운 패러다임이 적용된다. 그것은 새롭고 풍요로운 경제적 부흥으로 가기 위해 참여자들과 업무과정의 네트워크를 구상하는 데 도움을 주고 비전을 형성하는 패러다임이다. 실례를 들어 설명하겠다.

ABB(Asea Brown Boveri)는 발전(發電)공업 기술과 전기의 수송 및 유통 그리고 아주 다양한 전기동력산업 장비들을 제공하는 세계적인 전력장비 회사다.[3] 취리히에 본부가 있는 이 회사는 스웨덴과 스위스의 소유자들이 공동으로 운영하고 있으며, 전세계 140개국에서 영업을 하고 있다. 여러 해 동안 이 회사는 혁신적인 전략과 리더십의 진원으로 널리 인정받았다.

1994년에 폴 케팔라스(Paul Kefalas)는 당시 심각한 판매부진에 빠진 ABB 캐나다의 최고경영자가 됐다. 만약 그가 판매부진을 극복하기 위해 고전적인 접근방법을 채택했다면 제품 및 업무과정 개선에 역점을 두었을 것이다. 즉 어떤 제품이 실제로 인기를 끌 것인가, 그리고 그 제품을 효과적이고 효율적으로 생산하려면 어떻게 할까를 생각했을 것이다. 바로 현재 상황 그 자체와 자기 자신에게 관심을 기울이는 것이다. 그러나 케팔라스는 그와는 정반대로 했다. 그는 자사에 유리한 기업환경으로 눈을 돌리고 시야를 미래로 넓혔다. 그가 알고 싶었던 것은, '장차 이 지역의 주인공은 누구인가' '그들은 어떤 비전과 전략을 가지고 있는가'였다. 캐나다 산업계를 주도하는 영향력있는 조직과 이해관계자 그룹을 면밀하게 조사하고 관찰한 그는 ABB가 그들(미래의 주인공)의 성공에 기여할 수 있는 방법을 찾는 연구팀을 발족시켰다.

ABB는 산업계의 주도적 기업들에 접근해 전략을 공유하자고 제안했다. 유망한 기업들에도, 장차 ABB의 고객이 될 것인가와는 상관없이, 그들이 미래에 얼마나 중요한 영향력을 행사할 것인가를 고려해 같은 제안을 했다. 그리고 어느 회사가 그럴 의사가 있으면 ABB는 자사에서 선발한 전문가들로 소그룹을 구성한 뒤 그 회사 사람들과 협력해서 그 회사의 꿈을 실현할 수 있는 창조적인 방법을 모색했다. 한 가지 예로, 어느 대규모 광산회사는 생산비를 절감하고 좀더 안전한 근로조건을 만들어내려고 애를 쓴다. 이 회사와 함께 ABB는 현재 광산에서 멀리 떨어진 사무실에서 조종할 수 있는 광산로봇을 개발하고 있는데, 이 로봇은 매우 위험하고 사람들이 하기 싫어하는 일을 처리하게 될 것이다. 이 회사는 ABB의 단골 고객도 아니었고, 또한 종래의 제품 중심적 판매를 고수한다면 거래 대상도 아니다.

이런 식의 경영은 ABB 캐나다에 아주 놀라운 결과를 가져왔다. 1995년 말에는 몇몇 합작투자업체를 포함해, 10여 개의 기업을 파트너로 하는 협의체가 구성됐고 판매는 강력한 상승세로 돌아섰다. 새로운 판매의 대부분은 파트너들과 장기적인 협의를 하는 가운데 이뤄지고 있기 때문에, 총수입은 계속해서 늘어날 것이 분명하다.

이 책 전체를 통해 일관되게 살펴보겠지만, 새로운 경제 속에서 번영하려면 한 기업의 경제적인 환경과 그 경제환경의 진화에 영향을 끼치는 것들에 대한 집중적인 관심이 절대적으로 필요하다. 실제로 ABB 캐나다의 경영전략은 "ABB는 장기적으로 서로에게 유익한 관계를 발전시킴으로써 고객의 성공에 기여한다"는 것이었다. 여기에는 어떤 구체적인 기술(技術)이나 제품 또는 시장에 대해서는 한 마디도 없다. 이러한 전략은 끊임없이 변화하는 경제환경 속에서는 당신이 현재 하고 있는 일보다 당신의 역량을 현재 다른 사람들이 하고 있는 일과 어떻게 연관시킬 것인가 하는 것이 더 중요하다는 점을 특히 강조하고 있다. 전략 수립에는 자신을 둘러싸고 있는 여러 상황에 대한 인식과 거기에서 제몫을 할 수 있는 방법들에 대한 모색이 포함돼야 한다.

성공적인 경영전략은 더욱 매력적인 미래를 창조하기 위해 우리들이 다른 사람들과 함께 발전할 수 있도록 도와준다. 이러한 생각의 연장선상에서 케팔라스는 한 가지 재미있는 이야기를 들려주었다.

1995년에 ABB 캐나다 본사는 공항에서 가까운 몬트리올 외곽의 새 빌딩으로 이사했다. 그곳에서 고속도로를 따라 내려가면 캐논, 모토로라, 선 마이크로시스템과 같은 다국적 회사들이 입주해 있는 건물들이 있었다. 1995년 초에 한 사업가가 건물들이 즐비하게 늘어서 있는 그곳에서 거의 망해가는 패스트푸드 식당을 하나 샀다. 그리고 그 지역에 대해 면밀히 연구한 끝에, 이 새 주인은 기업 본사들이 밀집한 이곳에 정말로 필요한 것은 또 하나의 패스트푸드 식당이 아니라 회사 간부들을 위한 고급 식당이라는 결론을 내렸다. 새롭게 단장한 이 식당은 몇 달 안에 그 누구도 따를 수 없는 대성공을 거두었다. 그것이 성공할 수 있었던 것은 바로 지역이 필요로 하는 부분을 충족시켜 주었기 때문이다. 달리 말하면 그 지역의 경제 시스템을 구성하고 있는 다른 부분들, 예컨대 부동산개발사업, 사무실용 빌딩, 공항, 그리고 그 지역에서 일하는 회사 간부들을 훌륭하게 보완했던 것이다.

ABB 캐나다와 위에 말한 식당이 경쟁에 이길 수 있었던 것은 근본적으로 그들이 그 지역의 전반적인 경제환경을 구성하고 있는 일련의 다른 부문들과 협력하며 함께 발전할 수 있는 관계를 맺었기 때문이다. 이것은 전략 수립을 위한 새로운 패러다임이며, 이는 곧 기존 경쟁은 이제 종말을 고했음을 의미한다. 그 기본 이념은 간단하다. 즉 당신을 둘러싸고 있는 경제 시스템을 이해하고 이에 공헌할 수 있을 방법을 찾는 것이다. 그것은 제품이나 서비스보다는 기업이 속한 상황에 대한 이해에서 시작된다. 물론 성공을 거두려면 리더십이나 전략에 관련된 여러 가지 미묘한 문제들도 작용해야 한다. 새로운 경제환경 속에서는, 여느 때라면 크게 성공했을 대기업들이 많이 실패한다. 왜냐하면 그들을 둘러싸고 있는 상황이 바뀌고 있고 그런 변화 속에서 그들이 별로 중요하지 않거나 아무런 쓸모가 없는 것으로 전락해버리기 때문이다. 이 책의 나머지 부분은 이러한 문제들을 집중적으로 다루게 될 것이다.

새로운 패러다임은 전체 시스템 속에서 사고할 것을 요구한다. 즉 당신의 기업을 더 넓은 경제적 생태계와 경제환경을 구성하는 한 부분으로 볼 것을 요구한다. 시스템적 사고는 개선되고 강화될 수 있는 정신능력이다. 시스템적 사고를 하는 방법은 아주 많다. 내가 개인적으로 선호하는 것은 생물학, 특히 생태학을 공부하는 것이다. 자연은 끊임없이 변화하는 황홀한 세계다. 이 책에는 생물학적 내용이 상당히 많이 포함돼 있다. 일반 기업에 있는 독자들은 때때로 생물학적 내용이 너무 많다고 느낄지 모른다. 하지만 이 책에서는 그런 것들이 매우 중요한 역할을 한다. 생물학적인 실례는 이해하기 어려운 시스템 개념을 가장 직접적인 방법으로 간단하게 설명해준다. 하나의 생물학적 실례를 완전히 이해할 때마다, 당신은 새로운 경제환경 속에서 역동적으로 움직이는 기업경영의 동학(動學)을 완벽하게 파악하는 데 유용한 시스템 개념을 하나 배우게 될 것이다.

변화를 이해하기 위한 틀—생물학적 생태계

지난 10년 동안, 중앙아메리카의 울창한 정글 속을 헤매고 다니며 조사활동을 벌이고 아시아에 서식하는 벌레들을 수집하는가 하면 북극의 조류들을 조사했던 많은 생물학자들은 유기적으로 결합된 복잡한 생물학적 공동체에 대해 여러 가지 사실을 밝혀냈다. 이러한 작업의 많은 부분은 여러 종(種)들 사이에 복잡하게 뒤얽힌 광범위한 관계들, 즉 육식동물과 그 먹이의 관계, 식물과 그 식물의 꽃가루를 옮겨주는 곤충의 관계, 무리를 이루어 사는 것들과 그 보호자의 관계에 초점을 맞추었다. 여기에서 분명하게 밝혀진 것은, 성공할 가능성이 있는 이주자들이 파도처럼 밀려드는 현상이 특히 두드러지게 나타나는 생태계는 이러한 대격변에 대항해 눈에 띄게 활력적이고 융통성 있게 대처하면서 발전한다는 사실이다. 이와는 반대로 하와이처럼 고립된 생태계는 생태적 격변에 대한 저항력이 떨어질 수 있으며 때로는 멸종 위기에 직면할 수도 있다.

근래의 집단 생태학은 어느 생태계에서 가장 결정적인 위치에 있는 '중추(keystone)' 종을 중심으로 연구됐다. 한 생태계에서 그것들이 사라지면, 시스템 내부의 삶은 근본적으로 변화한다. 해달(海獺: 족제비과의 바다짐승)이 그 예다. 캘리포니아 해안에 서식하는 해달은 섬게를 잡아먹고 산다. 그리고 섬게는 바다 밑에 있는 캘프(해초의 일종)와 다른 해초들을 즐겨 먹는다. 19세기에 사람들이 마구잡이로 해달을 사냥해 그것이 거의 멸종 위기에 처하자 섬게가 기하급수적으로 증가했고 이어 섬게들이 엄청나게 많은 캘프를 먹어치워 생태계의 생물학적 다양성이 무너져버렸다. 이에 따라 해저는 거의 불모지가 됐다. 그런데 최근에 와서 환경보호자들의 적극적인 노력으로 그 지역에 다시 해달이 번식하게 됐다. 해달이 늘어나니 그것들이 섬게를 잡아먹게 됐고, 그 해안에는 유기적 다양성이 복원될 수 있었다.

생물학자들은 또한 어느 생태계에 투입됐을 때 그 생태계를 와해시킬 정도로 엄청나게 파괴적인 결과를 낳을 수 있는 아주 침략적인 '외래' 종에 대해서도 관심을 가졌다. 예를 들면 1950년대에 사람들이 아시아에서 검정말(hydrilla plant, 검정말과의 다년생 수초)을 들여와 플로리다 주에 입식했다. 그런데 오늘날 검정말은 플로리다 주 수로의 40%가 넘는 지역을 뒤덮은 채 호수와 강을 메우고 토착 물고기와 다른 야생 생물들을 죽이면서 거의 통제가 불가능한 상태에 있으며, 결국 그 지역의 생물학적 다양성과 안정성을 파괴하는 지경에 이르렀다.

복잡하게 결합된 장대한 시스템을 이해하려는 사람에게 아주 풍부한 영감을 주는 에드워드 O. 윌슨(Edward O. Wilson)의 『생명의 다양성(The Diversity of Life)』이라는 명저에서, 우리는 생태학적 연구 면에서 이루어진 거대한 진보를 기록한 훌륭한 연대기를 발견할 수 있다.[4]

그러나 불행하게도 기업 공동체에 대한 연구는 생물학적 연구보다 뒤떨어져 있다. 그러나 경영혁신과 부의 창출 역사를 면밀히 검토해보면, 언뜻 보기에는 전혀 다른 두 세계 사이에 아주 중요한 유사성이 있음을 알게 된다.

생물학적인 사례에서 유추한 법칙을 기업경영 연구에 응용하는 경우가 가끔 있기는 하지만, 그러한 생물학적 유추는 대체로 너무나 일방적으로 적용되고 있다. 사람들은 천편일률적으로 종의 진화에만 초점을 맞추고 있다. 예를 들면, 어떤 사람은 시장경제에서는 시장의 요구에 가장 잘 적응한 상품과 회사만 살아남는, 다윈의 자연도태가 일어난다고 주장한다. 더욱이 최근에 전사적 품질관리 및 리엔지니어링 운동을 통해 기업활동이 업무과정들로 분해되면서 어떤 사람은 "이제 가장 적합한 과정과 그 과정으로 이루어진 시스템이 그렇지 못한 것들을 몰아낼 것"이라고 단언한다. 어떤 경우에도 '종'은 점진적으로 그것을 변형시키는 유전학적인 돌연변이와 도태설의 지배를 받는 것으로 간주되고 있다.

그러나 나는 세계는 그보다 훨씬 복잡하며 우리는 좀더 폭넓게 생각해야 한다고 확신한다. 종(種)적인 차원에서 경영과정을 개선하는 것은 두말할 나위도 없이 기업을 성공적으로 유지하는 데 결정적인 역할을 하며 사회를 위한 명백한 가치를 창조한다. 그러나 생물의 세계나 기업경영의 세계에서 아주 중요한 역할을 하면서도 과소평가되고 있는 상호보완 형태의 진화도 있다. 그런 형태의 진화는, 물리적인 환경은 물론 개별적인 유기체의 특수 환경까지 포괄하는 전체 생태계에서 일어나는 생태학적인, 그리고 진화론적인 상호작용을 포함한다. 이러한 차원의 생태학과 진화를 이해하는 리더라면, 이제 그들은 전략구상을 위한 새로운 모델과 그들 회사의 미래를 새로 만들어갈 결정적인 대안들을 갖게 된 셈이다.

생물생태계에서는 생태학적 변화와 진화론적 변화가 일어나는 시간의 규모가 다르다. 즉 진화론적 변화가 여러 세대를 거치면서 발생한다면, 생태학적 변화들은 유기적 조직체 개개의 존속기간 안에 일어난다. 그러나 기업생태계[5]에서는 이들 두 시간의 규모가 하나로 통합돼버린다. 왜냐하면 생물학적 종과는 달리 기업은 자신이 존속하는 동안자신의 진화를 주도해 진화론에서 보면 아주 극적인 변화를 낳을 수있기 때문이다. 기업생태계의 리더는 생물학적 생태계의 종에 비해 결정적으로 중요한 강점, 즉 자신을 둘러싸고 있는 상황을 폭넓게 바라보고 그 생태계를 전체적으로 파악할 수 있는 능력을 갖고 있다. 그렇기 때문에 기업은 자신이 속한 생태계에 더욱 잘 적응하기 위해 자신의 특성을 바꿀 수 있다. 더 중요한 것은, 기업은 자신의 생태계에서장차 일어날 변화를 예견하고 미래의 도전에 대비해 더욱 적절한 대응책을 마련하는 방향으로 스스로를 발전시킬 수 있다는 것이다.

이 책은 복잡하게 뒤얽힌 관계들로 거대한 네트워크를 이룬 유기적조직체인 생물생태계와 기업생태계를 이해하기 위한 실무 지침서로기획됐다. 나는 생물생태계와 기업생태계가 뚜렷하게 구분되는 몇 가지 발전 단계를 어떻게 거치는가, 그리고 각 단계에는 어떤 접근방법이 가장 적합한가를 연구할 것이다. 복잡하게 뒤얽힌 생태학적·진화론적 관계를 이해한다면 당신은 그것들을 유리하게 이용할 수 있을 것이다. 생물학에서 차용한 원리들을 적용함으로써, 당신의 기업은 번영과 성장을 도모할 수 있을 것이다.

공진화(共進化) : 더 나은 미래로 함께 나아가기

복합문화 시스템 연구에 평생을 바쳤던 인류학자 그리고리 베이트슨(Gregory Bateson)은 나의 사고에 중대한 영향을 끼쳤다. 그가 자연

과 사회의 시스템에 적용했던 공진화와 문화, 중독(탐닉)에 대한 이론
은 시사하는 바가 크며 또한 대단히 흥미롭다. 그가 시스템을 생물학
적인 관점에서 연구했던 방법과 이러한 시스템에서 의식이 어떤 역할
을 하는지 이해하려고 노력했던 점은 나에게 커다란 감명을 주었다.[6]

　베이트슨은 양식(patterns)에 초점을 맞췄다. 그가 관찰해 얻은 결론
중 하나는 회사, 사회, 종, 가족과 같은 시스템 내부의 행동은 공진화
한다는 것이었다. 여기에서 '공진화한다는 것'은 무슨 의미인가? 베이
트슨은 자신의 책 『정신과 자연(Mind and Nature)』에서 공진화를 "상호
의존적인 종들이 끊임없는 상호작용의 순환 속에서 진화하는 과정"이
라고 설명한다. 즉 A라는 종에서 일어나는 변화는 B라는 종의 변화를
위한 무대가 되고 여기에서 자연도태가 일어나며, 그 반대도 마찬가지
다. 순록과 늑대를 보자. 늑대는 순록 무리 중에서 상대적으로 약한
놈을 잡아먹음으로써 결과적으로 순록 무리를 강화시킨다. 그러나 상
대적으로 강한 순록의 무리는 늑대가 진화 발전하고 스스로를 더욱 강
화시키면서 생존하는 데 꼭 필요한 존재다. 따라서 이것은 단순한 경
쟁이나 협력이 아닌 공진화의 양식이다. 시간이 흐르면 공진화가 진행
되고 그와 더불어 전체 시스템은 더욱 공고해진다.

　베이트슨의 관점에서 보면, 공진화는 단순한 경쟁이나 협력보다도
훨씬 중요한 의미를 갖는다. 이것은 기업에서도 마찬가지다. 현재는
너무나 많은 경영자들이 제품 및 서비스 차원에서 그들의 직접적인 경
쟁자와 벌이는 매일 매일의 싸움에 모든 시간을 투자하고 있다. 물론
지난 몇 년 사이에 협력을 강조하는 경영자들이 더욱 많아지면서, 주
요 고객과 공급자의 관계를 강화한다거나 혹은 모두에게 유리한 쪽으
로 상황을 개선하기 위해 공동 연구와 기술적인 표준 마련과 같은 주
도적인 작업을 자신의 직접적인 경쟁자들과 협력해서 해나가는 일도
생기긴 했다.[7]

소수이기는 하지만 세계적으로 유력한 몇몇 회사들은 경제적 공진화를 통해 새로운 기업 우위 정책들을 개발하고 있다. 인텔(Intel)과 휴렛 팩커드(Hewlett-Packard), 셸(Shell), 월 마트(Wal-Mart), 크리에이티브 아티스트 에이전시(Creative Artists Agency) 같은 회사들은 자신들이 풍부하고 역동적인 기회환경에서 살고 있음을 인식하고 있다. 그들의 최고경영자가 하는 일은, 각 구성원들로 이루어진 하나의 네트워크가 기여하는 바들을 종합적으로 관장해 고객과 생산자 모두의 이익을 창출할 수 있는 잠재적인 혁신의 중심을 찾아내는 일이다. 그들 경영진은 경쟁을 통해서든 협조를 통해서든 현재의 경쟁자들과 산업을 주도적으로 이끌어나갈 뿐만 아니라 서로 다른 사업 요소들을 새로운 경쟁법칙과 협력법칙 및 새로운 산업들이 출현할 수 있는 새로운 경제적 공동체로 통합하는 데 박차를 가해야 한다. 이 책의 나머지 부분에서 당신들은 이 회사들이 발전을 위해 구체적으로 어떤 노력을 기울이는지 살펴볼 수 있을 것이다.

산업의 경계가 무너지고 있다

지구상에는 아마존의 열대우림지역처럼 생물학적 진화가 아주 빠른 속도로 진행되는 지역이 있다. 활발하게 움직이는 이 지역에서, 자연은 발생론적인 의미에서 전혀 새로운 생물체의 출현을 위한 새로운 전략과 새로운 진화론적 격변을 실험하고 있다. 그 결과 머지 않아 꿈틀거리며 나머지 세계를 온통 뒤덮게 될 새로운 생물체들이 대량으로 나타나고 있다.

기업의 세계에서도 이와 비슷한 대격변이 일어나고 있다. 자연생태계에서와 마찬가지로 세계경제에서 발전적인 활동에 속도를 더하면서 적극적으로 움직이고 있는 지역들, 기업의 변화가 엄청나게 빠르고 또한 거침이 없는 지역들이 있다. 자연생태계에서 홍수나 화재가 휩쓸고간 자리에 전혀 새로운 풍경이 펼쳐지는 것과 마찬가지로 신기술 개발, 규제 철폐, 고객 행동의 변화는 이러한 대격변에 상응하는 것이다. 새롭게 청소된 비옥한 토양 위에서 새로운 형태의 기업들이 돋아나오고 있다.

이렇듯 새로운 풍경을 연출하는 것은 첨단을 달리는 기업들이다. 어떤 의미에서 그들은 반역자들이다. 그들은 마치 닥치는 대로 약탈을 일삼는 비적떼인 양 전통적인 산업 패러다임이나 산업계의 구분을 무시해버린다. 그들에게서 보이는 공통점은 종래의 경영 및 산업 모델을 뒤엎고 서로 침투가 점점 용이해지는 새로운 경계선을 긋는 경향이다.

여기에서 당신들이 보게 되는 것은 사실상 산업의 종말이다.

그렇다고 항공산업이나 시멘트산업의 사멸을 애도해야 한다는 것은 아니다. 다만 기업을 관조할 때에나 유용하던 개념인 산업이 사라졌음을 의미한다. 사실 '산업'이라는 개념은 금세기에 아주 느린 속도로 진화하던 기업경영이 낳은 유물이다. 각 참여자들이 절대우위를 차지하기 위해 다투는, 경계가 뚜렷한 절대불변의 산업이 있다는 가정은 이미 지난 시대의 진부한 생각이다. 그것은 세계를 창조적으로 구성해나가는 일과는 아무 관계도 없다. 참여자와 참여자를 비교해 누가 얼마나 더 나은지 표시해주는 타이틀은 아주 간단하다. 그러나 실제로 그 꼬리표라는 것은 기업을 비교하기 위해 사용된 조잡한 눈금에 지나지 않으며, 경영전략을 학문적으로 공부하는 학생을 포함해 정책입안자나 규제자들, 투자분석가들이 머릿속에서 그려낸 허구일 뿐이다.

지난 2, 3년 사이에 고위 경영진의 사고방식에는 아주 중대한 변화가 일어났다. 그 이전에는 세계경제의 구조적인 변화와 그것이 그들 기업에 끼치는 영향은 생각지 않고 그저 현상에 안주하려는 고위 경영진이 많았다. 그러나 오늘날에는 정말로 그러한 상태에 안주해 있다고 눈총을 받을 만한 고위 경영자는 거의 없다. 이제는 굳이 경제적 시대가 변했다고 주장할 필요도 없다. 왜냐하면 이것을 사실로 받아들이는 인식이 넓게 퍼져 있기 때문이다. 지금까지 줄곧 당연하게 여겨왔던 전통적인 산업의 경계는 이미 희미해졌으며 아예 경계 자체가 무너진 경우도 많다.

마이클 오비츠(Michael Ovitz)는 그러한 변화에 강력한 기폭제가 됐던 사람이다. 이전에는 크리에이티브 아티스트 에이전시의 회장이었으며 현재는 디즈니(Disney)의 사장인 오비츠는 종래의 사업접근방식과 결별하고 완전히 새로운 기업생태계를 창안했다. 1991년 오비츠는 특유의 모험심을 발휘해, 교묘한 방법으로 매캔 에릭슨(McCann Erickson)으로부터 코카콜라의 차입계정 상당량을 손에 넣는 데 성공했고 아울러 그때까지 연예인들을 주선하는 업무에 머물렀던 CAA의 사업영역을 상품광고로까지 확장했다.

오늘날 오비츠는 또 하나의 전례없는 기업생태계, 즉 코카콜라와 디즈니가 공동으로 주식을 보유하는 새로운 광고 에이전시를 배후에서 주도하고 있다. 끊임없이 진화·발전하는 디즈니 제국의 사장으로서, 오비츠는 전혀 어울릴 것 같지 않은 자원들을 제휴하고 통합해 하나의 완벽한 시스템을 창조해냈다. 디즈니가 자사 상표를 이용하는 뛰어난 능력을 가지고 코카콜라와 사업을 공동개발하리라고 그 누가 상상이나 했겠는가? 그리고 오비츠와 그의 디즈니 팀이 아닌 어느 누가 상표를 보유하고 강화하는 방법에 대해 코카콜라에 더 나은 조언을 할 수 있었겠는가? 오비츠는 장차 공동상표를 사용하고 공동판매를 하는 수백 개의 모험기업들을 양산하게 될 아주 혁신적인 경제시스템 전체를 종합적으로 관리해왔다.

하지만 산업 경계를 무너뜨린 회사가 디즈니만은 아니다. 서키트

시티(Circuit City)는 조율과 확장을 거쳐 지금 중고차를 팔고 있다. 그리고 놀랍게도 셸 석유회사는 스칸디나비아 반도에서 포장 소시지 최다 판매자가 돼 있다. 셸 석유회사의 주유소들이 할인편의점을 개장해 자동차는 물론 운전자들의 식욕까지 충족시켜 주고 있는 것이다.

변화하는 환경에 맞는 새로운 방법을 찾아라

오늘날 경영과 관련해 가장 중요한 질문은 '그러한 변화가 과연 우리에게 일어날 것인가'가 아니라 '이러한 새로운 세계에 적응하기 위해 어떤 전략을 수립할 것인가'이다. 지금까지 체계적인 접근방법들을 통합해 새로운 경영 현실을 다룰 수 있는 경영팀은 거의 없었다. 대부분은 새로운 전략적 문제에 적극적으로 맞서기는커녕 그것들에 대해 생각하고 의견을 나누기 위한 어떤 방법도 없이 기껏해야 각자 효율성을 발휘해 정도껏 그 문제와 싸우는 게 고작이다.

지금 가장 필요한 것은 새로운 언어, 전략을 위한 논리 그리고 그것을 실행하기 위한 새로운 방법들이다. 낡은 생각들은 이제 더 이상 도움이 되지 못한다. 예를 들어 '승산있는' 산업 분야를 찾아내는 데 중점을 두는 다각화 전략은 대체적으로 산업구조의 고정성을 전제하고 있다. 그러나 우리는 산업구조가 빠른 속도로 진화·발전하고 있음을 알고 있다. 수직적·수평적 통합이라는 우리의 전통적인 관념은 상호협력적인 공동체들로 이루어진 새로운 세계에는 전혀 먹혀들지 않는다. 이제는 더이상 규모와 범위의 경제가 경쟁우위에 필수조건은 아니다. 많은 회사들은 규모에 맞게 효율적인 생산을 할 수는 있다. 회사들이 자신의 제품을 주문생산할 수 있고, 제품의 다양성을 증식시킬 수 있으며, 게다가 부가비용은 거의 들지 않는 유연생산 시스템이 도처에 있다. 새로운 세계에서 실적은 높이면서도 비용은 절감시키는 혁신궤도에 지속적으로 기여할 때에만 규모와 범위의 경제가 의미를 갖는다.

변화무쌍한 세계질서 속에서 리더가 되고자 하는 회사라면 어떤 일정한 범주에 매이지 않도록 자신을 근본적으로, 그리고 끊임없이 변화시켜야 한다. 월 마트는 산매상인가 도매상인가 아니면 정보 서비스 및 물류 회사인가? 인텔은 반도체산업이라는 경제적 현실에 묶여 있는가, 아니면 공진화하면서 서로 경쟁하는 퍼스널 컴퓨터 중심의 생태계 중 하나를 이끌고 있는가? 인텔의 경쟁상대는 텍사스 인스트루먼트(Texas Instruments)와 NEC인가 아니면 마이크로소프트(Microsoft)와 컴팩인가?

'산업계'라는 말 대신에 나는 더 적절한 용어, 즉 '기업생태계(business ecosystem)'라는 말을 제안한다. 이 용어는 혁신적인 아이디어들을 통합하면서 강력한 공진화를 이뤄나가는 미시경제의 테두리를 정의하는 말이다. 기업생태계는 다양한 산업영역들로 뻗어 있다. 기업생태계에 속한 회사들은 기술혁신을 둘러싼 역량들을 공진화시키면서 새로운 제품을 지원하고, 고객의 욕구를 만족시키고, 다음 단계의 기술혁신을 통합하기 위해 협조적이면서도 또한 경쟁적으로 움직인다.

예를 들면 마이크로소프트는 적어도 네 가지 주요 산업, 즉 퍼스널 컴퓨터·소비전자제품·정보, 그리고 통신을 가로지르는 하나의 생태계를 출범시켰다. 마이크로프로세싱 분야의 기술혁신을 중심으로, 마이크로소프트 생태계는 인텔과 휴렛 팩커드를 포함한 공급자들과 시장 여러 부문에 퍼져 있는 수많은 고객들이 거미줄처럼 연결된 광범위한 네트워크를 형성하고 있다.

두 번째 새로운 용어는 '기회환경(opportunity environment)'이다. 그것은 충족되지 않은 고객의 욕구, 아직 개발되거나 이용되지 않은 기술들, 잠재적인 규제의 철폐, 뛰어난 투자자들, 기타 아직 개발되지 않은 다른 많은 자원들로 특징지을 수 있는 사업 가능성의 공간을 말한다. 생물학적 생태계들이 자신의 영역을 넘어서서 번창하는 것과 마찬가지로 기업생태계도 주변에서 전통적인 산업의 경계들이 무너지면서 전혀 예기치 못한 라이벌들과 치열한 경쟁을 벌여야 하는 사태에 직면한다. 그러나 한편으로 가장 창조적이고 진취적인 회사들은 새로운 생태계와 함께 그들이 놓인 환경을 변화시키면서 영역을 넓히고 있다. 따라서 새로운 질서 속에서 응집력 있는 전략을 구사하려면 먼저 기회환경부터 정의해야 한다. 그러한 환경 속에서 기회를 포착해 다른 기업생태계들과도 실행 가능한 네트워크를 창조할 수 있는 참신한 방법들을 고안해내야 하며, 따라서 전략은 그것을 중심으로 수립된다.

그러나 불행하게도 오늘날 전략에 대한 가장 지배적인 생각들은 "경쟁은 명확하게 정의된 산업계 테두리 내에서만 벌어진다"는 잘못된 가정에서 출발하고 있다. 결국 이러한 생각들은 현재의 경영 풍토에서는 거의 쓸모가 없으며, 미래에는 더욱 타당성을 상실하게 될 것이다. 이러한 생각을 갖고 어떻게 내일 일어날 경제적 사건들을 이해할 수 있겠는가? 나는 이에 대해 아주 회의적이다. 그리고 더욱 중요한 것은 한 회사를, 하나의 산업으로 묶여 있는 표면상 비슷한 회사들과의 경쟁 속에서가 아니라 그것의 먹이 그물 속에서 바라보는 것이다.

우리는 두 갈래로 갈라진 세계에서 경쟁하고 있다. 경영진들은 실제로 두 가지 관점에서 전략을 세워야 한다. 즉 그들은 반드시 더 넓은 기회환경에 주의를 기울여 그것을 가장 효과적으로 이용할 기업생태계를 확립해야 한다. 아마도 지배적인 생태계들은 서로 다른 산업 분야에 뻗어 있는 여러 조직들의 네트워크로 구성될 것이며, 그것들은 또한 비슷한 네트워크들과 경쟁하면서 다른 산업 분야들로 더욱 넓게 뻗어나갈 것이다.

다른 한편 경영진은 자신의 회사를 여전히 전통적인 의미에서, 즉 시장점유율과 성장을 둘러싸고 서로 발톱을 세워 경쟁하는 동종 산업계의 구성원으로도 바라보아야 한다. 전략이라는 관점에서 보면, 그 산업이 금융업이나 자동차산업과 같이 낡고 오래된 것인가, 아니면 케이블 텔레비전이나 퍼스널 컴퓨터처럼 이제 막 활기를 띠기 시작한 새로운 것인가 하는 구분은 더 이상 문제가 되지 않는다. 따라서 어떤 기업의 산업을 이해하는 것은 고객과 혁신, 부의 창출을 추구하는 첫걸음에 불과할 것이다.

새로운 접근방법에 투자한 회사들에 배운다

이 책의 구성과 취지에 대해서 한마디 하자면, 이 책에서 나는 새롭고 유동적인 환경 속에서의 기업경영에 대해 박물학자와 같은 자세로 현장에서 조사한 사례들을 보고할 것이다. 나는 학문적인 연구결과와 현장보고를 결합해 이 책을 엮었고 기업의 리더들이 전략과 목표를 수립하는 방식에서 지속적인 변화를 추구함으로써 이 놀라울 정도로 새로운 세계에서 승리자가 되는 길을 밝히려 했다. 개념을 정립하는데 있어서 이러한 변화가 중요한 이유를 세 가지로 정리할 수 있다.

첫째, 세계경제에서 가장 빠르게 움직이는 부문들에 두드러지게 나타나고 있는 상황과 도전들이 다른 부문으로 크게 확산되고 있어 이제 더 이상 피할 수 없을 정도다. 이들 중심의 역동적인 움직임을 지배하는 논리와, 가장 원기왕성한 회사와 그 리더들이 직면하고 있는 도전은 이제 우리 모두가 예의주시해야 할 상태가 되었다.

둘째, 경쟁이 가장 치열한 몇몇 중심산업—컴퓨터, 통신, 매스미디어, 소매업, 의료—들은 이제 전략과 리더십에서 전혀 새로운 접근방법을 구상하고 있다. 그러나 이러한 접근방법들이 갖는 의미를 그것을 창안한 당사자들조차 충분히 이해하지 못하고 있을 정도니 대중이 그 것에 대해 정당한 평가를 내리지 못하는 것은 당연하다. 그런데도 그 전략적 야심은 실로 광범위한 영역으로 손길을 뻗고 있다. 그것을 창 안했던 사람들의 노력이 성공을 거둔다면, 그들이 의도했던 바는 우리 의 일상생활에 아주 깊고 함축적인 영향을 끼칠 것이다. 그것은, 이 책이 제목에서부터 강조하고 있는 경쟁의 종말을 의미한다.

셋째, 이러한 생각들은 이미 경영 풍토 전반에 널리 퍼져 있어 향 후 우리의 기업경영 방식에 결정적인 영향을 끼칠 것이다.

기업가라면, 이 세 가지 이유에서 그들이 일하고 있는 분야에 상관 없이 지금 벌어지고 있는 일에 대해 최소한 그 개요만이라도 인식하고 있어야 할 것이다.

비전을 통해 공동체를 만들어라

생물학적 은유를 기업에 그대로 적용할 수 없는 중요한 이유가 하 나 있으니, 그것은 공진화하는 생물체들로 이루어진 생물학적 공동체 와는 달리 기업 공동체는 사회적인 시스템이라는 점이다. 그리고 그 시스템은 스스로 결정을 내리는, 사람들로 구성돼 있다. 생물의 세계 와는 달리 기업생태계에서는, 미래에 대한 비전을 중심으로 구성원들 간에 상상력을 공유하는 현상이 일어난다. 의식적인 선택은 생태학에 서 아주 중요한 역할을 한다. 때로는 동물들도 그들의 서식지와 짝, 그리고 행동을 선택한다. 그러나 경제 세계에서는 전략가와 정책입안 자와 투자자들이 전반적인 게임을 이해하고 그것을 즐기거나 또는 변 화시킬 수 있는 방법을 찾으려고 노력하는 데 대단히 많은 시간을 투자한다. 이러한 의식은 경제적인 관계에 집중된다.

나아가 상상력의 공유는 경제와 사회, 기업을 하나로 결속시킨다. 따라서 대부분의 리더십과 경영전략은 그들이 공유할 수 있는 목표를 수립하는 데 집중되며, 이 목표에 따라 미래가 창조된다. 예를 들면 1995년에, 배경이 서로 다른 수백 만 명의 다양한 사람들이 장차 인터넷이 상업과 오락 및 개인 통신에서 중추적인 위치를 차지하리라는 확신을 갖게 됐다. 그들은 거센 인터넷 열풍에 휘말렸으며, 그것은 바로 그들이 믿었던 현실이 실제로 나타날 수 있는 토대가 됐다. 인터넷에 대한 폭발적인 관심을 불러일으키는 데는 다른 요인도 많이 작용했지만, 선 마이크로시스템(Sun Microsystems)이 자바(Java)라는 소프트웨어 언어를 소개한 것이 결정적이었다. 자바는 인터넷 전반을 통해 감동적이고 생생한 경험을 가능하게 해주었다.

선은 여러 가지 컴퓨터를 생산하고 있으며, 자바는 그 회사의 주류에서 벗어난 소규모 프로젝트의 결과물이었다. 그러나 선의 경영진은 자바가 그 공동체에 활기를 불어넣을 잠재력을 가지고 있음을 알았고, 자바를 단순히 많은 제품 중 하나로 취급해서는 안 된다는 결정을 내렸다. 그들은 본래 인터넷 열풍을 더욱 부채질하고 그 운동의 리더로서 선의 이미지를 강화하기 위해 자바를 전세계에 무료로 배포했다. 중요한 것은 제품 자바가 아니라 캠페인 자바였다. 마침내 소비자들은 선이 미래에 대한 선견지명이 있으며 유리한 고지를 선점했다고 인식하게 됐다. 선의 판매실적은 올라가고 주식은 급등했으며 나아가 다른 투자자들을 이끌 수 있었다.

기업생태계에 조화와 의미와 긴장감을 부여하는 것은 정신이다. 광범위한 기업 공진화는 유기적으로 연관된 선택들의 네트워크로 유지되며, 아울러 그 선택들은 참여자들이 무엇을 의식하고 있는가에 좌우된다. 베이트슨이 강조했듯이, 사회 시스템의 생각을 변화시킨다는 것은 곧 그 시스템 자체를 변화시키는 것이다. 우리는 새로운 사고의 탄생을 바라보고 있다. 새로운 사고가 실제로 모습을 나타낸다는 것은 곧 상황이 변하고 있다는 것이다. 만약 새로운 사고를 따르지 않는다면, 당신은 결국 완전히 실패하고 말 것이다.

기업들이 더욱 정교한 방법으로 새로운 생태계를 창조하고 마치 조경사나 정원사처럼 능숙한 솜씨로 생태환경을 가꾸어나감에 따라, 새로운 차원의 의식은 경영전략을 지배하게 될 것이다. 앨프리드 챈들러 (Alfred Chandler)가 쓴 『눈에 보이는 손(The Visible Hand)』이라는 훌륭한 경영역사서는 1900년에서 1930년 사이에 발생했던 다부문 조직과 당시 이 새로운 조직을 발전시킨 앨프리드 슬론(Alfred Sloane) 같은 사람들의 의식을 기록하고 있다.[8] 하지만 지금 우리 눈앞에 펼쳐지고 있는 것은 '다부문 조직'과 '눈에 보이는 손'을 뛰어넘은 단계의 혁명이다. 미시경제적 관계들을 아주 정교하고 빠른 속도로 만들었다 부쉈다 하는 것은 막대한 자원과 엄청난 유연성, 강력한 정보시스템이 있는 환경에서만 볼 수 있는 능력이다. 우리는 지금 상상력의 시대에 접어들고 있는 것이다.

상상력의 시대에 기업의 궁극적인 투쟁 목표는 고객의 영혼과 공급자 및 기타 관련 기업들로 이뤄진 거대한 공동체의 마음을 사로잡는 것이다. 가상 조직들로 이루어진 새로운 세계에서는 기상천외한 일들이 일어날 수 있다. 새로운 세계에서는 구태의연한 종래의 경쟁과 협조에 기반한 전략 대신 공진화에 기초한 전략이 자리를 차지하고 이것은 새로운 차원의 경쟁을 펼쳐보인다. 이런 차원에서는 경쟁이 매력적인 미래의 상을 제시하고 일치된 행동을 낳는다. 가장 강력한 영향력을 발휘했던 시기에도 판매고가 60억 달러를 넘어선 적이 없지만, 관련 공급자 수천 명의 집단행동을 주도하고 그들의 행동 양식을 규정했던 마이크로소프트처럼, 한 회사가 얼마나 막강한 힘을 발휘할 수 있는

지 우리는 생생하게 볼 수 있다.

생태계의 세력과 영향력이 낳을 수 있는 이익에 대한 의식이 높아지면 또한 장래의 유망한 파트너들이 리더의 향방에 조금도 방심할 수 없게 된다. 우리는 이미 PC 업계에서 이런 종류의 효과를 보고 있다. 즉 IBM의 절대적인 지위를 붕괴시킨 마이크로소프트의 역할은, 컴퓨터와 통신 나아가 연예업계의 모든 참여자들로 하여금 마이크로소프트의 향후 방침에 촉각을 곤두세우게 만들었다.

이제 마이크로소프트의 잠재적 제휴업체들과 파트너들은 레드몬드(Redmond)의 경험에 비추어 마이크로소프트에 대한 충성을 통해 얻을 수 있는 이득과 함께 그 비용까지도 정확하게 계산하고 있다. 예를 들면 1993년 여름 케이블 업계의 대부인 TCI 타임 워너(Time Warner)를 비롯한 몇몇 회사들로 구성된, 뉴 미디어에 관한 협의체 '케이블소프트(Cablesoft)'는 마이크로소프트와 협력을 모색했다. 그러나 공동 노력으로 달성되리라 기대한 이익보다 마이크로소프트의 사업 동기나 리더십에 대한 파트너들의 우려가 더 높았던 탓에 결국 깨지고 말았다. 그러한 우려는 결과적으로 선 마이크로시스템과 자바를 도와주는 꼴이 되었다. 어떤 공동투자자들에게는 자바가 마이크로소프트에서 개발한 것이 아니라는 점이 설득력을 가질 수 있었다. 선과 자바는 향후 마이크로소프트의 영향력에 대한 견제자로서 환영받았던 것이다.

새로운 기업 생태학

이후의 여러 장에서 우리는 기업생태계가 생물생태계들처럼 어떻게 발전하는가를 보게 될 것이다. 전략의 핵심은 기업생태계의 발전 양식을 이해하는 것이다.

우리는 뚜렷하게 구분되는 기업생태계의 네 단계, 즉 개척—확장—권위—쇄신을 차례로 살펴볼 것이다. 그러나 현실 세계에서는 그 경계가 그렇게 뚜렷하지 않으며, 한 단계에서 발생한 문제들이 다른 단계에서 반복되는 일도 흔하다. 하지만 우리는 산매업, 오락사업, 그리고 제약업과 같은 전혀 다른 사업들에서 시간의 경과와 함께 많은 기업들이 이들 네 단계를 차례로 거쳐 가는 것을 관찰할 수 있을 것이다. 하지만 모든 업계에서 공통적으로 나타나는 것은 공진화, 즉 경쟁적이면서도 협력적인 경영전략 사이에 일어나는 복잡한 상호작용이다.

　이 책은 기업발전과 경쟁의 새로운 생태학적 지도를 완성하는 데 도움이 될 것이다. 왜냐하면 우리를 미래의 경제 시스템으로 인도하는 것은 바로 이 지도이기 때문이다.

　기업경영 세계에서 지금까지 일어났던 거대한 변화들은 앞으로 다가올 변화에 비하면 아주 사소하다. 경영에 대한 생태학적 접근이 좀더 일반화했을 때, 그리고 더욱 많은 경영진이 공진화를 인식했을 때, 경영은 폭발적인 속도로 변화할 것이다. 산업에 대한 전통적인 관점에 갇혀 그 시야가 제한돼 있는 경영진은 회사가 직면하게 될 진정한 도전과 기회들을 상실할 것이다. 그리고 새로운 현실을 인지한 주주들과 이사진은 결국 그들을 쫓아낼 것이다. 엄청난 모험을 감수해야 하겠지만 역동적인 기업생태계를 확실하게 인지한 회사들에는 그에 상응한 대가가 있을 것이며 맞붙어 싸워야 할 도전들은 그들에게 유례없는 활력을 불러넣을 것이다.

생태학적 은유

하와이란 낙원에서 지구를 4분의 1바퀴 돌아간 곳에 물리학적으로는 아주 비슷하지만 생물학적으로는 상당히 다른 땅, 코스타리카가 있다.[1] 화산이 활동중인데다 생태학적으로 아주 다양한 열대지방인 코스타리카가 하와이와 다른 점은 지리적 위치다. 즉 코스타리카는 망망대해인 태평양 한가운데 고립돼 있는 것이 아니라 남북 아메리카 대륙을 잇는 육지와 마주 대하고 있다. 거의 300만 년 동안 코스타리카는 남북 아메리카에서 찾아온 수많은 종들의 침입을 받아왔다. 언제라도 새로운 이주자들이 접근할 수 있는 곳에서는 '외래종'이라는 용어에 아무런 의미가 없다.

경쟁의 각축장에서 살아남은 생존자들은 그들의 생태적 지위를 강경하고 집요하게 지켜낸 방어자들이다. 생존자들은 끊임없이 침입자들을 격퇴해야 하기 때문에 몇 겹으로 둘러싸인 방어책을 만들어야 한다. 예를 들면 식물들은 벌레들이 마음 놓고 나무 줄기를 타고 건너오는 것을 막는 머리카락처럼 가느다란 부속 기관이나 적들을 함정에 빠뜨리는 아교처럼 끈적끈적한 물질, 소화를 방해하는 물질 등 약탈자들을 퇴치하기 위한 몇 겹의 정교한 함정들을 개발해내야 한다. 수백 만에 이르는 종들이 만들어놓은 수백 만 가지 방어책들이 결합된 결과, 가까스로 뿌리를 내린 외래종은 극히 소수에 불과하며 그것도 아주 한정된 범위에서만 그럴 수 있었다. 전체적으로 코스타리카의 생태계는 하와이에서 볼 수 있는 생태계보다 훨씬 강인하고 원상회복력도 강하다. 하와이의 허약한 생태계와 달리 코스타리카의 생태계는 풋내기 외래종 때문에 생기는 혼란에 단호하게 저항한다. 대체적으로 코스타리카의 생태계는 어떤 공격을 받으면 오히려 더욱 견고한 상태로 재건된다. 이러한 원상회복력은 열대건조림을 복구한 놀라운 일화에서 증명됐다.

코스타리카의 열대건조림은 경작할 땅을 찾는 농부와 소를 방목하는 사람들에게는 오랫동안 아주 매력적인 곳이었고 마침내 금세기 중엽 거의 모든 산림에서 재래종들이 종적을 감추고 말았다. 그러자 최근 산림을 복구하려는 캠페인이 대대적으로 시작됐다. 1971년부터 코스타리카 정부의 지원과 전세계 환경보호단체들이 조성한 기금으로 그 땅을 매입해 국립공원 시스템에 통합했다. 방목장과 농장의 생태학적 재생을 위해 원시림에 얼마 남지 않은 나무들이 파종됐다. 얼마 되지 않아 재래종 건조림이 공원 지역 전체에서 복구되기 시작했다. 산림 생물학자들은 새로 나무를 심기 시작한 지역이 원래 원시림과 생태학적으로 거의 구별이 되지 않을 정도로 울창해지기까지 15년 정도 걸릴 것이라고 진단하고 있다.

여기서 우리가 알 수 있는 것은 자연생태계마다 원상회복력과 도전에 맞서는 능력이 크게 다르다는 사실이다. 고립된 상태에서 침입자의

도전을 받지 않고 공진화하는 하와이와 같은 생태계는 다른 생태계와 마찬가지로 유기적으로 결합된 복잡한 관계를 발전시키기는 해도 효과적인 방어 시스템을 만들지는 못한다. 이러한 생태계는 외래종의 공격에 아주 약해 큰 재해를 당한 후에는 다시 복구되기 어렵다. 이와 대조적으로 신입자들이 끊임없이 밀려들어오는 상황에서 공진화하는 생태계는 거의 뚫고 들어갈 틈이 없을 정도로 견고함을 보여준다.

마찬가지로 높은 관세나 산업간 전통적인 경계 또는 정부의 규제로 보호받는 기업에는 개방적이고 경쟁이 치열한 생태계가 갖추고 있는 방어수단이 없다. 규제가 철폐되기 이전의 전력회사나 전화회사, 운수회사, 은행을 비롯한 금융 서비스회사, 그리고 공공부문과 민간부문의 의료복지비용에 대한 통제를 실시하고 관리치료 프로그램(managed care program)이 부상하던 1980년대 이전의 의약업계를 생각해보라. 이들 모두는 강력한 보호막 속에서 성장했다. 본질적으로 그들은 하와이식 환경 속에서 발전했기에 지나칠 정도로 내부에만 초점을 맞추어 외부의 공격에 대한 효과적이고 조직적인 방어수단을 갖추지 못했다.

이와는 대조적으로 코스타리카의 특성을 가진, 즉 산업간 경계가 거의 없고 새로운 사고와 사람, 조직에 쉽게 접근할 수 있는 환경에 있는 사업들도 많다. 상품의 도산매 유통업과 제조업, 전자공학, 컴퓨터 하드웨어와 소프트웨어, 그리고 오락업계가 언뜻 떠오르는 몇 가지 예다. 이들 사업부문은 일반적으로 훨씬 겨루기 힘든 경쟁자들과 치열하게 싸워야 했지만 정부와 규제의 영향을 벗어났기 때문에 훨씬 강력해질 수 있었다.

아마도 코스타리카와 비견될 정도로 경쟁이 치열한 환경은 컴퓨터와 통신, 오락, 금융 서비스가 하나로 통합되면서 생긴 사업부문일 것이다. 주도적인 기업들은 제품 및 업무과정을 아주 빠르고 지속적으로 혁신시키고 있다. 그것은 한 치의 오차도 없이 승자와 패자가 결정되는 환경이다. 이런 추세를 따라가지 못하는 기업은 완전히 떨려나가거나 훨씬 뒤처진 낙오자 신세를 면할 길이 없다. 이러한 환경에서 활동하는 기업들은 점차 가치증식과 비용절감의 가파른 궤도를 유지하는 데 필요하다고 생각되는 것은 제외하고는 외부에서 조달하거나 하나 또는 몇 가지로 특화시키고 있다. 그러나 이러한 조직들은 서로 협력해야 한다는 것을 알고 있으며, 정보와 통신기술을 이용해 네트워크와 가상 팀을 구성한다. 그들은 또한 다른 회사들과 제휴해 연구개발과 제품계획 및 시장창출 활동을 벌이고 그럼으로써 기대했던 결과를 더욱 효과적으로 얻기 위해 미래에 대한 비전을 통합하고 조절하는 방법을 찾는 데 도사가 됐다.

컴퓨터 및 정보통신 회사를 매수합병하는 어느 회사 경영자와 대화를 나눈 적이 있다. 그녀는 '정보공간'에 초점을 맞추어 그들의 일을 설명했다. 코스타리카와 같은 기업환경인 이 업계에는 전혀 어울릴 것 같지 않으면서도 너무도 완벽하게 그것을 표현하는 '정보공간'이라는 말에 나는 그만 웃음을 터뜨리며 수긍하지 않을 수 없었다. 역동적인 세계에서는 이미 경계가 뚜렷이 확립된 시장뿐 아니라 잠재시장에 대해서도 생각할 수 있어야 한다. 우리에게는 기회를 탐색하는 과정에 우리의 상상력이 뻗어나갈 수 있는 범위를 반영하는 언어가 필요하다. '정보공간'이라는 말이 '컴퓨터와 정보통신'이나 혹은 이와 비슷한 좁은 의미의 표현보다 훨씬 어울리는 것은 바로 그런 이유에서다.

이 책에서 제기되는 아이디어들이 아무리 높고 멀리 뻗어나간다 해도 결국 그것들은 이 코스타리카식의 '정보공간' 안에서 이루어진다. 지금 기업생태계에서는 치열한 영역 다툼이 벌어지고 있다. 이러한 혼돈 속에서 누가 승자가 될 것인가, 또는 궁극적으로 지배적인 지위를 차지할 생태계가 어떤 형태를 취할 것인가를 말하기는 어렵다. 그러나 나는 참여자들이 역동적으로 움직이는 생태계 변화의 역학을 누구보다 분명하게 이해했을 때 중요한 고지를 선점할 수 있다는 것은 확신하고 있다. 더욱 중요한 것은 이와 똑같은 문제들이 대부분의 다른 산업계에도 나타나고 있다는 사실이다. 따라서 이것은 모든 경영자들이 관심을 기울여야 할 아주 중요한 문제다. 생물학에 비유해 이러한 문제들을 명료하게 나타내는 것도 좋은 방법 중의 하나다.

새로운 관점—비즈니스와 생태계

이 책의 전제를 이해하려면 다른 표현형식을 사용하고 자신과 자신의 환경을 아주 색다른 방식으로 바라볼 필요가 있다. 이러한 사고의 전환은 쉽지 않다. 대부분의 경영진은 자신을 그들 생태계의 미래를 창조적으로 가꾸려 애쓰는 정원사나 조경사 혹은 야생동물 조련사로 생각하지는 못한다. 그러나 이러한 사고의 전환은 곧바로 성공과 실패의 갈림길이 될 수도 있다.

지금 경영자들은 자신을 경영자로, 회사를 회사로, 그들이 경쟁하고 있는 환경을 시장 혹은 산업계로 생각한다. 그러나 경영진은 생물학적 유기체가 생물학적 생태계에 참여하는 것처럼 자신도 유기체의 일부분으로 한 생태계에 참여하고 있다고 생각할 필요가 있다.

당신의 '회사'를 회사로 생각하지 말고, 대신 종(種)이나 유기체로 생각하라. 오늘날과 같이 고도로 복잡한 세계에서는 유기체가 하나의 업무과정이나 부서가 될 수도 있고, 사업부 단위나 전체 회사가 될 수도 있다. 당신의 '고객—공급자 네트워크' 혹은 '광의의 기업'을 생각하는 대신 눈앞에 있는 네트워크보다 훨씬 광범위하고 훨씬 풍부할 수도 있는 당신의 생태계에 대해서 생각하라. 매일 매일 급박하게 돌아가는 상황에 압박받고 있는 경영진은 핵심사업에만, 혹은 그들이 광의의 기업이라고 여기는 것에만 매달리게 된다. 그러나 그들은 전체 기업생태계에 중점을 두어야 한다. 논의를 더 진행하기 전에 몇 가지 정의를 내려보자.

생물생태계. 상호작용하는 생물들의 유기적 조직체와 그것들이 살고 있는 터전이며, 또한 그것과도 상호작용을 벌이게 되는 환경(예를 들면 호수와 숲, 초원, 툰드라 등)을 더한 개념. 그러한 시스템에는 무기질 이온과 유기화합물, 기후(기온, 강우량, 기타 물리적 요인들) 같은 무생물적 구성요소들이 모두 포함된다. 이 생태계를 구성하고 있는 생물들은 일반적으로 몇 가지 영양(營養) 차원의 대표자들로 나뉜다. 즉 1차 생산자(주로 녹색식물)와 대량 소비자(주로 동물로 다른 생물체나 미립유기물질을 섭취한다) 미량 소비자(주로 박테리아와 균류로 위에서 열거한 생물체들이 죽으면 복합 유기물질을 분해한다)가 그것이다.[2]

기업생태계. 아직 기업생태계라는 용어가 수록돼 있는 사전이 없기 때문에 내가 의미하는 바를 직접 기술하겠다.

기업경영세계의 생물체인, 상호작용하는 조직과 개인들을 토대로 한 경제적 공동체. 이러한 경제적 공동체는 고객에게 가치 있는 제품과 서비스를 생산하는데 고객도 그 생태계의 구성원이다. 또한 이 생태계를 구성하는 생물체에는 공급자와 주요 생산자, 경쟁자 및 투자자가 포함된다. 시간이 지나면서 그들은 자신의 역량과 역할을 서로 발전시키며, 하나 이상의 중심 회사가 설정한 방향을 따라 움직이는 경향이 있다. 생태계의 리더 역할을 하고 있는 이들 회사는 시간이 지나면서 교체할 수 있으나, 생태계 리더의 기능은 구성원들이 공유할 수 있는 비전을 가지고 투자를 일정한 방향으로 집중시키고, 그 과정에 구성원들이 서로 보완적인 역할을 한다는 것을 알게 해준다. 따라서 그들의 역할은 공동체에 의해 평가받는다.

　내가 기업생태계에 대해서 경영진에 이야기하면, 그들은 이 개념에 흥미를 가지면서도 처음에는 약간 어리둥절한 듯 보인다. 기업생태계의 구성요소들은 정확히 무엇인가? 한 기업생태계의 테두리를 정하는 경계는 무엇인가? 간단히 말해 기업생태계는 고객과 (대리점과 유통경로 그리고 보조적인 제품 및 서비스의 판매자를 포함하는)시장 중개자와 공급자 그리고 그 자체로 이루어져 있다고 할 수 있다. 이것들이 생태계의 가장 기초적인 종이라고 할 수 있을 것이다.

　그러나 기업생태계에는 이들 기초적인 종들의 소유자 및 그들과 관련된 투자자들은 물론 정부기관과 규제기관들, 고객이나 공급자들의 이익을 대표하는 협회와 표준단체들(standards bodies)을 비롯해 일정한 상황에 영향력을 행사하는 강력한 종들도 포함된다. 또한 생태계에서는 당신 또는 공동체의 다른 주요 구성원들과 경쟁할 수도 있는 회사들과 함께 당신의 직접적인 경쟁자도 포함한다. 이런 종들이 다양한 형태로 결합돼 있는 것은 한 특수한 생태계를 이루는 식물과 동물군으로 간주할 수 있을 것이다.

　〈도표 2-1〉은 어느 정도 전형적인 기업생태계를 시각적으로 보여준다. 그리고 기업생태계의 영역이 기업의 성장, 유지에 필수적인 핵심사업과 그것을 확장한 광의의 기업보다도 얼마나 광범위한가를 보라.

　생태계라고 해서 그 규모를 지나치게 크게 잡을 필요는 없다. 기업생태계는 진취적인 소규모 기업활동을 가리킬 수도 있고 거대한 기업군(群)을 가리킬 수도 있다. 동네 식당도 음식을 배달함으로써 가끔은 인근 기관과 지역 주민, 즉 인근 양로원이라든가 보험회사, 후원자를 구하는 소년 야구팀과 연계를 갖는다. 그 식당을 지역사회의 구심점에 놓고 보았을 때 주고 받는 관계가 가능해진다. 이러한 관계는 일종의 호혜적인, 서로에게 도움이 되는 관계이며, 따라서 하나의 기업생태계로 규정지을 수도 있다. 더욱 중요한 것은 이러한 관계의 네트워크를 적극적으로 개발하는 것은 그 식당 경영자가 의식적으로 추구해야 할 중요한 전략이며 또 반드시 그렇게 돼야 한다는 것이다.

생태계라는 개념이 생물학에서는 아주 유연성 있는 개념임을 명심해야 한다. 그것은 때로는 특수지역을 중심으로 한 생태학적 집단(예컨대 습지 생태)을 설명하기 위해, 때로는 지구의 생물권(生物圈, 즉 생태계)을 설명하기 위해, 또는 이 둘 사이의 호혜적인 시스템을 설명하기 위해 쓰일 수 있다.[3] 마찬가지로 이 개념을 기업에 대입시키면 그 시스템이 크고 작음을 떠나 잠재적으로 엄청난 이익을 가져올 수 있는, 서로 뒤얽힌 관계에 어떤 것들이 포함되는지 밝히고 이를 개발

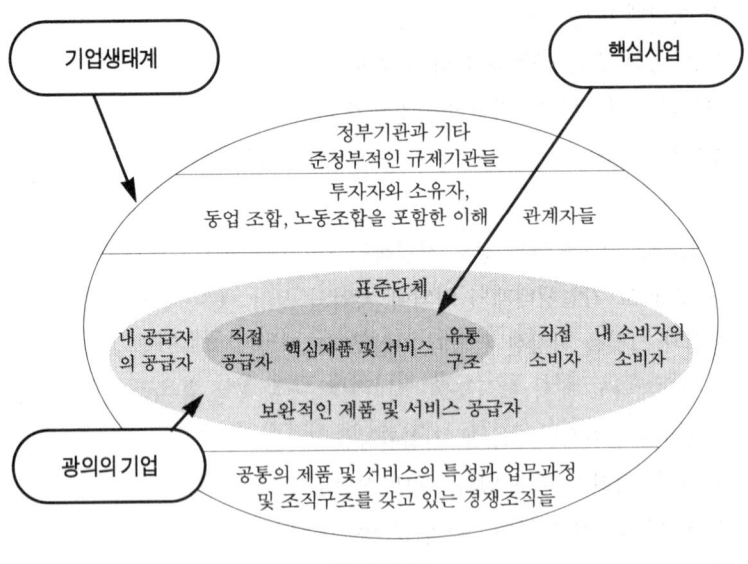

〈도표 2-1〉

56

하는 데 이용할 수 있다. 중요한 것은 그러한 관계들이 고객에게 이익을 주고, 하나의 기업체를 효과적으로 조직하고 이끌어갈 수 있는 새로운 아이디어를 구체화한다는 것이다. 앞으로 살펴보겠지만, 영역별로 분할된 AT&T의 각 독립회사들이 성공할 수 있는 가장 중요한 열쇠는 서로 얼마나 가치 있는 정보 및 통신 솔루션들을 제공하고 통합하는가 하는 것이다.

기업생태계는 전통적인 산업의 경계를 중요하게 생각지 않는다. 그것은 종래의 산업 내부에서 번창할 수도 있고 그들 사이에 양다리를 걸칠 수도 있다. 사실 기업생태계가 산업의 전통적인 경계와 관계를 맺는 방식은 자연의 생물학적 생태계 경계가 일반적으로 지정학적 경계를 넘나드는 방식과 비슷하다. 예를 들어 AT&T가 거대한 상업적 고객을 위해 창출할지도 모를 전자적 상거래 방식은 아무래도 여러 산업분야, 즉 컴퓨터·시스템 통합서비스·근거리전화 서비스·장거리 전화 서비스·산매 금융(retail banking)과 신용거래 서비스 분야 등의 도움이 필요하다. 그 관계가 〈도표 2-2〉에 나타나 있다.

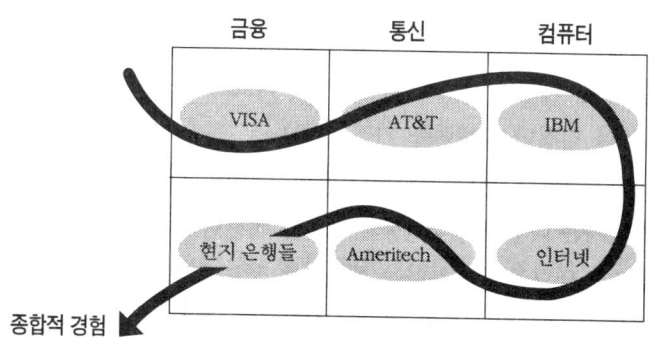

〈도표 2-2〉

과거에는 위에 열거된 회사들이 1차적으로 고유영역 속에서 비슷한 업종과 경쟁을 벌이는 형태로 자신을 상정했을 것이다. 그러나 오늘날에는 강력한 종합 솔루션 혹은 경험을 창조하기 위해, 나아가 이러한 솔루션들을 고객에게 제공하는 기업생태계를 구축하기 위해 전혀 다른 영역에서 기여할 수 있는 기업들을 통합하려고 애쓴다.

생태계들로 이루어진 세계에서의 전략 수립

성공적인 기업생태계의 핵심에는 다음과 같은 경제 모델이 있다.

• 최종 소비자에게 중요한 가치를 제공하는 토대가 될 만한 한두 가지 핵심 역량이 있다. 예를 들어 정보시장 내부에서는 마이크로프로세서를 만들어낼 수 있었기에 전자계산을 광범위하게 이용하게 됐다. 이와 마찬가지로 인터넷은 전지구적인 원거리통신의 지평을 열 것이다. 제조업 분야에서는 생산을 조직하거나 사람들의 재능을 새로운 방식으로 묶는 데서 혁명적인 역량이 나타날 수 있다. 예컨대 W. 에드워즈 데밍(W. Edwards Deming) 등의 작업은 총체적 품질관리를 위한 아이디어들을 제공해주었다. 마찬가지로 의료보건 분야에서는 신약을 개발하거나 엄청난 잠재력을 가진 공공보건 프로그램을 조직하는 능력이 기업생태계를 위한 토대를 제공할 것이다. 이들 역량의 무한한 잠재적 가치는 다양한 경영활동의 제휴를 촉진한다.

• 새로운 역량을 구체화하는 핵심제품 또는 서비스는 대량 판매를 낳고, 이로써 강력한 규모의 경제가 실현된다. 특히 컴퓨터 칩과 소프트웨어 형태의 제품은 그 판매량이 커지면 커질수록 추가비용은 거의 제로에 가까워진다. 따라서 정보공간의 대규모 생산과 판매에서 얻게

될 잠재적인 수익률은 엄청나다.

• 기업이 축적한 종합적 경험은 궁극적으로 고객에게 제공된다. 고객의 요구를 완벽하게 충족시키는 종합적 경험은 핵심제품 또는 서비스 뿐만 아니라 고객의 경험의 질을 한층 고양시키는 다양한 보조제품 및 서비스를 통해서도 얻어진다. 인터넷은 컴퓨터 네트워킹과 관련된 역량들이 하나로 모인 것이며, 넷스케이프 등은 인터넷 상의 전자상거래를 가능하게 하는 핵심 소프트웨어 제품 및 서비스를 제공하고 있다. 그러나 그러한 경험이 구체적 형태로 나타날 수 있는 것은 수백만 명에 달하는 이용자 및 수천 명의 내용 공급자 때문이다.

• 강력한 규모의 경제를 실현하는 핵심제품과 서비스를 통해 얻은 이익은 역량을 더욱 더 증대시키고 미래 세대의 제품과 서비스를 개발하는 데 재투자된다. 이로써 가격을 인하하고 성능을 확장시키는, 끊임없는 '혁신궤도'가 만들어진다. 최종 소비자와 제휴한 회사는 이러한 핵심사업이 그들에게 현재보다 나은 미래를 가져다 줄 것이라고 믿게 된다.

• 핵심사업을 통해 얻은 수익은 생태계 자체의 리더십과 지원을 위해, 즉 복음주의와 같은 '제휴공동체 발전' 활동과 표준 제정 및 관련 회사를 감독하고 논란을 해소하는 데도 투자된다. 이로써 최종 소비자와 공동체 구성원은 생태계를 이루고 있는 제휴 관계들이 잘 유지될 것이라는 생각을 갖게 된다.

• 위에 열거한 구성요소들은 이른바 투자와 수익의 '선순환(virtuous cycle)'으로 통합된다. 이 사이클은 핵심제품과 서비스 및 제휴공동체 세력의 지속적인 개선을 위해 이중 고리로 순환한다.

마찬가지로 생물학적 계열에서는 최초의 입식자가 햇빛과 무기질을 생물적인 구조로 변화시킨다. 그리고 이러한 활동은 다시 나중에 들어올 종들을 부양하기 위한 토대, 즉 여러 요소로 이루어진 양식과 토양 및 주거 공간을 제공한다.

산업내 경쟁이라는 고전적 패러다임에서는 제품이나 제품 리더십을 밀어내기가 상대적으로 쉬웠다. 한 산업계에 새로 진입한 기업들은 필요한 기술을 간단히 복제하고 시설과 인력에 필요한 만큼만 투자해 기존 수준 정도로 만들면 된다. 그러나 그와는 대조적으로 기업생태계의 환경을 조성해나가는 리더를 밀어내기는 어렵다. 일단 선순환이 확립되면 공격하기 어렵다. 마이크로소프트와 인텔은 그들의 지위에 대한 끈질긴 포위 공격을 막는 수많은 방법들을 개발해냈다. 누가 그리고 언제 창립자 레이 노르다(Ray Noorda)를 계승해야 하는가 하는, 해결하기 어려운 내부문제로 혼란에 빠졌던 네트워킹 소프트웨어 회사 노벨(Novell)도 어쨌거나 수년 동안 반란자들을 퇴치해내고 있다.

생태학적으로 자기 위치를 확고하게 다진 종이 계속해서 권력을 장악하는 데는 여러 가지 이유가 있다. 당연히 그들은 선발주자로서 대가를 치렀고 또 경영 모델에 따라 규모의 경제를 실현하고 있다. 이것

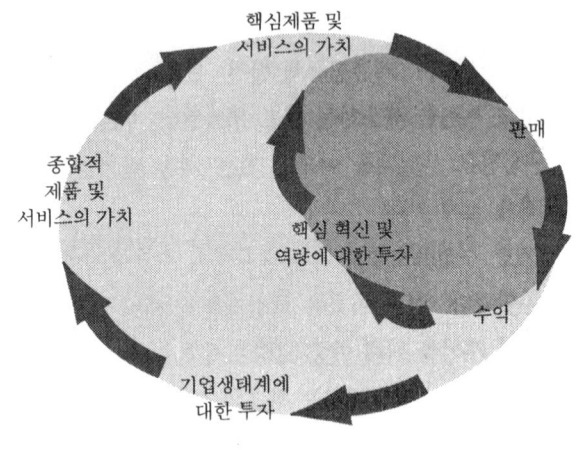

〈도표 2-3〉

은 신규 진입자들에 비해 우세한 지위를 보장해준다. 그러나 시장이 세계화하고 자본이 풍부한 시대에는 그것도 결정적인 것이 아니다.

현재 생태계에 자리잡은 이들 특수 종이 그 생태계의 리더로서 지위를 유지해 나갈 수 있는 것은 생태계의 다른 구성원들이 새로운 진입자들을 꺼리기 때문이다. 그들은 묻는다. 이 신규 진입자는 얼마나 오래 버틸 수 있을까? 이 신입자는 생산량을 충분히 제공해줄 수 있을까? 이 신입자는 현재 생태계에 영향력을 가진 종들이 가해올 보복으로부터 나를 보호할 수 있을까? 이 신입자는 공동체에서 건설적이고 통찰력 있는 리더십을 발휘할 것인가? 이 신입자는 공동체 내부에 분란이 일어났을 때 과연 이를 공정하게 심판하고 반란자들을 평정할 수 있을까? 이 신입자는 지지하는 사람들을 공평하게 대할까? 일반적으로 그 구성원들은 변화에 대해 긍정적인 생각을 갖고 있더라도 이런 질문들에는 부정적인 답변을 할 것이다.

확실히 그 생태계에 기반을 든든히 두고 번성하는 종이 된다는 것은 그리 쉬운 일이 아니다. 이것은 정보공간에서 자기 기반을 구축하고자 했으나 생태학적으로 실패했던 수많은 기업으로부터 배울 수 있는 교훈이다. 이제 겨우 감지되기 시작한 생태학적 주도권자라도 참여자 및 관련 기업의 결합에 의해 상당한 가치가 실현될 거라는 약속을 해주어야 한다. 어떤 구조 아래 이루어지는 제휴든 그것은 반드시 수많은 최종 고객에게 진정 가치있는 것을 가져다 줄 수 있는 유일한 선택으로 비쳐야 한다.

수많은 제품과 서비스는 다른 누구보다도 그것을 창안하고 추진했던 사람에게 가장 가치 있는 것 같아 보인다. 제품을 고안한 사람은 잘 팔릴 것이라 예상했으나 새롭고 획기적인 가치가 없어 고객의 관심을 끌지 못하고 사장된 제품이 많다. EO 전신발신기, GO 팜톱 (palmtop) 컴퓨터, 3DO 비디오게임 박스, 제너럴 매직(General Magic)

의 퍼스널 디지털 어시스턴트를 위한 오퍼레이팅 소프트웨어 들은 고객에게 그것을 사야 할 확실한 이유를 제공하지 못해 대량 판매로 발전하지 못했던 실례들이다. 기업생태계가 주는 교훈은 바로 가치와 규모의 경제 및 지속적인 혁신을 확보해야 하고 또한 점차 커지는 제휴세력들의 공동체에 투자해야 한다는 것이다.

생태계들의 본거지인 확장하는 풍경

새로운 세계의 기회환경들은 계속해서 그 규모와 역량을 확장시킨다. 이는 곧 기회환경이 확장됨에 따라 생태계들이 새로 들어설 여지가 생기고 따라서 생태계의 중심들이 더 많이 생겨날 수 있음을 의미한다. 이는 특히 정보공간의 세계에서 두드러지게 나타나는 현상이다. 금융관련 유통 프로그램처럼 한때 좁은 영역(niche)에만 갇혀 있던 특정 분야들이 이제는 제품 및 공동체의 개발에 막대한 재투자를 할 수 있을 정도로 판매량이 늘어나고 있다. 예전에는 공진화에 구심점이 됐던 중심들의 수도 적고 이를 이끄는 리더도 적었던 기업환경이 지금은 훨씬 더 많은 중심과 리더를 수용할 수 있게 됐다.

이것은 정보공간에서의 경쟁이 새로운 성격을 띠게 됐다는 것을 말한다. 이제 기업들은 다른 기업들이 현재 차지하고 있는 지위를 공략하기보다는 새로운 중심, 즉 새로운 기업생태계를 만드는 데 더 열심이다. 휴렛 팩커드의 모토인 '선점자가 없는 고지를 공략하라'를 채택하는 회사가 많아진 것이다. 많은 기업은 이미 확립된 기업생태계의 중심을 공략하려고 하지 않는다. 이들 영역은 견고하게 정비돼 있으며 대개 새로운 개척자들에게 대단히 적대적이라는 사실을 알고 있기 때문이다. 그러니 다음과 같은 대안들을 성취하기 위한 전략에 초점을 맞추는 것은 오히려 당연하다.

1. 자신의 요새를 재발견하고 강화한다. 그리고 그것을 둘러싸고 있는 기업 '하위생태계(subecosystems)'를 구축하기 위해 진력한다. 자신이 이미 확보하고 있는 규모의 경제를 가능하게 하는 것과 지속적인 혁신을 위해서는 어떤 능력이 필요한지 파악한다. 구조적 표준과 고객이 선호하는 것을 당신의 강점과 일치시킬 수 있는 방법 뿐만 아니라 관련기업의 제품과 서비스에 자신이 이바지할 수 있는 방법을 찾는다. AT&T는 통신서비스 분야에서 자사의 네트워크와 소프트웨어를 중심축으로 로터스와 노벨 같은 기업들이 새로운 제품이나 서비스를 개발할 수 있도록 노력하고 있다.

2. 자신을 중심으로 한 하위생태계들을 결합하고, 이 하위생태계들을 이용해 인접 영역들에서 새로운 위치를 확보할 수 있도록 노력한다. 마이크로소프트는 이 분야의 대가다. 마이크로소프트는 주요 응용프로그램들을 오피스(Office)라는 응용프로그램 집합체로 통합해 1995년까지 70억 달러 규모의 응용프로그램 시장을 90% 이상 장악할 수 있었다. 때로는 어떤 위치에 있는 규모의 경제를 다른 위치에 '빌려줄' 수도 있다. 마이크로소프트 네트워크(Microsoft Network)는 윈도95에 편승해 마이크로소프트가 오퍼레이팅 시스템에서 이미 달성해놓은 유통 규모를 이용하고 있다.

3. 선점자가 없는 고지를 찾아내 이를 장악하는 데 투자한다. 휴렛팩커드(HP)는 프린터를 가지고 이것을 해냈다. 몇년 전 HP는 퍼스널컴퓨터와 연결된 프린터, 특히 디자인과 제조 및 유통분야에 아직 개척되지 않은 잠재적 혁신 가능성이 많다는 것을 발견했다. 혁신이라는 관점에서 보았을 때 당시 실용성의 범주에 걸맞은 프린터는 개발 정도

가 미미했다. 그 회사는 일본 캐논으로부터 기술을 지원받고, 여기에 규모의 경제로 고품질의 소프트웨어를 부가하고, 제조비용을 낮추는 방법을 개발해, 판매대리점 및 산매상들에 대해 지배적인 우위를 구축하면서 프린터 시장을 선점하는 데 전력을 다했다.

선점자가 없는 고지에 접근하는 주요 방법은 다음과 같다.

• 그 영역의 중요성이 점점 커지는데도 아직 아무도 확고한 입지를 다지지 않은 가치를 창조해낸다.
• 그에 필요한 역량들을 통합하는 데 전력을 기울인다.
• 그 영역에서 지배적인 입지를 구축하기 위해 필요한 투자와 노력을 아끼지 않는다.
• 확고하게 방어할 수 있는 입지를 구축하기 위해 많은 파트너와 협력한다.

이러한 선택 중 가장 매력적인 성공을 거둔 실례로 넷스케이프 (Netscape Communications)를 들 수 있다. 1995년 넷스케이프는 인터넷 소프트웨어라는 무주공산을 정복하기 위해 막대한 노력을 기울임으로써 그 분야에서 입지를 확고히 했다. 여기서 주목해야 할 것은 넷스케이프는 일단 고지를 장악한 후에 과연 그것이 수익사업을 지원할 수 있을 것인지 결론 내리기에 앞서 그 고지를 점령하는 데 전력을 기울였다는 점이다. 넷스케이프의 회장 짐 클라크(Jim Clark)는 풍부한 그래픽을 지원하는 월드 와이드 웹(World Wide Web)이 시장성을 가질 만큼 충분히 성숙했음을 알았다. 그는 대학을 갓 졸업한 마르크 안드리슨(Marc Andreesen)이 넷스케이프의 기술과 특수문화를 정확히 이해하고 있다는 사실을 알아냈고 여기에 또 월스트리트의 투자자들이 특별한 관계를 맺으려 했던, 경험 많고 유명한 관리 경영자 짐 박스데일

(Jim Barksdale)을 가세시켰다. 그런 다음 넷스케이프는 제품개발에 막대한 투자를 하면서 초보적인 데스크톱 '브라우저(browser)' 소프트웨어를 무료로 나누어주고, 수십 개의 다른 소프트웨어 회사들과 제휴해 이들 회사의 소프트웨어를 하나로 묶은 제품을 시장에 내놓았다. 마침내 넷스케이프는 눈독을 들이는 투자자는 많은데 입수 가능한 주식은 너무 적어 주가가 폭등하는 등 화제를 낳으며 일반 금융 시장에 진출했다.

1년도 채 안 돼 넷스케이프는 인터넷 소프트웨어 고지의 정상에 우뚝 섰다. 그러나 넷스케이프의 초기 핵심사업은 자신이 내세운 대대적인 캠페인을 장기적으로 지원하기에 충분한 규모와 총수익을 확보하지 못했다. 넷스케이프가 과연 핵심사업을 성장시켜 자신의 초기 위치를 지속적으로 유지하면서 수익성 있는 기업생태계로 전환할 수 있을는지는 시간이 말해줄 것이다.

4. 핵심 프랜차이즈(franchises), 즉 생태계 리더십을 확보하는 데 관심을 기울인다. IBM은 자신의 독점판매망을 구축하는 대신 로터스의 노트(Notes) 판매망을 사들이기로 결정했다. 평자들은 대부분 노트를 너무 비싸게 사들였다고 생각하지만, IBM이 그것을 최종 소비자와 윈도 인터페이스 사이의 경험적인 공간에 자리하는 판매망으로 전환할 수 있다면 노트를 이용해 데스크톱 분야의 리더십을 되찾을 수 있을 것이다. 흥미롭게도 IBM과 넷스케이프는 둘 다 퍼스널 컴퓨터 세계에서 비슷한 역할을 추구하고 있다. 즉 두 회사는 모두 인터넷을 기반으로 한 생태계의 중심을 차지함으로써 마이크로소프트를 능가하려고 애쓰고 있다. IBM은 로터스를 손에 넣음으로써 그 자리를 샀고 넷스케이프는 소프트웨어를 무료로 나눠주는 것으로 그 자리를 사고 있다. 두 회사 중 누가 자신의 위치를 수익성 있는 사업으로 전환시킬지

눈여겨 보는 것도 매우 흥미롭다.

그런데 최근에는 지배적인 지위를 차지하려는 움직임이 사라졌다. 현재 생태계를 이끌고 있는 주도적인 기업을 몰아내기가 어렵다는 인식이 확산되면서 견고한 고지를 통제하려는 회사들의 시장투자(market capitalizations) 시도가 무력해진 것이다. 이는 결국 어떤 것을 사들인다는 것 자체를 대단히 어려운 일로 만들어버렸다.

AT&T와 기업생태계

자신을 분해하기로 한 AT&T의 결정은 한 회사가 수직적으로 통합된 회사에서 생태계의 창조자와 리더로 전환해간 획기적 사건이다. 그것은 붕괴하고 있는 산업과 시장의 경계에서 빠져나와 광범위한 기회환경을 포착하려는 AT&T의 전망이 어떤 것인지 보여준다. 이것은 하나의 사례로 현재 '정보공간'에서 진행되고 있는 변화에 대해, 그리고 이런 혼돈스러운 환경에서 성공하기 위해서는 무엇을 해야 하는가에 대해 많은 것을 알려준다.

AT&T는 미국 정부와 조인했던 동의안의 유효기간인 1984년까지는 광범위한 정보공간에서 거의 밀려나 있었다. AT&T의 역할은 통신서비스 제공자로서, 관련장비의 설계자 및 제조업자로 제한돼 있었다. AT&T가 가장 크게 좌절한 것은 벨 연구소(Bell Labs)가 이 기간에 광범위한 환경을 변화시키는 여러 가지 혁신적인 기술을 개발해냈다는 사실로, AT&T는 이런 혁신적인 기술을 갖고도 거의 아무런 이익을 얻지 못했다.

AT&T가 컴퓨터 산업에 진출한 것은 마치 마우아 케아 화산에서만 볼 수 있는, 거의 멸종 위기에 처한 하와이의 온순한 새 팔릴라(palila)

가 생존경쟁이 치열한 코스타리카 정글에 둥지를 틀려고 하는 것과 같았다. AT&T는 그 당시 별로 좋지 못한 경영 모델을 가지고 있었다. 게다가 1984년 정부와 결별하면서 이것이 몰고온 파장으로 어떤 것도 실행하기가 어려운 상태였다. IBM 표준이 지배하는 생태계에 합류한 의욕적인 소기업들의 진취적인 네트워크가 전세계를 휩쓸고 있는 역사적인 순간에 AT&T는 수직적으로 통합된 시스템 제조업자로서 컴퓨터 시장에 진출했다. 그러나 컴퓨터 시장에 진출하는 데는 돈이 많이 들었다. 매일 매일이 선순환이 아니라 악순환의 연속이었다.

이어 AT&T는 전략 결정의 두 번째 물결에 일찍부터 참여하게 됐다. AT&T가 최신 정보에 정통한데다 아주 진취적인 선 마이크로시스템과 제휴한 밑바탕에는 점점 의욕적인 모습으로 부상하고 있는 정보 공간의 생태학을 이해하는 데 도움이 되지 않을까 하는 전술적 인식이 깔려 있었다. 이 두 회사는 그들이 이미 지배하고 있는 소프트웨어에 강력한 새로운 칩을 결합함으로써 하나의 새로운 기업생태계(그들은 아직 그렇게 부르지 않았지만 개념은 같은 것이었다)를 창조하고 싶었던 것이다.

그들은 내심 다른 제조업자들이 그들의 소프트웨어를 광범위하게 채택해 새로운 '개방표준(open standard)'이 출현하기를 바랐다. 이론적인 추론에 의하면, 이 표준은 호환성이 높아 여러 기종의 컴퓨터를 결합하고 연결할 수 있게 해주기에 결과적으로 고객들이 아주 매력을 느낄 것이고 따라서 가격 인하에 결정적인 역할을 할 터였다.

중요한 것은 이 새로운 생태계가 현재 컴퓨터 업계의 리더들인 IBM, DEC(Digital Equipment Company), 휴렛 팩커드 등이 이끄는 기존 생태계를 폐쇄적이고 비용이 많이 드는데다 변화를 싫어하는 것으로 보이게 해 그들을 흡수하려고 기도했다는 것이다. 컴퓨터 용어로 말하면 AT&T와 선은 두 개의 주요 UNIX 소프트웨어 진영을 통합해 새로운 RISC 마이크로프로세서 표준(SPARC)을 세우고, 오픈 시스템을 추진해 전통적인 대형 컴퓨터와 미니 컴퓨터 회사들이 컴퓨터 시장에서 장악하고 있던 영역을 해체하려고 했다.

그들의 노력이 개방적 시스템 운동을 촉발하는 주요 요인이 되기는 했지만, 결과는 AT&T와 선의 기대에 어긋났다. AT&T · 선 생태계는 출발부터 난항을 겪었다. 시스템 회사들은 이 마이크로프로세서의 대량 생산체제가 정비될 때까지는 SPARC를 채택하려 들지 않았으며, 텍사스 인스트루먼트와 후지쓰(Fujitsu)를 포함한 반도체 제조회사들은 시스템 회사들의 확약 없이는 이 프로세서의 대량 생산에 투자하려 하지 않았다. AT&T와 선의 제휴는 끔찍한 덫에 걸려 대량 판매→수익→재투자의 선순환을 구축할 수 없었다.[4]

한편 컴퓨터 업계 전체 판매량의 4분의 3을 차지하는 IBM, DEC와 휴렛 팩커드는 일찍이 획기적인 일을 해냈다. 그들은 AT&T와 선이 시장에 내놓은 제품의 수익성을 낮추는 방법의 하나로 AT&T · 선에 대한 대항 · 제휴세력을 결성해 오픈 소프트웨어 협회(Open Software Foundation)를 창설했다. 이를 위해서는 그 회사들이 자신들의 제품을 조금이라도 더 '개방적'이고 호환성이 강한 것으로 만들어야 했고, 이는 다시 점차적으로 제품가격을 대폭 인하할 수 있게 해주었다. 그 결과 그들의 생태계는 유지됐다. 판매수익은 줄어들었지만 고지는 방어됐던 것이다.

선은 그럭저럭 워크스테이션을 판매하는 지위를 유지할 수 있었다. 그러나 AT&T의 거대한 야심은 좌절되고 말았다. AT&T는 결국 터무니없이 높은 가격으로 NCR를 사들였지만 금융 서비스 업계와 산매 업계라는 아주 좁은 영역을 차지하는 데 그쳤다. AT&T는 EO, GO, 제너럴 매직의 구조적인 노력에 투자했지만, 결국 앞에서 이야기한 대로 성공하지 못했다.

1990년대 초에 AT&T의 경영진은 좀더 나은 전략적 논리가 필요하다는 결론을 내렸다. 그래서 서비스 업계의 전략가인 존 피트릴로 (John Petrillo · 현재 AT&T 전략 담당자)는 전반적인 기회환경으로 시야를 넓히고 다른 참여자들이 그 기회환경 안에서 어떻게 성공하고 있는지 폭넓게 조사하는 것을 필두로 그들의 사업을 재조명하기 위한 몇가지 주도적인 계획을 이끌었다. 피트릴로는 이러한 일련의 작업을 통해 AT&T의 음성 및 데이터 서비스가 통신과 컴퓨팅 및 미디어를 통괄하는 종합 솔루션에 중심 요소로 기여했을 때 그것이 얼마나 중요한 가치를 창조할 수 있는가를 보여주었다.

서비스 중심의 이러한 시각은 다음과 같은 결론을 도출했다. 즉 새로운 세계에서 고객들은 다양한 형태의 통신 및 컴퓨팅을 기초로 한 서비스를 받을 것이다. 그렇다면 고객들은 상호 보완적 기능을 가진 제품 및 서비스를 원할 것이다. 그들은 개별 제품 및 서비스를 사기도 하고 이것들을 하나로 묶은 제품 및 서비스를 사기도 할 것이다. 하지만 어떤 경우든 AT&T가 제공할 수는 없을 것이다. 그렇다면 AT&T는 자신이 지배하고 있지 않은 생태계를 포함하여 다양한 생태계에 참여하는 방법을 배울 필요가 있을 것이다.

AT&T는 새로운 정보산업의 기본적인 조직원리는 기업생태계의 중심에서 끊임없이 기술혁신을 수행하는 전문회사들의 조직원리라는 것을 인정했다. 기업은 자신이 가장 잘 할 수 있는 한두 부문을 특화하고, 종합 솔루션을 제공하기 위해 다른 기업들과 유연하게 협력한다. AT&T는 자신이 차별적인 우위를 차지하고 있는 몇 부문을 찾아내 이를 특화하고 각 부문의 주요제품을 축으로 새로운 기업생태계를 창조할 필요가 있었고 이를 위해서는 다른 전문회사들, 즉 칩 제조 회사, 시스템 통합 회사, 가전제품 시장 등과 좀더 긴밀히 제휴해야 했을 것이다.[5]

사고를 더 진전시키면, 차별적인 우위를 차지하기 위해 AT&T가 해야 할 가장 중요한 일은 규모의 경제와 지속적인 혁신을 결합하는 것이 되리라. 추가 서비스 비용이 그 이전 비용보다 낮은 규모의 경제는 AT&T가 이미 잘 알고 있는 것이었다. AT&T의 핵심 네트워크는 매년 1분에 1500억 회선 이상의 통화량을 처리하고 있었고 AT&T의 마케팅 및 판매 조직은 이미 8000만 명이 넘는 고객을 확보하고 있었다. 끊임없는 혁신은 곧 지속적인 비용절감으로 이어질 것이다. 마찬가지로 중요한 것은 AT&T가 이렇게 규모의 경제와 지속적인 혁신을 결합함으로써 일상재를 공급하는 아류회사들보다 앞선 서비스를 제공할 수 있으리라는 점이었다.

후에 AT&T 사장이 된 알렉스 맨들(Alex Mandl)은 AT&T 통신서비스(AT&T Communications Services)운영책임자가 됐을 때 이 작업에 더욱 박차를 가했다. 그가 주장하는 바에 따르면 AT&T 통신서비스 사업은 두 영역에서 뚜렷한 강점을 가지고 있었다. 첫째로 AT&T는 세계적으로 높은 신뢰성과 고성능 통신서비스, 그리고 그것들을 팔고 서비스하고 끊임없이 발전시키는 인력을 가지고 있었다. 둘째로 AT&T는 신뢰성 있는 상표와 전세계적인 통신망, 수백만 고객에 대한 정보를 가진 세계적인 마케팅 회사였다. 따라서 AT&T 통신망을 기반으로 한 서비스와 AT&T의 마케팅을 핵심축으로 새로운 종합적 가치 시스템, 즉 기업생태계를 어떻게 창조해낼 것인가 하는 전략적 문제들이 현안으로 떠오르기 시작했다. 매코우 이동통신(McCaw Cellular)의 합병, 미국과 세계 각국의 근거리전화 서비스 참여뿐 아니라 인텔과 로터스, 노벨 등과의 관계 설정도 이러한 전략에서 비롯된 것이었다.

서비스 중심 전략은 AT&T에 기업운영에 관한 여러 가지 문제를 제기했다. 예를 들어 AT&T의 통신장비사업은 어떻게 처리해야 하는가? 가장 중요한 통신장비 회사인 AT&T 네트워크 시스템(AT&T Network

Systems)은 대규모 통신서비스 업체에 보조적인 설비와 서비스뿐 아니라 하드웨어와 소프트웨어의 연결을 제공하고 있다. AT&T 통신서비스도 큰 고객이지만, 네트워크 시스템은 또 베이비 벨스라는 지역 전화회사 및 전세계 정보통신망 업자에게도 서비스를 제공하고 있었다. 게다가 네트워크 시스템은 연예오락 회사들이 만든 첨단 네트워크와도 긴밀한 이해관계를 갖고 있었다. 예를 들어 네트워크 시스템은 올랜도 쌍방향 유선 텔레비전 시험방송 때 타임 워너(Time Warner)와 파트너로 일했다. 이들 회사는 앞으로 네트워크에 대해 다른 것은 몰라도 최소한 규제장벽은 낮아지고 전세계적으로 확산될 것이며, 그들이 점차 종합 솔루션을 제공하게 되면서 서로 직접적으로 갈등할 기업생태계를 구축하게 되리라는 사실을 감지할 수 있었다.

네트워크 시스템의 비(非) AT&T 고객 가운데 몇몇 회사는 갈수록 네트워크 시스템에서 장치를 구입하는 것을 꺼렸다. 그들은 네트워크 시스템에서 장치를 구입하면 종당에는 그들의 고유영역과 사업분야를 잠식당할 것이라고 생각했다. 갈수록 지역간·국가간 경계가 허물어지고 관계가 밀접해짐에 따라 두려움은 더욱 커졌다.

한편 AT&T의 몇몇 경영진은 네트워크 시스템이 베이비 벨스나 외국의 여러 전화회사에 첨단장비를 파는 것은 '적에게 무기를', 아니 적대 진영의 생태계에 유전자 공학에 의해 생산한 우량종을 제공하는 꼴이라고 우려했다. 그러나 사실은 모든 정보통신망 사업자가 그들의 통신장비 공급업자에 의존적인 관계에 있다고 느끼고 있었다. 정보통신업자들간에 생태계를 중심으로 경쟁을 벌이고 있었기 때문에 정보통신업자들은 다른 정보통신업자에게 사고 파는 것을 우려하고 있던 것이다.

1995년초 최고경영자 로버트 알렌(Robert Allen)과 믿을 만한 동료 몇 명은 조직이 직면해 있는 중요한 문제들을 해결하기 위해 모였다.

결론은 분명했다. 즉 AT&T의 중심축을 AT&T통신서비스에 놓고 새로운 응용영역과 서비스 중심의 생태계를 창조하기 위해 파트너들과 협력해야 한다. 종래의 수직적 통합 시대는 막을 내렸으니 네트워크 시스템과 다른 통신설비 업체들은 하나의 독립적인 회사로 분리돼야 한다. 그렇게 하면 그들은 대등한 토대 위에서 모든 잠재 고객에게 통신설비를 자유롭게 공급하고 또 새롭게 일어나는 서비스 중심의 기업생태계들도 자유롭게 지원할 수 있을 것이다. 정보통신업자들이 촉각을 곤두세우고 있는 문제들은 네트워크 시스템 안에 '만리장성'을 쌓음으로써 해결될 수 있을 것이며, 그러면 어떤 정보통신업자도 결과적으로 경쟁자의 생태계를 부양하게 될까봐 걱정할 필요가 없을 것이다.

AT&T의 컴퓨터 사업도 마찬가지로 분리될 것이다. 주류를 이루는 퍼스널 컴퓨터 토대의 시스템을 제조하고 판매하는 위치를 확립하는 데 실패했기 때문에 AT&T는 이 분야에서 손을 뗄 것이다. 그리고 이미 전문성과 신뢰성을 확보하고 있고 시장이 존재하는 금융 서비스와 산매업 및 정보통신업이라는 세 가지 주요 하위생태계를 창조하는 데 중점을 둘 것이다. 컴퓨터 사업부는 주요 고객들이 창조하고 있는 기업생태계를 정확하게 이해함으로써 활로를 찾을 수 있을 것이다. AT&T의 컴퓨터 사업은 실리콘 그래픽스(Silicon Graphics)가 연예오락 사업과 맺었던 관계와는 다른 방식으로 '그들의 컴퓨터 회사'로 제공될 것이다.

1995년 9월 AT&T의 해체를 발표하는 자리에서 알렌은 여전히 컴퓨터와 통신이 '수렴'하고 있다고 믿느냐는 질문을 받았다. 그는 확고하게 그렇다고 대답했다. 그러나 그는 그 수렴 방식과 시장환경이 발전하는 방식들이 AT&T에 새로운 형식을 요구하고 있다는 점을 강조했다. 컴퓨터와 통신, 미디어, 기타 사업들이 서로 통합되고 있다고 해서 수직적 통합이 정당해지는 것은 아니다. 오히려 AT&T는 수렴과 함께 정보공간에 있는 회사들의 분권화와 전문화를 위해 애쓰고 있다. 기업생태계의 논리는 모든 것을 차별화하는 것이다. 새로운 기회환경 전체에서 수렴이 일어나고 있는 것은 회사들이 아니라 바로 전략적인 이슈들이다.

AT&T가 새로운 세계에 맞추어 자사를 구조적으로 재조직한다고 해서 지금이 곧 AT&T 내의 생태계와 생태계 간에 싸움을 벌일 호기라고 생각하는 것은 아님을 분명히 알아야 한다. 새로운 환경에 맞춰 조직을 정비하는 것은 때로는 아주 어려울지라도 꼭 필요한 일이지만, 그것만으로는 충분하지 않은 출발점에 불과하다. 왜냐하면 기업은 생태계를 창조하고 확립시켜 나아간다는 전략적 도전도 완수해내야 하기 때문이다. 더군다나 AT&T의 해체를 촉구하는 환경 조건들이 매일같이 위협적인 기세를 더하고 있다는 사실도 잊어서는 안 된다. 두 가지만 언급해보면, 베이비 벨스는 더 넓은 환경으로 급속하게 확산되고 있으며, 인터넷을 비롯해 기타 컴퓨터를 토대로 한 생태계들이 AT&T의 핵심 장거리전화 서비스를 대체할 수 있는 강력한 무기들을 점점 더 많이 제공하고 있다. 의심할 여지 없이 AT&T는 엄청난 도전에 직면해 있으며, 이 도전에 맞서 승리하느냐, 실패하느냐는 전략과 구조의 차원을 넘어선 문제다.

정보공간에 참여하고 있는 기업들이 다양한 조직방법을 가지고 있다는 점도 주목해야 한다. 많은 주도적인 회사들이 생태계 중심의 전략을 추진할 수 있는 방향으로 이동하고 있으며, 나아가 대부분은 그들 자신의 유산과 문화를 존중하고 자신들의 핵심 자산과 역량을 토대로 그렇게 하고 있다는 것은 매우 흥미로운 일이다. 각각의 회사들이 이 문제에 어떻게 접근하고 있는지 비교하는 것도 많은 도움이 된다.

지금까지 AT&T가 어떻게 수직적 통합에서 서비스를 특화시키는 구조로 무게중심을 이동하고 있는지 살펴보았다. 하지만 휴렛 팩커드는 특화에서 출발해 전체 생태계의 관점에서 사고하는 법을 배우는 전혀 대조적인 경로를 따랐다.

휴렛 팩커드는 종합 솔루션을 제공하기 위해 필요한 컴퓨터 부품과 검사장비 및 컴퓨터를 각각 제조하다가 마침내 기업생태계를 창조한 이례적인 분권화의 길을 걸었다. 그것이 갖고 있는 가장 큰 장점은 기술과 실행력, 즉 공동체의 전반적인 비전을 정의하고 이를 이끄는 위치라기보다는 생태계의 강력한 구성원이라는 것이다. 휴렛 팩커드는 그 생태계에 없어서는 안 될 중요한 기여자가 되려고 노력하는 한편, 최고경영자 루 플랫(Lew Platt)의 지도 아래 기업생태계를 규정하는 데 초점을 맞추려 한다. 또한 그 안에서 결정적인 역할과 리더십을 발휘할 수 있는 지위를 확보하기 위해 노력하고 있다. 새로운 생태계에서 리더십을 발휘하려면 회사 각 단위의 경영진이 철저한 독립성을 유지하면서도 제품을 중심으로 분업화하는 전통을 만들어 긴밀히 협조해야 한다.

일렉트로닉 데이터 시스템(Electronic Data Systems)은 다른 접근방법을 제공하고 있다. 시스템 통합자로서 EDS의 역사적 임무는 기업생태계를 처음부터 끝까지 책임지는 것이었다. 지금 EDS는 의료와 정보통신 같은 분야에서 그 생태계를 하나로 연결하는 정보의 관리자가 되기 위해 더 넓은 기업생태계를 찾아나서고 있다.

연예오락과 미디어 분야의 몇몇 회사들은 아주 구태의연하게 들릴지도 모르는 '수직적 통합'을 지향해왔다. 그러나 그들이 실제로 한 것은 한 회사가 가치창조의 전과정을 엄격한 위계질서 속에서 통제하기 위해 배타적인 공급자가 되려고 했던 전통적인 수직 통합과는 거리가 멀다. 각 회사는 수직적 통합을 새롭게 변형시켜 한 회사가 유일한 공급자가 될 수 없는 생태계를 출범시키기 위해 결정적으로 기여할 수 있는 몇몇 부분에서 자신들의 존재를 이용했다. 예를 들면 뉴스 주식회사(News Corporation)는 텔레비전 프로그램 제작능력과 몇몇 미국 텔레비전 방송국에 대한 소유권을 이용해 폭스 텔레비전 네트워크(Fox Television Network)를 창립했다. 뉴스 주식회사는 유럽과 아시아에도 마찬가지로 텔레비전 위성방송 서비스 시스템을 구축했다. 나중에는 다른 방송사들에도 문호를 개방했지만 여기엔 자신이 직접 제작한 프로그램들을 공급했다.

이들 중 어느 회사가 '잘 하고 있다'거나 '잘못하고 있다'고 말할 수는 없다. 그보다는 오히려 그들은 기업생태계가 점점 중요한 위치를 차지해가고 있는 세계에 더욱 효과적으로 대응할 수 있도록 자신의 사업을 이해하고 조직하는 역사적인 방법에 천착할 뿐이다.

당신은 어떤 생태계에 기여하고 있는가?

더 나아가기 전에 잠깐 멈추고 당신의 상황에 대해 생각해보는 것도 의미있을 것이다. 당신의 기업이 자리잡고 있는 생태계 또는 생태계들은 어떤 성격을 띠고 있는가? 당신은 진지 한 곳에서만 활동할 수도 있고 빠른 속도로 움직이는 여러 개의 진지에서 활동할 수도 있다. 마이크로소프트는 직접 주도적인 역할을 하는 퍼스널 컴퓨터 생태계에서도 활약하고 있지만, 매킨토시 컴퓨터에 제공하는 스프레드 시트와 워드 프로세서 같은 응용 패키지 프로그램의 최대 판매자가 됨으로써 애플 생태계에서도 활약하고 있다. 마이크로소프트의 고위 경영진은 이들 두 공동체의 주요 구성원 관계를 관리하는 데 엄청난 시간을 투자하고 있다.

어떤 생태계는 현재 당신이 누리고 있는 성공에 아주 중요한 역할을 하고 있을 것이고, 또 어떤 생태계는 아직 발생 초기단계에 있지만 미래를 약속해줄 것이다.

예를 들면 거의 1990년까지 세계 주요 제약회사들은 의사 처방전이 필요한 미국 약품시장을 그들이 지배하는 생태계를 세울 수 있는 비옥한 환경으로 이용했다. 머크(Merck)와 호프만 라 로슈(Hoffmann-La Roche) 같은 회사들은 결국 광범위하고 값비싼 판매인력을 통해 개별 의사들에게 팔려 나간 새로운 치료법의 발견과 실험 분야를 전문화시킨 강력한 생태계를 지배했다.

그러나 1990년 이후 약품회사들은 의료업계의 영향력 대부분이 다른 회사들이 형성한 일련의 새로운 생태계로 이동하고 있음을 발견했다. 그 가운데 가장 중요한 것은 정부와 업계가 하나로 통합하고 장려한, 공급자 네트워크와 가격통제 및 의료보험의 성급한 결합을 중심축으로 한 관리치료 생태계였다. 제약회사들은 자신의 역할을 재평가하고 제약산업의 편협한 경계를 넘어서는 리더십을 찾아야 했다. 그들은 보건의료와 보험 및 연금 그리고 정부로 구성된 더욱 확대된 영역을 가로지르는 새롭고 완벽한 생태계를 재구성하는 데 아주 능동적인 역할을 하게 됐다.

당신이 참여하고 있는 생태계에 대해 생각해보자. 그 생태계의 주요 구성원은 누구인가? 리더는 누구인가? 당신인가? 당신은 이 생태계의 미래를 주도적으로 창조하고 있는가, 아니면 주로 다른 사람들의 주도에 따라가고 있는가? 생태계의 주요 구성원을 열거해보고, 그들이 미래에 대해 얼마나 비슷한, 혹은 다른 비전을 가지고 있는가 생각해보면 그것은 아주 분명하게 드러날 것이다. 어떤 생태계에서는 구성원들이 하나의 비전을 중심으로 잘 조정된 관계를 형성하고 있을 것이고, 어떤 생태계는 온통 분쟁의 각축장이 돼 있을 것이다. 리더십의 도전과 기회는 분명 다른 것이다. 하지만 두 경우 모두 생태계 전체 안에서 자신이 처한 조건에 대해 포괄적으로 이해해야 한다는 공통점을 갖고 있으며, 이는 매우 중요한 부분이다. 따라서 생태계의 주요 구성원이 서로 의견을 교환할 수 있는 공개 토론장(공식적인 것뿐 아니라 비공식적인 것도)이 필요하다.

현재 또는 앞으로 이 기업생태계를 위협하는 가장 긴급한 문제는 무엇일까? 고객에게 더 많은 혜택을 주고 각 구성원에게 새로운 부를 창출해주기 위해 공동체 전체가 계속해서 공진화해갈 수 있는 가장 유망한 길은 무엇일까? 어떤 생태계에나 긴급하게 해결해야 할 절박한 문제들은 있기 마련이다. 당신이 이러한 문제들을 공개적으로 제기할 수 있는 방법을 찾는다면 기업생태계에서 당신의 존재를 부각시킬 수 있을 것이다.[6]

주요 기업생태계

코스타리카의 울창한 숲에서 본 잊지 못할 광경 가운데 하나는 도처에서 개미들이 집단을 이뤄 나뭇잎을 갉아내고 있는 것이다.[1] 엄청난 수의 이들 개미무리는 각자가 갉아낸 잎사귀 조각을 나르면서 숲에 있는 모든 나무에서 물결치듯 기어 내려온다. 때로는 100미터도 넘게 떨어져 있는 개미들의 소굴로 길게 꼬리를 문 채 군데 군데는 넓은 대오를 갖추고 마치 한 몸뚱이처럼 느리게 움직이는 푸른 빛 덩어리들. 개미들이 게걸스럽게 숲 전체를 삼켜버릴 것 같다. 사실 코스타리카에 서식하는 식물의 주요 소비자는 가위개미들이다.

그들이 그렇게 번창하는 이유는 무엇인가? 그것은 부분적으로 그들 조직이 갖고 있는 엄청난 효율성 때문이다. 개미들은 다양한 규모를 이루고, 임무를 가장 효율적으로 수행할 수 있는 엄격한 노동분업체계를 구축하고 있다. 그 중에서도 가장 규모가 큰 것은 병정개미 집단이며 그들은 자신들의 소굴을 지키는 임무를 맡고 있다. 일개미들은 다양한 규모의 중간집단을 이루고 수확할 잎사귀들을 찾아나서는데 그 중에서도 가장 규모가 큰 중간집단이 가장 질기고 두꺼운 잎사귀에 덤벼든다. 작은 개미들은 대부분의 시간을 소굴에서 지내면서 잎사귀들을 처리한다.

가위개미들은 자신들이 수확한 잎사귀를 먹지 않고, 그들이 먹을 진균류가 자라고 있는 정원을 기름지게 하는 비료로 이용한다. 이것이 영리한 가위개미들이 번성하는 비결이다. 가위개미들은 상리공생자(相利共生者)인 진균류를 이용하여 다른 개미들이 거의 먹지 않는 엄청나게 풍부한 자원인 나뭇잎을 간접적으로 먹을 수 있다. 하지만 가위개미들이 아무 잎사귀나 공략하는 것은 아니다. 그들은 진균류의 성장을 촉진하는, 어리고 수액이 많은 잎만 수확하려고 한다. 공진화된 화학적 방어물질이 있어 개미에게 해독을 끼치거나 그들이 먹을 진균류를 죽이는 잎들은 피하는 것이다. 그런데 초식동물에게는 해로운 이들 화학적 방어물질이 인류에게는 아주 중요한 가치가 있는 것으로 판명되고 있다. 합법적이든 불법적이든 우리가 식물에서 얻는 대부분의 약품은 식물과 초식동물 사이의 공진화적인 '군비확대경쟁'의 결과로 생긴 것이다.

식물학자들은 자연의 거의 모든 상리공생관계는 적대관계에서 진화된 것이라고 주장해왔다.[2] 수분(受粉)작용을 하는 곤충은 꽃가루를 먹는 곤충에서 진화돼 나왔다. 씨앗을 퍼뜨려 전파하는 것은 씨앗을 먹는 약탈자에서 진화돼 나왔다. 가위개미와 그들이 먹는 진균류 사이의 상리공생관계는 아마도 개미들이 자신들의 숲에서 발견한 풍부한 진균류를 운좋게 수확하게 되면서 발생했을 것이다. 우리의 선조들 역시 그들이 발견한 야생식물과 동물들을 우연히 먹게 됐을 것이다. 이후 인류는 자신들이 좋아하는 식물을 재배하고 입맛에 맞는 동물을 길들이는 법을 배웠다.

이러한 상리공생관계는 의심할 여지없이 우리가 선택한 종들이 생태학적으로 크게 성공하는 데 기여했다. 여기에서 얻을 수 있는 가장 중요한 교훈은 상리공생관계를 창조하고 촉진시켜야 한다는 것이다. 당신은 당신의 적대적인 관계를 상리공생적인 관계로 전환하기 위해 많은 노력을 기울여야 한다.

가위개미들의 유기적인 사회조직과 그들의 생태학적 우위는 작은 점 크기의 두뇌를 가진 동물이 이루어냈다고 보기 어려울 정도로 아주 인상적이다. 그러나 어떤 동물도 갖고 있지 않은 것은 전체 시스템에 대한 의식이다. 그리고 그것은 생물생태계와는 달리 기업생태계에서만 발견되는, 아주 결정적인 차이다. 경영자들은 내가 말하는 소위 '생태학적 의식(ecological consciousness)'을 가질 수 있고 또한 가져야 한다.

그러나 불행하게도 내가 보기에는 대부분이 그렇지 않은 것 같다. 투자분석가들조차도 산업이나 기업을 토대로 세계를 바라보는 경향이 있다. 대부분의 경영자들은 다음 제품을 어떻게 팔 것인가, 혹은 기껏해야 어떻게 하면 제품 제조과정을 개선할 수 있을까를 생각하는 정도다. 시야가 좁은 이런 의식이 갖고 있는 위험은, 그것을 깨달았을 때에는 이미 너무 늦어버렸을 정도로 전체 시스템이 붕괴 직전의 위기에 처해 있는데도 당사자는 아주 효율적인 과정에 의해 많은 제품을 팔 수 있다고 생각하는 것이다.

슬프게도 오늘날 대부분의 경영자들은 전략계획을 수립할 때 예전의 낡은 기업 패러다임 안에서, 그리고 산업에 대한 예전의 낡은 정의 안에서 투자와 확장기회들을 탐색한다. 이는 필연적으로 전혀 쓸모없는, 헛수고가 될 뿐이다. 한 번 선택을 잘못하면 결국 다음 결정에 똑같은 영향을 끼치게 마련이고, 따라서 전략가는 속수무책으로 다람쥐

쳇바퀴 돌듯 단조로운 반복을 되풀이할 뿐이다. 이러한 강박관념은 단지 전반적인 산업의 일상재화(commoditization)에 박차를 가할 뿐이다. 여기에서 예상되는 결과는 다음의 도형에 예시돼 있듯이 실망의 연속이다.

현재와 같이 정의된 산업계들이 더욱더 파괴적이고 치열한 경쟁 속으로 빠져들면 빠져들수록, 수익률이 좋은 매력적인 산업계를 발견할 전망은 더욱 회박해진다. 전반적인 분위기는 승리도 쾌감도 아니다. 아주 강력한 참여자들이 전세계에서 게임에 참여하면서, 이미 존재하는 것을 복제하는 데 자산을 너무 쏟아붓고 있다. 기업의 에너지와 활력은 낡은 패러다임의 심연 속으로 빠져들고 있으며, 그 안에서 기업은 계속해서 위축될 뿐이다. 한편 혁신적인 시스템으로 조직될 수도 있는 새로운 접근방식은 아무런 주의도 끌지 못한 채 시들어버리고 있다. 만일 참신한 사고를 했더라면 전달될 수도 있었을 고객의 요구는 여전히 충족되지 못하고 있다.

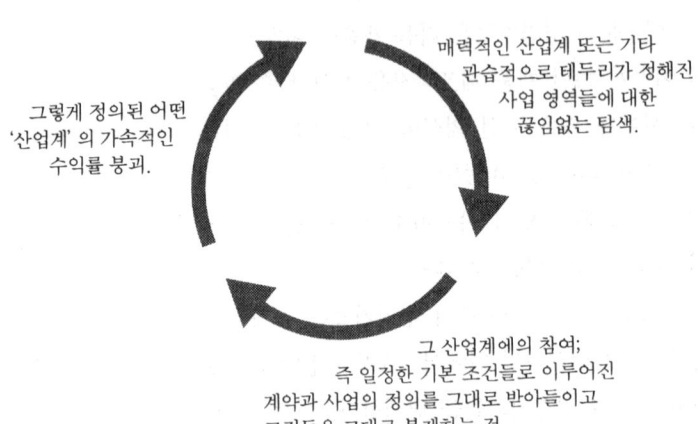

〈도표 3-1〉

82

전략 수립은 새로운 미시 경제와 새로운 부의 창조를 목표로 해야 한다

세계에서 가장 풍부한 자원을 가진 기업들조차 기존 산업 테두리와 패러다임의 틀 속에서 전략을 수립해왔으며 이들 가운데 많은 수가 어떻게 해야 자신들의 사업을 발전시키고 사회를 위한 새로운 부를 창출할 것인가 하는 문제에 대해 명확한 해답을 찾지 못한 채 쩔쩔매곤 했다. 그러나 좀더 유리한 고지에 서 있다고 가정하면, 진정한 부는 좀더 나은 기업경영방법을 발견하는 데서 얻을 수 있다는 것은 너무도 자명한 사실이다.

현상(現狀)과 이를 대체할 대안 사이에 있는 공간은 소비자에게나 생산자에게나 똑같이 1차적인 부를 낳을 수 있는 터전이다. 거대한 행운은 구세력들이 관망하며 어리둥절해 있는 동안 부를 낳는 기술의 통합과 시장창출에 전력을 기울이며 서로 경쟁하는 수많은 기업가들이 세운 토대 위에 새롭게 떠오르고 있다. 따라서 지금 놓치고 있는 것은 이러한 고도의 통찰력이 아니라 그것을 실행으로 옮길 수 있게끔 다리가 되어줄, 실현 가능한 프로그램을 설계하는 수단이다.

하지만 이보다 더 좋은 해결책이 있다. 당신은 실제로 사업을 발전시킬 수 있고, 이어 위대한 정원사의 능력을 발휘할 수 있다. 사실 그렇게 함으로써 회사들은, 그 결과가 더 좋아졌든 나빠졌든 지금까지 사람들이 생물학적 생태계에서도 해왔던 역할을 경제적 생태계에서 할 수 있게 된다.

달리 말하면, 지금 회사들은 더 거대한 손을 휘두를 수 있게 됐다. 애덤 스미스의 '보이지 않는 손'이 지금은 점차 보이는 손이 되고 있다. 지금 경영자들은 회사를 세우는 것 이상의 일을 할 기회를 가지고 있다. 그들은 전체 경제의 건설을 위해 노력할 수 있다.

산업중심이라는 편협된 관점에서 수립된 전략에 의해 이루어졌던 별성과 없는 탐색을 대신할 새로운 사이클이 있다. 이 새로운 사이클에서는 혁신적인 힘을 가지고 더욱 많은 고객과 더욱 좋은 아이디어를 자신의 궤도 안에 흡수할 수 있는 완전한 생태계를 형성하는데 중점을 둔다. 궁극적으로 당신은 당신의 노력이 혁신적으로 이바지할 수 있는 광범위한 영역의 중심이 되기를 원한다. 당신은 중요한 현안들을 해결할 수 있는 인간의 풍부한 창조력을 발휘해 세계에 공헌하기를 원한다. 또 광범위한 협력을 이끌어낼 수 있는 구조를 제공하기 원한다.

어떤 의미에서 당신이 하고 있는 일은 공동체를 조직하는 것이다. 당신은 새로운 경제관계들을 만들어내고 있다. 수익성 있고 매력적인 산업계를 탐색하는 것과는 달리 기업생태계를 출범시키는 것은 사실 고도로 진화된 경제개발 형태이다.

생태계를 토대로 한 패러다임이 전개되는 새로운 사이클은 다음과 같이 나타난다.

분명 이 모든 것에는 오만과 자기 기만에 빠질 위험, 즉 자신이 할 수 있는 것보다도 더 많은 것을 통제할 수 있다고 생각하는 위험이 도사리고 있을지도 모른다. 더군다나 사람과 회사는 서로의 의도를 읽을 수 있는 탓에, 사람들이 앞다투어 통합적인 비전을 제시하려고 하면서 치열한 게임이 시작될 수도 있다. 그러므로 당신은 당신의 조경술을 아주 조심스럽게 발휘해야 한다.

여기에서 흥미롭고 고무적인 사실은 생태계 사이클이 기본적으로 확장을 추구하여 질서를 만들어내는 과정이라는 것이다. 차후에 보게 되겠지만, 그 과정은 예측이 불가능하다. 즉 시스템의 행동은 그 시스템 어떤 부분의 행동양식을 이해한다고 이해되는 것은 아니기 때문이다. 그러나 무엇보다도 흥미로운 것은 산업의 조직화와 공진화의 새로운 중심이 어떻게 창조될 수 있는지를 생태계 사이클이 보여준다는 점

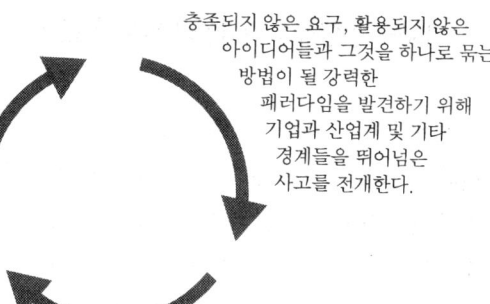

충족되지 않은 요구, 활용되지 않은 아이디어들과 그것을 하나로 묶는 방법이 될 강력한 패러다임을 발견하기 위해 기업과 산업계 및 기타 경계들을 뛰어넘은 사고를 전개한다.

이전에는 분산돼 있던 역량들과 아직 충족되지 않은 욕구들의 새로운 통합을 추진하고 그것들로 이루어진 시스템을 스스로 조직하면서 경제적 환경의 재조직화에 박차를 가한다.

구성원들에게 새로운 혜택을 줄 수 있는 전체적인 시스템들을 창조하기 위해 아이디어, 참여자 및 고객들을 하나로 통합한다.

〈도표 3-2〉

이다. 새로운 생태계와 그것의 패러다임은, 바람직한 제품과 서비스는 무엇이며 그것을 사는 방법은 무엇인가에 대해 시장을 움직이는 새로운 합의를 도출해내는 힘을 가지고 있다.

호프웰 홀딩스(Hopewell Holdings)의 고든 우(Gordon Wu)는 아시아에 새로운 경제기반을 구축하기 위해 도로건설과 전력생산 및 부동산 개발을 결합하고 있다. 인터넷은 시각예술가와 모든 종류의 상업 통상 및 개별적인 컴퓨터 사용자들을 하나로 통합하면서 유례없이 다양하고 광범위하며 전세계적인 통신매체를 창조하고 있다. 생태계 사이클에서 나타나는 전반적인 접근방식은 기존 산업 사이클에서처럼 환경 변화에 수동적으로 반응하고 위축돼 있는 게 아니라 변화를 주도적으로 이끌고 창조하는 것이다. 새로운 생태계 사이클의 접근방식을 따르는 사람들은 그들이 선택할 수 있는 통로를 기왕에 알고 있던 것보다도 훨씬 더 많이 확보하게 되고, 그러지 않는 사람들은 어떤 것에 대해서도 확신을 가질 수 없을 것이다.

가치와 영향력이 리더십의 척도가 된다

생태계 사이클에서는 개인적이고 전문적인 가치들이 중요하게 작용한다. 사람들이 새로운 생태계 창조에 참여하려는 중요한 이유는, 의미가 있으면서도 중요한 프로그램을 가동시키고 싶기 때문이다. 새로운 것에 참여한다는 흥분, 역사를 만들어나간다는 감격, 그리고 차별화를 위해 협력한다는 만족감. 이 모든 것은 진정한 즐거움이다. 우리 가운데 많은 사람들은 금융상 또는 직업상 위험을 부담해야 할 것이고, 믿을 수 없을 만큼 오랜 시간을 일해야 할 것이며, 또한 우리가 하는 일에 중대한 문제가 생겼을 때 나타나는 끝없는 불확실성을 견뎌내야 할 것이다.

그러나 애석하게도 많은 사람들은 그러한 즐거움을 느끼지 못한다. 우리 대부분은 한 개인으로서 편협한 산업 중심의 사이클에 갇혀 있는 조직을 위해 일하며, 그 결과 시대에 뒤떨어진 가치와 낡은 사고에 매몰돼 있는 자신을 발견하게 된다. 점차 그 영역이 확장되고 있는 기회의 세계에서, 이미 정해진 게임을 한다는 것은 썩 좋은 전략이 아니다. 뿐만 아니라 따분하기 짝이 없는 일이기도 하다. 이와는 대조적으로 기업생태계를 형성해 나가는 일은 내부 깊숙이 감춰져 있던 열정을 터뜨리게 하고 활기를 불러일으킨다. 한 기업체에서 보면 그것은 진정한 리더십을 요구한다.

컨설턴트인 나는 고객들로부터 많은 것을 배우고 있다. 아마 리더십에 대해서는 거의 다 짐 헨슨(Jim Henson)에게서 배웠을 것이다. 짐은 머펫(Muppets, 역주 : 팔과 손가락으로 조작하는 인형, 미국의 TV프로그램 세서미 스트리트에서 유행)을 만들어내 널리 사랑받는 사람이다. 그는 또한 오랫동안 하나로 뭉뚱그려 단지 헨슨 협회(Henson Associates)라고만 알려져 있다가 지금은 짐 헨슨 프로덕션으로 유명해진, 재기발

랄한 공동체의 최고경영자였다.

짐은 세 가지 특별한 리더십 기술을 가지고 있었다. 첫째로 그는 자신이 살고 있는 사회적 생태환경과 기업의 생태환경에 열심히 적응하려고 했다. 대중문화, 고급문화, 민속문화를 불문하고 문화에 대한 학구열이 강했던 그는 영화를 열심히 보러 다녔으며 또한 그것에 대해 토론하는 것을 아주 좋아했다. 그의 아파트는 그가 개인적으로 강한 흥미를 느끼고 그의 인형 디자인에 지대한 영향을 끼쳤던 아프리카 예술 쪽으로 기울어 있었다면, 사무실은 수많은 기념비적 머펫과 미국 민속예술의 종합전시장이었다.

짐은 연예오락사업 전반의 경영 모델들과 광범위한 형태로 부상하는 조직양태를 열심히 연구했고 초기 개척시대의 텔레비전과 공공방송망, 장편만화영화 그리고 디지털 및 멀티미디어 작품 제작에 창조적인 기폭제로 합류했다.

자신을 포함해 여러 독립적인 제작자들을 TV 네트워크와 영화 스튜디오, 작가, 배우, 감독 그리고 디즈니처럼 점점 강력한 힘을 발휘하는 전세계적인 미디어 왕국들과 연결시켰던 그는 발전하는 경제학과 조직역학을 주의 깊게 관찰하고 끊임없이 생각했다. 간단히 말해서 그는 생태계에 대해 생각했던 것이다.

둘째로 짐은 다양한 생태계에 다가가 그 생태계의 중요한 구성원이 됐는데, 그 한 예로 미국공공방송국(Public Broadcasting System)과 나중에 세서미 스트리트가 된 어린이용 텔레비전 워크숍(Children's Television Workshop)을 들 수 있다. 그는 재능과 기회를 결합시켰으며, 우리가 나중에 면밀히 검토하게 될 '혁신궤도'에 투자했다. 혁신궤도란 깊이 있고 독창적인 실천 역량들을 획득하는 데에만 전력을 기울이면서 오랫동안 노력해 얻어낸 일련의 성과물이다.

짐이 가장 관심을 갖고 전력을 기울였던 혁신궤도는 청취자들과 지속적인 관계를 형성했던 개성적인 인물, 즉 개구리 커미트, 미스 피기, 불평투성이 오스카 같은 '전형적인 인물'을 창조하는 것이었다.

짐과 그의 팀은 텔레비전이나 영화, 음악, 책 등 성격이 다른 여러 매체에서 이러한 능력을 유감없이 발휘했다. 그 혁신궤도의 중심은, 예컨대 인형을 조종하는 기술자처럼 프로젝트마다 합류하여 자신의 특수한 기술을 제공하는 사람들이었다. 살아 움직이는 배우든 인형을 통해 자신을 표현하는 배우든, 영화와 텔레비전을 통하여 관객들에게 감동을 줄 수 있는 인간적인 매력이라는 특수한 재능을 가진 배우들은 별로 없다. 하기야 '그러한 재능을 가지고 있고' 거의 어떤 배역이든 훌륭하게 소화해낼 수 있는 배우들도 있지만 많은 사람들은 그렇지가 않다.

짐은 성공적인 인형 조종자로 대성할 사람들을 발견하고, 그들의 능력을 발전시키기 위해 여러 해 동안 정기적인 오디션과 훈련 프로그램들을 운영했다. 그는 각 매체의 전문적인 미술 감독과 연출도 아주 중요시했는데, 수스 박사(Dr. Seuss)와 함께 일하는 삽화가로 출발했던 마이클 프리드(Michael Frith)는 훗날 작은 텔레비전 화면을 마치 눈부신 빛과 색채를 가진 매력적이고 감정이 풍부하며 활력 있는 우주처럼 보이게 만드는 세계 최고의 재능을 가진 사람으로 꼽히게 됐다.

셋째로 짐은 이런 능력들을 자신에게 중요한 개인적 가치들을 표출하는 데 이용했다. 그 가운데 하나가 개성의 차이를 중요하게 여기는 것으로, 그는 뿌루퉁한 성격(오스카), 천진난만함(빅 버드), 과대망상증(백작), 그리고 자기중심적인 성격(버트)을 포함하여 각기 다른 이 모든 성격들이 서로 긍정적으로 작용하여 다양하고 창조적인 공동체를 만드는 데 크게 이바지한다고 생각했다.

연극 속의 연극처럼 이들 가치는 폭넓은 짐의 생태계에 활력을 불어넣었고 제작능력과 인형 조종사들의 인간적인 매력으로 강화돼 관객들의 폭넓은 공감을 불러일으켰으며, 전세계적으로 지대한 영향을 끼쳤다.

짐은 나에게 생태계 사이클이 어떻게 움직이는지 보여주었다. 예컨대 생태계 사이클에서 리더는 개인과 조직으로 구성된 광범위한 생태계에 의해 종합적으로 보완된 핵심 역량들을 전략적으로 결합하여 일련의 가치들을 표현한다.

우리는 매일 매일 살아가는 방식을 변화시켜야 한다

분명 생태계 사이클은 지금까지와는 전혀 다른 방식으로 일할 것을 요구한다. 지난 10년 동안 회사들은 전제품을 중심으로 한 소비자와 공급자 간의 전통적 거래방식을 뛰어넘으려면 어떻게 해야 하는가를 배웠다.

초기 발전단계는 우수 공급자와 우수 소비자 사이의 협약에 기반하고 있었으며, 좀더 최근에는 경영자들이 자신의 역할을 소위 광의의 기업 또는 네트워크화된 조직을 지도·관리하는 데서 찾았다.

일상적인 리더십의 관점에서 보면, 경영진은 공진화하는 경제 참여자들의 다양한 제휴관계들을 다루고 있다. 회사와 경영진은 비즈니스 세계를 여러 제휴관계와 진지들, 공동체들, 즉 강력한 혁신의 잠재력을 가지고 공유하는 비전 위에서 서로 협력하기로 제휴한 이해관계자들이 가득찬 곳으로 재개념화하고 있다.

리더십의 영역에서 이러한 개념의 확장이 함축하고 있는 일상적 의미가 다음 도표에 요약돼 있다. 도표를 읽어보면, 지난 몇 년 사이에 일상적인 전화통화나 회의까지를 포함하여 당신 자신의 기업경영 활동이 어떻게 변해왔는지 반추해볼 수 있을 것이다. 이제 많은 경영자들은 〈도표3-3〉의 왼쪽보다는 오른쪽에 있는 일들을 처리하는 데 훨씬 많은 시간을 소비하고 있으며, 이는 새로운 세계에 적응하는 것이 얼마나 어려운지를 단적으로 보여준다.

당신이 도표의 오른쪽에 가까운 업무들을 수행하려면 기업생태계에 속한 주요 구성원 모두의 역할에 주의를 기울일 필요가 있다. 당신은 이들이 기여하는 내용이 무엇인지, 그들의 혁신적인 잠재력은 어디에서 오는지, 그리고 그것들이 얼마나 잘 실현되고 있는지 충분히 이해해야 한다.

당신은 가장 강력한 참여자들과 가장 효과적인 기여를 낳는 사업관계를 설계해야 하고, 이러한 사업관계는 고객에게 새로운 혜택을 많이 주는 쪽으로 활용돼야 한다.

■ 확대되고 있는 경영전략의 범위

경영전략의 범위	핵심 제품 및 서비스	+광의의 기업	공진화하는 생태계
기업 관계의 개념	우수 공급자와 우수 소비자의 장기적인 거래관계 포트폴리오	관계들을 관리하는 시스템	전략적인 기여들로 이루어진, 공진화하고 상리공생적이며 자기 강화적인 시스템
지속적인 개선의 초점	제품과 업무과정	조직적인 상호작용, 광의의 업무 과정들	공동체 구성원들의 혁신에 대한 투자
개선 측정	제품 결함 감소; 제품 편차 감소	제품과 업무 과정을 개선하는 진척률	고객을 대할 때 상당한 가치가 있는, 철저하고 종합적인 경험을 창조하는 데 필요한 진보율
관계를 지배하는 가장 중요한 계약	제품 전문화, 과정 전문화 및 TQM 표준	주요 조직 사이의 동의	공동체 관리 시스템, 준 민주적인 메커니즘
주요 당사자의 전략적 의도에 따른 제휴	고객과 공급자의 만족을 지속시키는데 중점을 두고 표준에 따라 일을 처리함	주요 당사자들의 전략적 방향과 투자에 긴밀하게 제휴	바람직한 미래에 대해 공유하는 비전과 이정표 및 요구되는 주요 기여들을 축으로 한 공동체의 긴밀한 유대.

〈도표 3-3〉

생태계 전략의 전제들

처음에는 약간 어려워보일지 몰라도 리더십과 전략수립에 대한 생태계 중심의 이 새로운 접근방법은 명백하고 간단한 전제 네 가지를 충족시킨다면 힘을 얻을 수 있다:

1. 전통적인 산업이 붕괴되면서 유일하게 실행할 수 있는 경쟁방법은 경쟁자보다 좋은 제품을 만드는 것이 아니라 더 우수하고 새로운 생태계를 형성하는 것이다. 실제로 일단 생태계를 창조하는 법을 터득하게 되면, 다시는 '산업'이라는 테두리에 갇히지 않게 된다. 선 마이크로시스템의 빌 조이(Bill Joy)는 이에 대해 아주 적절하게 말했다.

"목표는 다른 사람의 게임에 뛰어들어 이기는 것이 아니라 그것을 당신이 이길 수 있는 게임으로 바꾸는 것이다."

이를 우리의 목적에 걸맞게 바꿔 말하면, 목표는 한 산업계의 리더가 되는 것이 아니라 낡은 산업계를 파괴하고 새로운 산업계를 창조하는 것이다.

2. 이들 새로운 공동체는 고객에게 과감한 혁신의 성과를 안겨주기 위해 존재한다. 여기서 말하는 혁신은 단순한 제품 또는 업무과정의 개선이나 연구개발에 의해 추진되는 어떤 것이 아니다. 그것만으로는 충분하지 않다. 내가 말하는 것은 전혀 새로운 성과다. 나는 고객들에게 제시할 수 있는 일련의 새로운 혜택에 대해서, 그것이 밀쳐낸 것보다도 훨씬 나을 것이 분명한 혜택들에 대해서 말하는 것이다. 만일 고객들에게 새로운 혜택을 많이 안겨주지 못한다면, 생태계를 창조하는 데 드는 비용을 정당화할 방법이 없다. 이러한 비용에는 새로운 업무과정을 개발하고 새로운 자산을 충당하는 데 따르는 비용, 이를 공동

으로 추진하는 협력자들의 네트워크들을 하나로 결합하는 데 따르는 비용, 그리고 고객들을 새로운 길로 유도하는 데 따르는 비용이 포함된다.

3. 생태계에 '포함'되는 범위를 확정하는 것은 전략적 의사결정의 핵심사항이다. 당신은 수십 개에, 만약 퍼스널 컴퓨터를 이용한 업무연결도 생각할 경우에는 수십만 개에 이르는 개인과 조직을 포함하는 포괄적이고 광범위한 경제공동체를 창조할 수 있다. 다른 한편으로 당신은 한정된 목적에 따라 기업생태계의 범위를 제한하면서도 여전히 중요한 문제들을 해결하고, 그 구성원들에게 상응하는 보상을 해주는 본질적인 문제를 충족시킬 수도 있다. 노런드(Norand)는 재고관리 및 설비보수 같은 일을 하는 육체 노동자들을 위해 손에 쥘 수 있는 크기의 전자장치를 만들었다. 이 사업은 엄청난 성공을 거두었다. 그것은 문제를 파악하고 진정한 가치가 있는 해결책을 제공했기 때문이다. 기술적으로 비슷한 제1세대의 전자장치는 훨씬 많은 사람을 대상으로 했으면서도 실패하고 말았지만 노런드의 생태계는 번영을 구가하고 있다. 물론 가장 큰 실패작은 애플의 뉴턴(Newton)이었다.

기업생태계의 범위와 경계는 인습적인 관례에 따라 정해지는 것이 아니라 반드시 명확하고 실제적인 방식으로 정해져야 한다. 그렇지 않으면 결코 혁신의 성과를 맛볼 수 없을 것이다. 일련의 기업경영 활동을 기업생태계라는 큰 맥락 속에서 보는 새로운 전략이 수립될 때, 그것을 통해 얻는 이익은 분명 그 비용보다 훨씬 많을 것이다. 설사 그렇지 않더라도 최소한 모험적인 투기보다는 훨씬 생명력이 길 것이다.

4. 새로운 세계의 경쟁우위는 언제 어떻게 생태계를 구축해야 하는지 파악하고, 지속적인 성장과 끊임없는 개선을 추진했을 때 확보된

다. 그것은 마치 독수리나 여우가 자신의 생태계가 위기로 치닫고 있음을 감지했을 때 생태계에 활기를 불어넣고 확장해 나가는 것과 같다.

이러한 원칙들은 아주 간단해 보일지 몰라도 그것을 실행하는 것은 전혀 그렇지 않다. 그것은 협력과 경쟁 쌍방에 대한 집중적인 관심을 요구한다. 새로운 생태계에는 회사간 경계, 산업간 경계, 때로는 국가간 경계까지도 초월한 강력한 비전을 형성하기 위하여 전통적인 조직적 경계나 문화적 경계를 뛰어넘어 일할 수 있는 리더가 필요하다.

이러한 점들을 〈도표3-4〉와 같이 정리할 수 있다.

회사와 산업에서	생태계로
산업계 또는 국가와 같은 사업의 경계들을 받아들인다.	사업간 경계가 주요 문제지만 어느 정도는 선택의 문제로 간주한다.
산업 또는 회사가 전략수립의 일차적인 단위다.	기업생태계, 또는 공진화하고 끊임없는 혁신을 이끄는 참여자들로 이뤄진 공동체가 전략수립의 1차적인 단위다.
경제적 성과는 그 회사가 내부적으로 얼마나 잘 운영되는가 그리고 평균적으로 그 산업계의 수익성이 얼마나 좋은가로 결정된다.	경제적인 성과는 그 회사가 자신의 기업생태계를 구성하고 있는 네트워크 내부의 제휴세력 및 관계들을 어떻게 운용하고 있는가와 상당히 깊게 연관돼 있다.
개별기업의 성장이 주요 관심사다.	네트워크에서 차지하는 그 회사의 위치 뿐만 아니라 경제적 네트워크 전체의 발전이 주요 관심사다.
고객과 공급자 간 전통적 관계를 개선하고 현존하는 산업간 또는 국가간 경계들을 유지하려는 참여자들의 협력은 대체로 직접적인 공급자와 고객으로 제한돼 있다.	협력은 공진화의 참여자들로 구성된 새로운 공동체에 혁신적으로 결합될 수 있는 새로운 아이디어와 충족되지 않은 요구의 탐색에 적절한 모든 참여자들을 포함하는 쪽으로 확대돼 있다.
경쟁은 주로 제품과 제품 또는 회사와 회사 간에 이루어진다고 본다.	특정 생태계 내부에서의 리더십과 중심을 차지하기 위한 경쟁 뿐만 아니라 기업생태계들 사이에서도 경쟁이 이뤄지는 것으로 본다.

〈도표 3-4〉

힘과 경쟁력은 공동체에서 나온다

오늘날 한 기업이 자신이 참여하는 생태계에서 얻을 수 있는 힘은 자신의 장점만을 가지고 독자적으로 만드는 경쟁력보다 크다는 것이 명백하기 때문에 이와 같은 새로운 경영전략은 커다란 설득력을 가진다. 애플 컴퓨터를 보라. 애플이 그렇게 오랫동안 성공을 누릴 수 있었던 것은 무엇 때문인가? 그것은 애플이 대단히 충성스러운 고객들과 소프트웨어 개발자들(소프트웨어나 주변장치 제조자)에게서 호평을 받았기 때문이다. 그런데 애플이 1995년에 급격하게 휘청거렸던 것은 어떤 요인 때문이었을까? 그것은 바로 마이크로소프트와 인텔이 이끄는 컴퓨터 공동체가 아주 많은 점에서, 특히 이들이 이끄는 공동체에 속해 있는 회사들의 수와 그들의 전체적인 자원 그리고 그에 따라 연쇄적으로 가격이 떨어지고 성능이 개선되는 등 많은 부문에서 애플을 압도했기 때문이다. 아울러 지난 몇 년 사이에 지속됐던 애플 공동체에 대한 광범위한 이반(離反)이 누적된 결과다. 이것은 한 회사의 눈에 보이는 자산(예를 들면 기계류 설비제품)이 때로는 눈에 보이지 않는 자산(공동체 내부의 신뢰, 비전의 공유, 고객의 열의 등)이 갖고 있는 혁신 추진력에 압도될 수도 있다는 것을 보여준다. 눈에 보이지 않는 이러한 자산들은 수많은 사람들과 조직들을 창조적으로 변화시켜 그 회사를 혁신하고 공진화시키고 영향력을 확대한다.

이와 같은 연유로 포드와 크라이슬러는 승용차와 트럭에서만은 크게 경쟁하지 않는다. 이 두 회사는 시장중개자 및 고객들과 손을 잡고 서로 힘을 합쳐 더 나은 결과를 낳을 수 있는 공급자 공동체를 형성하고자 노력하고 있다. 나중에 살펴보겠지만, 포드와 크라이슬러는 각자의 생태계를 어떻게 이끌어나갈 것인가에 대해 서로 전혀 다른 이론을 가지고 있다. 크라이슬러가 철저하게 부품의 외주를 추진하고 있다면,

포드는 전세계적인 규모의 경제에 의지하고 있다.

이 모든 예들은 전략경영의 주요 관심사가 자사의 관리에서 제휴 세력들의 공동체를 이끌어가는 쪽으로 이동하고 있음을 말해준다. 자신의 회사에 맞는 경영 모델을 가지고 있는 것만으로는 충분하지 않다. 경영진은 각자의 공동체에 걸맞은 경영 모델을 개발할 수 있는, 고도로 세련된 식견을 가지고 있어야 한다.

미국의 대통령선거처럼 거칠고 좌충우돌하는 혼란스러운 세계에서도 경쟁은 후보자와 공약의 대결에서 정치적 생태계를 건설하려는 방법의 대결로 이동하고 있다. 빌 클린턴과 앨 고어는 민주당 '리더십위원회(Democratic Leadership Committee)' 가 씨앗을 뿌리고 발전시켜온 많은 네트워크와 관계들에서, 그리고 클린턴이 아칸소 주지사 시절부터 시행해왔던 지속적인 사회운동에서 막강한 힘을 얻고 있다. 시간이 흐르면서 그들은 자신들이 내세우는 가치에 진정으로 충실할 수 있도록 도와주고, 그들의 이념을 발전시키는 데 조언을 아끼지 않으며, 영향력을 행사할 수 있는 길을 찾도록 도와주는 활동가와 두뇌집단 및 기부자들로 구성된 상리공생적인 공동체를 형성할 수 있었다.

정치적인 성향은 정반대지만 뉴트 깅리치(Newt Gingrich) 또한 이와 유사한 접근방식을 보여주고 있다. 오랜 시간 성장해온 그의 '진보와 자유를 위한 협회(Progress and Freedom Foundation)' 는 눈에 띄게 적응력이 높은 정치적 생태계다. 어떤 점에서 깅리치는 정치학의 조니 애플시드(Johnny Appleseed; 개척시대에 사과나무 묘목을 나누어주며 다녔다는 전설적인 인물)다. 그는 오랜 세월에 걸쳐 독특한 방식으로 각료 후보자를 모집하고 훈련하고 지원하는 데 투자했으며, 현재 그들 가운데 많은 사람이 하원에서 그의 충성스러운 가신단을 구성하고 있다.

마지막으로, 그렇다고 덜 중요하다는 의미는 아니지만, 로스 페로(Ross Perot)의 '유나이티드 위 스탠드(United We Stand)' 는 하나의 사회

운동에서 출발하여 전국적으로 제3당의 지위를 유지해가고 있다. 이러한 전환을 이루려면 그러한 정당의 구성을 실질적으로 불가능하게 만든 장벽을 제거해야 하며, 그러기 위해서는 연방 모든 주들의 선거를 개혁하는 데 시간과 에너지를 투자해야 했다.

당신의 정치적 신념과는 별개로, 당신은 정보기술과 기꺼이 위험을 감수하려는 의지, 그리고 생태계 형성을 위한 장기적인 투자 등 모든 것이 기업에서와 마찬가지로 정치에서도 영향력을 낳는 중요한 요소들이라는 것을 살펴봄으로써 리더십과 전략에 대한 통찰을 얻을 수 있을 것이다. 그러한 토대 위에서라면 이념과 가치가 사회를 움직일 수 있다. 그러나 만약 그러한 토대가 없다면, 이념과 가치만으로는 거의 아무것도 할 수 없을 것이다.

당신이 어떤 역할을 담당한 생태계들을 생각해 보자. 그들 생태계는 성장하고 있는가, 아니면 쇠퇴하고 있는가? 이 경제적 공동체들은 얼마나 효율적으로 운용되고 있는가? 고객에 대한 그들의 임무를 혁신하거나 개선하고 있는가? 그들의 미래는 얼마나 안전한가? 경쟁 공동체들에 대하여 어떻게 대처해나가고 있는가? 이러한 질문을 제기하는 것은 아주 중요하다. 왜냐하면 그 동안 많은 경영자들과 회사들은 전적으로 그들 자신의 장점에만 초점을 맞추는 바람에 자신들이 속해 있는 생태계가 쇠퇴하고 있다는 것을 전혀 깨닫지 못했기 때문이다.

기업생태계 세계에서의 경쟁 우위

모든 생태계, 그리고 모든 역할이 똑같이 유리하지는 않다는 것을 명심하라. IBM은 PC생태계를 만들어냈지만, 거기에서 살아남기 위해 맹렬하게 싸웠다. 생태계를 창조하는 것만으로는 충분하지 않다. 당신의 기업이 성공하기 원한다면 반드시 기업생태계 내부에서, 그리고 기업생태계에 참여함으로써 새로운 종류의 역동적인 경쟁 우위를 만들어내야 한다.

내가 보는 바로는 새로운 세계에서 경쟁우위에 서려면 성공적인 기업생태계에 확고히 뿌리내린 리더십을 확보해야 한다. 특징적인 한 예를 들면, 월 마트의 경쟁우위는 자신이 속한, 광범위한 시스템에서 차지하고 있는 지배적인 위치에서 나온다.

일개 회사인 월 마트가 그렇게 번창할 수 있는 것은 자신과 수많은 다른 월 마트로 구성된 월 마트 네트워크, 달리 말하면 거미줄처럼 복잡하게 연결돼 있는 경영과정, 그러한 과정을 움직이는 공동체, 그리고 그 결과로 생기는 기업생태계의 리더이기 때문이다. 월 마트는 결코 한 산업계 내에서 보호받는 위치에 안주하지 않았다. 북아메리카의 산매업은 지구상에서 가장 보호받지 못하고 가장 경쟁이 치열한 산업계 중 하나임이 분명하다.

그러나 한편으로 월 마트는 보호받는 위치를 즐기고 있다. 월 마트는 자신의 광범위한 네트워크에 리더십과 산매점, 도매 유통구조, 정보서비스, 구매, 마케팅 전문가, 인적자원관리 계획 등 여러 가지를 제공하는 유일한 공급자다. 그리고 월 마트 네트워크는 고객 중심적이고 혁신적이기 때문에 수많은 고객이 거의 신앙에 가까운 마음으로 월 마트를 신뢰하고 있는데, 월 마트 네트워크가 막강한 세력을 과시하고 있는, 약간 고립된 작은 마을에서는 특히 더 그렇다. 그것은 누구든지 차지하고 싶은 아주 좋은 자리임에 틀림없다.

인텔은 경쟁우위에 대한 또다른, 그러나 더욱 드라마틱한 예를 보여준다. 1991년부터 1995년까지 인텔은 드비어스(DeBeers) 다이아몬드 회사와 말레이시아 석유 및 가스 전매회사, 주요 제약회사들과 어깨를 나란히 할 정도로 세계에서 수익성이 가장 높은 회사 가운데 하나였다. 같은 시기에 반도체산업의 평균 수익률은 인텔의 4분의 1도 채 안됐다. 우리는 이것을 어떻게 설명할 것인가? 인텔이 그의 다른 경쟁자들보다 그렇게도 능률적이었던가? 아니 전혀 그렇지 않았다. 이 시기에 퍼스널 컴퓨터 구매자들은 더 강력한 마이크로프로세서를 열망하고 있었다. 해를 거듭할수록 사람들은 새로운 소프트웨어를 가동시키는 프로세서를 찾는 데 혈안이 됐다. 그런데 오직 인텔만이 그러한 욕구를 충족시켜 주었던 것이다. 어드밴스드 마이크로 디바이스 (Advanced Micro Devices)와 같은 유사 반도체 생산업체들은 고객들의 소프트웨어를 운용시킬 마이크로프로세서를 공급할 수는 있었지만 새로운 프로세서 공급에는 항상 인텔보다 뒤졌다. 인텔은 이 엄청난 수요에 대해 오직 인텔만이 공급할 수 있는 어떤 것인가를 항상 팔고 있었다.

게다가 인텔과 마이크로소프트가 지배하던 퍼스널 컴퓨터 생태계는 수많은 다른 생태계에도 엄청난 가치를 공급하고 있었다. 따라서 이 기간에 인텔이 거둔 그 엄청난 성공은, 사실상 세계의 모든 사업영역에 결정적인 생산성의 증가를 가져다주었던 더 넓은 생태계에 대한 확고부동하고 유일한 공급자라는 그의 위치에 기인한 것이었다. 이 책에서 나중에 살펴보겠지만, 인텔이 이처럼 성공을 거두고 있던 시기는 그 생태계에 참여하기를 갈망해 제휴한 여러 회사의 포위공격에 맞서 인텔 자신의 지위를 고수하기 위해 집요하게 싸움을 벌여야 했던 때와 일치한다.

새로운 경쟁우위의 원천은 기회환경 내에서 자원을 효율적으로 활용하고 조직하여 고객들이 경쟁 생태계보다 선호할 수 있는 혁신적인 생태계를 형성하고, 그 안에서 안전하게 보호받을 수 있는 위치를 확립하는 것이다. 여기서 '보호받는다'는 것은 그 회사가 공동체에서 차지하고 있는 역할을 빼앗기가 극히 어려운데다 그 역할이 상당히 매력적인 수익률을 보장해 생태계 내의 다른 회사들에 대한 막강한 교섭력을 확보하고 있다는 것을 의미한다. 따라서 전통적인 전략에서 최소한 한 가지 진리만은 얻을 수 있다. 즉 다른 모든 조건이 동일할 경우 많은 사람들이 정말 필요로 하는 것을 당신, 혹은 당신을 포함한 몇 사람이 공급할 수 있다면 그것에서 오는 교섭력은 수익성을 향상시킨다는 진리다. 그러나 새로운 세계에서 기업의 교섭력은 정적 장벽인 산업계간 라인(Line)에 따라 이뤄진다기보다는 생태계에 대한 동적 기여에서 나온다는 것을 기억해야 한다(역자주 : 기존 교섭력은 기업의 측면에서 볼 때 원료공급업체에 대한 교섭력과 자사의 고객에 대한 교섭력으로 나눈다). 안전한 보호는 규제나 전통에서 오는 것이 아니라 리더십과 생태계의 고객들에 대한 혁신적인 기여에서 오는 것이다.

혼자서는 할 수 없다

리더십에 대해 내가 지금까지 이야기한 이러한 변화는 임의적인 것도, 일시적인 유행도 아니다. 그것은 기업활동의 근저를 이루는 경제적·기술적 현실에서 일어나는 강력하고 구체적인 변화가 부른 필연이다. 사실상 모든 사업분야에서 혁신의 잠재력은 극적으로 증가하고 있다. 이러한 잠재력은 기술적인 진보, 지식의 확산, 자본시장의 세계화, 모험자본의 광범위한 확산, 규제완화, 그리고 혁신을 주도하는 경영기술의 증가 같은 구체적인 요인들에 의해 신장되고 있다.

따라서 잠재적인 혁신을 더 능률적이고 효과적으로 실현한다면 참여자들은 그에 상응하는 경제적 보상을 받을 수 있다. 그러나 어떠한 혁신이라도 그것을 실현하기 위해서는 고객과 공급자 파트너의 도움이 필요하다. 그리고 그 혁신이 근본적일수록 다른 참여자들, 특히 고객이 더욱 깊이 있고 폭넓게 참여해야 했다. 이러한 사실은 모든 참여자들이, 혁신을 일으키는 방법에 대한 비전을 공유하고 있는 아주 광범위한 공동체 또는 조직의 네트워크를 관리하는 법을 배워야 한다는 것을 의미한다. 사실 오늘날 실현된 혁신의 확산을 가로막는 것은 좋은 아이디어가 없어서, 또는 기술이나 자본이 없어서가 아니다. 그것은 광범위한 공진화 과정에 본질적인 역할을 해야 할 참여자들이 폭넓고 다양한 공동체 전체의 협력을 이끌어내지 못하기 때문이다.

당신의 생태계에 속한 모든 회사 경영진의 마음을 꿰뚫어볼 수 있다면 그들이 공유하고 있는 인식, 즉 기업경영에 많은 변화가 일어나고 있으며 거기에서 살아남으려면 고객에게 새로운 이익을 주어야 하고 이미 제공하고 있는 이익은 지금보다 훨씬 좋은 것으로 바꿔야 한다고 생각하는 것을 알 수 있을 것이다. 그들은 새로운 기술, 새로운 자산, 새로운 방향에 투자를 해야 할 것이다. 그러나 일방적으로 그러한 결정을 내릴 수는 없다. 왜냐하면 최소한 그 공동체의 몇몇 다른 구성원들과 상호의존적 관계에 있기 때문이다. 그들은 공유할 수 있는 비전을 찾아내 투자방향을 서로 조정해야 할 것이다. 그러지 않으면 모든 가능한 미래에 대해, 그리고 그것에 공조하여 이루어질 계획에 아무것도 투자할 수 없을 것이다.

어떤 회사든지 가능하면 최대한 자율성을 유지하고 자신의 미래 계획을 숨기고 싶겠지만, 이러한 욕구는 다른 회사들과 협력해야 할 필요성과 균형을 이뤄야 한다. 투자를 집중하고, 막다른 골목을 피하고, 강력한 공동체의 중심에서 제 구실을 찾으면서 미래를 만들어간다면, 조정과 협력을 통해서 엄청난 경제적 이익을 얻을 수 있다. 기업생태계를 위한 전략 수립이 그토록 중요한 것은 자율성에 대한 욕구와 집단적 운명에 대한 인식 사이의 긴장 때문이다. 그러나 많은 경우에 기업은 공동체의 한 구성원에 머물지 않고 미래의 리더이자 연출자가 됨으로써 그 두 가지를 다 가질 수 있다.

이제 자신의 기업에 대비시켜 이러한 생각을 해보고 싶다면 다음과 같이 자문해보라. 만일 내가 광범위한 공동체를 조직하고 관리할 수 있다면, 나는 내가 제공하는 것보다 훨씬 효과적이고 또한 그 공동체의 참여자들이 지지하는 어떤 혁신적인 아이디어를 고객들에게 전달할 수 있는가? 폭넓은 협력과 공동투자를 이끌어내지 못하고 내 아이디어들이 채택되지 않음으로써 내가 혁신적으로 기여하지 못하는 것은 어떤 것일까?

이 질문에 대답하다 보면 당신은 생태계의 차원에서 발휘하고 싶은 리더십에 대해 몇 가지 생각을 하게 될 것이다.

다차원적인 캠페인이 경쟁우위를 창조한다

당신의 세력권을 방어하는 낡은 방법들은 이제 아무런 쓸모도 없다. 구태의연하게 이전과 똑같은 방식으로 경쟁하는 기존 업체들은 자신의 영역을 침범하려는 새로운 라이벌 때문에 끊임없이 괴로움을 당할 것이다. 이들 경쟁자 가운데 어떤 것들은 현재의 경영방법을 답습할 것이고, 어떤 경쟁자들은 첨단기술이나 다른 아이디어를 이용해 사업영역을 가로챌 뿐만 아니라 기존 회사들의 자산을 무력하게 만들 것이다. 새로 등장한 라이벌들은 대개 산업간 경계나 지리적 경계를 파괴할 것이다. 이들 가운데는 아주 비슷한 업계에서 진출한 침입자도 있을 것이고, 몇 가지 핵심역량을 공유한 전혀 다른 업계에서 뛰어든 침입자도 있을 것이다.

간단히 말하면, 최종 결과는 대체로 자산의 무력화나 기술과 인적자원의 감소까지도 동반한, 기존 업체들의 시장 점유율이나 소득의 급격한 하락일 것이다. 가장 좋은 방어책은, 처음에는 대개 그 동안 해왔던 것을 좀더 효율적으로 하기 위해 규모를 축소하고 현행 업무과정을 재정비하는 것이다. 이렇게 함으로써 기존 업체들은 그들의 수익률을 유지하고 싸울 수 있는 힘을 비축할 수 있을 것이다. 단기간으로 보면, 규모 축소와 리엔지니어링으로 비축된 자금력으로 가격인하와 판매촉진, 제품과 서비스의 점진적인 개선을 통해 일단 도전자들의 공격을 피하고 시간을 벌 수 있을 것이다.

그러나 좀더 시간이 지나면, 그러한 접근방식은 곧 막다른 골목에 들어설 것이다. 대폭적인 예산삭감이 얼마 동안은 도움이 되겠지만, 결국은 더이상 삭감할 게 없어질 것이다. 기존 회사들이 자신의 새로운 현실에 걸맞은 리더십과 경쟁우위를 다시 확보하기 위해서는, 핵심 경영과정 및 전반적인 경영 모델의 근본적인 혁신과 성장에 좀더 많은 관심을 기울여야 할 것이다.

그렇게 하지 않는 회사들은 한계 수익이라도 유지하겠다는 거의 절망적인 희망 속에서 비용을 절감하기 위해 필사적으로 노력하겠지만 끝내 인력과 자산을 대량으로 처분하는 쇠퇴의 악순환에 빠져들 것이다. 그러는 동안에도 이 회사들은 더이상 아무런 쓸모가 없는 것이 그들의 경영방법이 아니라 바로 그들의 근본적인 경영이념이라는 사실을 깨닫지 못한다. 우리는 언뜻 보기에 영구적이고 고정된 것 같은 세계경제 속에서 이런 종류의 비극적인 쇠퇴와 붕괴, 혹은 붕괴 일보 직전에 있는 기업들을 꽤 많이 보아왔다. 그리고 그런 회사들은 예외없이 전략 수립에 대한 접근방식의 일대 전환을 이루기 전까지는 계속 급속한 하락을 면할 수 없었다. 운좋게도 새로운 방향으로 전략을 수립할 수 있었다면 그들은 새로운 고객, 새로운 시장, 그리고 새로운 기술과 경영 모델에 대한 확실한 이해를 통하여 그들의 사업을 다시 일으킬 수 있었을 것이다.

이런 모든 고통을 피하는 비결은 새로운 것을 창조하는 두 가지 차원, 즉 확실하게 경쟁우위를 차지할 수 있는 핵심제품 및 서비스의 개발과 우수한 생태계의 창조를 목표로 한 다각적인 캠페인을 벌이는 것이다. 이 문제에 대해서는 다시 살펴보겠지만, 이러한 캠페인은 반드시 다음과 같은 경쟁우위의 7가지 측면으로 확대돼야 한다.

- 고객
- 시장
- 제품
- 업무과정
- 조직
- 이해관계자
- 정부와 사회

이러한 캠페인의 성격을 밝히고 그것들이 생태계의 발전과정 속에서 어떻게 변화하는지 살펴보는 것이 이 책의 나머지 부분에서 해야할 일이다. 그러나 먼저 우리는 생태계가 어떻게 진화·발전하는지에 대해서 조금 더 배울 필요가 있다.

기업생태계의 발전단계

생물 공동체들은 어느 날 갑자기 지구 위에 모습을 드러내는 것이 아니라 오랜 시간에 걸쳐 발전한다. 생명은 오직 원기왕성한 정력과 인내, 그리고 행운을 통해서만 도래한다. 복잡다단하고 웅대하게 펼쳐 지는 이러한 과정을 생물학적 식민화(biological colonization)라고 부른 다. 공동체의 발전은 그것이 불모지, 즉 산사태에 의해 나무 한 그루 없이 황폐해진 산중턱, 홍수가 할퀴고 간 자리에 남은 침니로 뒤덮인 황야, 또는 하와이에서 볼 수 있는 분출된 용암으로 뒤덮인 벌판 등의 식민화를 수반했을 때 가장 기초적인 단계가 된다. 생물학자들은 이것 을 말 그대로 생태계가 처음부터 새로 구축되는 것, 즉 1차적인 식민 화라고 부른다.

하와이에서 새롭게 분출한 용암은 두 가지 조직구조를 가진 암석이 되는데, 표면이 매끄럽고 단단한 파호이호이(pahoehoe) 용암과 표면이 거칠고 도톨도톨한 아아('A'a) 용암이 그것이다.

아아 용암은 식민화에 가장 좋은 토대다. 왜냐하면 그 용암의 표면에 있는 수없이 잘게 갈라진 틈들이 습기를 모으고 초기 이주자들을 보호하는 아주 귀중한 응달을 제공하기 때문이다. 미생물, 이끼류, 양치식물은 응달진 영역을 넓혀가면서 극히 적은 양의 초생(草生) 부식토를 만들어 자신의 서식기반을 구축하는 첫 입주자들이다.

시간이 지나면서 번식력이 강한 오히아레우아('ōhi'a-lehua) 나무들이 이 좁은 미기후(微氣候, microclimate)대 안에서 움을 틔우고 이 나무들은 곧바로 다른 종들이 서식할 수 있는 안전한 보금자리가 된다. 이를 위한 최초의 활동들이 이 오히아레우아 나무의 뿌리를 축으로 하여 일어나는데, 뿌리는 딱딱하게 굳은 용암에 공기주머니를 만들며 뻗어나가 거미와 귀뚜라미를 비롯한 다른 벌레들이 살 수 있는 아주 작은 지하동굴을 만든다. 수십 년이 지나면 이 땅은 온통 식물로 뒤덮이고, 필연적으로 수많은 생명의 분화가 일어난다. 지역 생태계는 점점 더 밀도있게 꾸며져 아주 다양한 종에 자양분을 줄 수 있게 된다. 이곳에 먼저 초식동물이 몰려들고 육식동물들이 그 뒤를 따른다.

이들 이방인은 신속하게 안식처를 마련하고 상호의존적인 공동체를 만든다. 마땅한 조건이 마련되면 인간의 수명에 해당하는 기간 내에 빽빽하게 하늘을 뒤덮는 산림이 자리잡게 된다. 한때 황폐했던 영토가 복잡한 영혼과 운명을 가진 어엿한 산림생태계로 바뀌는 것이다.

창조적으로 연결된 경영 요소로 새로운 가치를 확립하라

최근 몇 년 동안 생태학자들은 생물학적 공동체가 확립되는 구체적인 방식을 이해하고, 역사적인 우연과 그에 의해 발생한 결과와 생물학적 필연을 구분하려고 노력해왔다. 그들은 여기서 '집단화 법칙(assembly rules)'을 생각해냈다. 대개 이 법칙은 종들이 한 생태계를 식민화하는 순서뿐 아니라 한 공동체 안에 어떤 종들이 공존할 수 있는지 말해준다. 어떤 식물이 자리를 잡고 안정되기 전에는 그 식물을 먹어치우는 메뚜기가 올 수 없다. 메뚜기가 오기 전에는 메뚜기를 잡아먹는 잠자리가 그 생태계에 들어올 수 없다.

집단화 법칙은 또 한 생태계 내에 얼마나 많은 경쟁관계가 존재할 수 있는지를 말해준다. 어떤 생태계에 이미 들어와 있는 명금(鳴禽)종은 나중에 들어오는 다른 명금 가운데 한두 종만 그 생태계 안에 들어갈 수 있을 정도로 많은 양식을 소비하면서 번식한다. 따라서 나머지 종들은 그 생태계에 들어오지 못하고 다른 곳에 정착해야 한다.

이와 같은 과정이 기업생태계에서는 아주 철저하게 일어난다. 생물생태계에서든 기업생태계에서든 모두 하나의 시스템 아래 공생관계가 구축된다. 초기의 경영 아이디어는 소수 후원자의 지지를 얻는 데 그치지만, 그들은 그 위에 새로운 아이디어와 자본을 투자한다. 만약 그 아이디어들이 이익을 줄 수 있다는 것만 증명한다면 더욱 많은 지원을 끌어들일 수 있을 것이다. 시간이 지나면서 새로운 기여와 이익의 확대가 지속적으로 순환되고 이는 결과적으로 상호 연관된 고객과 공급자들, 제품과 서비스, 그리고 업무과정과 조직들로 구성된 풍부한 기업생태계를 낳는다.

시간의 흐름 속에서 형성된 어떤 기업생태계를 통해 우리는 특수한 역량과 관계들이 일련의 복잡한 과정 속에 구축된 것을 볼 수 있다. 예를 들면 신용투자회사(Fidelity Investments)는 현재 뉴욕 증권거래소에서 일어나는 모든 거래의 15% 정도를 장악하고 있다. 거대하고 강력한 금융정보서비스 생태계로서 돛을 올린 것이다. 그러나 하룻밤 사이에 일어나는 일이란 없다.

1960년대 네드 존슨(Ned Johnson)은 그의 가족이 운영하던 소규모 오픈 투자신탁회사를 맡았다. 그때 그는 지금까지 고객들이 맡긴 자금을 운용해왔던 증권 중개인들이 자신들에게 드는 비용을 정당화할 만큼 부가가치를 내지 못하고 있다는 결론을 내렸다. 그래서 그는 최종 이용자들이 그 회사의 상품을 직접 운용할 수 있도록 텔레마케팅 요원을 모집했다. 그렇게 해서 비용을 절감한 덕분에 고객들의 더욱 활발한 참여를 유도할 수 있었으며, 동시에 그의 신용투자회사가 투자 서비스의 대표적인 상표로 이미지를 구축하는 광고효과까지 낳았다.

당신의 실무능력을 충분히 발휘하라: 일련의 상승효과를 낳는 능력 창조

나아가 경영자들은 그들의 생태계를 다음 차원으로 끌어올리기 위해 어떤 것이 이루어져야 하는지 예측해야 한다. 혁신의 중요성이 날로 증가하고 회사 독자적으로는 그 혁신을 추진할 수 없다는 것을 깨달으면서, 사업의 집단화 법칙을 연구할 필요성이 공공연하게 제기됐다. 그래서 '완전 제품(whole product)', 또는 '완전 제공(whole offer)'이라는 개념이 생겨났는데, 이 개념은 고객이 어떤 특수한 기술을 충분히 활용하기 위해 반드시 거쳐야 하는 모든 사항을 경영자들이 그려보는 형태로 실리콘 밸리에 처음 출현했다. 경영자들은 지금 이렇게 질문하는 것을 배우고 있다. 즉 고객이 나의 제품과 서비스의 잠재적인 기능들을 최대한 활용하기 원한다면 내가 현재 제공하고 있는 역량 외에 어떤 것이 고객에게 필요할까? 제3자에 의해서는 어떤 것이 제공될 수 있을까? 고객은 무엇을 제공해야 하는가? 어떤 기술적인 제품의 경우는 최첨단 고객만이 아니라 모든 고객에게 유용한 제품이 되기 위해 보조적인 제품과 서비스가 필요할 것이다. 마찬가지로 공급자는 주요 부품이나 서비스를 활용할 수 있도록 해야 한다. 마지막으로 고객들은 스스로 혁신을 위한 역량을 쌓고 혁신에 대한 수요를 창출해야 한다.

경영자는 제품이나 서비스에 대한 계획은 물론 전체 생태계를 지원하는 계획도 가지고 있어야 한다. 선도적인 몇몇 회사는 소위 '선구자 제품(precursor products)'을 소개하고 있는데, 그것은 고객을 회사와 공동으로 창조하고 공진화하는 관계로 끌어들이기 위해 특별히 고안된 것들이다. 따라서 그것은 공급망과 보조적인 제품 및 서비스 그리고 고객과 선도적인 공급자 역량을 동시에 창조할 수 있다. 컴퓨터 소프트웨어 회사들은 특히 이런 경영방식에 동조하고 있다. 인튜잇(Intuit)에서 나온 퀴큰(Quicken)은 사용자들이 퍼스널 컴퓨터를 이용해 회계전표를 기입하고 회계장부를 만들 수 있도록 한 아주 저렴한 프로그램이다. 그러나 인튜잇은 더 많은 것을 염두에 두고 있다. 그것은 수많은 제공(offers)과 관계의 중심이 됨으로써 고객과 금융기관을 연결하는 것이다.

우리의 새로운 경제에서 전략 수립에 중심이 되려면 어떤 역량과 관계들이 필요한지 밝히고, 그것들을 언제 어떻게 확보하고 구축해야 하는가를 선택하는 것이다.[1] 나중에 살펴볼 아프리카의 전화회사에서부터 월 마트에 이르기까지 몇 가지 특수한 사례에서 우리는 최초의 출발점을 이루는 일련의 요소들이 어떤 과정을 거쳐 결국 상호의존적인 조직들로 구성된 풍부한 공동체를 창조하는지 보게 될 것이다.

이러한 일련의 계기들을 정밀히 연구하는 것은 여러가지 전략적 문제들을 해결하는 데 결정적 역할을 한다. 예를 들면 '너무나 일찍' 어떤 혁신적 기여를 했을 때 그 회사는 십중팔구 실패하게 된다. 그렇다고 가장 정확한 순간을 시의적절하게 포착할 체계적인 지침이 마련돼 있는 것도 아니다. 그러나 기업생태계를 연구하면, 그러한 문제가 시기적으로 너무 이르거나 늦어서 생기는 것이 아니라 한 생태계 내에 구축된 현재의 역량을 정확하게 파악하지 못한 데서 나온다는 점을 분명하게 알 수 있다.

어떤 선구적인 제품들의 경우는 기술이나 조직역량이 그것을 소화할 수 없거나 고객과 시장이 그것을 받아들일 준비가 돼 있지 않아 곧바로 활용되지 못하기도 한다. 1990년대 초 키보드가 없는 컴퓨터가 선을 보였으나 음성과 손으로 직접 쓴 글을 인지하는 기술이 아직 준비되지 않은 탓에 실패하고 말았다.

또 어떤 상품은 때로 그것 때문에 새롭게 부상한 생태계에 의해 이미 무용지물이 돼 실패한다. 익스프레스(Federal Express, FedEx)의 잽메일(Zap Mail)은 사무실에서 사무실로, 기업과 집으로 배달되는 값비싼 팩스 서비스에 사람들이 돈을 지불할 것이라는 지역 급송인들(couriers)의 판단 아래 설계한 것이었다. 그러나 FedEx의 경영진이 사무실과 개인용 팩스 기계를 제공할 수 있는 기업생태계를 양산하던 전자통신과 반도체 및 소비가전제품 분야에서 일어난 발전의 중요성과 그 시의성을 잘못 판단하는 바람에 실패작으로 끝났다.

공진화가 전개되는 각 시대와 단계의 측면에서 생각하라

생태학자들은 때로 생물학적 생태계에서 일어나는 변화를 일련의 연속적인 단계로 구분지어 이야기한다. 내가 좋아하는 생태적 천이(遷移:생물의 군집이 시간의 추이에 따라 변천해가는 현상)에 대한 정의는 다음과 같다. 즉 생태적 천이란 생물 공동체가 황무지의 초기 식민화(1차 천이) 또는 이미 구축된 공동체의 초기 식민화(2차 천이)를 거쳐 거의 확고한 안정기로 이동하는 구성상의 변화를 말한다.[2] 이러한 일련의 과정 속에서 공동체의 생물자원이 증가하고, 뿐만 아니라 그 공동체의 구조와 조직 자체도 변화를 겪는다. 초원과 잡초가 무성했던 지대에는 교목과 관목들이 들어서고 이는 다시 침엽수들이 충분히 번식할 수 있을 정도로 땅 속 질소를 자양분으로 바꾼다.

기업의 리더들은 기업생태계에서 일어나는 그러한 변화를 소위 '시대'로 생각함으로써 변화에 민감하게 대응한다. 리더들은 그들의 생태계가 지금까지 발전해온 궤도와 앞으로 전개될 양상에 대해 시대별로 구분해 생각해보려고 한다. 즉 그들의 생태계가 현재 어떤 시대에 있는지, 그것이 얼마나 오랫동안 지속될 수 있을지, 그리고 무엇이 그 다음 시대를 선도할 것인지를 파악하려 한다. 그렇게 함으로써 그들은 앞으로 일어날 변화를 더 정확하게 예측하고 그 변화에 대처할 수 있는 적절한 행동을 취할 수 있다. 또한 현재 그들이 제공하고 있는 제품과 서비스가 다음 시대에는 얼마나 가치있는 것이 될지를 확인하여 적절한 행동을 취할 수도 있다.

생태학적 분석을 통해 우리는 기업생태계가 어떤 단계의 발전경로를 거치며, 그 각 단계는 어떤 성격을 갖는지 어느 정도 예측할 수 있다. 나는 기업에 대해 연구하면서 대체로 기업생태계의 발전과정을 네 단계로 구분하여 생각하는 것이 아주 효과적이라는 사실을 발견했다. 네 단계란, 생태계의 기본적인 패러다임이 모색되는 시기인 개척시대(pioneering), 공동체가 자신의 범위를 확대하고 모든 유형의 자원을 소비하는 확장시대(expansion), 공동체의 구조가 안정되고 그 생태계 내부에서 리더십과 이익을 둘러싸고 경쟁이 치열해지는 권위시대(authority), 공동체가 번성하기 위해서는 반드시 지속적인 혁신을 이루어야 하는 쇄신시대(renewal) 혹은 죽음(death)을 말한다.

단계마다 기업생태계가 발전하려면 반드시 극복해야 할 도전들이 나타나며, 또한 이미 그 생태계에 참여하고 있거나 진입을 모색하고 있는 기업의 경영자들이 예측할 수 있는 문제들이 제기된다. 어떤 기업생태계가 현재 어떤 단계에 있는지를 확정함으로써, 당신은 다가올 도전을 더 정확히 예측하고 그것에 경영노력을 집중할 수 있다.

대기업은 대부분 다수의 단위 사업부와 자회사를 거느리고 있는데, 그것들이 각기 다른 여러 기업생태계에 속해 있는 경우가 많다. 다양한 기업생태계에 걸쳐 있는 각각의 위상을 전체적으로 인식한다면, 경영진은 각 기회에 걸맞은 재능과 자원을 더욱 효과적으로 집중시킬 수 있을 것이다.

각 장에서 네 단계에 대해 정밀하게 조사하겠지만 여기에서 각 단계에 대한 대략적인 윤곽을 살펴보는 것도 의미가 있을 것이다. 각 단계를 식별하기 위해서는 단계마다 반드시 수행돼야 할 것은 무엇인지, 그리고 생태계가 각 단계를 거쳐갈 때마다 협력과 경쟁이 어떻게 새롭게 정의되는지 살펴보면 도움이 될 것이다.

1단계 : 생태계의 개척시대

역량을 모아 핵심적인 것을 창조하라

이 단계가 진행되는 동안에는 어떤 새로운 기업생태계에 대한 탐색이 이루어진다. 이것은 브레인스토밍(brainstorming) 단계로, 이미 비축된 에너지로 확고하게 무장하고 갖가지 구상들로 열의에 불타는 경영자들이 현재 제공하고 있는 것보다 근본적으로 더 나은 제품과 서비스를 창조하고 성장에 밑거름이 될 구체적인 혁신(기술에 있어서든 개념에 있어서든)을 생각해내는 데 노력을 집중하는 시기다. 이 기간에 기업가들은 비록 성숙되지는 않았지만 최소한 최초 고객의 욕구를 충족시킬 만큼은 완성된 발생 초기단계의 생태계를 형성하기 위해 애쓴다. 이 단계에서 그들은 '개념의 증거(proof of concept)', 다른 말로 하면 현상(現狀)을 대체할, 실행 가능하고 고무적인 대안이 있다는 확실한 증거를 세우려고 한다.

자원을 통합하고 고객에게 제공할 가치의 성격을 규정하는 것도 이 기간에 이루어져야 할 중요한 일이다. '가치'라는, 정확히 파악하기 어려운 특성을 확립하는 역량을 쌓는 일련의 공진화적인 과정에 투자할 필요가 있다. 더 정확하게 말하면, 당신은 어떤 다른 접근방법보다도 효과적으로 가치를 창출할 수 있는 역량을 쌓을 필요가 있다. 우리는 어떤 제품이나 서비스를 생산하여 그것을 시장에 내놓는 데 필요한 일련의 활동을 가리키는 '가치사슬(value chain)'이라는 용어를 알고 있다. 하지만 대부분은 그 개념을 정적인 것으로 이해하고 있다. 우리는 우리가 현재 하고 있는 사업의 가치사슬을 이해하고 우리의 여러 역량들을 벤치마크(benchmark)하여 개선할 수 있는 기회들을 발견하기 위해 노력한다.

새로운 세계에서는, 현재의 가치사슬들을 정확히 인식하고 이를 개선하는 데서 더 나아가 새로운 가치사슬들을 능동적으로 만들어나갈 필요가 있다. 나는 그것이 갖고 있는 능동적인 특성을 강조하기 위해 이를 '가치사슬의 형성(value chaining)'이라고 부르고 싶다. 만약 직접적이고 보완적인 역량들이 전부 재조직되고 새로운 기술과 고객, 시장, 규제 제도들이 마련돼 있다면 당신의 사업을 눈에 띄게 성장시킬 기회들에는 어떤 것이 있는지 스스로에게 질문해보아야 한다.

일단 기업생태계가 어떻게 움직이는가 하는 흐름을 파악하게 되면 당신은 훨씬 의식적이고 적절한 방법으로 가치사슬을 형성하는 게임을 할 수 있다. 당신은 새로운 제품과 서비스 그리고 새로운 역량들을 결집한 네트워크, 새로운 생태계를 창조할 역량과 의도를 결합하고 조화시켜 창조적인 가치사슬을 형성할 수 있다. 네드 존슨이 보수적인 오픈 투자신탁을 텔레마케팅 및 전국적인 광고와 결합했던 것이 그러한 창조성을 보여주는 적절한 실례다.

현상(現狀)보다 훨씬 뛰어난 가치를 창조하라

첫째 단계에서 당신은 현상보다 훨씬 효과적인 가치창조 시스템을 세울 수 있는 역량들을 당신의 상상 속에서나마 일단 서로 꿰맞추어보아야 한다. 처음에는 당장 활용할 수 있는 요소가 몇 가지밖에 없는 경우도 있을 것이다. 또 어떤 것들은 아직 잠재적인 상태로만 있을 것이다. 그러나 여기서 중요한 것은 당신이 보통은 파트너들과 함께 새로운 기회와 새로운 통합 패러다임을 축으로 하여 현실적으로 가능한 가치사슬을 설계하고 창조하기를 원한다는 것이다.

물론 이것은 주춤거리며 진행될 수도 있다. 산매업에서 할인판매라는 개념을 확립하기까지는 1960년대 말부터 갈피를 잡지 못한 채 긴 세월 혼란을 겪어야 했다. 처음에는 많은 상품을 일률적으로 낮은 가격에 팔면 고객들이 쇄도할 것이라고 생각했다. 초기의 할인판매점은 기본적으로 싸구려 잡화점(old five-and-dime)에서 발전시킨 것이었다. S. S. 크리스게(후의 케이마트) 같은 선구자들은 그 개념을 채택하여 더 광범위한 상품을 포함하는 방향으로 확대시켰다. 그러나 성공을 결정짓는 핵심요소인 적절한 제품 구색과 상점 위치, 판매원의 행동, 물류 그리고 구매활동 등을 회사들이 이해하기까지는 몇 년이라는 세월과 많은 시행착오가 필요했다. 케이마트(Kmart)와 월 마트가 그 개념의 외연을 확장하고 상당한 규모와 범위를 갖춘 시스템을 구축하면서, 그 개념은 그후 20년 동안 다시 괄목할 만한 발전을 이룩했다.

이 단계에서 승리를 결정짓는 관건은 고객이 원하는 것이 무엇인지를 분명하게 파악하고 이를 확실하게 충족시키는 것이다. 나아가 자신의 아이디어는 확고하게 지키면서도 한편으로 다른 사람들로부터 배울 수 있는 것은 무엇이든 배워야 한다. 거의 우화가 되다시피 한 1단계의 성공담은 '아이디어 도둑(idea thieves)' 이야기다. 샘 월튼(Sam Walton)과 빌 게이츠(Bill Gates), 데이비드 사노프(David Sarnoff)는 모두 경쟁제품보다 앞서 나갈 수만 있다면 어디서든지 아이디어를 훔치려고 했던 아이디어 훔치기의 대가들이었다. 성공하기 위해서는 경영과 학습을 병행해나갈 수 있을 정도로 '충분한' 통합을 이룰 필요가 있다. 고객이 원하고 필요로 하는 바가 무엇인지 발견하지 못하거나 또는 그것을 제공할 수 없었을 때, 실패는 당연한 결과다. 그럴 경우에는 기업생태계의 성장을 계속 뒷받침해나갈 충분한 이익을 낳을 수 없다.

기업생태계가 직면하는 네 가지 근본적인 도전 가운데 1단계에서 가장 중요한 것은 가치다. 기업생태계의 초기 단계에는 고객들에게 이미 제공하고 있는 것과 비교하여 그와는 질적으로 다른, 상당한 가치를 지닌 무엇인가를 보여주어야 한다. 상당한 보상에 대한 희망, 그리고 궁극적으로 그것이 실현되면 고객과 공급자 모두에게 이익을 주리라는 기대만이 일에 대한 열의를 불러일으키고 새로운 생태계를 출발시키는 데 필요한 자금과 재능 및 기타 자원들을 전적으로 투자할 수 있게 할 것이다. 출발할 당시 생태계는 이미 확립돼 있는 기존 질서에 대항하여 싸워야 하기에 부담을 안게 된다. 왜냐하면 새로운 생태계에서 얻을 수 있는 성과는 그것으로 전환하는 데 드는 비용을 상쇄해야 하기 때문이다. 그러나 생태계가 발전하면서 이와 같은 상황은 반전될 것이고, 그래서 생태계는 신참자의 도전도 받겠지만 신참자 때문에 생긴 고객에 대한 사소한 약점들을 날려버릴 수도 있을 것이다. 왜냐하면 고객이 그 생태계를 저버릴 경우 상당한 타격을 입을 것이기 때문이다. 어떤 생태계에서나 상대적 가치에 대한 평가는 중요한 문제지만 첫째 단계에서는 특히 중요하다.

2단계 : 생태계의 확장시대

상승작용을 일으키는 관계를 만들어내고 규모와 범위를 확대하라

생물학적 공동체는 일단 완전히 구성되면 전형적으로 그들이 서식하기에 적당한 모든 영토를 공략하면서 더 넓은 영역으로 뻗어나간다. 이제 공동체 자체는 영양분을 몽땅 집어삼키고 햇빛에 노출되는 범위를 최대화하기 위해 자신의 표면적을 확장하면서, 마치 일정한 세력권을 확보한 복잡한 유기체처럼 행동한다.

효과적으로 움직이는 기업생태계라면 뻗어나갈 수 있는 한 최대로 영역을 확장해야 한다. 이것은 가능한 한 수요를 모두 흡수해나가는 과정일 수도 있고, 제공할 수 있는 주요 부품이나 관련 제품과 서비스를 최대한으로 공급하여 전체 생태계에서 당신의 지위를 확보하고 그 생태계에 대한 당신의 구상을 실현하는 것일 수도 있다. 가장 치열한 전략적 갈등 가운데 어떤 것은 비슷한 기업생태계들이 같은 시장 혹은 같은 공간에 침투해 들어가려고 서로 경쟁할 때 발생한다. 첨단 과학기술 분야에서는 이러한 갈등이 종종 표준을 둘러싼 전쟁으로 나타난다. 소비재 시장에서는 '콜라 전쟁' 같은 사건들이 시장점유율을 둘러싸고 직접적인 전쟁으로도 나타나지만 자신의 영역을 확장시켜 나가려는 생태계 사이의 물밑 전쟁으로 나타나기도 한다.

많은 경영자들에게는 시장을 둘러싼 격전이 흥미진진하고 때로는

웅장하기까지 하지만 자신과는 소원한 일이어서 매일 매일의 경영활동과는 특별한 관련성이 없어보일 수도 있다. 그러나 여러분 중 대부분은 끊임없이 일어나는 생태학적 투쟁에 연루돼 있다. 당신의 제품과 서비스가 영향력을 끼치는 범위를 파악하고 동시에 당신이 제공하는 것들과 깊이 연관돼 상호보완적인 관계에 있는 제품과 서비스가 영향력을 끼치는 범위를 명확하게 인식하는 것은 당신에게 이익이 된다. 더욱 중요한 것은 당신이 세력권이라고 생각하는 시장 안에는 얼마나 많은 수요가 있는지 그리고 그런 수요들을 얼마나 잘 소화해내고 있는지, 그럼으로써 경쟁적인 생태계의 침입을 얼마나 잘 막아내고 있는지를 평가하는 일이다.

무엇보다도 2단계는 성공적인 패러다임이 더 광범위하게 적용되고 더 확고한 신뢰 속에 복제돼야 하는 시기다. 또한 고객과 기타 이해관계자들의 물결이 추가로 몰려들어야 한다. 이제 관심의 초점은 가능한 한 가장 바람직한 잠재적 제휴세력, 즉 가장 좋은 고객과 가장 강력한 공급자, 가장 중요한 유통경로를 확정하고 이들을 모두 끌어모으는 데 집중된다. 나아가 전체 기업의 방향을 합리적으로 통제하면서 이러한 일들을 수행해나갈 수 있어야 한다.

무엇보다도 중요한 것은 협력적인 네트워크가 모든 문제를 해결해낼 수 있어야 한다는 것이며, 또한 많은 네트워크들이 분명히 그렇게 할 것이다. 제조업에서 가장 중요한 문제는 폭증하는 수요와 공급 역량 간 균형을 맞추는 일이다. 물류·생산·구매·재정이 모두 생태계의 성장을 위축시키는 문제로 나타날 수 있다. 공동체는 공동체의 발전을 방해하는 예기치 못한 문제들이 발생했을 때 이에 적절히 대응하기 위해 서로 협력할 수 있는 방법을 찾아야 한다. 초기 참여자들은 때로 그들 앞에 닥친 도전을 극복해낼 자원이 없을 경우, 생태계의 구조조정이 불가피한 것으로 여긴다. 예를 들면 초기 생물공학회사들은 너무나 많은 것을 하려고 했다. 그들은 연구개발과 실험, 검증 및 판매와 지원을 자체적으로 할 수 있을 거라고 생각했다. 그러나 대부분은 자신들의 첫 제품이 식품의약국(Food and Drug Administration)의 승인을 받으려면 얼마나 많은 비용과 시간이 필요한지 예견하지 못했다. 그 결과 많은 회사가 휘청거렸다. 결국 생물공학회사들은 독립적인 생태계를 창조하지 못하고 이미 확립된 전통적인 제약회사들의 생태계에 접목된, 극히 제한적인 연구개발회사로 축소됐다.

당신이 활용하기를 원하는 시장이면 어떤 것이든 충분한 임계량을
확보하라

경쟁적인 관점에서 보면, 2단계 생태계는 잠재적인 고객과 파트너 및 공급자를 확보하기 위한 생태계 사이의 투쟁에서 우위를 점해야 한다. 보통은 놀랄 정도로 비슷한 핵심 아이디어와 비슷한 조직 패러다임을 가진 두셋 정도의 진지가 생길 것이다. 각 진지는 중심적인 활동가들에게 압력을 가하여 자기와 제휴하도록 하고 또한 기회 있을 때마다 상대편의 제휴를 분열시키려 하기 때문에, 그들 사이의 전쟁은 자칫 험악해지기 쉽다. 소비 가전제품 업계에서는 이러한 생태계간의 경쟁이 VHS 대 베타맥스(Betamax), 그리고 디지털 콤팩트 카세트 대 재생 가능 콤팩트 디스크에서 볼 수 있는 고질적인 표준전쟁으로 나타나곤 했다. 생태계간의 전쟁은 또한 닌텐도(Nintendo) 대 세가(Sega)의 대결에서 극명하게 드러나듯이 고객 점유율과 최상의 소프트웨어를 둘러싼 싸움으로 표면화될 수도 있다. 연예오락업계에서는 MCA, 마쓰시타, 소니, 월트 디즈니, 타임 워너, 파라마운트 같은 국제적인 거대 복합기업들이 이제는 모두 테마 유원지, 영화, 비디오, 산매점으로까지 그 영역을 넓힌 다양한 연예오락사업에서 시장력(market power)

을 놓고 치열하게 경쟁하고 있다.

기업생태계가 직면하는 네 가지 근본적인 도전 가운데 2단계에서는 임계량(critical mass, 역주 : 바람직한 결과를 얻는 데 필요한 양의 고객, 파트너 및 공급자들을 가리키는 말이다.) 문제가 가장 중요하다. 이 단계에서 성공 관건은 초기 지원세력을 얼마나 확보하느냐에 달려 있다. 일단 이러한 임계량을 확보하면 더 많은 종래의 잠재적 제휴관계들이 힘을 합칠 것이며, 이는 다시 일정한 사업규모나 바람직한 규모와 범위의 경제(economies of scale and scope) 효과를 낳을 것이다.

이러한 규모와 범위의 경제는 이어 파트너들을 위한 이익을 축적하고, 할인판매를 통해서건 광고나 고객 교육과 같은 영역에 대한 직접투자를 통해서건 시장의 지속적인 확장을 뒷받침하는 데 이용될 수 있을 것이다. 임계량을 확보하지 못한 기업은 분명히 실패할 것이며, 고객과 공급자들의 관심을 끌지 못한 채 그들의 생태계가 소멸해가는 것을 속수무책으로 지켜보게 될 것이다.

3단계:확립된 생태계에서의 권위

당신의 기여가 얼마나 중요한가를 공동체의 마음속에 깊이 새겨넣으라

기업의 세계에서든 생물의 세계에서든 당신은 가능하면 이미 확립된 체제의 일원이 되기를 바란다. 일단 공동체가 완전히 형성된 다음 그 공동체에 확고히 뿌리를 내린 몇몇 종들이 공동체의 중심이 되는 방식을 보면 식민화 과정의 훨씬 진기한 양상이 나타난다. 공동체의 발전과정 속에서 수많은 종 가운데 어떤 것이 실제로 모습을 드러내는가 하는 것은 대체로 우연이나 역사적인 사건에 의해 결정된다.

어떤 종은 개척과정에 두각을 나타내며 아직 질서가 잡히지 않은 혼란스러운 상황에 재빨리 자신의 기반을 구축하지만, 그 생태계가 완전히 성숙되면 주변으로 밀려난다. 그러나 일단 공동체가 고도의 복잡성과 자기완결성을 확보하게 되면, 자기 기반을 성공적으로 구축한 종들은 대체로 자신의 지위를 계속 유지해나가는 경향이 강하다. 공동체를 구성하는 기초적인 종들과 그 사이의 특별한 관계로 이루어진 그 공동체의 구조는 점차 고정된다.

마찬가지로 기업생태계는 안정을 향해 발전하며, 적당한 시간과 적당한 장소에 맞춰 등장하는 참여자들은 때로 그 공동체의 가장 좋은 역할 가운데 몇 가지를 별다른 방해도 받지 않고서 쉽게 차지하게 된다. 기업생태계를 구성하는 참여자 사이의 협약과 관계는 그 공동체가 자신의 일을 조직해 나가는 일정한 준거가 된다. 이러한 관계가 구성원들에게는 자신의 이익을 보호해 주는 것으로 나타난다. 따라서 관계를 변화시키려는 시도는 어떤 것이든 그 공동체에 의지하고 있는 사람에게는 아주 파괴적인 것으로 나타날 것이다. 이러한 관계들은 때로 서로간에 간접적인 제휴를 유발한다. A라는 회사와 B라는 회사 간의 협약은 B에 대한 공급자인 C라는 회사의 활동명세를 제공하고 자금도 조달해줄 것이다. 특수한 협약들은 대개 거기에 참여한 일정한 구성원들에게는 그들의 이익을 지지하고 보호해 주는 것으로 보인다. 따라서 이것은 변화가 고려될 때마다 안정을 희구하는 자연발생적인 지지자들의 수를 증가시킨다.

이러한 구조는 머지 않아 어느 정도 영속성을 띠게 된다. 그리고 본질적으로 그것은 기업생태계를 움직이는 논리가 된다. 논리는 어떤 대격변에 의해 와해되지 않는 한 일반적으로는 스스로를 계속해서 관철시키려고 할 것이다. 이러한 대격변은 고객의 이익을 축소시키는 규제의 변화에서부터 더욱 강력한 생태계의 침입에 이르기까지 다양한 형태를 띨 것이다.

만약 당신이 이미 확립된 체제의 초기 멤버가 될 수 없다면, 그 아류가 되는 것도 고려해보라. 왜냐하면 생물학적 생태계에서나 기업생태계에서나 그것이 구조적으로 완전히 성숙된 후에도 자신의 존재를 부각시킬 수 있는 기회는 언제나 있게 마련이기 때문이다. 생물학적 생태계에는 다른 생태계 안에 들어와 기존 종들을 제압하면서 자신의 지위를 확고히 다지는 종들이 있다. 기업생태계에서는 통찰력 있는 아웃사이더들이 때로 그 기업생태계에서 중심적인 역할을 하는 제품과 업무과정들을 복제함으로써 그 기업생태계의 구성원이 되는 방법을 찾아낼 수 있을 것이다. 기업생태계가 완전히 성숙되면 오히려 아류들의 침입과 공격에 저항하는 힘이 현저히 약해진다.

왜 그런가. 그 이유를 설명하겠다. 생태계를 형성하고 확장해가는 시기에는 그 생태계에서 지배적인 역할을 할 정도로 강하지 않은 한 참여자가 그 생태계의 방벽을 뚫고 나가기는 거의 불가능하다. 한 시스템의 모든 역할은 사실상 움직이는 과녁이다. 그러한 역할 가운데 어느 하나에만 시야를 고정시키고 있는 기업들은 재난이 닥치면 심하게 흔들린다. 그들은 그 역할을 적절히 수행할 수 있을 즈음에 그 역할이 전혀 다른 어떤 것으로 변해버리는, 청천벽력 같은 위기를 만난다. 그러나 일단 공동체가 자기 방식으로 고정이 되면, 한때 불확실했던 역할들도 상당히 고정된다. 따라서 아웃사이더들이 훨씬 안전하게 그 생태계에 침입하여 그 역할을 손쉽게 약탈할 수 있게 된다.

기업생태계 내에서 당신의 권위를 유지하라

셋째 단계에서 새로운 참여자들은 생태학적 공동체로 뚫고 들어가기 시작할 것이다. 그리고 현재 그 공동체의 일원으로 활약하고 있는 종들은 승리의 전리품과 제휴세력의 지속적인 리더십을 놓고 치열한 싸움을 벌이기 시작한다. 이미 자신의 지위를 확립한 리더는 다른 생태계 구성원의 기습을 받기 쉽다. 간단히 말하면, 이 단계에서 경쟁은 외부적으로 뿐만 아니라 내부적으로도 일어난다. 계속 성공을 누리기 위해서 리더 역할을 하는 기업은 반드시 미래의 방향을 설정하고 생태계의 중심 고객과 공급자들의 투자를 이끌어내는 능력을 유지하고 강화해야 한다. 또한 생태계 내부의 라이벌들도 방어하고 다른 생태계들보다 더 매력적인 견인력을 발휘해야 하며 멋지고 강인해보여야 한다.

생태계 내부에서 전리품 분배를 둘러싸고 경쟁이 벌어진 후에도 상당한 판매수익을 얻고자 하는 회사라면 반드시 생태계의 다른 구성원에 대한 교섭력을 유지해야 한다. 3단계에서 실패하면 주도적인 회사는 생태계의 미래를 관리하는 능력을 상실하게 되고 구성원은 교섭력을 잃고 자신의 이윤폭 일부분을 희생하게 된다.

성숙한 생태계에서 경영전략가들이 직면하는 중심적 도전은, 한편으로는 공동체 전체의 혁신과 공진화를 진작하면서 또 한편으로는 공동체에서 자신의 권위와 기여의 독창성을 어떻게 유지할 것인가 하는 문제다. 지금은 완전히 옛날이야기가 돼버린 1983년에서 1985년경의 퍼스널 컴퓨터 업계 역사에서 이러한 역동적인 과정을 생생하게 살펴볼 수 있다. 퍼스널 컴퓨터 업계에 처음 진출한 IBM은 한편으로는 내부경쟁의 포문을 열고 다른 한편으로는 그 생태계를 확고하게 안정시키는 두 가지 행동을 취하는 한편 변화 속도가 아주 느린 기술적 구조에 우선 승부를 걸었다. 이어 IBM은 주요 부품을 제3자에게서 사들이고 잠시 머뭇거리기는 했지만 이들 공급자들이 다른 회사에 부품을 파는 것을 허락했다. 사실상 IBM은 확고한 관계를 구축했고 또한 다른 회사들이 이러한 관계에 참여할 수 있게 했다. 이것은 수십억 달러의 모험자본과 엄청난 인재들을 끌어냄으로써 그 생태계의 폭발적인 성장을 유발하는 아주 긍정적인 효과를 낳았다. 하지만 그것은 결과적으로 공동체 전반의 급격한 이윤하락을 초래하고 자신이 창조했던 바로 그 생태계에 대한 자신의 리더십을 근본적으로 뒤흔드는, IBM으로서는 불행하게도 약점을 명백히 드러냈다.

기업생태계는 또한 아웃사이더에게 공격받기 쉬우며, 그들은 기존 기업생태계를 대체하는 또다른 생태계를 창조하여 전체 산업공동체로부터 일거리를 얻어낼 수 있으리라는 결론을 내린다. 한 생태계의 안정성은 그러한 시도가 성공할 가능성을 높일 수 있다. 여기에는 두 가지 이유가 있다. 당신은 명확하게 정의된 구조를 역설계해서 최첨단을 달리는 근원적인 기술이나 패러다임을 바탕으로 삼아 그것을 대체하는 더 좋은 생태계를 만들 수 있을 것이다. 게다가 현존하는 수많은 생태계는 그 생태계 리더들을 보수적으로 만들어, 새로운 패러다임을 가지고 등장한 경쟁자에 대한 반격을 꺼리게 만들거나 아예 그럴 수조차 없게 만든다. 새로운 참여를 막는 장벽은 적에 대한 보복을 가로막는 장벽도 된다. 예를 들어 기간설비와 장비에 투자된 막대한 자본, 경영과정의 엄청난 확산, 그리고 축적된 경험을 바탕으로 노련해진 기량과 기술들은, 현존하는 생태계의 구성원들로 하여금 그것이 이미 낡았다는 사실을 인정하기 힘들게 하는 경향이 있다.

따라서 권위는 3단계의 기업생태계가 직면하는 근본적인 도전이다. 물론 권위적인 리더십의 유지는 어느 기업생태계에서나 중요하다. 그러나 일정한 수준에 오른 다음에는 그것이 특수한 도전을 제기한다. 어떤 경우에는 리더십을 둘러싼 싸움이 내부적인 것이 된다. 파트너들과 제휴세력들은 전반적인 기업생태계가 낳을 수 있는 전체 이익 가운데 자기 몫을 두고 다툴 수도 있다. 그들은 생태계 미래를 가지고 싸울 수도 있고, 전체 시스템의 성과를 증대시키는 데 있어서 중심적인 역할을 하고 싶은 욕심에 서로 충돌할 수도 있다.

생태계가 후기 단계에 이르면 누구나 알 수 있을 정도로 그 성격과 구성이 명백해져 경쟁자들은 그 생태계를 확립하는 데 일조했던 구성원들에 대항하여 경쟁하는 것이 상당히 매력적인 일임을 발견하게 된다. 이러한 과정은, 그 생태계가 제공하는 제품과 서비스에 만족하면서도 그 가치가 어떻게 달성되는가를 파악한 후 그것을 대체할 수 있는 또다른 제공자들이 더 넓은 시스템에 속해 있음을 알게 되면 언제든지 놀라운 변덕을 발휘하여 자신의 사업을 그들과 연결시키려는 고객 때문에 빨라지는 경향이 있다.

새로운 침입자의 접근이 원천적으로 가로막혀 있는 고립 생태계와 그와는 정반대로 언제든지 새로운 침입자가 쉽게 접근할 수 있는 개방 생태계로 대별되는 하와이 대 코스타리카의 문제는 3단계에서 중요한 역할을 한다. 점점 줄어들고는 있지만, 예컨대 정부의 규제나 다른 주요 자원의 결핍으로 인해 새로운 침입자들의 접근이 가로막혀 있는 기업생태계는 새로운 침입자들에게 문호가 활짝 개방돼 있는 경우보다 3단계에서 훨씬 안정된 발전과정을 전개할 것이다.

혁신에 대한 수많은 연구들은 분명 하와이식을 그 대상으로 삼는다. 예를 들면 그들은 전동타자기처럼 '지배적인 디자인' 은 새로운 침입자들이 거의 뚫고 들어갈 수 없을 정도로 견고한 방어벽을 구축할수 있게 해준다고 주장한다. 지배적인 디자인을 가진 회사가 곧 지배적인 회사가 된다는 이 가설은 경쟁이 거의 없는 환경에서나 가끔 일어날 수 있는 상황이다. 그러나 이러한 추론은 내가 코스타리카 식이라고 불렀던 거칠고 혼란스러운 경제환경에서는 판단을 그르칠 정도로 그 가능성이 희박해진다.

'지배적인 디자인' 은 그 산업에서 표준이 돼 다른 회사들이 이를 폭넓게 받아들이고 이를 토대로 삼는, 제품 및 업무과정 디자인을 말한다. 이 책에서 쓰는 용어로 말하면, 지배적인 디자인이란 구조적으로 안정적인 기업생태계에서 달성될 수 있는 잠재적인 성과 가운데 하나다. IBM PC는 퍼스널 컴퓨터 업계의 지배적인 디자인으로 돋보였다. 지배적인 디자인을 통제하는 이러한 회사들은 그들을 사실상 아무도 대적할 수 없는 상태로 만들어주는 거대한 규모의 경제를 누린다는 게 종래 주장이다.

그러나 이 주장에는 아주 위험한 진리가 담겨 있다. 지배적인 디자인을 통제하는 것을 포함하여 안정된 생태계에서 확고한 지위를 차지하고 있으면 유리하다는 것은 의심할 나위가 없지만 그렇다고 그 자리가 영원한 것은 아니다. 새로운 세계에서는 그 자리에 끼어들기 위해 그들을 동요시키는 요인이 많다. 수많은 IBM 아류 회사들이 IBM을 그 자리에서 끌어내리고 IBM이 창조했던 생태계에 진입한 것만큼 이러한 사실을 설득력 있게 보여주는 예는 없을 것이다. 이 책 전체를 통해 살펴보겠지만, 현재 차지하고 있는 지위는 끊임없이 강화되고 재건돼야 한다. 현재 퍼스널 컴퓨터 생태계를 지배하고 있는 인텔과 마이크로소프트까지도 경계를 게을리해서는 안된다. 왜냐하면 그들도 끊임없이 도전을 받고 있기 때문이다.

4단계 : 쇄신이냐 죽음이냐

낡은 질서 속에 새로운 아이디어를 투입하는 방법을 찾아라

나는 앞에서 기업의 개선과 변화를 가속시키는 규제완화와 기술보급 등에 대해서 말한 바 있다. 이에 더하여 생태계를 창조하는 역동적인 과정에 대한 자각과 미래 생태계의 패러다임을 파악하는 경영능력의 증가도 생태계 리더십을 둘러싼 싸움을 유발한다.

그러한 상황은 패러다임을 놓고 다투는 게임인 소위 '패러다임 중심 경쟁'이라는, 회를 거듭할수록 점차 가열되는 싸움을 야기할 수 있다. 이전에는 안전한 낙원이었던 곳이 이제는 그 영토를 한 뼘이라도 더 차지하기 위해 라이벌들이 치열하게 다투는 격전장이 된다. 예를 들면 자동차산업은 오늘날 한 치의 양보도 없이 이러한 게임을 벌이고 있다. 참여자들은 좀더 나은 경영 모델을 고안해냄으로써 상대방을 앞지르려고 한다. 따라서 어떤 생태계 경쟁자든 현존하는 생태계와 그 역할을 당연시하지 말고, 현존하는 생태계 내에서든 새로운 생태계의 창조를 통해서든 최대한의 성과를 낳을 수 있도록 끊임없이 노력해야 한다.

4단계는 생태계가 노후화에 대항하여 반드시 승리를 거두어야 하는, 노인병이 드는 시기이다. 어떤 지배적인 생태계도 더 수준 높은 접근방법을 근간으로 해서 탄생한 생태계에 의해 언제라도 시류에서 밀려날 수 있는, 잠재적인 노후화로부터 결코 자유롭지 않다는 것을 기억해야 한다. 가장 견고한 생태계도 언젠가는 더 많은 고객에게 가치를 제공하는 새로운 생태환경의 공격을 받을 것이며, 어쩌면 그것에 의해 완전히 밀려날지도 모른다.

달리 말하면 모든 기업생태계는 그들의 환경 안에 있는 일정한 범위의 조건과 경쟁적인 생태계보다는 그러한 조건들을 활용할 수 있는 더욱 뛰어난 능력을 갖고 있느냐에 자신의 생존이 달려 있다. 새로운 규제나 고객의 구매 패턴에 따라 환경적인 조건이 바뀌면 생태계 역시 변화해야 하며, 그렇지 않으면 심각한 손상을 입게 된다는 것이다. 마찬가지로 만약 새로운 생태계가 발전하여 환경적인 조건을 더욱 효과적으로 이용한다면, 현존하는 생태계의 영토를 탈취할 수 있을 것이다. 기회에 굶주린 경쟁 사이클은 결코 멈추는 법이 없다. 성공적으로 자기 기반을 구축한 모든 기업생태계에는, 그것을 날려버릴 새로운 생태계의 창조를 획책하는, 수백 명은 안 되더라도 수십 명 정도의 혁신적인 기업가가 있기 마련이다.

대안들과 경쟁관계를 유지하라

기업생태계가 직면하는 네 가지 근본적인 도전에서 보았을 때, 4단계에서 가장 중요한 것은 끊임없는 성과의 개선이다. 어떻게 보면 번창하는 생태계의 리더로서 입지를 구축한 기업들은 생명연장을 가장 우선시해야 한다. 그러지 않으면 그들은 자신의 보수성 때문에 쇠퇴해 버릴 것이다. 장수는 현존하는 생태계에 새로운 아이디어를 투입하는 방법을 발견했을 때 가능해진다. 성과 개선의 가장 전형적인 형태는 보통 '기술투입'으로 이야기된다. 왜냐하면 자동차 엔진에 배기터빈과 급기(turbocharger)가 부착되는 것처럼 새로운 아이디어들이 생태계에 접목되기 때문이다. 더 근본적인 경우로, 사람들은 생태계의 자산들을 분해하여 재결합하는 '자산의 재사용'에 대해서 이야기한다. 이것은 드래그 레이스용 자동차를 만드는 손쉬운 출발점으로 낡은 시보레의 차대를 이용하는 것과 유사할 것이다.

때때로 생태계의 리더들은 고객으로 하여금 지나치게 파괴적인 진보가 아니라 어느 정도 규정된 범위 내의 발전을 기대하게 만들어 고객의 기호가 변하는 것을 막으려고 한다. 자동차회사들은 이러한 방법으로 교묘하게 지금까지 버텨왔다. 오랜 세월 그들은 엔진이나 구동장치, 차대와 같은 가장 기본적인 장치의 진보에는 거의 신경을 쓰지 않고 해마다 바뀌는 판금에 의한 장식적인 변화에만 열중하도록 구매자들을 길들여왔다. 그런 식으로 조작된 보수주의는 새로운 세계에서는 아주 위험한 전략이다. 왜냐하면 그것은 새로운 생태계를 조직하는 사람들이 가장 이용하기 좋은 상태로 그 생태계를 방치하기 때문이다.

판금의 변화에만 초점을 맞춰온 미국 자동차회사들의 근시안적인 태도는 도요타와 기타 일본 회사들이 마련하고 있는 진보, 즉 자동차 생산과정을 주의 깊게 관찰했더라면 거의 대부분 분명하게 드러났을 진보에 대해 고객들이 무지해지는 데 일조했을 것이다.

4가지 시험에 합격할 수 있도록 당신 자신과 동료들에게 도전하라

성숙한 기업생태계는 반드시 4가지 근본적인 시험을 통과해야 한다. 이러한 시험은 조직과 생태계 전반에 대한 경영자 자신의 사고는 물론 동료들의 사고까지도 일정한 방향에 초점을 맞추도록 도와줄 것이다. 사실 경영의 중심적인 과제 가운데 하나는 다음과 같은 4가지 시험에 대응할 수 있는 역량과 관계의 네트워크를 창조하는 데 관심과 투자를 집중시키는 것이 될 수 있으리라

1. 다른 무엇보다도 상대적으로 진정한 가치를 가진 것을 창조하게 될 시스템과 일련의 공생적인 관계를 구축하는 것.
2. 생태계가 활용 가능한 고객과 시장, 제휴관계 및 공급자 전반으로 확장됨에 따라 그에 걸맞은 임계량을 확보하는 것.
3. 이미 확립된 것 전반에 대해 혁신과 공진화를 주도하는 것.
4. 사업이 쇠퇴하지 않고 지속으로 개선되도록 보증하는 것.
이러한 시험에 대해서 생각해보는 것은 기업생태계의 견고함과 특정한 구성원의 리더십 기여도를 평가하는 아주 좋은 방법이다. 생태계를 파악하는 전략은 이러한 시험에 역점을 두어 설계돼야 한다. 마지막으로 이러한 시험은 우리로 하여금 기업생태계가 존속하는 동안 언젠가는 나타나게 될 도전들을 예측할 수 있게 해준다. 이들 각각의 시

기업 생태계의 발전 단계	전반적인 리더십이 직면하는 도전들	협력적인 도전들	경쟁적인 도전들
개척단계	가치	현재 활용 가능한 것보다도 훨씬 효과적인 가치 명제와 그것을 제공하기 위한 새로운 패러다임을 고객 및 공급자와 협력한다.	비슷한 것을 제공하는 쪽으로 나아갈지도 모르는 것들로부터 당신의 아이디어를 보호한다.
확장단계	임계량	공급을 늘리고 최대의 시장 범위와 임계량을 확보하기 위해 공급자 및 파트너들과 협력하여 새로운 제품과 서비스를 넓은 시장에 내놓는다.	비슷한 아이디어가 나타나는 것을 막고, 주요 시장을 지배하고 있는 동종업계 전체에서 당신의 접근방법이 표준이 될 수 있도록 하며 주도적인 고객들과 주요 공급자, 그리고 중요한 유통경로를 한데 결합시킨다.
권위단계	공진화 주도	지속적으로 생태계를 개선하기 위해 공급자와 고객이 기꺼이 협력할 수 있도록 미래에 대한 강력한 비전을 제공한다.	생태계의 다른 참여자 — 주요 고객과 가치 있는 공급자를 포함하여 — 관계에서 강력한 교섭력을 유지한다.
쇄신단계	지속적인 성과의 개선	현존하는 생태계에 새로운 아이디어를 투입하기 위해 혁신자들과 협력한다.	혁신자들이 또다른 생태계를 구축하는 것을 막기 위해 당신의 생태계에 들어올 수 없도록 높은 장벽을 유지한다. 당신의 제품과 서비스에 새로운 아이디어들을 통합할 수 있게끔 고객이 관계할 생태계를 바꾸는 데 드는 비용을 높게 유지한다.

〈도표 4-1〉

험은 발전의 네 단계에 대응하여 순서대로 나타나는 경향이 있다.

협력이 먼저냐 경쟁이 먼저냐를 둘러싸고 실업계에서는 지금까지도 논의를 계속해왔다. 어느 것이 더 중요한가? 기업생태계 연구는 어떤 발전단계에서든 각각 다른 방식으로 나타나기는 하지만 양자가 모두 중요하다는 것을 보여준다. 리더십에 대한 전체론적인 접근방법이 요구하는 것은 공진화를 구체화하는 것이다. 생물의 세계에서나 기업의 세계에서나 공진화는 경쟁과 협력 그 어떤 것보다도 중요하다. 개척단계에서 당신은 한편으로는 당신의 아이디어들을 보호하면서도 진정한 가치를 가진 어떤 것을 창조하기 위해 반드시 다른 사람들과 협력해야 한다. 확장단계에서는, 한편으로 다른 생태계의 침입을 막기 위해 방호벽을 구축하면서도 일정한 범위의 시장을 확보하기 위해 다른 사람들과 협력해야 한다. 권위단계에서는, 한편으로 당신의 리더십과 이익이 약화되지 않도록 확실하게 지켜내면서도 공동체가 서로 협력하게끔 자극할 만큼 활기찬 비전을 제시해야 한다. 마지막으로 쇄신단계에서는, 최근에 확립된 생태계로 고객이나 파트너가 이탈하는 것을 막기 위해 노력하는 한편 혁신을 위해 공동체 차원 너머로 시야를 확대할 필요가 있다.

생태계 발전의 각 단계에서 직면하게 되는 리더십과 협력, 경쟁에 대한 도전들은 〈도표4-1〉과 같이 요약할 수 있다.

다음 장에서 우리는 자동차산업이 어떻게 발전해왔는지 자세하게 조사하고 포드(Ford)에서 슬론(Sloan), 아이아코카(Iacocca)에 이르기까지 리더십이 이러한 4가지 시험을 창조적으로 통과하기 위해 얼마나 독창적으로 기여했는가를 보게 될 것이다.

공진화(共進化)와 자동차산업 : 행동단계들

지각변동이 급격하게 일어나 하와이와 코스타리카가 서로 뒤섞인다면 과연 어떤 일이 일어날까? 생태계들과 생태계들이 서로 교차할 것이고 전 지역에 걸쳐 여러 종이 뒤섞이게 될 것이다. 여기에서 예상되는 결과는, 소수의 새로운 외래종들이 이입하면서 전반적으로 하와이 생태계는 대대적으로 변화하는 반면 코스타리카 공동체들은 지속되고 확장할 것이라는 사실이다. 실제로 이와 유사한 장벽의 붕괴로 이러한 현상이 기업생태계에서 계속해서 일어나고 있다.

예컨대 높은 산업장벽에 둘러싸여 성장했던 대부분의 대규모 기업 생태계들은 비록 초기에는 격심한 지각변동 과정을 겪었어도 중년기를 하와이 식의 고립된 환경 속에서 보냈다. 대규모 석유회사, 철강회사, 철도회사, 자동차회사, 그리고 전기에서 전화에 이르는 공익사업들이 이런 경우에 해당한다. 이들 각각의 영역에서 초기에 벌어진 치열한 경쟁은 결국 소수의 지배적인 참여자들에게 자리를 내주었으며 이어 오랜 기간 상대적인 안정기를 누렸다. 어떤 경우에는 규제를 통해 경쟁 없는 단순한 환경을 유지해나갈 수 있었고, 또 어떤 경우에는 자본의 부족, 전문기술의 봉쇄, 주요 시장의 장악이 그러한 요인이 됐다. 그러나 오늘날에는 대륙과 대륙을 잇는 다리들이 건설돼 이를 통해 여러 종이 서로 이동하고 있다. 자본과 시장의 세계화, 다양한 대체기술 개발 등은 기업의 생태를 근본적으로 복잡하게 만들고 있다. 그것은 마치 하와이 식 낙원의 고립이 깨져나가는 것과 같다. 코스타리카, 이제 우리는 그곳에 있다.

공진화 시간의 다양성

철강, 석유, 자동차를 포함하여 전통적인 대규모 산업들은 앞에 말한 발전 4단계를 거치는 데 대개 수십 년씩 걸렸다. 초기의 발전단계가 아주 느리게 진행됐던 것은, 대체로 이들이 지구상에 모습을 드러낸 산업생태계의 제1세대였으며 전열을 갖춘 그들의 거대한 역량이 출발선상에서 발전해야 했기 때문이라고 설명할 수 있다. 그러나 기존 경영 패러다임이 오랫동안 군림할 수 있었던 데는 특히 고립이 아주 중요한 역할을 했음은 의심할 여지가 없다.

한편 그들의 고립이 깨져나간 이래, 이제 산업발전속도는 엄청나게 빨라지고 있다. 한때는 수십 년씩 걸렸던 것이 이제는 단 몇 년밖에 걸리지 않는다. 더구나 많은 산업계가 분열되고 규격화되고 경쟁이 치열해지면서 우리는 복합적이고 동시다발적인 생태계들이 거의 끊임없이 등장하는 것을 보게 됐다.

이 장에서 나는 거대한 자동차제조산업 생태계의 발전을 조사하려

한다.[1] 그 목적은 각 발전단계에서 경영진이 맞닥뜨리는 도전들을 포함하여 전체 발전단계를 이해시키려는 것이다. 사업발전단계는 통상이 시작된 이래 존재해왔다. 따라서 협력적인 도전과 경쟁적인 도전, 아울러 그것들을 정복하는 데 필요한 여러 가지 접근방법을 구체적으로 설명하려 한다. 생태학적 접근방법은 모든 주요 사업의 등장을 분석하는 데 이용될 수 있을 것이다. 나는 또 느린 속도로 진행돼 오래 걸렸던 전통적인 산업발전과정을, 일단 그 경계가 무너지자마자 발생하여 패러다임 자체를 파괴할 정도로 치열하게 전개되는 경쟁과 대비해볼 것이다.

전략 수립에 대한 통찰을 얻으려면 역사에 천착하라

대부분의 경영분석이 가지고 있는 문제점은 그것이 거의 한 회사 또는 기업생태계의 현재 성과에만 초점을 맞출 뿐 그러한 성과를 낳게 했던 사건들에 대해서는 모호하게 다루는 경향이 있다는 것이다. 그 결과 경영자들이 주도적인 성과를 창조하려고 노력해도 시간의 흐름 속에서 거의 아무런 도움도 받지 못한다. 그러나 장기간에 걸쳐 전개되는 역사를 들여다보면 경영자들이 맞닥뜨리는 상황과 그들이 내린 결정 그리고 그 결과에 대해 훨씬 깊이 있는 통찰을 얻을 수 있다.

리하르트 노이슈타트(Richard Neustadt)와 어니스트 메이(Ernest May)는 오랫동안 하버드에서 기업의 중견간부들과 고위 정치지도자 및 정부관료들을 대상으로 한 강좌를 개설하여 가르쳤다. 이 과정에서 얻은 생각들이 『시간의 흐름 속에서 생각하기: 정책결정자를 위한 역사 이용법』(Thinking in Time: The Uses of History for Decision Makers, Free Press, 1986)[2]이라는 아주 뛰어난 책에 정리돼 있는데, 여기에서 그들은 역사적인 사건들을 이해하는 것뿐만 아니라 그것이 전개된 과정에 대해 의문을 갖는 것도 중요하다는 점을 지적하고 있다. 구체적으로 우리는 이런 질문을 던질 수 있다.

"정책 결정자들이 그들이 처한 상황의 일정한 한계 속에서 그보다 훨씬 나은 결정을 내릴 수 있었을까? 만약 그렇다면, 어떻게? 그리고 새로 사업을 개시하는 사람들은 그들 자신이나 어떤 다른 사람들이 그 것을 실제적인 상황에 활용할 수 있도록 일반화할 수 있을까?"

이런 종류의 의문들은 당신 개인의 전략적 사고능력을 발전시키는 데 일종의 특별한 자양분이 될 수 있을 것이다. 이러한 의문들과 씨름 함으로써 당신은 여러 가지 사건을 시간 속에서 보는 능력을 강화하 고, 현재 드러나 있는 조건들을 훨씬 효과적으로 이용할 수 있을 것이 다. 이 책은 기업의 성장 및 공진화와 관련된 일련의 이야기들을 들려 줄 것이다. 그리고 우리는 주요 경영진이 내린 선택을 면밀히 조사하 고 그 결과를 기록할 것이다. 우리는 정책결정자들이 그들을 둘러싼 기업발전의 역동성을 좀더 잘 이해할 수 있었더라면 가능했을 여러 가 지 대안적인 행동도 탐구할 것이다.

나는 진행중인 역사(history in the making) 속에서 자신의 역할뿐만 아니라 기업의 역사에도 관심이 깊은 경영자가 많음을 안다. 기업의 발전 속도가 빨라짐에 따라, 그에 대응하는 역사적 시간표는 세분되고 복잡해지고 있다. 개별적인 경영자 대부분은 지난 몇 년 동안 뚜렷하 게 구별되는 조건들을 가진 몇 가지 주요 시대를 살았다. 대개 미래에 대한 통찰력이 있던 경영자들은 엄청난 지각변동과 사업조건의 변화 를 예측할 수 있었다. 근본적으로 변화가 압축된 시간표는 의미있고 꼭 필요한 역사적인 전망을 만들어내고 있다.

포드 자동차회사와 제너럴 모터스의 역사는 자신들에게도 매력적인 것이었다.[3] 그러나 더욱 중요한 것은 자동차회사들이 세계 사회에 엄청난 영향을 끼쳐왔다는 것이다. 전성기에 이들 대규모 산업생태계들은 당시로는 기술적으로 가장 진보해 있었다. 사업부 단위와 다각형 기업(multidivisional firm)의 개념에서부터 시장예측과 생산계획에 이르기까지, 우리가 통합된 대기업들과 연관시켜 생각해왔던 조직화 및 리더십에 관련된 많은 아이디어들은 자동차회사들이 창안한 것이다. 이러한 모든 이유로 해서, 우리는 지난 75년간 그들이 발전해온 과정을 짧게 훑어봄으로써, 그리고 리더십에 관련된 도전들이 단계마다 어떻게 변화하는지를 살펴봄으로써 많은 것을 배울 수 있을 것이다.

자동차회사들은 우리에게 아주 친숙하다. 그들은 다정한 기억을 불러일으킨다. 자동차제조 생태계들이 특별히 호소력을 갖는 것은 그들이 기업의 발전과정 전체를 포괄적으로 보여주기 때문이다. 초기 그들의 형성기는 기계문명시대에 중심적인 역할을 했다. 도요타와 일본인들에 의한 자동차산업의 개혁은 약 20년 동안 계속됐다. 20세기 말로 다가서면서 미국의 대규모 자동차회사들, 즉 포드·제너럴 모터스·크라이슬러는 전세계적인 경제환경에 편입돼 생태계를 창조하고 이를 지속시키기 위해 3가지 전혀 다른 전략을 각각 추구하고 있다.[4]

기업 공진화의 사례연구

다른 무엇보다도 기업의 발전은 서로 다른 여러 비전들이 생태계를 조직하고 이끌어나가면서 이뤄낸 역사다. 그리고 사실 포드와 제너럴 모터스는 전혀 다른 모델을 가지고 출발했다. 포드가 성장전략으로 제품의 단순화와 하나의 거대한 업무과정구조를 지향했다면, 제너럴 모터스는 이제 막 등장한 생태계의 주역이 돼 그들로부터 통일적이고 상호의존적인 기업을 만들어내려는 노력 속에 형성됐다. 따라서 포드는 대규모 생산에 대해, 제너럴 모터스는 다각형 기업을 관리 운영하는 방법에 대해 우리에게 많은 것을 가르쳐주었다. 이제 그들에 대해 처음부터 살펴보도록 하자.

1단계 : 구식 자동차에서 모터 자동차로

잠재적인 자동차 중심 생태계의 제1단계는 대부분 19세기 초에 시작됐다. 모터를 이용한 개인용 수송수단을 장악하기 위해 초기 개척자들이 치열한 경쟁을 벌이면서 1800년대 말은 실험시대가 됐다. 랜섬 E. 올즈(Ransom E. Olds)와 몇몇 사람이 최초의 자동차기업 생태계를 구축했다. 본질적으로 그들은 말이 끄는 4륜마차와 짐마차의 회전기술을 채용하여 거기에 엔진을 달았다. 이러한 동력에 근본적인 변화를 가져온 기술은 작은 가솔린 엔진이었으며, 그것은 증기엔진에 필요한 육중한 기계장치 없이도 이동력을 제공했다. 그들의 기계는 상당히 잘 움직였으며, 적지만 특정 고객들에게 인정을 받아 아주 높은 수익을 내며 생산될 수 있었다.

그러나 이들 개척자적인 생태계 중 팽창하고 있던 산업공동체에 토대가 된 것은 거의 없었다. 그 이유 가운데 하나는 창립자들에게 체계적인 비전이 없기 때문이었다. 헨리 포드(Henry Ford)는 이런 측면에서는 거의 독보적인 존재였다. 그는 사업을 시작할 때부터 단지 자동차 뿐만 아니라 자동차를 대량 생산·판매하는 전반적인 업무구조에 관심을 갖고 있었다. 조직에 대한 그의 연구는 대규모 시스템 창조에 집중돼 있었다. 사실 그는 판매망뿐만 아니라 도로에서부터 주유·정비소에 이르는 보조적 기간시설까지 포함하는, 지금으로 말하면 고객의 이익창조와 시장개발을 포괄하는 다각적인 캠페인을 구상했다. 물론 포드는 포드 자동차회사를 설립하여 1908년에 대량생산에 대량판매를 지향하는 T형 포드를 내놓았다.

월리엄 C. 듀랜트(William C. Durant) 역시 포드처럼 광대한 생태계를 창조하려는 야심을 가진 개척자였다. 1904년에 듀랜트는 후에 제너럴 모터스가 된 회사를 세우기 시작했다. 듀랜트는 포드만큼 체계적이지는 않았지만 야심만은 그에 못지 않았다. 그의 접근방법은 다른 회사들을 사들이는 데, 즉 무질서하긴 하지만 팽창하고 있던 수많은 자동차회사 공동체를 형성하는 데 집중돼 있었다.

2단계 : 팽창하는 거대 산업생태계들

순식간에 포드와 듀랜트는 이제 막 성장하기 시작한 자동차산업의 두 중심세력이 됐다. 그후 거의 20년이 넘도록 포드와 제너럴 모터스(GM)가 벌인 전설적인 전쟁은 가위 폭발적이었다. 그것은 시장점유율을 둘러싼 싸움이기도 했지만 그에 못지 않게 경영이념과 미래경영에 대한 정의를 둘러싸고 벌어진 싸움이기도 했다.

포드의 접근방식은 수직적 통합과 주의깊게 설계된 생산 그리고 제품의 단순화에 토대를 두고 있었다. 포드의 생태계에는 지금으로 말하면 '규모의 확대 가능성(scalability)'이 있었다. 즉 1914년까지 그의 회사는 26만 7000대 이상의 자동차를 생산했으며 48%의 시장을 점유했다. 게다가 포드 자동차는 엄청난 규모의 경제를 실현했다. 1914년에 포드 자동차 공장에서는 고용 노동자 1인당 20.6대를 생산했다. 이에 비해 당시 다른 산업체의 평균 1인당 생산대수는 겨우 4.3대였다.[5]

이미 지적했듯이 듀랜트는 다른 생각을 가지고 있었다. 그의 GM은 초창기 회사 매수, 우세한 마케팅, 포괄적인 범위에 걸친 판매, 제품의 다양화 전략에 토대를 두고 있었다. 어떤 의미에서 듀랜트의 혁신적인 패러다임은 생산논리의 패러다임이 아니라 경영전략 및 구조의 패러다임이었다. 듀랜트는 시장과 다양한 소규모 회사들의 생산 설비를 풀제로 운영함으로써 시장을 장악하는 생태계를 창조했다. 그러나 제너럴 모터스를 구성하는 각 부문은 충분한 규모의 경제를 달성하기 위해 협력할 수 없었으며, 결과적으로 GM은 고비용구조와 점차 경쟁력이 떨어지는 제품들 때문에 곤경에 빠졌다. 더구나 듀랜트는 현대의 다각형 기업과 닮은 경영구조 패러다임은 가지고 있었지만 그러한 문어발식 통합체를 관리하는 데 필요한 시스템과 전문가들은 하나도 없었다. 1920년에 이르러 GM은 이러한 결점 때문에 거의 붕괴될 위험에 빠졌고, 투자자들은 듀랜트를 해고했다.

1910년부터 1930년까지 산업계의 리더들은 규모, 즉 생태계의 제2단계인 확장에 관심을 돌렸다. 포드는 전세계의 다른 회사들에는 자신의 주요 특징들을 복제할 수 있는 권한을 주었지만 미국내에서는 단순히 그의 대량생산 시스템의 규모만 확장했다. 이런 식으로 포드는 값싸고 단순한 자동차에 대한 폭발적인 요구에 대응할 수 있었다. 반면에 그는 특수한 생활양식에나 적합한, 훨씬 복잡한 자동차를 요구하는 시장에는 관심을 돌리지 않았다.

듀랜트가 해고된 후 그의 뒤를 이은 앨프리드 P. 슬론이 GM에 대해 갖고 있던 구상은 훨씬 주목할 만한 것이었다. 슬론의 구상은 특히 다양한 회사들을 여러 생산라인으로 분할함으로써 복잡한 기업생태계를 관리할 수 있게 했으며, 이렇게 여러 생산라인으로 분할된 다양한 회사들은 다시 포드의 대량생산라인처럼 하나로 모아질 수 있었다. 슬론은 또한 분권화된 생산라인들의 회계관리를 중앙집권화했으며, 이리하여 GM은 바로 근대 다각형 기업의 원형이 됐다. 제너럴 모터스는 본질적으로는 포드의 경우처럼 여러 시스템을 감독하기 위하여 대량생산과 회계 및 경영관리를 결합했다.

더욱 흥미로운 것은, 고객들은 자신들이 똑같이 취급되기를 원치 않는다는 사실을 슬론이 깨달았다는 점이다. 부유한 고객은 다른 것들과 명확히 구별되는 특수한 수송수단에 기꺼이 돈을 지불할 것임을 알고 있었던 것이다. 그리하여 슬론은 각각의 경제사회적 지위에 맞게 그의 다양한 자동차 생산라인들을 분화해 세분된 고객단위를 창조하기 시작했다. 금세기 중엽 신분 의식에 눈을 뜬 체제순응적인 미국에서, 슬론은 자동차 상표로 소유주의 아이덴티티를 드러내게끔 했다. 시보레를 타는 사람은 자신이 캐딜락을 타는 사람들과는 다르다고 생각했으며, 자신이 선택한 상표에서 자신의 지위가 자동으로 연상되는 것에 자부심을 느꼈던 것이다.

슬론의 GM은 포드를 크게 앞지르면서 미국시장에서 독보적인 존재가 됐다. 게다가 GM의 조직구상을 헨리 포드의 후계자들이 채택하면서 그것은 모든 자동차중심 주요 생태계에서 공통된 경영 모델이 됐으며, 그러한 모델은 금세기 중엽까지 이어졌다. 어떤 의미에서는 두 회사가 생산과 업무과정 및 조직적인 아이디어를 포괄하는 하나의 전반적 경영 모델로 수렴된 셈이었다. 이러한 경영 모델은 생산기술의 범위를 넘어서서 기업과 공급자 관리뿐 아니라 고객 세분화 접근방법까지 포함하고 있지만, 오늘날에는 '대량생산'이라는 용어로 널리 알려져 있다.[6]

3단계와 오랫동안 계속된 세력 균형

기업생태계의 제3단계인 권위의 시대에는 그 생태계가 만들어낸 보상과 이익을 둘러싼 싸움에 휩쓸린다. 자동차산업에서는 1930년대에 시작된 이 단계에 포드와 제너럴 모터스 모두 전성기를 구가하고 있었다. 자동차회사의 성공은 대체로 거대 철강회사, 거대 노동조합, 거대 정부와 같은 다른 생태계의 주요 구성원들과 관계를 잘 처리해냈을 때 가능했다. 가장 중요한 싸움 가운데 몇 가지는 바로 자동차산업에 중요한 공급자인 노동계급을 축으로 벌어졌다. 1920년대 말에 디트로이트 지역의 여러 자동차공장에는 약 50만 명의 노동자들이 일하고 있었다. 당시 그들은 전혀 조직화되지 않았고 노동조건은 아주 열악했다. 한 자동차 차대 제조공장은 무시무시한 '대살육장'이라는 소문이 파다했다. 하지만 1930년대 중반에 전미자동차노동조합(United Auto Workers union)이 결성됐고, 1937년에 UAW는 GM이 조합을 피고용자의 공식 대표로 인정하게 함으로써 역사에 이정표를 세웠다.

시간이 지나면서 조직된 노동계급은 노동자의 지위를 중요한 교섭 세력으로 끌어올렸으며, 노동조합은 그러한 지위를 이용하여 회사로 하여금 성과를 나누지 않을 수 없도록 압력을 가했다. 노동자와 회사 사이의 주도권 싸움은, 그 성과는 때마다 달랐지만 미국 정부의 중재를 거치면서 몇십 년 동안이나 계속됐다. 3단계에 나타난 이 싸움은 한편으로는 노동자들의 권익을 보호했으나, 다른 면에서는 노동규칙이 엄격해지고 노동자와 경영자가 양극화하는 대가를 치러야 했고 이는 생태계 발전의 다음 단계에서도 미국 자동차산업을 괴롭혔다.

자동차산업 생태계에 직접적으로 기여하는 주요 종들 외에도 다른 많은 조직들이 자동차산업을 지원하는 역할을 했다. 자동차책임보험은 지방의 소비조합에서 시작돼 국제적인 기업으로 성장했다. 가솔린의 생산·유통 시스템은 그 소유자들에게 막대한 부를 안겨주었고 도로건설 및 보수 사업은 지방정부, 주정부, 연방정부의 인가를 받아 주로 세금으로 유지됐다. 그러나 이러한 조직들은 주요 자동차생태계를 어떻게 조직하고, 어떻게 경영해 나아가야 하는가 하는 근본적인 문제들에 대해서는 전혀 영향력이 없었다. 그 대신 그들은 고객의 경험을 근본적으로는 변화시키지 않았지만 풍부하게 하면서 가치명제를 확장하고 완성했다. 그런데 오랫동안 계속된 제3단계 세력균형 기간부터 어엿한 '산업'으로 성장한 자동차산업에 정부가 깊이 관여하게 됐다. 정부의 규제와 간섭은 시스템의 성과를 분배하고, 시스템의 근본적인 사고방식과 행동양식을 더욱 강화하는 요인으로 등장했다.

노사간의 투쟁은 1970년대에 정부가 중재에 나서 양측이 무승부로 끝날 때까지 계속됐는데, 이러한 갈등은 1920년 이래 조금씩 개선되기는 했지만 경영기법과 업무형태 및 생산시스템의 노후화라는 심각한 위기에서 비롯된 것이었다. 이때 미국 자동차산업을 거의 붕괴 직전의 위기에 빠뜨린 것은 일본이었다.[7]

일본에서 등장한 다른 생태계

생물학적 생태계에서는 일단의 개체들이 그 종의 주요 집단에서 분리돼 나오기도 한다. 이러한 부차집단은 자신이 속해 있던 생태계와 마찬가지로 자신의 환경에 독특한 방식으로 적응하면서 독자적인 발전경로를 걷는다. 그리고 시간이 흐르면서 그 집단은 기존 종과는 전혀 다른, 독립적인 종이 될 정도로 독특한 특징들을 발전시킨다.

제2차 세계대전 후 일본에서는 자동차제조 산업이 고립된 부차집단과 같은 방식으로 발전했다. 즉 일본의 자동차산업은 형성기에 주류에서 분리돼, 주류의 발전경로를 그대로 거치면서 많은 이익을 얻었다. 전쟁 전에 일본은 이미 미국과 유사한 자동차제조 생태계를 만들기 시작했다. 그러나 이러한 초기의 노력들은 전쟁과 그 뒤를 이은 패배로 파괴됐다.

전쟁 후 새롭게 등장한 일본 생태계들은 그들의 기회환경에 대한 아주 색다른 가정 아래 출발하여 자동차 제조방법에 대한 독창적인 시각을 창조할 수 있었다. 일본이 재건되면서, 도요타와 기타 자동차회사들은 아주 헌신적이고 꼼꼼한 종업원들이 최소한의 자본으로 제한된 양의 자동차를 만든다는 목표 아래 출발했다. 물론 그것은 전쟁에 패한 일본으로선 어쩔 수 없는 상황이었다. 그래서 1950년대 초 여러 다양한 노력의 지속적인 통합·조정과 자원의 최대 활용을 기반으로 한 생산시스템이 등장했다.

게다가 에드워드 데밍(Edward Deming)은 조직학습(organizational learning)이라는 미국인들의 아이디어를 일본에 전해 품질혁명(Quality Revolution)운동을 일으켰다. 아이디어들은 도요타와 기타 자동차회사들에 성과를 측정하는 방법을 알려주었으며, 그들의 헌신적인 노동자들이 업무과정개선과 개인 및 팀 학습에 지속적으로 참여하게 만드는 방법을 가르쳐주었다.

이러한 아이디어들은 1970년대까지 고객위주 디자인과 동시공학(concurrent engineering), 유연생산 시스템(flexible manufacturing), 학습지향적인 노동자, 공급자 네트워크를 하나로 조합하여 이를 토대로 고도로 세련된 새로운 기업생태계로 공진화했다. 아울러 이 모든 것들은 통계적으로 정밀한 경영활동을 통해 하나로 통합됐다. 이러한 생태계는 다른 시스템들과 비교하여 그것이 실현했던 엄청난 가격 대비 성과의 증대(price/performance gains)로 반영될 만큼 대단히 혁신적이었다. 품질이 훨씬 좋은 자동차가 절반밖에 안 되는 개발시간 및 엔지니어링 비용, 절반밖에 안 되는 제조자본과 노동력으로 만들어졌으니 말이다.

한 예로, 1970년까지 도요타 생태계는 제품의 다양성과 품질 그리고 효율성의 측면에서 미증유의 성과를 달성할 수 있었다.[8] 도요타 생태계의 관리자들은 미국시장을 개척하는 데 다시 10년 세월을 투자했다. 그들은 이제 미국 자동차생태계에 침투하여 그것을 식민화하는 조직적인 행동을 개시할 때가 됐다는 결정을 내렸다. 이리하여 일본 생태계와 미국 생태계를 잇는 화려한 대륙간 교량이 구축됐으며, 종들은 대규모 이동을 시작했다. 하와이는 이제 금방이라도 침략을 당할 처지에 놓였던 것이다.

제4단계가 미국 자동차 생태계에 도래하고 있다

전통적인 방법으로 정의했을 때, 미국 자동차산업의 주요 생태계들은 새롭게 밀려들어오는 기업생태계들을 방어하면서, 이제 그들이 4단계에 돌입했음을 깨달았다. 자기혁신이 얼마나 어려운지 판명되면서, 1970년대에 크라이슬러나 포드와 같은 회사들은 그들과 밀접한 관련을 맺고 있는 수많은 공급자들과 함께 도산 위기에 직면했다.

타의 추종을 불허할 정도로 우월한 일본의 접근방법 때문에 세계 자동차산업은 오늘날과 같은 형태로 변화하지 않을 수 없었다. 1990년대 중반에 이르자, 전세계의 자동차제조 생태계는 도요타 생태계의 핵심 요소들을 채택했다. 포드의 '포디즘'(Fordism)과 GM의 다각형 조직을 조합한 것이 지금은 '대량생산' 시스템으로 알려져 있듯이, 도요타 생태계는 이제 '린 생산(lean manufacturing, 역주 : just-in-time과 같이 군더더기를 제거한 일본식 생산방식)'으로 불리고 있으며, 그것은 분명 변화를 선도하는 산업계의 리더·분석가·대학교수·컨설턴트들이 애용하는 벤치마크였다.[9]

거대한 4단계 생태계들을 전환하는 데 따른 여러 가지 어려움 때문에 그것을 채택하는 정도가 각각 다른 것은 자연스러운 일이었다. 어떤 의미에서 당시 필요했던 것은 낡은 생태계의 껍질 안에 새로운 1단계 사고와 행동, 시스템 그리고 조직을 구축하는 것이었다. 생물생태계에서는 이러한 과정을 '2차 식민화'라고 부르며, 이때 한 생태계의 종들이 다른 생태계의 영토에 침투하여 결국 그 생태계의 구성과 구조를 변화시키게 된다.

GM의 경우 캘리포니아 주의 NUMI나 테네시 주의 새턴(Saturn) 등 새로운 패러다임에 따른 공장을 세웠지만 그들의 혁명적인 결과는 오랫동안 무시됐다. 오히려 GM은 GM판 대량생산 패러다임을 자동화하려는 노력에 수십억 달러를 쏟아부었으며, 이러한 시도에 박차를 가하기 위해 일렉트로닉 데이터 시스템(Electronic Data Systems)을 사들이기까지 했다. 그러나 불행하게도 그 결과는 참담했으며, 결국 GM은 1990년대 초에 린 생산을 채택하지 않을 수 없었다.

포드는 좀더 장래성이 있는 학생이었다. 1980년께부터 포드는 업무 융통성을 위해 노동조합과 교섭을 재개하고 포드자동차 전체의 종합적 품질관리 프로그램에 투자하는 등 엄청난 노력을 기울였다. 마침내 수천 명에 달하는 공급자들이 하나의 그물망으로 복잡하게 뒤얽혀 있는 공급자 네트워크를 근본적으로 변화시킨다는 과감한 시도에 착수했다. 포드는 일본에 비길 수는 없었지만 가장 중요한 척도들에서 GM을 제치고 자신의 성과 및 비용 수준을 크게 향상시켰다.[10]

다음 장에서, 우리는 제4단계 생태계의 변형이라는 도전으로 다시 돌아갈 것이다. 물론 새로운 생태계의 창조를 이해하는 일도 중요하지만, 기존 생태계들을 전환시키는 것 또한 대단히 가치있는 일이기 때문이다. 우리는 기술과 새로운 것에 대해서는 찬사를 보내면서도, 때로는 급진전되는 기업의 발전이 그 결과로서 낡기는 했지만 아직은 제기능을 하는 역량조차 버린다는 사실을 미처 인식하지 못하는 수가 있다. 이러한 역량들을 새로운 목적에 맞춰 전환시키는 것이야말로 다음 세기의 가장 중요한 사업 가운데 하나일는지도 모른다.

새롭고 빠른 타임라인

대량생산 시스템의 발전 4단계가 본래의 자동차중심 기업생태계 안에서 전개되는 데는 약 75년이라는 세월이 걸렸다.·포드와 제너럴 모터스의 많은 경영자들은 그 4단계 전체에서 겨우 한 단계 혹은 기껏해야 두 단계를 거치면서 그 경력의 대부분을 쌓았다. 그렇게 긴 역사적인 궤적을 밟는다면, 일본이 구축한 새로운 패턴은 얼마나 오랫동안 유효할 수 있을까 하는 의문이 들 것이다. 이에 대한 내 대답은 그리 길지 않다는 것이다.

여기에는 두 가지 이유가 있다. 첫째, 기업발전을 규정하는 상황들이 아주 급속하게 변화하기 때문에 어떤 새로운 패러다임도 아주 빠른 시간 안에 복제되고 그 유효성이 한계에 달한다. 둘째, 전세계적으로 화석연료가 감소해 대량생산 시스템에서든 소량생산 시스템에서든 자동차의 자원밀도(resource intensity)가 그렇게 오랫동안 유지되지는 못할 것이다.

자동차의 설계·제조·판매에 적용되는 소량생산 패러다임(lean production paradigms)은 이제 전세계 기업생태계에 깊이 뿌리를 내리고 있다. 이미 미국 회사들은 일본 시스템에서 유래한 중요한 기술과 업무과정 및 조직에 관한 아이디어(기업에서 생물학적 종에 해당하는 것)를 복제하고 그 외연을 확장시켰다. 지난 25년 동안 우리는 산업조직의 한 중심에서 나온 종이 다른 생태계로 이동해 그것을 부분적으로 변형시키는, 2차 식민화라고 생각해도 좋을 과정들을 자동차중심 주요 생태계에서 지켜보았다.

소량생산 개념이 대부분의 생태계에서 3단계의 성숙기에 도달하면서, 현재 전세계 자동차 생태계들은 새로운 변화를 겪고 있다. 구조적인 세력균형이 소량생산 시스템으로 진입함에 따라 현재 3단계에 이른 생태계의 특징인 모듈화(modularization), 외주(outsourcing), 분권화가 전세계적으로 폭발적인 힘을 발휘하고 있다.

이제 자동차는 퍼스널 컴퓨터 업계처럼 최소한 주요 조립회사들에 의해 플러그 앤드 플레이(plug-and-play) 방식으로 어느 정도 조합될 수 있는 제품이 되고 있다. 주요 소량제조 생태계들이 3단계로 깊숙이 진입함에 따라 전산업에 걸친 철저한 분권화와 해체(unbundling), 부품의 외주뿐만 아니라 유연 생산시스템과 플랫폼 차(platform cars)로 향한 움직임이 발빠르게 일어나고 있다. 놀랍게도 대단히 자본집약적 산업인 자동차제조 산업은 25년도 채 안되는 사이에 완벽하게 소량제조체계로 혁신했을 뿐 아니라 나아가 그것을 풀어헤치기 시작했다.

개방적인 모듈 경제에서의 3단계

자동차산업의 관찰자들은 대체로 소량제조 시스템이 여러 주요 생태계들로 확산되고 있는 것에만 관심을 보이고 있다. 그러나 가장 관심을 끄는 대목은 이것이 아닐 것이다. 본질적으로는 모두 소량생산주의에 동의하는 회사들이 주도하는 소수의 거대한 3단계 생태계들이 세계 자동차업계를 지배해가고 있다. 흥미로운 것은 새로운 3단계, 즉 린 생산의 3단계가 그에 앞선 대량생산 시스템의 3단계와는 아주 다르다는 점이다. 진화론적으로 볼 때 그것은 하와이의 정글과 코스타리카의 정글이 다른 것만큼이나 그 차이가 크다.

이미 강조했듯이, 새로운 경제에서는 산업과 국가 간의 경계가 무너지고 기술적인 노하우가 분배되며 자본과 경영능력은 풍부해진다. 게다가 정보기술과 경영에 대한 새로운 사고방식은 가상조직들과 네트워크화된 회사들의 급격한 확산을 가능하게 한다. 이러한 환경에서는, 3단계의 대표적인 특징인 제품과 업무과정 패러다임의 안정성 자체가 역설적으로 새로운 조직과 다양한 형식으로 설계된 조직들을 대거 만들어내고 있다. 새로운 경제에서는 신입자들이 풍부한 개방적인 생태계가 안정된 생태계다. 기본적인 경영 모델의 바로 이 안정성이 기존 생태계의 구성원을 조금이라도 더 열심히 일하게 하고 혹은 더 적은 보상이라도 기꺼이 받아들이도록 하는, 진취적인 회사들의 움직이지 않는 목표물을 만들고 있다.

따라서 퍼스널 컴퓨터 업계에서처럼 자동차산업에서도 아류와 신입자들이 기존 참여자들을 강타하고 있다. 이제 자동차는 대만과 한국을 비롯한 다른 나라에서도 만들어지고 있고 공급자 또한 대단히 빠른 속도로 발전하고 있다. 예를 들면 트럭운송회사인 라이더(Ryder)는 이제 자동차회사에 통합적인 물류 서비스를 제공하는 주요 공급자가 됐다.

흥미로운 것은 급변하는 환경에서 3대 자동차 회사인 포드와 제너럴 모터스, 크라이슬러가 그들 각각의 생태계를 어떻게 조직하기로 결정했는가 하는 점이다. 그들은 기업생태계들이 더이상 고립 속에서 안주하지 못하게 됐을 때 나타나는, 고도로 모듈화되고 분권화되고 경쟁이 치열해진 환경에서 거대 회사들이 채택할 수 있는 3가지 방법을 펼쳐보이면서, 각각 독특한 방법으로 접근했다.

주요 개방적인 생태계들의 3가지 전략

크라이슬러는 소위 '린 오케스트레이션(lean orchestration)'라고 부를 수 있는, 수많은 참여자들의 기여를 하나로 통합하는 시스템 엔지니어와 시스템 통합자가 되는 데 초점을 맞추었다.[11] 크라이슬러는 더 나아가 참여자들이 엔지니어링을 비롯한 생산, 주요 자동차 하위 시스템들의 조합, 품질보증 그리고 적기공급생산(just-in-time delivery)을 책임지도록 했다. 크라이슬러는 자신의 생태계뿐만 아니라 모든 거대 자동차 생태계들의 방대한 공동자원들을 활용하고 있다. 이들 생태계에 제품과 서비스를 공급하는 전세계의 공급자 공동체에는 엄청난 다양성과 활력이 있다. 크라이슬러의 이론은 이 공동체가 갖고 있는 역량을 가장 잘 선택하고 형성하고 통합한다면 기민하고 강력한 히치하이커처럼 이 공동체를 등에 업고 정상에 오를 수 있으리라는 것이다.

지금까지 이 전략은 좋은 성과를 보여주고 있다. 크라이슬러는 저비용과 개발시간 단축을 실현하고 있다. 이러한 접근방법은 몇 가지 디자인 '성공작' 과 결합하여 아이아코카 없이도 회사가 재기할 수 있는 길을 열었다. 그러나 크라이슬러의 접근방법은 너무 공급자에게 의존하고 있어서 결국은 품질과 신뢰성이 손상되지 않을까 우려된다. 항상 그렇듯이 그것은 시간이 말해줄 것이다.

이와는 대조적으로 양(volume)과 함께 규모의 경제를 추구하는 길을 선택한 포드는 세계시장의 전체 크기를 이용하려 하고 있다. 그의 목표는 전세계의 물량을 자신의 제조 및 개발자원과 결합해 막대한 비용절감 효과를 실현하는 것이다. 이러한 목표를 위해 포드는,

- 전세계에 산재한 자동차 디자인 시설을 5군데 설계 보루로 통합하고
- 조립공장의 수를 줄이는 대신 그 규모를 키우고
- 부품 공급자들의 수를 줄임으로써 공급자들이 규모의 경제를 실현할 수 있게 해준다. 이는 포드에도 이익이 된다.[12]

포드는 국가간 장벽이 무너지고 있는 지금 고객의 다양한 기호와 환경규제를 받아들이는 것이 '세계 차(World Car)' 의 성공을 가능하게

148

할 것이라는 데 승부를 걸고 있다. 이러한 차들의 설계는 통합된 설계 본부에서, 제조는 현지의 요구를 충족시키고 관세 및 세금부담을 덜면 서도 한편으로는 가장 큰 규모의 경제를 달성한 곳에서 맡을 것이다.

이러한 전략이 가진 위험성은 세계 차를 만드는 데 드는 조정비용 이 그것에서 얻는 이익을 훨씬 상회할 수 있다는 점이다. 이 부분에 대하여 포드는 조정비용을 줄이는 정보기술의 진보가 그러한 복잡한 개념을 실행할 수 있게 만들었다고 믿는다. 또 다른 위험은 세계시장 은 그 기호와 규제가 다변화할 것이라는 점과 세계 차에서 얻는 이득 이 소규모 시장을 겨냥하는 제품들 때문에 상당 부분 상쇄될 것이라는 점이다.

한편 도요타는 공급자들이 제 기능을 유감없이 발휘하도록 노력하 면서 자동차산업에서 전혀 새로운 방법을 추구하고 있다. 이로써 도요 타는 고도로 발전된 업무과정 및 자산 구조로 나아갈 수 있다. 흥미롭 게도 도요타는 첨단기술을 사용하여 생산체제를 자동화하는 것을 꺼 리고 있다. 그보다는 오히려 기계공학, 개인과 팀의 기술개발, 공급자 베이스 전체에 걸친 지식의 확산에 큰 노력을 기울이고 있다. 몇 가지 중요한 방법으로, 도요타는 좀더 효과적인 조정과 더욱 숙련된 인간의 재능 및 참여를 통해 차를 만드는 방법에 초점을 맞추면서 자신의 입 장을 고수하고 있다.[13]

자신의 입장을 지나칠 정도로 고집스럽게 고수하면서 새로운 방법 을 설계할 때는, 혁신을 통해 얻을 수 있는 이익의 가능성을 희석시켜 생태계를 개선하려는 노력에 드는 시간과 돈을 낭비할 위험이 있다. 어떤 경우에는 똑같은 노력을 근본적인 가능성에 투자하는 쪽이 더 나 을 수 있다. 도요타로서는 차를 대체할 새로운 수송 시스템에 투자하 는 편이 더 현명할 것이라는 주장이 나올 수도 있다. 이러한 주장은, 새로운 방법을 찾는 데는 그다지 많은 비용이 들지 않을 것이라는 생각을 밑바탕에 깔고 있다. 하지만 그것은 전혀 다른 미래를 개척할지도 모를 회사들이 지출하는 경상운용비용 같은 자원의 문제라기보다는 사고방식의 문제일 것이다.

이 책을 쓸 당시에, GM은 도저히 그 향방을 가늠할 수 없는 상태였다. 최근 몇 년 동안 GM은 수직적 통합의 길을 걸어왔다. 1980년대 내내 GM은 어리석게도 첨단 정보·기술에 기초한 리엔지니어링에 막대한 투자를 했으며, 부분적으로는 이러한 목적에 박차를 가하기 위해 결국 일렉트로닉 데이터 시스템을 사들여 세계에서 가장 큰 컴퓨터 서비스 회사를 만들었다.

이에 대해 낙관론자들은 GM이 도요타에 필적하는 규모인데다 통합된 시스템에서 라이프스타일에 맞고 신속하게 조립되는 소량의 제품을 만드는 한편 장기적으로는 몇 가지 세계차에 간접투자를 하다보면 어쩌면 포드와 크라이슬러가 추구했던 두 가지 접근방법을 모두 구사할 수 있으리라는 점을 강조한다. 그러나 회의론자들은 초기 자동차 생산 시대에 거두었던 엄청난 성공의 잔재인 GM의 거대한 관료체제가 계속해서 그 회사의 발목을 잡을 것이라고 주장한다.

우리는 자동차산업을 통해 경계가 없는 새로운 경제는 '거대한 참여자들의 공동체' 와 '엄청난 생산량' 이라는 두 가지 큰 자원을 낳으며, 기업은 이런 거대한 자원을 활용하는 위치에 선다는 것을 알 수 있다. 전략적 차원의 새로운 접근법은, 회사들이 이들 자원이 있음을 깨닫고 이를 이용할 수 있는 위치에 섬으로써 더 높은 수준으로 고양된다.

내가 이 책 전체를 통하여 강조하고 있듯이, '경쟁의 종말'이 주는 가장 근본적인 교훈은 그러한 환경 속에서는 기업이 현재의 경영모델을 잘 운용해야 하지만 미래의 경영 모델도 구상할 수 있어야 한다는 것이다. 크라이슬러, 포드, 제너럴 모터스는 모두 새로운 시대에 진입하면서 자신의 생태계를 형성해나가는 각각의 흥미로운 방법들을 보여주고 있다.

'그린' 하이퍼 차가 디트로이트를 파괴할 것인가?

자동차중심의 생태계에 있는 회사들이 모두 창조성을 발휘하는 가운데 아주 심각한 위기가 점차 분명한 모습으로 다가오고 있다. 오늘날, 자동차가 앞으로도 지속 가능한 수송수단이라고 믿는 사람은 거의 없다. 특히 점점 더 많은 나라들이 고도로 발전하고 최고의 수송수단을 요구하게 되면서, 자동차의 석유 의존도는 지구가 감당할 수 있는 한계를 넘어서고 있는 것 같다.

자동차중심 생태계들이 얼마나 오랫동안 지속될 수 있는가 하는 것은 부분적으로 사회적, 정치적, 경제적 그리고 생물학적인 환경을 포괄한 전반적인 환경이 얼마나 오랫동안 근본적인 변화를 피할 수 있는가에 달려 있다. 개인수송 시스템의 변화는 환경적인 압력에 의해 이미 피할 수 없는 것이 되고 있다. 현재 밝혀진 전세계의 원유 매장량은 최대한으로 잡아도 기껏해야 앞으로 40년밖에 쓸 수 없고 천연가스 매장량은 대체로 60년 정도밖에 버티지 못할 것이다. 어떤 다른 일이 일어나지 않는 한, 현재의 주요 수송방식은 몇십 년 안에 바뀌지 않을 수 없을 것이다.

새로운 패러다임이 엄청나게 빠른 속도로 채택되고 새로운 전자기술이 도래하면서 자동차산업은 더이상 고립할 수 없는 상황이 됐으며 그 산업에서는 이미 새로운 차원의 변화가 일어나기 시작했다. 그러나 진정한 의미에서 자동차 중심 생태계의 종말은 자동차업계가 자신의 고유영역을 파괴하여, 항공우주산업(새로운 수송 수단)이나 토목공학(새로운 사회기반 시설), 컴퓨터(새로운 조종장치) 또는 주거용 건설(새로운 도시들)에 토대를 둔 다른 기업들에 그 자리를 내주어야 한다는 것을 깨달았을 때 올 것이다. 이러한 일은 이 책을 읽는 많은 독자들이 경영 일선에 있는 동안 일어날 공산이 크다.

현재의 자동차 생태계를 뿌리째 뒤흔드는, 근본적인 사고의 전환이 일어나 미래의 기회환경에 훨씬 잘 적응할 수 있는 새로운 생태계를 창조하는 데는 두 가지 길이 있을 것이다. 한 가지는 '지능적인 수송 시스템'으로, 이는 컴퓨터 제어장치가 자동차와 간선도로의 통합적 시스템을 조정하는 것이다. 이러한 시스템은 자동화된 제어장치가 차와 도로 쌍방의 이용 및 수송을 더욱 활성화할 것이며, 이는 그러한 노력을 가치 있게 만들어줄 효율성을 낳을 것이다.

실험은 전세계에서 이미 시작됐지만, 이러한 접근방법이 가져올 이득이 새로운 생태계의 발전을 보장할 정도로 강력한 것인가에 대해서는 아직 확고한 판단이 서지 않은 상태다. 잠재적인 생태계가 맞닥뜨릴 수밖에 없는 4가지 테스트 과정으로 되돌아가면, 이러한 접근방법은 가치 테스트에서 결정적인 장애와 맞닥뜨리게 된다. 따라서 지능적인 수송 시스템들은 이 테스트를 확실하게 통과할 때까지는 여전히 1단계에서 벗어나지 못할 것이다.

더 근본적인 접근방법은 '하이퍼 차'다. 미래학자 애모리 로빈스(Amory Lovins)가 누구보다도 지지하는 이 하이퍼 차는 하이브리드 가스 혹은 전기모터와 무게가 가벼운 강화탄소섬유로 만든 플라스틱 차체를 결합한 것이다.[14] 이론적으로 이 차는 가스 한 탱크로 미 대륙을 횡단할 수 있다.

탄소섬유로 만든 차체는 강철로 된 차에 필요한 자본집약적인 형판(型板)과 압형(壓型)이 없어도 만들 수 있다는 매력이 있다. 형판이나 압형 같은 자본집약적인 특성은 현재의 자동차 생태계에 신입자가 진입하는 것을 가로막는 주요 장애기 때문에 만약 이러한 장애물이 없어지면 소규모 기업이나 전혀 분야가 다른 기업들도 차를 조립할 수 있게 될 것이다. 자동차업계는 수많은 소규모 조립회사들과 하이퍼 차를 만드는 직도매상들에 의해 퍼스널 컴퓨터 업계처럼 될지도 모른다.

최소한 이론적으로는 하이퍼 차가 가치 테스트를 통과한 것처럼 보인다. 몇 차례 시험생산을 거친 후에는 비록 소규모일지라도 실제로 이 테스트를 통과할지도 모른다. 하이퍼 차에 대한 도전은 임계량을 확보해야 하는 2단계에서 더 필요해질 것이다. 설사 차체를 플라스틱으로 만든다 하더라도 자동차산업은 부품공급자들 간 완벽한 네트워크가 필요하다. 더욱 중요한 것은 고객들이 운행 도중 어디에서라도 서비스를 받을 수 있어야 한다는 것이다. 따라서 새로운 생태계는 판매와 지원조직의 강력한 네트워크를 구축해야 할 것이다. 물론 자동차 회사들은 이러한 네트워크를 가지고 있지만, 그 네트워크를 그들이 현재 형판(型板)을 만들어 차체를 찍어낼 때 얻는 이점을 파괴하는 쪽으로 이용하지 않을 수도 있다. 한편 갑자기 나타난 어떤 회사, 즉 우주항공회사나 컴퓨터회사가 하이퍼 차를 만들 수도 있다. 그러나 그것은 서비스의 광역 배치가 관건이 될 것이다.

안정기는 빠르게 지나간다

기업의 발전과정을 완벽하게 꿰뚫으면 미래에 영향력을 행사할 수 있다. 내가 이 책 전체를 통해 강조하듯이, '경쟁의 종말'이 주는 근본적인 교훈은 회사들이 현재의 경영 모델을 운용하는 것뿐만 아니라 미래의 모델들도 구상할 수 있어야 한다는 것이다. 고객의 욕구를 충족시키려면 무엇을 해야 하는가, 그리고 그것을 하기 위해서는 어떻게 해야 하는가를 알아야 진보할 수 있다. 썰매보다 바퀴가, 이전의 메인 프레임 컴퓨터보다 마이크로프로세서가 더 좋은 것처럼 새로운 아이디어가 기존 것보다 근본적으로 더 좋을 때 그 결과는 새로운 기업생태계의 창조로 이어질 것이다.

가장 넓은 의미에서 경영전략은 우리가 세계경제로 알고 있는 거대하고 복잡한 시스템 속의 안정과 불안정 문제들을 다룬다. 하나의 생태계가 탄생하는 데는 기술적인 요소, 자본적인 요소, 경영적인 요소, 규제적인 요소 등의 혼합이 필요하다. 창조적인 리더들은 이러한 기회를 붙잡아 그것을 성공적인 기업으로 이끄는 활동에 토대로 활용하려고 한다. 그렇게 하면서 그들은 변화 속의 안정을 만들어내기 시작한다. 즉 그들은 한 기업생태계의 맹아가 될 통합 패러다임을 만들어낸다. 이것이 1단계에서 일어나는 일이다. 발생 초기의 생태계라면 생기 발랄하게 움직이며 시장 영역 전체를 휩쓸 것이다. 이런 식으로 통합 패러다임의 안정성은 이제 수많은 사람들과 기업에 적용된다. 이것은 2단계에서 볼 수 있는 현상이다. 〈도표 5-1〉은 기복을 이루는 안정성의 패턴을 그린 것이다.

이 표에서는 두 가지 항목, 즉 장기적인 발전과정의 측면에서 보았을 때 안정기가 얼마나 짧은가 하는 것과 한 회사가 4단계 내내 안정기를 누리지 못하는 이유는 무엇인가 하는 점이 특히 눈에 띈다. 2단계에서는 한 회사의 리더십이나 구성원 자격이 직접적으로는 도전을 받지 않겠지만 그 생태계 자체의 생존 가능성은 불안한 상태이며, 따라서 경영활동은 치열한 확장전쟁에 집중된다. 그러나 일단 이 전쟁에서 이기면 이제 그들의 파트너와 제휴세력들 사이에서 치열한 경쟁이 벌어진다. 3단계에서는 경영 모델의 안정성, 가치개념, 업무과정 및 자산구조 등 여러 측면에서 초창기에 그 생태계를 주도적으로 형성하고 이끌었던 회사들에 대해 반란을 꾀할 수 있다.

이제 거친 소동이 그 생태계를 세우고 이끌었던 내부자들 사이로 이동하며, 그들 스스로 옛날의 평온하고 행복했던 시절을 그리워하는 모습을 발견하는 것도 놀라운 일은 아닐 것이다. 개척자들은 많은 것에 대해서 자부심을 가지고 있다. 그들은 통합과 안정의 패러다임을 세련되게 다듬고 이를 광범위한 공급자와 고객들에게 가져다줌은 물론 일련의 광범위한 시장영역 전체로 확장함으로써 가치창조에 일조했다. 그러나 일단 안정된 패턴이 정착되면, 그것은 저절로 굴러간다. 이제 더이상 리더들만이 새로운 언어를 말하지 않는다. 이제 수많은 참여자들이 그 언어를 습득한다. 일단 공동체가 구축되면 더 이상 창시자들은 필요가 없다. 이제는 창시자의 운명이 공동체의 운명과 직결되지 않는다. 새로운 참여자들이 언제라도 그 공동체에 들어올 수 있다. 그들이 창시자보다 더 현명하게 움직이는 경우도 있을 것이고 또 그들이 공동체에 더 많은 것을 기꺼이 투자하거나 혹은 더 작은 보상에 만족하는 경우도 있을 것이다.

개척자들이 계속해서 가치있는 존재가 되려면 공동체 전체의 이익

기업생태계의 단계	1단계: 개척의 시대	2단계: 확장의 시대	3단계: 권위의 시대	4단계: 쇄신의 시대
기업생태계 내의 주도적인 종 또는 회사들	새롭게 부상	안정	차츰 그 지위를 놓고 다투게 된다	그 지위를 놓고 심하게 다툰다
그 생태계의 경영 모델	새롭게 부상	안정	안정	불안정해짐
일정한 시장경계 내에서 지배적인 생태계	아직 결정되지 않음	새롭게 부상, 주도권을 놓고 다툼	안정	불안정해짐

〈도표 5-1〉

을 추구하고 원칙에 따라 그것을 이끄는 정책을 취해야 한다. 다시 원칙으로 돌아가기 위해 그들은 그 공동체를 새로운 혁신을 받아들이는 개방적인 구조로 유지해야 하며, 그러기 위해서는 그 공동체에 억지로라도 불안정을 조장해야 한다. 그들은 진보를 위해 구성원들이 협력하도록 이끌어야 하고 최종 고객들이 가치를 두는, 사실상 그들이 요구하는 중요한 진보에 기여할 수 있는 수단을 찾아야 한다.

이는 공동체의 다른 구성원들로 하여금 이러한 진보가 시장에서도 이루어지는 데 필요한 일들을 하게 만들 것이다.

마지막으로, 4단계에서는 그 동안 공동체에 이바지해왔던 통합 패러다임의 연료가 소진된다. 이제는 효과적인 공동체 활동이 더 이상 당면 기회와 현안들을 처리할 수 없으며 더 나은 통합 모델들이 더욱 강력한 비전을 제시하고 한 공동체의 토대로서 더욱 강력한 힘을 발휘한다. 4단계에서 찾아오는 불안정의 형태는 두 가지다. 그 하나는 의도적인 불안정이다. 그것은 자산과 업무과정들이 어느 정도 질서있게 새로운 통합 패러다임으로 전환할 수 있도록 해줄 것이다. 다른 하나는 공동체가 더욱 견고하게 원래의 접근방법을 고수하고 방어함으로써 야기되는 불안정이다. 이는 그 공동체를 걷잡을 수 없이 쇠퇴케 하고 화석화하는 길이다. 이 단계에서 주도적인 기업과 경영자는 전환의 비전을 제공하고, 그러한 전환을 달성하는 어려운 작업을 수행하며, 전환이 여의치 않을 경우에는 새로운 공동체 형성에 필요한 정지작업을 하면서 한 공동체에서 이탈하는 힘든 작업을 주도적으로 실천해야 한다.

이후의 장에서, 나는 네 단계에서 각각 나타나는 도전들에 대하여 하나하나 자세하게 파헤쳐나갈 것이다. 단계마다 그 단계에 특수한, 전혀 다른 재능과 기술들이 요구된다는 점을 기억하라. 사실 기민하게 움직이는 주도적인 회사들은 그들의 시장과 제품은 물론 각 단계에서 고유하게 제기되는 문제들에 입각하여 그들의 사업영역과 사업단위를 어떻게 재구성할 것인가를 연구한다. 그렇게 하면서, 그들은 단계마다 가장 중대하게 떠오르는 관심사들의 요구에 맞춰 경영능력과 경영 시스템, 구조, 문화를 적용시킨다. 이런 식으로 더 나은 방법들을 탐색해 나갔을 때, 그것은 새로운 세계에서 번영을 누리는 가장 좋은 수단이 될 것이다.

1단계 : 기회의 영역

개척자에게는 기회의 영역이 단 하나의 마이크로칩에서부터 전지구에 이르기까지 여러 가지 형태와 크기로 다가온다. 말똥이 우리에게는 전혀 매력이 없겠지만, 파리나 버섯포자에는 아주 훌륭한 기회가 된다. 개척의 성공여부를 가름하는 핵심은 새로운 영역을 발견하는 능력과 일단 발을 디디면 그곳에 살아남아 번창할 수 있는 능력에 있다.

자연에서는 몇 가지 식물과 동물이 개척자 종으로 간주된다. 불모지에 가까운 영역을 개척하는 데 전문적인 그들은 전반적으로 자신들의 서식지를 아주 까다롭게 고른다. 예를 들면 아무것도 나지 않은 용암에 여러 가지 이끼류가 서식한다. 어떤 식물은 산사태가 난 곳이나 나무들을 몽땅 벌목해버린 협곡처럼, 아무것도 없는 불안정한 토양을 자신들의 서식지로 고른다. 이런 종들은 항상 정원의 갈아엎은 흙에 재빠르게 자리잡는 것처럼 보인다. 태평양에서 화산 폭발로 생긴 새로운 섬을 개척하는 과정은 코스타리카의 밀림에서 산사태가 일어난 곳을 개척하는 과정과는 전혀 다르며, 이들 두 지역에서 성공하는 개척자의 성격 또한 매우 다르다. 그러나 여기에는 비슷한 점도 많다.

개척자 종들이 공유하고 있는 중요한 특성 가운데 하나는 이동성, 즉 먼 거리까지 흩어져 나가서 개척할 새로운 곳을 발견하는 능력이다. 그러나 이들 가운데 많은 것은 스스로 움직이지 못한다. 어떤 것은 민들레처럼 바람을 타고 움직이고, 또 어떤 것은 다른 종에 의지하여 이동한다. 많은 식물의 씨앗은 새의 내장 속에 편안히 앉아 움직인다. 가시 돋친 열매를 맺는 식물들은 포유동물의 부드러운 털에 편승해 새로운 영역으로 여행을 떠난다. 날아다니는 벌레와 같은 종들은 자신의 힘으로 새로운 장소로 간다.

엄청나게 많은 잠재적 이주자들의 운명은 생물학적 세계에서는 거의 실패로 끝난다. 버섯은 포자를 수백만 개나 생산하지만, 싹이 터서 자랄 수 있는 적당한 장소를 찾는 것은 아주 소수에 불과하다. 그 이유는 이들 희망에 찬 이주자 대부분이 목숨을 부지하기에 부적당한 영역에 도착하거나 또는 너무 늦게 도착한 탓에 이미 기반을 구축한 다른 이주자들과 싸워 이길 수 없기 때문이다. 또 어떤 것들은 생존하는 데 절대적으로 필요한 상리공생 생물이 살지 않는 새로운 땅에 도착하기도 한다. 예를 들면 새로운 섬에서 무성하게 자란 식물이 그것의 수분작용을 해줄 매개체가 없어 번식하지 못하기도 한다.

새로운 땅에 정착하는 어떤 종은 그들의 생존이나 번식에 필수적인 상리공생 생물들과 함께 옮겨오기도 한다. 여왕 가위개미는 새로운 이주지로 떠나기 전에 집 정원에서 몇 개의 진균류를 준비한다. 여왕개미는 이 소중한 짐을 진화의 독특한 산물인 특수한 주머니에 넣어 나른다. 그리고 적당한 안식처에 정착했을 때, 이 작은 진균류 조각을 이용하여 자신의 새로운 식민지에 진균류 정원을 만들기 시작한다. 가위개미들은 그들의 상리공생 식물인 진균류 없이는 살아남을 수 없다. 실제로 DNA 연구는 가위개미들이 같은 계통의 진균류를 거의 3000년 동안이나 이용해왔다는 것을 밝혀주고 있다.

행복한 실험에서 방향이 설정된 학습으로

새로운 영역을 개척하는 인간 개척자들도 또한 그들의 상리공생 생물, 즉 그들이 경작할 식물의 씨앗이나 길들인 가축 무리를 함께 가져간다. 개척자들은 종종 새로운 땅에 적응하려면 자신의 행동을 변화시켜야 한다는 것을 발견한다. 그러나 인간 개척자들은 또다른 아주 유용한 능력이 있으니 필요에 따라 환경을 변화시킬 수 있다는 것이다.

기업 개척자들은 훨씬 많은 이점을 가지고 있다. 그들은 멀리서도 새로운 영역을 면밀하게 조사하여 이동을 개시하기 전에 그 지역의 상리공생 관계들을 미리 조정할 수 있다. 면밀하고 능숙한 계획작업을 통해 기업 개척자들은 앞으로 맞닥뜨릴 문제점들을 예측할 수 있다. 기업 개척자는 새로운 기회를 발견해서 그것을 이용해야 한다. 전혀 예측할 수 없는, 개별적인 고객의 창조성을 포함하여 우연이 아주 중요한 역할을 하는 경우가 놀랄 정도로 많다.

경영자들은 때로 명석한 고객들이 그들의 제품에서 예기치 못한 효용성을 발견하는 데 깜짝 놀란다. 라디오 색(Radio Shack)은 서부 캔자스와 동부 콜로라도의 평원지대에 엄청난 양의 해상용 무전기를 팔고 있다. 어떻게 평원지대에서 해상용 무전기를 팔 수 있었을까? 그것은 농장주들이 해상용 무전기가 드넓게 펼쳐져 있는 평원을 가로질러 서로 이야기할 수 있는 아주 값싸고 편리한 방법임을 알아챘기 때문이다. 배와 육지 사이의 합법적인 통신을 방해하거나 중앙정부 관리들에게 붙잡혀 기소될 염려도 거의 없다. 이처럼 새로운 제품 아이디어를 찾는 가장 흥미로운 방법 가운데 하나는 과학기술의 놀라운, 때로는 불법적이기까지 한 효용성을 추적하는 것이다.

기업생태계의 최초 개발자들이 우연에만 의지하는 것은 아니다. 그들은 경제적인 실험에 가능한 한 많은 도움을 주고자 한다. 사실 경영 전략가들의 궁극적인 목적은 기업생태계의 집단화 법칙(assembly rules)을 예측 가능한 상태로 조종하는 것이다. 기업가 정신의 기본적인 사이클은 아이디어와 기회를 고객을 위한 가치로, 그리고 투자가들을 위한 이익으로 전환하는 과정이다. 어떻게 해서 이러한 가치가 경우에 따라서 그렇게 다양하게 나타나는가 무엇이 가장 먼저 오며 언제 어떤 순서로 오는가 하는 기본적인 의문은 아무리 많은 연구를 하더라도 본질적으로 풀리지 않는 미스터리일 것이며 경우마다 새롭게 제기될 것이다.

그러나 새롭게 등장하는 기업생태계에 관련된, 그리고 거기에서 발생할 수 있는 모든 것을 예측한다는 것은 불가능하다. 그렇다면 이제는 폐쇄적이고 인식할 수 있는 범위가 제한된 정신의 영역에서 벗어나 아주 복잡하고 실제적인 고객과 사업이 다양하게 연관된 세계로 이동해야 한다.

여기에서 우리가 할 수 있는 가장 좋은 방법은 일정한 방향이 설정된 학습 프로그램을 세우는 것이다. 즉 현재 진행되고 있는 실험에 대하여 그때 그때 깊이 반성하고, 새로운 가능성들의 맥락 속에서 가치를 이해하는 경주에서 리더가 되려고 노력하는 것이다.

이제 도전해야 할 일은 〈도표 6-1〉에 나타나 있듯이 경제적 가치를 창출한다는 주제를 가지고 학습 사이클을 세우는 것이다. 기업생태계의 창조자가 맞닥뜨릴 도전은 생물학적 생태계의 경우와 비슷하다. 상호공생적인, 스스로 힘을 강화해나가는 일련의 관계를 실현하는 방법도 여러 가지지만 실패하는 경우도 여러 가지다. 기업생태계에 실제로 적용할 수 있는 집단화 법칙들은 어렴풋하게만 이해되기 때문이다.

당찬 포부를 안고 출발하는 1단계의 공상가는 이용할 수 있는 범위 내의 환경조건들과 새로운 기업생태계를 창조할 수 있게 해주는 자료들로부터 이러한 기본적인 사이클을 구축할 수 있는, 일련의 상호의존적인 관계들을 찾아내야 한다. 그리고 그것을 통해 기회를 포착, 이를 가치있는 것으로 전환할 수 있는 에너지에 의해 추동되는 이런 기본적인 사이클이 구축될 수 있도록 해야 한다.

기업생태계는 개척자들로 하여금 피할 수 없는 실패도 극복하게 해주는 영감과 열정 그리고 창조적인 해결책을 제시하고, 분석과 실험에 기초한 개선을 가능하게 해주는 상상력과 학습이라는, 생물학적 생태계에는 없는 엄청난 이점을 갖고 있다.

■ 경제적 가치 창조에 초점을 맞춘 학습 사이클

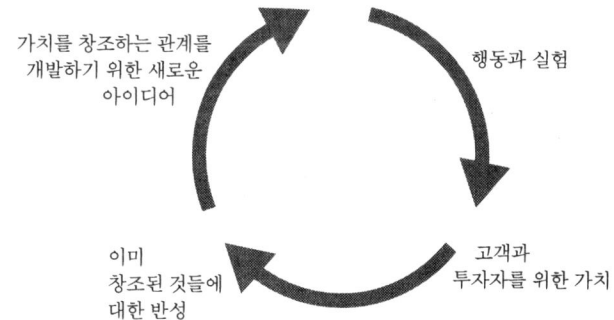

〈도표 6-1〉

이상주의자들의 클럽

경영자들은 가끔 나에게 어디에서, 그리고 어떻게 생태계를 출발시켜야 하는지, 처음 출발할 때의 생태계는 어떤 모습이어야 하는지를 묻곤 한다. 나는 그들에게 1단계의 세계는 기존 생태계와는 명확하게 구별되는 어떤 것을 하려는 혁신적인 정신과 누를 수 없는 충동으로 가득찬 세계라고 말해준다. 때로 1단계에 속한 사람들은 세계를 바꿀 특효약을 발견하려는 성급한 욕망에 사로잡히기도 한다. 흥분으로 가슴 두근거리게 하는 이러한 꿈들은 화려하게 꾸민 다락방이나 대기업의 지하실에서 시작될 수도 있으며, 소기업 혹은 소수의 재능있는 개인의 실험에서 출발하여 화려하게 꽃 피울 수도 있다.

1단계 활동의 온상을 세계경제의 변두리에서, 상업적인 성격이 거의 침투하지 않아 경기가 활성화되지 않은 지역에서 발견하는 것은 흔한 일이다. 사막에서도 화려한 상상의 날개를 펼칠 수 있다. 마이크로소프트 제국을 이끌며 억만장자가 된 빌 게이츠(Bill Gates)와 폴 앨런은 1975년에 말 그대로 사막과 같은 앨버커키(Albuquerque)에서 유치한 단계의 소프트웨어를 조잡하게 조립한 컴퓨터에서 작동시키느라 진땀을 흘리고 있었다.[1] 그 컴퓨터를 지원하는 회사는 MITS였다. 이 회사는 재정적으로 궁지에 몰린 애드 로버츠(Ed Roberts)라는 엔지니어가 운영하고 있었으며 사무실은 저소득층을 겨냥한 쇼핑센터의 빨래방과 안마시술소 사이에 끼어 있었다. 그 컴퓨터는『포퓰러 미케닉스(Popular Mechanics)』라는 잡지를 통해 통신판매를 하는, 별로 성능이 좋지 않은 395달러짜리였다. 컴퓨터 애호가용 조립품으로 아무런 기억장치도 없고 용량도 형편 없었으며 키보드 대신 토글 스위치(toggle switches)를 사용하고 있었다. 빌 게이츠가 후에 "모든 훌륭한 아이디어의 절반은 MITS에서 만들어졌다"고 회상했듯이 1단계의 특징은 바로 이러한 것이다.

뉴 멕시코 사막의 가물거리는 열기 속에서 나온 MITS는 마침내 전 미국에서 수천 명의 혁명동지를 유혹하게 될 연구실험센터를 설립했다. 로버츠는 컴퓨터 켄 케시(Ken Kesey)처럼, MITS 자동차로 불리는 주거 겸용 차량을 몰고 서부를 돌아다니면서 수많은 도시에서 컴퓨터 클럽을 만들도록 도와주어 많은 젊은이들의 야망에 불을 댕겼다. 그는 자신의 꿈을 아주 열광적으로 구체화시켜 나갔다. 그 유치한 조립 컴퓨터를 찾는 주문이 쇄도했고 한동안 MITS는 번창했다. 여기에서 더욱 중요한 것은 연구조직이 전통, 산업 혹은 지리적인 조건에 구애받지 않고 탄생했다는 것이다. 가능성은 무한했다.

사람들은 모든 기업가들이 행복한 최후, 최소한 아름다운 최후를 꿈꾸지만 대부분은 성공하지 못한다고 말한다. 모험적인 사업은 본질적으로 빼도 박도 못하는 상태에서 궁지에 몰려 실패하는 경우가 많다. 그러나 실패 속에서도 그들은 때로 자신들의 족적을 남길 미래의 리더들을 훈련하고, 독창성이 풍부하며 장래성 있는 아이디어를 수없이 생각해내며, 또한 새로운 아이디어와 비전을 더 넓은 세상에 확산시키게 될 연구공동체들을 하나로 결집할 수 있는 계기를 제공하는 등 나름대로 커다란 공적을 남긴다.

MITS는 실패했지만, 그것은 그 뒤를 이은 생태계가 싹트는 데 도움이 됐다. 그후 몇 년 동안 그 공동체는 퍼스널 컴퓨터의 성격을 만들어냈다. 스티브 우즈냐크(Steve Wozniak)와 스티브 잡스(Steve Jobs) 두 사람은 팔로 알토(Palo Alto)에 있는 초기 컴퓨터 클럽인 홈브루 컴퓨터 클럽(Homebrew Computer Club)의 구성원이었다.

그들이 최초의 애플(Apple)을 가지고 간 곳은 이 클럽이었다. 퍼스널 컴퓨터 혁명을 촉발하고, 결국에는 머뭇거리던 IBM으로 하여금 이에 동참하지 않으면 뒤처지리라는 위기의식을 갖게 했던 것은 수천 명에 이르는 컴퓨터 애호가들의 집단적인 에너지였다.

1단계는 또한 개척자들이 '최초로 고객의 지지와 참여를 유도해 선구적인 고객을 창조하는 방법을 배우는 시기다. 인간의 생활에 근본적으로 새로운 진보를 가져오기 때문에, 1단계의 노력들은 일반적으로 일종의 사회운동 형태를 보인다. 때로 1단계 전략가들은 이것을 전략수립의 중심과제로 삼아 전력을 기울인다. 라디오를 상품화했던 데이비드 사노프(David Sarnoff) 장군은 가정에서 중요한 위치에 있던 피아노 대신 라디오가 그 자리를 차지하도록 용의주도한 노력을 기울였다. 그는 남자들이 차고나 지하실에서 서투르게나마 만지작거리며 고칠 수 있어 '라디오 색'이라는 이름으로 불리는 라디오가 가족오락에 활력소가 될 수 있다고 생각했다. 따라서 이것은 광고주들에게도 호소력이 있을 것이고 광고수입은 프로그램 제작을 재정적으로 뒷받침해줄 것이며 이는 끊임없는 진보의 사이클 속에서 더욱더 가족의 중심적인 요소가 될 것이라고 믿었다.

라디오는 거실을 뉴스와 정치의 중심으로 만들어 가정생활의 변화를 더욱 촉진했다. 두 차례 세계대전이 라디오를 타고 직접 가정으로 자세하게 보도됐으며 제2차 세계대전 내내 프랭클린 델라노 루스벨트(Franklin Delano Roosevelt)와 윈스턴 처칠(Winston Churchill) 같은 정치가들은 라디오를 통해 국민들과 접촉함으로써 국민들의 관심을 불러일으키고 그들을 격려했다.

1단계 사고방식을 이해한다는 것은 대단히 가치있는 일이다. 라디오나 퍼스널 컴퓨터 혁명을 일으켰던, 똑같은 기질을 가진 1단계 사고방식은 우리 생활 전반에서 매일 매일 보상을 받고 있다. 설사 궁극적으로는 현재 생태계의 확장만을 원한다 해도 우리는 그것이 1단계에 맞게 될 선택의 기로에서 무엇에 부딪히게 될 것인지, 그리고 그것이 가까운 미래의 일일지 먼 장래의 일일지를 알아야 한다. 달리 말하면,

1단계에 선택할 수 있는 여러 가지 대안들을 심각하게 받아들이고, 그 것들이 현상(現狀)에 어떤 타격을 줄지를 알아보려고 노력하는 것만으로도, 우리는 스스로의 잠재적인 취약점을 주도면밀하게 조사했다는 확신을 갖게 된다.

적절한 예 : 스타라이트 통신

1994년 여름 나는 런던 출장을 마치고 보스턴으로 돌아오고 있었다. 기내에서 옆좌석에 앉은 사람과 대화를 나누었는데 검게 그은 피부에 대담해 보이는 그 남자는 동유럽에서부터 동아프리카에 걸친 곳곳의 여행 스티커가 덕지덕지 붙어 있는, 색바랜 여행용 가방을 갖고 있었다. 재미있는 이야기를 많이 들려주던 그는 소말리아에서 뉴햄프셔 주에 있는 그의 집으로 돌아가는 중이라고 말했다.

소말리아? 나는 호기심이 발동해 그에게 세계의 오지 중 하나인 그곳에서 무엇을 하며 지냈는지 물어보았다. 그리고 그와 몇몇 소말리아인 파트너가 모가디슈에 본부를 둔 사설 전화 시스템을 운영하고 있다는 것을 알았다. 사실 그들의 시스템은 전쟁으로 황폐해진 불안정한 지역에서는 유일한 전화 시스템이었다. 우리가 이야기를 나누는 동안나는 거기에 1단계의 기업발전에서 나타나는 도전과 위험, 그리고 비길 데 없는 만족의 놀라운 실례가 있음을 발견했다.

뉴햄프셔 주 세일럼 상공회의소가 빌려준 사무실에 본부를 둔 스타라이트 통신(Starlight Telecommunications)의 사장인 빌 오브라이언(Bill O'Brien)은 비록 가정생활에는 다소 갈등을 겪었지만 낙관적인 성품에 매력있고 용감한 남자다. 그의 회사는 지역 파트너들을 동원한 근거리 전화서비스와 국제적인 전보통신망 사업자를 통한 장거리전화 서비스를 제공한다.

그가 이 사업에 뛰어들게 된 것은 뜻하지 않은 경험 때문이었다. 1990년대 초에 그는 GTE의 동유럽과 중동, 아프리카의 마케팅 및 사업개발담당 이사로서 만족스럽게 일하고 있었다. 창조적인 전략을 개척하는 방법의 일환으로 GTE는 당시 종업원들에게서 새로운 사업구상을 제안받는 뉴 벤처(New Ventures) 그룹을 운영했다. 뉴 벤처 그룹은 종업원들이 낸 제안의 실행 가능성을 판단하고, 만약 장래성이 있다고 판단되면 그 제안을 재정적으로 지원하는 프로그램이다.

어느 날 GTE의 위성사업국(통신위성을 사용한 전화, 텔레비전, 팩시밀리, 데이터 통신 등 정보서비스 사업국)의 제품개발을 담당하고 있던 피터 닐슨(Peter Nielson)이 오브라이언을 불러 개발도상국에서 벌일 전화사업에 대한 아이디어가 하나 있는데 그것을 실천에 옮길 수 있도록 도와달라고 말했다. 닐슨은 개발도상국에 통신장비만을 파는 하드웨어 사업을 염두에 두고 있었다. 그러나 오브라이언은 전화회사 쪽이 더 사업성이 있을 것이라고 그를 설득했다. 두 사람은 뉴 벤처가 참여자들에게 사업계획을 입안하는 지침서로 제공했던, 600여 쪽에 이르는 지루한 책을 꼼꼼하게 공부하기 시작했다. 그들은 지포드 핀초트(Gifford Pinchot)가 쓴 『기업 내 기업제도(Intrapreneurship)』라는 책을 읽었다.[2] 그리고 영국의 거대 통신사업체인 케이블 앤드 와이어리스(Cable and Wireless)가 개발도상국에 침투해 현지 전화회사들과 제휴를 맺은 방법을 검토했다.

그들은 또한 이전에는 히피에다 록 스타 매니저였으며 무선 전자기타를 발명하기도 했던 케니 샤퍼(Kenny Schaffer)의 화려한 경력에 대해서도 연구했다. 샤퍼는 온갖 어려움 끝에, 전화 서비스를 믿을 수 없기로 악명 높은 소련에 장거리전화회사를 설립한 인물이었다. 그가 벌였던 엉뚱한 모험들은 오브라이언과 닐슨에게 다른 나라에서 전화

사업을 시작하는 것이, 첫 통화를 성공시키는 데 몇십 년의 세월과 몇억 달러의 돈이 들지도 모르는 일종의 마술 같은 일은 아니라는 확신을 주었다. 결국 러시아어로는 단 한 문장 "큰 모기가 너무 많습니다" 밖에 할 줄 모르던 로큰롤 연주자가 할 수 있었던 일이라면 어려워 봤자 얼마나 어려우랴 하는 생각이 들었다. 그리하여 두 사람은 협력하여 스타라이트 통신이라는 사업을 벌일 계획을 세웠다. 두 사람에게는 모두 "별빛, 별은 빛나고(starlight, star bright)"로 시작되는 시를 좋아하는 아이들이 있었다. 그래서 그 이름을 붙이게 된 것이다.

스타라이트 계획을 구성한 요소들

그 계획은 일정한 사업활동에 의해 여러 가지 중요한 경향들이 어떻게 이용될 수 있는가, 그리고 일련의 관계들을 강화하는 하나의 사이클이 새로운 기업생태계를 위한 토대를 어떻게 구축할 수 있는가를 철저하게 파헤쳤다. 그 제안의 핵심은 아프리카의 많은 지역이 그렇듯이 전세계적인 전화 네트워크와 접속됐을 때 그것에 대해 대가를 충분히 지불할 수 있는 고객들이 있는데도 그 네트워크와 연결되지 않은 지역이 아주 많다는 것이었다. 게다가 그러한 접속은 몇몇 통신업자를 통해 위성을 이용하면 비교적 쉬운 일이었다.

전세계를 연결하는 전화 네트워크 가운데 빠진 부분은 근거리전화 서비스였다. 여기서 두 사람은 기술이 자신에게 해결책을 제공해줄 것이라고 생각했다. 무선 유료전화는 값싼 무선장치와 전화교환기로 연결된 뒤 위성을 타고 바깥 세계와 교신할 수 있었다. 장치 가격을 계속해서 낮게 유지할 수만 있다면 몇달 안에 투입된 자본을 상계할 수 있었으며, 따라서 불안정한 지역에서도 타산을 맞출 수 있었다.

게다가 그들은 지구상의 오지에서 일해본 경험이 있다는 사실 또한 강력한 이점으로 작용했다. 특히 오브라이언은 안정된 다른 회사라면 발을 내딛기 두려워할 만큼 불안정한 지역에서 현지 파트너들과 적극적인 관계를 맺고 그곳에 스타라이트의 존재를 확고히 구축할 수 있을 것이라 생각했다.

결국 이런 요소들이 새로운 생태계를 낳는 싹이 됐다. 그들 자신의 창조적인 가치 사슬을 통해 스타라이트의 모험가들은, 만약 하나로 통합되기만 한다면 그들이 선택한 시장에서 현재 활용가능한 것보다도 훨씬 뛰어난 일련의 특수한 자원들과 관계들을 구성해낼 수 있다는 결론에 이르렀다. 잠재적인 장점은 그들로 하여금 다음 단계의 조치들을 취하고, 그 계획에 대한 지원을 적극적으로 찾아나서게 할 만큼 강력한 것이었다. 그들은 이러한 계획이 이론적으로 자신들을 고무하는 데 그치지 않고 다른 사업가들까지 끌어들일 정도로, 그리고 궁극적으로는 아프리카에서 새로운 기업생태계를 창조할 정도로 충분한 가치가 있다고 보았다.

행동 개시

뉴 벤처에는 200가지가 넘는 사업계획들이 제출됐지만, 오브라이언과 닐슨은 자신들의 계획안이 앞으로 재정적인 지원을 받게 될 두 가지 계획 가운데 하나라는 통보를 받았다. 그러나 그것은 GTE로부터 마지막으로 받은 좋은 소식이었다. 내부적인 이유로 뉴 벤처는 원래의 계획을 번복하여 모험사업에 지원을 하지 않기로 결정했고 그 두 사람에게 사업계획을 가지고 그들이 원하는 것은 무엇이든 자유롭게 해도 좋다고 했다. 여전히 그 아이디어에 열중해 있던 오브라이언과 닐슨은 GTE에서 직장생활을 계속하면서 외부 투자자들에게 스타라이트 계획을 설명하느라 부지런히 돌아다니기 시작했다.

1992년 초에 오브라이언은 그동안 알고 지내던 발루 패틀(Baloo Patel)이라는 사람으로부터 뜻밖의 전화를 받았다. 패틀은 케냐에 사업 기반을 둔 부유한 사업가로 그가 벌인 여러 가지 모험사업 중에는 세계에서 가장 규모가 큰 열기구단(團)이 있는데, 그것은 사파리를 떠나는 여행자들을 실어나르는 데 이용되고 있었다. 그는 이전에 쿼르코무역(Qorco Trading)이라는 사업체를 운영하던 7명의 소말리아인 형제들로부터 사업 제안을 받은 적이 있었다. 소말리아에서 전화사업을 하고 싶다는 것이었다. GTE가 흥미를 느낄 것이라 생각한 패틀은 오브라이언에게 연락했고 오브라이언은 소말리아를 스타라이트 사업구상의 시험대로 삼기로 결정, 1992년 6월에 GTE를 그만두었다. 만약 그것이 성공한다면 닐슨 역시 회사를 그만두고 합류할 예정이었다.

소말리아 전화 시스템이 투자자들에게 이익을 되돌려주기 시작한 지 한참 후인 1994년 11월에 닐슨과 또 한 명의 GTE맨 데이브 로위(Dave Rowe)가 오브라이언과 합류하여 정식으로 스타라이트의 일원이 되었다.

소말리아 현장에서

그 지역의 유력자들과 만나려고 소말리아에 도착한 오브라이언은 금세 그곳에 간 것을 후회했다. 그는 공항에서 무시무시해 보이는 남자들이 기관총을 들고 도열해 있는 사이를 비집고 들어온 소형 밴에 몸을 실었다. 그들은 다른 사람이 따라붙는 것을 경계하는 듯 세 번씩이나 그를 다른 차에 바꿔 태웠다. 다행히 쿼르코를 만든 형제들은 군벌과 원만한 관계를 닦아놓은 터였다. 하지만 가장 유력한 민병대의 우두머리인 모하메드 파라 아이디드(Mohamed Farah Aidid) 장군은 오브라이언이 전시를 틈탄 모리배나 스파이일지도 몰라 믿을 수 없다고 퉁명스럽게 말하였다. 오브라이언이 안전하다고 느낄 만한 구석은 없었다.

소말리아의 대부분은 판자로 만든 벽과 함석 지붕으로 된, 금방이라도 허물어질 것 같은 집들이 바둑판처럼 늘어서 있는 울창한 밀림 습지대다. 1인당 수입은 1년에 약 175달러, 그 당시에 소말리아는 공인된 정부도 없었으니 전화 서비스를 포함한 기간시설은 말할 필요도 없었다. 소말리아는 전쟁과 극심한 굶주림으로 심하게 동요하고 있었으며, 소말리아인들은 영웅이라고 불렀지만 바깥 세계에서는 '전쟁 모리배들'이라고 불리던 두 현지 세력의 불안정한 접전 상태에 빠져 있었다. 과밀인구에 질병과 범죄 그리고 빈곤한 자원이라는 무거운 짐을 지고 있는 나라에서, 대부분의 소말리아인들은 누구에게 전화를 걸 것인가보다는 다음 끼니를 어디에서 구할지를 더 염려하였다.

창조적인 문제해결

소말리아에서 전화 시스템을 개시하는 일은 스타라이트 참여자 모두에게 경험하면서 배우는 과정이었다. 상상할 수 있는 모든 일이 일어났다. 이런 경우를 생각해보라. (전화통화에 대해서 지불할) 현금도 없고, (청구서와 결제용지를 부칠 수 있는) 믿을 만한 우편 서비스도 없고, (수표를 현금으로 바꿀) 은행도 없고, 또 (지불을 강제할) 법률적인 제도도 전혀 없는 나라에서 당신은 전화요금을 (공중 전화일지라도) 어떻게 청구할 것인가?

그러면 스타라이트는 어떻게 했는가? 스타라이트는 '스마트 카드'를 부드럽게 밀어넣으면 작동이 되는 공중전화기를 설치했다. 그 카드는 이용할 수 있는 경화(일반적으로는 미국 달러나 남아프리카공화국 화폐)면 어떤 것으로든 구입할 수 있었다. 때로는 그들이 전화를 건 외국 일가 친척에게서 현지에 사는 소말리아인에게 돈을 부쳐오는 일도 있었다.

일반적으로 기술수준이 낮은 환경에서는 카드 자체가 첨단과학기술이 낳은 경이다. 일본에서 제작된 스마트 카드에는 마이크로 칩이 내장돼 있었다. 종래의 신용카드 크기인 이 스마트 카드는 미화로 약 15달러에 구입할 수 있었으며, 몇분 정도의 국제전화를 하기에 적당했다. 사용자들은 전화기에 이 카드를 밀어넣고 다이얼을 돌린다. 그러면 통화를 하는 동안 전화기는 그 카드에 예치된 금액이 다할 때까지 액면가격을 감해나간다.

스타라이트의 근거리전화 서비스에는 한두 가지 값싼 무전기 기술과 때로는 선진국에서 택시와 배관공을 급파하는 일 등에 이용되는 여러가지 설비에 약간 손을 본 것이 동원됐다. 전화교환은 전화회사나 회사 구내 교환전화에 이용되는 디지털 전화교환기의 축소판에 의해 이루어졌다.

국제전화는 스타라이트가 운영하는 현지 지상국에서 통화내용을 디지털 신호로 바꾸어 통신위성에 쏘아올리면 그 신호가 노르웨이의 노르웨이 통신이 운영하는 대단히 복잡정교하고 거대한 텔레포트(통신위성으로 세계에 통신을 송수신하는 지상센터)로 연결되고(이것을 생각할 때마다 나는 언제나 황야의 요새처럼 보이는 곳에 자리잡은 슈퍼맨의 장비를 상상하게 된다) 그것이 다시 일반 국제장거리전화처럼 송신돼 외국 어디로든지 연결된다. 외국에서 걸려오는 전화 역시 노르웨이를 거쳐서 연결되는데, (처음에는 노르웨이 전신전화국에서 제공하는 노르웨이 국가코드와 번호를 이용해야 했으나, 1995년 2월에 소말리아 지역코드인 252가 개통되었다) 이렇게 걸려온 전화는 통신위성 회선으로 전환됐다가 다시

스타라이트의 기지로, 그리고 최종적으로 가입자에게 연결된다.

스타라이트와 현지 파트너들은 대부분 스타라이 고객인 다양한 현지 이해관계자들과 신속하게 관계를 맺어갔다. 여기에는 주요 현지 회사도 포함돼 있었다. 오래지 않아 현지 과일회사인 소말리아 프루트 (Somalia Fruit)가 자사 로고를 카드에 새겨넣는 대가로 카드 1장에 15센트를 지불하기로 하고 스마트 카드에 광고를 하기 시작했으며 여러 다국적기업과 적십자 같은 원조기구들, 호텔과 공항 특허권자들이 그 뒤를 이었다.

매일매일의 관심사 가운데 하나는 누군가가 이 모든 설비를 몽땅 훔쳐가지나 않을까 하는 것이었다. 그리하여 스타라이트는 자신의 통신설비를 지키는 무장경호대를 50명이나 고용해야 했다. 아이디드 장군의 군대에서 50명의 군인을 뽑아온 것은 영향력을 얻으려는 스타라이트의 노력에 전혀 해가 되지 않았다.

불안한 경제와 불투명한 정치상황 때문에 위험하다는 것은 부정할 수 없다. 그러나 거기에는 위험을 감수할 만한 가치가 있다는 것이 밝혀졌다. 개방적이고 혼란스러우며 경계가 불분명한 저개발국은 소수의 사람들이 전화사업에 뛰어들기에는 최적의 환경이었다. 또한 긍정적인 측면에서 보면 비즈니스 서비스가 절대적으로 필요하고, 근대 과학기술 덕분에 일반적으로 생각하는 것보다 훨씬 적은 자본이 투자되며, 경영상 부딪히는 도전들 또한 처리하기 그리 어렵지 않다. 게다가 수익률도 아주 매력적이다.

출발

스타라이트는 모가디슈 중심에 있는 올림픽호텔의 꼭대기층 한쪽 벽면에 설치된 전화기 12대로 아주 소박하게 출발했다. 호텔 출입구 바깥쪽에는 경고표지판을 세워 그 안에서는 어떤 총기나 수류탄도 휴대할 수 없다는 것을 분명히 했다. 오브라이언은 어떻게든 사업을 일정 수준으로 끌어올려 조금이라도 빨리 투자자들이 돈을 회수할 수 있게 해야 한다는 생각을 갖고 있었다. 또 언제라도 빗나간 폭탄이 회사 전체를 파괴해버릴지도 모른다는 생각이 한시도 머리에서 떠나지 않았기 때문에 회사를 조그맣게 시작했다.

1994년 1월27일, 스타라이트는 모가디슈에서 최초의 국제전화를 성공적으로 연결시켰으며 그것은 아주 획기적인 사건으로 전국에 광고됐다. 한 이슬람교 지도자는 이 경사를 축복했고 사람들은 한 무리 양떼를 제물로 바쳤다. 그리고 아이디드 장군은 비록 할 말은 별로 없었지만 노르웨이 관리와 직접 통화를 했다. 처음 이틀 동안 전화에서 얻은 수입 전부가 그 지역 이슬람 사원에 기부됐다.

거는 전화든 걸려오는 전화든 24시간 이용할 수 있었으며, 사람들은 그것을 사용하는 데 빨리 익숙해졌다. 소말리아 가정에서는 다른 나라에 사는 친지들에게 편지를 써서 언제 전화를 거는 것이 편리한지를 알리곤 했다. 그러면 편지는 우편 서비스 제도가 있는 이웃 나라에 인편이나 비행기편으로 보내졌으며, 거기에서 다시 최종 목적지까지 배달됐다. 소말리아인들은 미국과 독일을 포함한 세계 곳곳에 흩어져 있었는데, 특히 캐나다와 스칸디나비아 반도에 많았다.

전화를 받는 사람들은 약속한 날에 스타라이트 사무실로 나가서 오랫동안 기다려 전화를 받곤 했다. 전화를 받는 데 며칠이 걸리는가 하면 결국 전화를 받지 못하는 경우도 있었다. 전화 한 통화를 하기 위해 이렇듯 기다리는 사람들은 아침부터 스타라이트의 사무실에 나와 저녁 때까지 서성댔다. 전화가 걸려오지 않으면, 일단 돌아갔다가 다음날 아침 새벽에 다시 왔다. 전화가 걸려올 때마다 거기에는 형언할 수 없는 기쁨이 있었다.

확장 준비

출발은 아주 초라했지만 이후 스타라이트는 상당한 규모로 발전했다. 오늘날 스타라이트는 국제적십자사, 로이터 통신, CNN, Medicines sans Frontiers와 여러 현지 실업가들을 포함해 125개 남짓한 전용회선 고객들을 포함하여 소말리아 전국에 산재한 약 1000대의 공중전화기로 네트워크를 이루고 있다.

시내전화 서비스는 처음에는 무료였는데 지금은 요금을 청구하고 있다. 하지만 거리에 상관없이 일률적으로 2달러 50센트다. 우편제도가 없기 때문에 전용회선 고객에 대한 청구서는 인편으로 배달하고 그들은 현금으로 즉시 지불해야 한다.

지역을 선정할 때 스타라이트는 일반적으로 상업중심지를 찾아 그곳에 공중전화기를 설치한다. 그 지역의 관습을 파악한 결과 스타라이트는 농촌지역에서 전통적으로 양을 사고파는 거래의 중심지인 어떤 나무 근처가 가장 유력한 후보지라는 것을 알게 되었다. 스타라이트 본점과는 무선으로 연결되기 때문에 공중전화기에 필요한 것은 배터리를 이용하든 태양에너지를 이용하든 기껏해야 최소한의 전력에 불과했다.

아무리 규모가 작더라도 스타라이트는 재정적인 측면에서 보거나 배운다는 관점에서 보거나 아주 성공적이다. 또한 안전의 측면에서 보더라도 지금까지 스타라이트 설비가 공격을 받은 적은 한번도 없었다. 1994년의 수입이 60만 달러가 넘고 지금은 그보다 훨씬 많은 수입을 올리고 있다. 물론 스타라이트는 안전에 대한 아무런 보장도 없이 계속해서 활동해야 한다. 그러나 그 서비스를 고객들이 높이 평가하고 있기 때문에 스타라이트가 확장할 가능성은 아주 크다. 실제로 스타라이트는 전세계에 서비스를 제공하는 기업으로 성장할 토대를 만들겠다는 상당히 실현 가능한 희망을 가지고 있다.

스타라이트가 진출할 수 있는 상황은 오브라이언이 처음 그 시스템을 꿈꾸었을 때 상상했던 것보다도 훨씬 많은 곳에 존재한다. 소말리아는 단지 시작에 불과하다. 스타라이트는 우간다에도 사업국이 하나 있고 스와질랜드에서는 사업허가권을 따냈으며, 또한 남아프리카의 몇 군데에도 진출할 계획이다. 오브라이언은 그 밖의 아프리카 지역은 물론 동유럽과 러시아 및 비동맹국가연맹에도 진출할 계획을 가지고 있다. 오브라이언이 어느 날 나에게 말했다.

"머지 않아 우리는 이러한 소규모 전화사업의 포트폴리오를 갖게 될 것이다. 이것이 공동체가 발전해가는 길이다. 뉴욕의 전화사업 역사를 살펴보면, 금세기 초에 뉴욕에는 거의 2000개의 전화회사가 있었다. 우리는 누구나 TV드라마 〈초원의 집〉에서 잡화점에 최초의 전화기가 설치되는 에피소드를 보아 알고 있다. 우리 일이란 바로 그런 종류의 것이다."

다른 사람들이 위험하다고 보는 곳에서 기회를 찾는다

스타라이트의 성공이 그토록 감동적인 것은 똑같은 프리즘을 통해 보더라도 대부분의 사람들은 오브라이언과 그의 파트너들이 발견했던 기회를 보지 못하기 때문이다. 여느 사람이라면 1994년의 소말리아에서 사업을 시작한다는 건 꿈도 꾸지 못했을 것이다. 사업가들은 어떻게 이익을 남길 것인가보다는 어떻게 하면 총탄을 피할 수 있을까를 먼저 생각했을 것이다.

그러나 오브라이언과 그의 파트너들은 그렇지 않았다. 그들을 손짓하여 부르는 기회환경을 직시했으며, 거기에 건실한 기업을 세울 수 있을 것이라고 생각했다. 단지 스타라이트를 이해하기 위해서가 아니라 성공적인 1단계 경영 모델의 실마리가 될 1단계 기회환경을 발굴하는 데 필요한 방법을 파악하기 위해서라도 오브라이언처럼 각자의 기회들을 검토해보는 것은 가치있는 일이다.[3]

학습을 지원하는 고객과 세분된 고객 부분을 선택하라

새로운 제품이나 서비스에 관한 두꺼운 논문은 그 개념을 특별히 잘 정의하지도 않은 채 때로 '초기 수용자(early adopter)' 고객들에 대해 언급하고 있다. 내 견해로는 일정한 1단계 고객들은 다른 고객들보다 뛰어나다. 1단계 목표는 무엇보다도 어떤 가치명제가 실제 효과가 있는지 그리고 그것을 어떻게 제공할 수 있는지를 배우는 학습과 깊은 관계가 있다. 결론적으로 말해서 이상적인 고객이란, 가장 초보적인 형태에서도 그 가치가 그들의 생활 또는 사업을 개선하기에 충분하다는 것을 알고, 기업이 최종적으로 제공하는 초기 형태를 너그럽게 봐줄 수 있는 사람들이다.

소말리아인들은 그러한 요구를 멋들어지게 충족시켜 주었다. 그들은 별다른 대안이 없는 탓에 전화 한 통을 받으려고 며칠이고 참을성 있게 기다린 것이다. 더구나 그들은 서비스에 대한 유용한 피드 백과 그것의 개선방법을 말해주었을 것이며, 때로는 자신의 지원시스템들을 창조하여 개선에 이바지했을 것이다. 아울러 초기 수용자 고객은 그들로부터 수집한 어떤 정보도 2단계의 생태계 확장기에 폭넓게 적용될 수 있을 정도로 다른 종류의 고객들을 대표하기에 충분하다.

고객의 지혜를 효과적으로 빌리려면, 정말로 학습에 공헌하는 상황이 필요하다. 여기에서는 두 가지 요소가 중요하다. 첫째는 고객이 어떻게 생각하는가를 발견하고 그들이 당신의 제품을 어떻게 이용하기

원하는지를 파악하려는, 고객과의 강력한 상호작용이고, 둘째는 그러한 가치를 제공하도록 고무하는 고객이다.

1단계 상황에는 공통적으로 후원자/지원자 고객이라 부를 수 있는 사람들이 있다. 이들은 핵심적인 제품이나 서비스가 개선을 거듭하여 완전한 것이 될 수 있도록 열성적으로 돕는 사람들이다. 그들은 어떤 제품이나 서비스에 대해 무조건적인 충성을 보여주지는 않지만, 그것을 생산하는 과정에 대해 깊은 신뢰를 가지고 있다. 따라서 완전히 실망하지 않는 한 그들은 오랫동안 깊은 관심과 신뢰를 가지고 지켜볼 것이다.

초기 고객의 관심어린 목소리는 생태계 발전에 중요한 촉매제다. 이러한 열정이 나오는 것은 초기 수용자 고객들이 그 생태계가 이제 겨우 부분적으로만 형성된 맹아적인 시기에도 그 안에서 괄목할 만한 혁신의 잠재력을 인지할 수 있는 능력을 가지고 있기 때문이다. MITS에 대한 열정은 우연히 보게 된 『포퓰러 일렉트로닉스』의 표지 특집기사에서 시작됐다. 그 특집기사는 수천에 이르는 주문과 함께 엄청난 흥분을 불러일으켰다. 짐짓 성급해 보이는 이러한 열정으로 인해 때로는 광범위한 학습공동체가 형성될 수도 있다.

소말리아에서 살거나 일하는 사람들은 결코 선진국의 전형적인 초기 수용자 고객이 아니다. 그러나 그들은 그토록 조잡한 서비스에도 그것의 가치명제가 호소하는 바를 꿰뚫어본 사람들이다. 그런 측면에서 그들은 훌륭한 1단계 고객의 기준에 맞는 사람들이었다.

실제로 소말리아에 있는 여러 형태의 고객들은 국제전화 서비스의 필요성을 강하게 느끼고 있었다. 적십자사, Medicines sans Frontiers, UNISOM(국제연합 사회구제시설) 같은 국제적인 원조기구들은 서로간에는 물론 바깥 세계와도 통신을 해야 했다. 둘째, 많은 소말리아인들에게는 전세계에 흩어져 있는 사업관계자들뿐만 아니라 친구와 친지들이 있다. 그들은 서로에 대해서 관심이 있으며 연락하고 싶어한다. 셋째 소말리아 내에 있는 회사들은 상당한 양에 이르는 국제적인 사업을 하고 있으며 나라가 재건됨에 따라 이것은 분명히 늘어날 것이다. 상황이 개선되고 있는 나라는 항상 정유회사나 길을 만들고 전력공급 시스템을 만드는 건설회사, 소비재 판매회사들의 주의를 끈다. 넷째 언젠가는 소말리아에 공인된 정부가 들어설 것이고 그렇게 되면 세계와 대화를 나눌 필요가 있을 것이다. 1995년에는 다른 나라에 전화를 거는 것에 그다지 관심이 없고 서로 경쟁만 하는 두 준(準)정부가 있었지만, 이러한 상황은 언젠가 변하지 않을 수 없다.

사업전망을 밝게 하는 이런 부분들은 또한 어려운 문제들도 제기한다. 원조기구들은 소말리아에 일시적으로만 있을 것이고, 따라서 전화 서비스가 시작된 초기에 소중했던 그들이 계속해서 고객으로 남아 있지는 않을 것이다. 또 시민들은 전화통화에 쓸 보조금을 나라 밖에서 얻을 만큼 재정적으로 몹시 어렵고 아주 보잘것없는 수입으로 그럭저럭 살아가는 처지다. 더욱 곤란한 것은 그 나라에는 믿을 만한 우편 서비스나 은행 서비스가 없다는 점이다. 청구서를 처리하는 선진국의 표준들이 오늘날의 소말리아에는 전혀 쓸모가 없는 것이다. 더구나 믿을 수 있는 현지 화폐가 없다.

기업과 정부 분야는 최근에야 부상하고 있다. 그러나 한편으로 이 지역에서 활동하고 있는 몇몇 강력한 참여자들은 이미 소말리아에 활동기반을 구축하기 위해 활발히 움직이고 있다. 그들은 장래에 형성될 관계들의 환심을 살 수 있을 것이다.

스타라이트가 얼마나 풍부한 자원을 가지고 있는가는 그것이 얼마나 재빠르게 이들 초기 고객들을 중요한 제휴세력 및 학습 자원으로 전환시켰는가, 그리고 한편으론 그들에게 봉사하면서도 어떻게 일정 수준의 이익을 올리는 방법을 발견했는가를 통해 분명하게 드러난다.

자연적인 경계가 설정된 시장에서 출발하라

여기에서 역점을 두어 다루어야 할 문제는 '우리 활동의 장이 될 수도 있는 자연발생적인 시장과 시장영역은 무엇인가' 하는 것이다. 1단계 시장은 비교적 경쟁이 없고 또한 호시탐탐 기회를 노리는 잠재적인 경쟁자들의 눈길에서 벗어나 있다면 훨씬 활동하기 수월할 것이다. 이는 다른 사람들에게 자신의 영역이 침식당할 염려 없이 학습을 계속해나갈 수 있게 해준다. 최대한의 학습을 위해서는, 다른 경쟁회사들과 경쟁관계에 있는 생태계들이 일을 해나가고 학습을 해나가는 방법을 일방적으로 바라보는 것만큼 효과적인 것은 없다. 스타라이트의 선구자들은 그들이 배운 것을 아프리카에 적용해가면서 미국과 유럽에 있는 통신 서비스 조직과 전문기술을 쉽게 공부할 수 있다. 그러나 스타라이트가 어떻게 하고 있는지 시찰하기 위해 경쟁자들이 소말리아로 간다는 것은 결코 쉬운 일이 아니었을 것이다.

월 마트의 샘 월튼은 다른 소매상인들을 방문해 그들의 방법을 분석하는 데 아주 많은 시간을 투자했다. 처음 몇 년 동안은 월 마트를 연구하기 위해 저 시골 아칸소까지 찾아가는 사람은 거의 없었다. 이런 식으로 다른 사람의 눈길에서 벗어나 있는 회사는 정보를 수집하여 이를 분석·통합하는 자신의 실험실도 가지고 있지만 달리 자금을 들이거나 실험실을 운영하지 않고서도 다른 실험실에서 풍부한 아이디어를 차용해올 수 있게 된다. 확실히 소말리아는 이러한 목적에는 안성맞춤이다. 다른 전화 서비스가 없을 뿐만 아니라 그 시장에 참여하려고 눈독을 들이는 경쟁적인 통신 서비스 업자도 없다. 소말리아는 아프리카 안에서도 사람들의 발길이 닿지 않는 예외적인 곳이다.

그러나 지금 당장은 아니더라도 최소한 얼마 후에는 시장도 안정될 필요가 있다. 스타라이트는 소말리아가 언제까지나 정치·경제적인 혼란 속에 있지는 않을 것이라고 장담한다. 소말리아가 점차 안정되면 전화 서비스는 소말리아의 재건에 중심적인 역할을 해야 하며, 그것은 또한 스타라이트에 막대한 이익을 안겨줄 것이다.

그러나 그렇게 되기까지 스타라이트는 상당한 위험부담을 안고 있다. 막대한 비용을 감수하지 않는 한 국제무역보험에 가입하는 것도 여의치 않다. 따라서 기존 설비들이 파괴되거나 도난이라도 당한다면 스타라이트는 그 비용을 손해보지 않을 수 없다. 어떤 전화설비가 폭탄에 맞아 몽땅 날아가버리는 것도 전혀 예상할 수 없는 일은 아닐 것이다. 설비나 부품 구매가 소말리아의 파트너들과 직접거래를 통해 이루어지지 않고 미국을 통해야 한다. 게다가 기반이 확고한 현지 정부가 존재하지 않기 때문에 다른 경쟁자가 마음만 먹는다면 언제라도 그 시장에 진출할 수 있을 것이다.

더욱이 일단 나라가 안정된다 해도 스타라이트가 전화 시스템으로 선정되리라는 보장이 전혀 없다. 만약 정부가 시장을 규제하지 않은 채 그대로 방치한다면 다른 경쟁자가 스타라이트를 추월할 수도 있다. 또 정부가 통신사업 총판권 자체를 통제하려고 들 수도 있다. 그래서 정부가 전격적으로 다른 통신 서비스 업자와 거래를 틀 수도 있고, 나아가서 외국에서 교육받은 소말리아인 가운데 고국에 돌아와 안전한 직업을 찾고 싶어하는 엔지니어들을 고용하여 정부가 직접 운영하는 시스템을 설립할 수도 있다.

스타라이트가 장래에 정부에 의한 규제가 시행될지조차 확실하게 예측할 수 없을 정도로 전혀 체계화되지 않은 시장에서 경쟁하고 있다는 것은 분명 확실하다. 앞으로 살펴보게 되겠지만 이 문제에 대한 스타라이트의 대답은, 유망한 파워 엘리트들과 제휴관계를 맺어두면 이후 그것이 형성하는 만큼의 사회적 시스템 내에서 안전하게 보호받게 되리라는 것이다.

확장 및 발전할 수 있는 선구적인 제품들을 제공하라

이미 지적했듯이, 1단계에서 기업이 제공하는 제품이나 서비스는 광범위할 필요가 없다. 그러나 그것들은 반드시 먹혀들어가야 한다. 일반적으로 '먹혀들어간다'는 것은 그것이 다음의 사항을 충족한다는 걸 의미한다.

- 당신이 핵심적으로 제공하는 것이 아직 불완전하더라도 그것을 구매할 특정 고객들에게는 상당히 가치있는 제품이나 서비스가 돼야 한다.
- 고객의 문화와 생활, 일에 통합될 수 있어야 한다. 기업은 고객이 1단계 제품이나 서비스를 자신의 세계에 이용하여 문제를 해결할 수 있도록 해야 한다.
- 고객이 믿을 수 있을 정도로 제품 및 서비스에 대한 개선계획이 명확해야 한다. 그럼으로써 고객은 당신이 제공하는 것을 개선하는 데 일조하고, 단지 제공자와 관계를 유지하기 위해서라도 제품이나 서비스의 한계를 참아내게 된다.

스타라이트는 국제 장거리통화 시스템의 경우 무선접속을 통해 전화를 걸 수 있게만 해주면 되리라 생각했고 전화카드로 작동되는 유료 공중전화기를 통해 이것을 제공했다. 기업이나 여러 사회단체들에 대해서는, 전세계의 다른 사람들이 그들에게 전화를 걸 수 있게 함으로써 수신 서비스 또한 부가될 수 있었다. 가입자 사이의 근거리 서비스도 가능했지만, 고객들이 이미 여러 형태의 무선통신장치를 통해 서로 연락을 할 수 있었기 때문에 별로 가치가 없었다. 그러나 이렇게 출발한 스타라이트와 그들의 초기 고객들은 모두 시간이 흐르면서 더 많고 좋은 서비스를 기대하게 됐다.

제품과 서비스의 개선은 1단계의 노력이 집중되어야 할 부분이다. 자산과 경영활동을 유연하게 배치하는 방식은 반드시 고객과 생산자 모두에게 상당한 이익이 돼야 한다. 아무런 이익이 없다면 배반당한 고객들은 서슴없이 제공자를 비난할 것이다.

여기에서 스타라이트는 뛰어난 재능을 유감없이 발휘했다. 스타라이트는 전화서비스를 제공하기 위한 저비용 기반시설을 구축하려면 기술을 어떻게 통합해야 하는가를 보여주었다. 최소한 원칙적으로는 무선 근거리 서비스의 제공이 훨씬 쉬워지고 있었다. 선진국에서 택시를 급파하는 데 이용되는 것과 똑같은 '무선 차량이동 전화(Mobile trunked radio)'를 소수 고객에게 값싼 무선통신수단으로 제공할 수 있었다. 그 기술은 이상적이고, 쉽게 이해할 수 있고, 유지하기가 쉬우며, 까다롭지 않고, 쌌다.

사실 고객의 네트워크를 지상국을 통해 위성으로, 거기서 다시 선진국의 어떤 지점으로 보낸 다음, 마지막으로 국제 장거리회선에 접속하는 경이적인 통로를 통해 세계의 어느 곳과도 연결하는 일은 비교적 간단하다. 따라서 모가디슈를 세계의 다른 곳과 연결하는 일은 별다른 어려움 없이 성공할 수 있었다. 스타라이트는 노르웨이 통신과 전략적인 관계를 구축할 수 있었으며 노르웨이 통신은 통신위성을 토대로 한 전세계적 장거리통신망과 스타라이트를 연결해주었다. 소말리아의 스타라이트에 걸려오는 전화는 먼저 노르웨이 통신에서 제공하는 노르웨이 국가코드와 번호를 돌려 전화를 건 다음 다시 소말리아의 통신 서비스로 전송됐다.

필요한 장비 가운데 가장 복잡하고 값비싼 부품은 다양한 무선통신 회선을 서로 연결하고 지상에서 위성으로 전송해서 세계의 다른 곳으로 전화를 걸 수 있게 해주는 전화교환기였을 것이다. 여기서 기술과 경제성은 역시 스타라이트에 유리하게 작용했다. 스타라이트는 선진국의 대기업에서 이용되는 다양한 구내교환전화의 축소판인 소형 디지털 전화교환기를 여러 공급자들에게서 아주 낮은 가격으로 쉽게 구입할 수 있었다.

언젠가는 규모를 확대할 수 있는 경영과정에 투자하라

1단계에서는, 업무과정이 대개 실험적인 학습을 중심으로 이뤄지는 경향이 있다. 이처럼 중요한 때에 업무과정은 원시적이고 어떤 확실한 방법이 존재하지도 않는다. 결정된 바는 아무것도 없고 모든 것이 유동적이다. 이때의 지배적인 업무과정은 설계와 실험, 그리고 반성이다. 이러한 활동을 통해 뿌려진 씨앗이 언젠가는 제품개발과 마케팅 및 판매, 고객서비스와 같은 전통적인 업무과정으로 성장할 것이다.

스타라이트가 앞으로 가장 많은 비용을 투자해야 할 부문이자 사업을 개시하면서 제일 먼저 제기했던 문제는 그 지역에서 일하는 전문가들을 어떻게 확보할 것인가 하는 점이었다. 스타라이트는 그들의 본점과 무선전신 전화로 연결될 공항이나 호텔 같은 공공장소에 설치하는 공중전화 서비스로 사업을 시작할 수 있을 것이라는 결론을 내렸다. 이러한 서비스는 서비스가 이용되는 대로 곧바로 지불도 끝나기 때문에 복잡한 청구서 처리과정이 필요없다는 이점이 있었다. 게다가 무선통신 네트워크는 현장 서비스 요원이 거의 필요없었다. 당시 필요한 기술인력은 외국의 대기업에서 훈련과 지원을 받은 현지 PTT에서 고용하거나 빌려올 수 있었다. 전문기술자가 제일 필요한 부문은 당시 진행되고 있던 지원 분야가 아니라 시스템을 처음으로 설치하고 확장해나가는 일이었다.

1단계 상황들의 강점이자 약점은 소수의 사람들 머리에서 나온 풍부한 업무과정 지식이다. 스타라이트의 경우 결정적인 업무과정은 오브라이언이 빠르게 움직이는 상황에 적용했던 전망과 지식에서 출발했다. 회사가 성장해가면, 성장하는 데 필요한 조직적인 차별성과 정교함을 창조하는 방법들을 찾아내야 할 것이다.

제휴관계를 만드는 조직적인 구조를 구축하라

실제로 1단계 사업을 고립상태에서 추진해나가는 경영전략가는 거의 없다. 그들은 어떤 것들은 이미 기반이 확고하고 또 어떤 것들은 이제 막 등장하고 있는, 다른 여러 생태계들로 이루어진 세계에서 일한다. 대부분의 경우 새로운 생태계는 그보다는 훨씬 확고한 기반을 구축한 생태계의 변두리에서 출현하거나 또는 그것과 접목돼 있으며 그렇지 않으면 현존하는 사업이 가진 어떤 측면의 변형을 통해서 출현한다.

케이블 텔레비전은 공중파 텔레비전을 농촌지역까지 확장하기 위해서 생겼지만 지금은 공중파 자체와 경쟁을 벌이고 있다. 홈 비디오 생태계는 텔레비전과 영화 생태계의 변두리에서 생겨났지만 지금은 독자적인 영역을 구축했다. 동시에 1단계 생태계들은 여러 새로운 조직의 발생과 공진화에 의해 그 생명이 좌우된다. 그러므로 부분적으로는 1단계의 생태계를 궁지에 몰아넣거나 부당하게 활동을 왜곡시키지 않고 필요한 지원을 해주는, 조직적인 초기 구조를 만들어내야 한다.

1단계 시스템은 필요한 자산과 업무과정을 제공하는 구성원을 찾아내야 한다. 어떤 활동무대에서는 이것이 좀더 많은 파트너를 의미하고, 또 어떤 활동무대에서는 더 견고한 수직적 통합을 의미하기도 한다. 그러나 어떤 경우든, 고객과 공급자들로 이루어진 공동체는 어떤 새로운 것을 창조하기 때문에 서로 조화롭게 움직여야 한다. 따라서 네트워크가 함께 학습할 수 있는 능력이 아주 중요하다. 그 구성원들은 관리시스템이 분쟁을 효과적으로 중재할 수 있을 정도로 공평하고 강력하다고 생각해야 한다.

주도적인 회사가 시간이 흐른 뒤에도 자신의 역할을 고수하려면 단지 "공동체는 협력해야 한다"고 말하는 데서 그쳐서는 안된다. 그것은 3가지 가치를 제공해야 한다. 첫째, 주도적인 회사는 제휴를 위한 구조를 제공해야 한다. 둘째, 공동체의 성과를 철저히 감독해야 한다. 셋째, 공동체가 추구하는 가치의 핵심적인 부분이 다른 사람들에 의해 복제될 수 없으며 앞으로도 결코 경쟁자들의 표적이 되지 않으리라는 확신을 주어야 한다.

스타라이트는 생태계 전체를 설계하고 움직이는 방법에 대한 감독 요령과 지식을 제공했다. 아울러 아프리카에 서비스 체계를 구축하고, 미국 독일 프랑스 일본 대만 및 싱가포르에서 장비를 구매하고, 노르웨이 통신과 전략적인 파트너 관계를 만들어내고, 미국의 투자자들을 끌어들이는 등 여러 문화에 걸쳐 일하면서 자신의 생태계 발전을 촉진하는 기폭제 역할을 하고 있다. 스타라이트는 소말리아 현지 파트너와 협약을 맺고 그 시스템을 운영하기 위해 세운 현지 회사의 지분 40%를 주었다.

스타라이트는 여러 개의 생태계와 상리공생적인 관계를 맺었다. 우선 무엇보다도 스타라이트는 노르웨이 통신의 위성 서비스 생태계와 제휴했는데, 그것은 장거리통신의 전세계적인 네트워크와 연결되어 있다. 스타라이트는 장비와 관련해서는 다른 기업생태계들, 즉 장거리 통신장비를 판매하는 일본과 미국의 회사들에 의존하고 있다. 스타라이트의 계획이 얼마나 대단한지는 부분적으로 다른 생태계들의 규모와 범위의 경제 및 그들이 쌓아올린 지식을 이용하면서 이들 생태계를 차츰 잠식해가고 있다는 데서 짐작할 수 있다.

그러나 초기의 의도들은 변하기 마련이다. 참여자들은 더 많은 이익을 요구하게 되고, 그러면 관계는 소원해진다. 스타라이트가 직면한 주요 쟁점 가운데 하나는 장차 노르웨이 통신이 자신의 역할을 가로채지 못하도록 막는 일이다. 그것을 막으려면 무엇보다 최종적인(end-point) 관계를 많이 확보해야 한다. 한편 스타라이트는 언젠가는 또 다른 전세계적 통신 서비스 사업자와 모험사업을 통해 노르웨이 통신이 제공하는 서비스에 자신을 수직 통합시킬 수도 있을 것이다.

또 다른 관심사는 새로운 생태계와 기존 생태계 사이의 경쟁이다. 소말리아에는 다른 근거리전화회사가 없기 때문에 스타라이트가 도전받을 일이 없다. 그러나 아프리카의 다른 지역에서는, 골치 아프고 어쩌면 파괴적일 수도 있는 분쟁을 피하기 위해 기존 생태계들과 제휴하지 않을 수 없었다. 마지막으로 우려해야 할 것은 비슷한 생태계를 창조하려는 직접적인 경쟁자이다. 그러나 스타라이트는 그들보다 기반이 더 튼튼한 경쟁자들이 보기에는 규모가 작을 뿐 아니라 너무 위험하고 복잡하다고 생각되는 지역에만 진출하는 현명함을 보였다. 그럼으로써 스타라이트는 스스로 많은 것을 배우고 자신의 생태계를 구축할 수 있는 귀중한 시간을 벌 수 있었다.

핵심적인 지원자들과 탄탄한 관계를 유지하라

이해관계자들은 자신의 운명에 대해서 그리고 그러한 운명을 안전하게 통제하기 위해 어떻게 해야 하는가에 대해 나름의 견해를 가지고 있다. 이상적인 이해관계자를 정의하는 조건은 5가지가 있다.

첫째, 전통적인 산업에서는 꼭 그럴 필요가 없을지 몰라도 광범위한 환경과 시장에서는 실질적으로 그 공동체를 움직이고 주무르는 사람이 돼야 한다. 왜냐하면 광범위한 환경과 시장에서는 확고한 공조체제가 생겨날 것이기 때문이다. 둘째, 가능하면 그들의 지원이 다른 경쟁적인 생태계들과 연루되는 것을 미리 차단해야 한다. 셋째, 제휴가 전반적인 이익에 중요하다고 진심으로 생각해야 한다. 넷째, 그들 사이에 경쟁적이기보다는 상당히 상호보완적인 이해관계를 가질 필요가 있다. 마지막으로, 서로 속이지 않고 협력할 수 있게 만드는 도덕 또는 윤리성을 공유해야 한다.

유럽인이나 미국인에게는 스타라이트가 소말리아에 지점을 개설하는 것이 정말로 위험하다고 생각되었을 것이다. 그러나 오브라이언의 소말리아 현지 파트너가 볼 때, 그것은 완벽한 기회였다. 그는 이렇게 말했다.

"나는 여기 모가디슈에서 살고 있다. 내가 당신과 함께 일하는 것은 결코 나의 위험부담을 증폭시키지 않는다."

오브라이언은 현존하는 환경 속에서 스스로의 운명을 다룰 줄 아는 현지 인물을 선택했던 것이다.

위성연결 서비스를 제공하는 일 외에도 노르웨이 통신은 중요한 전략적 협력자가 되기로 약속했다. 최근 몇 년 동안 노르웨이 통신은 기업생태적인 측면에서 아주 흥미있는 결정을 내렸다. 경계가 없고 규제가 완화된 통신세계에서는, 선진국의 많은 국제통화가 뉴욕이나 런던 베를린 홍콩 싱가포르 도쿄 등지의 지역센터를 통하도록 되어 있다. 이러한 집중은 전세계적인 망을 구축하고 있는 은행 및 투자정보 서비스 중심들과 이들 도시에 기반을 둔 주요 다국적기업의 본사들에 의해 가속되고 있다.

노르웨이 통신은 이러한 차원 높은 게임에서 경쟁할 자금이 없음을 스스로 인정하고, 대신 자신의 위치를 세계의 선진국과 저개발국 사이를 연결하는 위성을 토대로 한 중심축으로 특화하는 길을 택했다. 노르웨이 통신은 오브라이언 같은 기업가들과 함께 일하면서 자신이 서비스를 제공하는 나라에 있는 현지 지상국의 역량을 다루는 법뿐만 아니라 청구서 작업과 번호 부여 같은 난제들을 처리하는 방법을 배웠다. 노르웨이 통신은 또 스타라이트와 관계를 공고히 하기 위해 오브라이언이 벌인 사업에 소액 투자자가 되었다.

모든 주요 회사들이 노르웨이 통신처럼 기꺼이 관계를 맺으려고 했던 것은 아니다. 예를 들면 오브라이언이 그의 프로젝트 착수자금을 마련하기 위해 AT&T에 접근했을 때, AT&T 관계자는 공식적인 민영화 계획이 없는 나라에는 투자할 수 없다고 말했다. 오브라이언은 그를 힐끗 쳐다보고는 소말리아에는 공식적인 것은 아무것도 없다고 내뱉었다.

당신 자신과 사회적인 가치 및 정부 정책을 결정하는 사람들 사이에 상리공생관계를 창조하기 위해 전력투구 하라

대부분의 전략가들은 정부 또는 정부로 대표되는 전반적인 사회관계에 대해 그다지 깊이 생각하지 않는다. 그러나 정부에 무심한 것은 잘못이다. 특히 모험적인 소규모 기업체의 초기 리더들은 때때로 너무나 눈에 띄게 반정부적이어서 실질적으로 경영에 필요한 대정부 관계에 대해서 전혀 관심을 보이지 않는다. 그러나 이와는 달리 대기업에서는 정부와 일정한 관계를 유지하는 것이 전문 부서나 경영 컨설턴트가 다루어야 하는 일 가운데 하나이며, 특수한 단위의 전략에 혼합되는 일은 거의 없다.

강조하건대 초기 리더들이 이러한 차원을 간과하면 엄청난 위험을 초래할 수 있다. 생태계들은 사회적 변화를 일으킨다. 사회적 변화는 대체적으로 사회의 반발 그리고 거의 언제나 정부의 반발을 초래한다. 전략가들은 가능한 한 스스로 생태계의 성공을 뒷받침하고 또한 생태계가 번영했을 때 얻을 수 있는 이익을 몰수당하는 원인을 제공하지 않기 위해 그러한 반향들을 예측하고 관리하려고 노력한다. 이는 중요한 문제다.

물론 현재 소말리아에는 사실상 아무런 공식적인 정책도 정부도 없다. 그러나 갓 태어난 체제를 대표하는 파워 엘리트들이 있고, 따라서 스타라이트는 세력도 강하고 공평해 보이는 이런 그룹에 속해 있는 그들을 기꺼이 지원한다. 스타라이트는 유니솜(UNISOM)과 주요 외국 영사관뿐만 아니라 현지의 리더들과도 긴밀한 관계를 유지하고 있다(그리고 앞에서도 말했듯이 주요 군벌의 멤버들을 경비원으로 고용했다).

스타라이트는 장기적인 관점에서 노르웨이 통신을 통해 국제통신연합(International Telecommunications Union)이 소말리아의 국가 코드를 정식으로 인정하도록 공작했으며, 그 결과 이제 스타라이트 시스템은 직접 전화를 받을 수 있게 됐다. 이것은 스타라이트가 신생 정부뿐 아니라 신생사회의 건설적이고 중심적인 구성원으로 인정받기 위해 기울였던 많은 노력 가운데 하나다.

당신들이 살펴볼 필요가 있는 경영상 쟁점들과 개발도상에 있는 기업생태계가 갖고 있는 여러 차원의 문제들을, 당신들이 그것과 비교해서 시험해보고 또한 그렇게 되기를 원하는 이상적인 조건들과 함께 〈도표6-1〉에 정리해 놓았다.

아주 현실적인 의미에서, 1단계의 모험가들은 여러 다양한 경향들이 한데 몰려와서 요동을 치는 파도를 타고 있다. 여기에서 가장 좋은 순간을 정확히 포착하는 것이 무엇보다 중요하다. 만약 파도가 너무나

기업생태계의 차원들	일반적인 질문	이상적인 조건	스타라이트의 예
고객: 고객의 관심과 참여	어떤 고객집단에 확실한 방법으로 봉사할 수 있는가?	학습에 이바지하려는 확실한 의지가 있고 잠재적인 완성품의 초기 형태에도 충분한 관심을 기울이는 고객들.	다국적 조직들, 공공단체와 현지의 준(準) 정부적 조직들
시장: 시장의 경계와 매체들	활동을 벌이게 될 자연발생적인 시장의 경계는 무엇인가?	일정한 경계가 정해진 시장 또는 비교적 경계가 희미하지만 표준화된 학습을 제공할 수 없을 정도로 너무 특수하지는 않은 시장을 발견해, 그곳에 들어가 배우고 결국에는 그것을 지배한다.	동부 소말리아
제공: 제품과 서비스 구조	당신이 완벽하게 제공할 수 있는 것은 무엇인가?	부분적인, 그러나 핵심적인 가치를 제공하는 제품 또는 서비스	근거리서비스와 국제서비스 접속
과정: 업무과정 구조	기존 것보다 근본적으로 훨씬 나은 가격과 성과를 가진 제품과 서비스를 제공하기 위해 어떤 종류의 업무과정 구조를 구축할 수 있는가?	업무과정 구조는 진정으로 혁명적인 잠재력이 있어야 한다. 그리고 초기 고객들의 관심을 불러일으키고 그 이상의 작업까지 지원할 수 있는 잠재력을 보여야 한다.	근거리 무선 네트워크, 스마트 카드 공중 전화기, 그리고 노르웨이 및 세계와 위성 연결
조직: 조직적 구조	주요 사업들을 추진하는 데 있어 이해관계자들은 어떤 역할을 할 것인가, 그리고 그 관계들은 어떻게 조직되고 조화를 이룰 것인가? 갈등은 어떻게 해소되는가?	가치명제와 업무과정 구조를 통합하고 그것을 발전시키는 방법을 배우기 위해 협력할 수 있는 능력.	스타라이트 임원 지휘하의 공동 소유
이해관계자: 소유자와 기타 이해관계자	이해관계자들은 누구이며, 그들의 광범위한 이해관계는 무엇이고, 이 기업생태계는 그들의 계획에 얼마나 적합한가? 이해관계자들이 제휴를 하는 지점과 하지 않는 지점은 어디인가?	모험적인 사업 목적과 대립하지 않고 유리한 방향으로 그것과 제휴하는 강력한 지원자가 필요하다.	소말리아 국민들, 스타라이트, 노르웨이 통신
사회 가치와 정부정책	혁신이 가치있는 것이 되고 혁신을 통한 확실한 보상을 지원할 공공기관 및 정부와 관계는 어떻게 구축될 수 있는가?	당신의 혁신적인 기여에 대한 보상을 받을 수 있는 사회적인 계약관계를 체결한다.	그 지역 비공식적인 권력 구조의 가치있는 기여자이자 존경받는 참여자가 되려 하고, 초기의 어떤 공식적인 구조든 그것의 인정받는 부분이 되기를 바란다.

〈도표 6-1〉

일찍 혹은 너무나 늦게 도착하면, 1단계의 노력들은 지원을 받지 못해 용두사미로 끝나거나 아니면 예상치 못한 세력과 거친 물결에 휩싸여 사라질 것이다.

스타라이트에서는 이러한 1단계 도전들이 아주 뚜렷하게 드러난다. 스타라이트는 그들이 승부를 걸었던 장거리통신과 관련한 제반 기술의 이론적 잠재력을 분명하게 인식했고 이러한 동향이 전화 서비스를 오지에도 쉽게 제공할 수 있게 하리라고 확신했다. 더구나 스타라이트는 지금이 사업을 벌일 적기라고 생각했다.

이러한 동향의 이론적 잠재력은 분명 1단계의 성공에 필요한 조건이다. 하지만 그것만으로는 충분하지 않다. 생물학적 생태계에서 집단화 법칙이 실제 작동하는 것과 같은 선상에서 이론적 잠재력의 실현은 기업의 성패를 가름하는 결정적인 요소다. 아무리 최적의 환경이라도 이론적인 장점들이 항상 실현되는 것은 아니다. 곧바로 실행할 수 있을 정도로 아주 간단해 보이는 기술적인 시스템들도 실제로는 실행하기가 너무 어려운 경우도 있다. 경영 및 시장개발과 관련한 어떤 문제들은 거의 손을 댈 수 없을 정도로 도저히 해결할 수 없는 것으로 드러나기도 한다.

1단계 모험사업은 언제나 커다란 실행상의 위험부담을 안고 있다. 1단계의 모험적인 사업가가 해야 할 일은 이론적인 잠재력을 정확하게 측정하여 가능한 한 빨리 실행상의 위험을 완화하는 것이다. 이러한 노력의 결과로 얻어지는 개인적인 그리고 조직적인 학습효과는 1단계에서 얻을 수 있는, 중요한 경쟁우위적 요소다. 나중에 들어온 사람들은 새로운 사업의 성패 가능성을 검증하고 이를 성공적으로 실현하기 위한 여러 가지 방법들을 실험해보는 초기 1단계 모험가들의 기초작업 결과를 활용할 수 있는 '2차 이주자의 이점(second mover advantage)'을 갖는다. 그러나 철저하게 비밀에 부쳐둘 수 있거나 복제하기가 어려운 실천적인 지식은 1단계 선구자들에게 진정한 우위를 제공한다. 스타라이트는 기술상의 문제가 비교적 간단해 강점은 그다지 많지 않을지도 모른다. 그러나 스타라이트는 그들에게 유리하게 작용하는 사업 관계와 프로젝트 운영 측면에 관한 지식이 많다.

미래를 내다보고 미래에 무엇이 필요할지를 예측하라

다음과 같은 사실을 반드시 기억해두어야 할 것이다.

- 세계가 오브라이언을 위해 계속해서 조용히 있지만은 않을 것이다. 그의 이해관계자들과 그의 고객들, 그리고 그들의 사회는 변화할 것이다.
- 1단계의 목표는 2단계를 위해 아주 많은 것들을 준비하는 데 있다. 사업을 추진하는 오브라이언은 곧 2단계에 직면할 것이다.

〈도표 6-2〉는 오브라이언과 그의 동료들이 맞닥뜨릴 것으로 예상되는 몇 가지 문제들을 예시하고 있다. 여기서 특히 강조할 점은 그들이 스스로 그러한 도표를 만들고 새롭게 수정하려고 끊임없이 노력한다는 것이다.

우리 모두는 기업생태계 내에서 활동하면서 앞으로 무슨 일이 생길 것인가에 대해 정기적으로 생각하고 판단해야 한다. 스타라이트 도표의 몇 가지 중요한 부분들에 대해서는 깊이 생각해볼 가치가 있다. 왜냐하면 그것은 다른 상황에 있는 경영자들에게 몇 가지 중요한 문제들을 시사해줄 것이기 때문이다. 여러분은 앞으로 어떤 일에 부딪히게 될 것인가를 예측하고 그것에 효과적으로 대응하는 데 필요한 능력을 개발해야 한다.

오브라이언의 고객들은 생활수준이 향상되면서 점차 제반 서비스에 대해 성숙된 요구를 할 것이다. 시간이 지나면 근거리 서비스는 물론이고 지금은 사업의 아주 작은 부분을 차지하고 있는 국제전화도 점차 그 중요성이 커질 것이다. 전화의 질이 문제될 수도 있다. 오브라이언이 항상 고객들과 밀접한 관계를 유지하고 그 사회의 발전에 발맞추어 서비스를 발전시킬 방향을 제시하는 지도를 만들었다는 것은 특기할 사실이다. 그는 끊임없이 고객들을 이해하고 고객과 협력하여 소말리아의 생활에 변화를 가져오려고 노력했다.

아직은 스타라이트가 서비스를 제공하고 있는 시장에 다른 진출자가 없지만 이런 상황이 영원히 지속되지는 않을 것이다. 스타라이트는 점차 기반을 확고하게 다져감에 따라 현지 정부와 관계를 확대해나가고 자신의 총판망을 방어할 필요가 있을 것이다. 나아가 다른 사람들의 진출을 미리 봉쇄하기 위해서 가능한 한 고객들의 요구를 더욱 충족시켜주어야 할 것이다. 사하라 사막 이남에 위치한 아프리카의 경우처럼, 소말리아와 다른 여러 나라의 사회·정치적 상황은 점차 안정될 것이고 결국에는 경제적인 발전을 이룰 것이다. 운이 좋다면, 스타라이트는 자기 기반을 구축한 참여자 가운데 하나로서 이들 국가생태계들과 함께 성장할 것이다.

스타라이트는 자신의 서비스 기반과 인적 자원에 과감하게 투자할 필요가 있다. 고객 서비스와 과학적인 경영기법, 서비스 개발, 그리고 마케팅과 판매과정들은 더욱 체계적이고 전문적이 되어야 할 것이다. 오브라이언이 정말로 전체 아프리카를 총망라하는 전화서비스 업계의 월 마트가 되기를 원한다면, 그는 자신의 접근방법을 표준화해야 할 것이다. 다음 장에서 보겠지만, 만약 그가 2단계인 시장석권 단계로

기업생태계 의 측면들	핵심 질문들	시간이 흐르면서 예상되는 변화들	예상되는 스타라이트의 반응: 도전에 대응하고 계속 성장하기 위해
고객: 고객의 관심과 참여	시간이 지나면 고객 과 세분된 고객 부분 은 어떻게 변화할 것 인가?	고객들은 초기 시스템에 대한 인내심이 줄어들 것이다.	점점 그 질이 높아지는 고객의 요구에 대응하기 위해 서비스를 좀 더 세분하고 복잡한 계획을 세울 필요가 있다.
시장: 시장의 경계 와 매체들	시간이 지나면서 시장과 시장의 경계 는 어떻게 변화할 것 인가?	사업발전을 억제하는 요소들이 줄어들수록 다른 참여자들이 들어오기를 원할 것이다. 정부는 점차 강력해 지고, 정부의 정책은 강경해 지고 영향력 또한 커질 것이 다.	앞으로 등장할 어떤 정부와도 관계를 확대해 자신의 총판망을 보호해야 할 것이다. 나아가 다른 사람들의 진출을 막기 위해 고객의 요구를 더욱 충족시킬 필요가 있을 것이다.
제공: 제품과 서비스 구조	그 기업이 제공하는 것은 어떻게 변화해 야 할 것인가?	전화번호부, 고객 지원과 같 은 훨씬 완벽한 제공이 기대 될 것이다.	서비스 기반과 인적 자원에 과감 한 투자를 할 필요가 있을 것이다.
과정: 업무과정 구조	성숙된 사업에서는 고객의 요구들을 처리하기 위해 무엇 이 필요할 것인가?	고객들은 일관성 있는 마케팅 과 판매, 고객지원 및 새롭고 매력적인 서비스의 정기적인 도입을 기대하게 될 것이다.	고객 서비스, 과학적인 경영기법, 서비스 개발, 마케팅과 판매과정 들은 좀더 체계화 전문화할 필요 가 있을 것이다.
조직: 조직적인 구조	여러 가지 역할들과 관리방법은 공급사 슬 전반에서 어떻게 변화할 것인가?	기술과 사업의 지속적인 성 장·발전은 전반적인 시스템 전체의 가치에 대한 분쟁을 야기할 수도 있을 것이다.	스타라이트는 자신과 자신의 소 유자들에게 계속해서 공급사슬의 중요한 부분이 되리라는 확신을 줄 필요가 있을 것이다.
소유자와 다른 이해관 계자들	이해관계자들과 그들의 의무는 어떻 게 바뀔 것인가? 예 를 들면 제휴가 강화 될 것인가, 약화될 것인가?	노르웨이 통신은 더 많은 참 여를 원할 것이다. 그 시스템 의 소말리아 기지는 결국 기 업 매수자에게 팔릴 것이다. 정교한 장비는 더 많은 자본 과 장비회사와 긴밀한 관계를 요구할 것이다.	계속적으로 그 공동체를 주도적으 로 이끌어갈 필요가 있을 것이 다. 나아가 통합된 구매력과 판매력을 확보하여 자신의 시장 전체에서 공급을 표준화해야 할 것이다.
사회적 가치 와 정부 정책	시간이 지남에 따라 사회적 가치와 정부 정책은 어떻게 변화 할 것인가?	조직화된 정부가 있다는 가정하에서 현재는 사회와 정부가 스타라이트를 단독으 로 놓아두는 데 만족하고 있 다. 그러나 시간이 지나면 사 회와 정부는 더 많은 황금알을 원할 것이다.	자신의 기여가 계속해서 평가받고 지지받으려면 소말리아 발전의 주 역으로서 그리고 국민의 일상생 활의 개선에 대한 신뢰할 수 있는 기여자로서 입지를 강화할 필요가 있을 것이다

〈도표 6-1〉

나아가려 한다면, 규모와 양 그리고 복제 가능성을 기치로 내걸어야 한다.

기술의 진보는 근거리 및 국제전화 서비스 비용을 낮출 것이다. 여기에서 말하는 기술의 진보에는 더욱 값싼 전화교환기, 노르웨이에서 원격으로 자동교환하는 능력(직접접속망상구조: Direct Access Mesh Architecture), 더 좋고 값싼 무선시스템, 선진국의 무선혁명을 위해 제조되고 있는 엄청나게 많은 무선장비와 반도체의 활용 같은 것이 포함된다. 오브라이언은 다른 사람들을 위한 토대가 되기보다는 이런 움직임의 정점에 서서 그것이 그의 생태계로 통합되고 있다는 것을 확신시킬 필요가 있을 것이다.

새로운 경쟁관계가 발전하는 것은 피할 수 없다. 현재 전세계적으로 이용할 수 있는 직접위성통신 시스템이 개발되고 있다. 모토로라가 주도하는 컨소시엄에서 제공하는 이리듐 서비스가 그 중 하나다. 이런 것들은 비록 가격은 높고 품질은 낮을지라도 현재 스타라이트가 제공하고 있는 것을 대체하는 어떤 서비스들을 창조할 것이다. 나중에 정치적인 상황이 좀더 안정되면 더욱 통합·발전된 시스템에 많은 돈을 기꺼이 투자하려는 다른 무선전화국들이 생길 수도 있다.

생태계가 성장해감에 따라 경영 모델에 변화를 가져올 필요가 있을 것이다. 왜냐하면 경영 모델은 1단계에 맞게 되어 있기 때문이다. 생태계를 확장해나가려면 어떤 일을 해야 하는가? 전화번호부는 어디에 비치해야 하는가? 전화번호를 부여하는 계획은? 시스템의 발전은 어떻게? 광역 주파수대는? 이동위성은? 그 밖에도 여러가지 결정이 필요할 것이다.

무엇보다도 이와 같은 문제들에 대한 완벽한 해결책이 마련된다면 결국 기꺼이 그 시대를 마감하며 1단계의 종결을 애도할 것이다. 그러나 수수께끼 같은 완벽한 균형상태가 주는 희열도 있다. 사람들은 그

순간에 머물러 그것을 즐기고 싶은 마음, 다른 활동을 펼쳐나가려고 하는 강렬한 욕구로 갈등을 느끼게 된다. 미래를 준비하는 잠재적 가능성의 실현이란 다른 생태계와 관계를 형성하고 그것들을 관리할 필요가 있음을 의미하는 것이다. 따라서 여러 가지 역할을 만들어내고 그것을 실행할 사람들을 확보해야 한다. 그리고 마지막으로 이해관계자와 사회, 정부 및 기타 관계들의 이해도 충족시켜주어야 한다.

중요한 것은 생태계를 다음 단계로 어떻게 이끌어갈 것인가를 결정하는 일이다. 다른 말로 하면, 완전하고 풍부한 생태계 창조를 도와줄 사람들을 철저하게 확보하는 전략과 전술을 짜야 한다는 것이다. 다른 사람들의 협력을 얻어내는 방법은 바로 그 생태계에 새롭게 등장하는 체계적인 구조와 밀접한 관계가 있다. 즉 이런 초기 조건들은 다음 단계가 어떻게 전개될 것인가, 그리고 미래에 개개의 참여자가 어떤 특수한 도전에 직면할 것인가를 결정하는 데 막대한 영향을 끼칠 수 있다. 스타라이트의 경우 그들은 권력 중심들, 즉 현지 사업가와 고객들, 신생 정부, 그리고 노르웨이 통신과 다른 장비공급자들의 관계에서 그것을 찾았다.

모든 측면에서 빌 오브라이언과 스타라이트는 가장 순수한 형태의 1단계 상황을 대표한다. 그들은 참신한 아이디어를 근본적인 가격인하와 성과의 증진 및 새로운 이익의 가능성과 결합시키고 있다. 다른 어느 때보다도 1단계에서는 기회를 정의하는 일을 한다. 많은 자원이 여기 저기에 산재한 세계에서 1단계는 시간과 노력을 투자해서 새로운 가치를 창조할 생태계로 통합될 수 있는 것들에는 무엇이 있는지를 다른 사람들보다도 더욱 면밀하게 조사하는 때이다. 즉 1단계는 황무지를 개척해서 영광스러운 삶으로 가는 길을 닦는 시기다.

2단계 : 혁명의 확산

새로운 생태계는 이제 완전히 식민화됐다. 선구적인 미생물과 진균류도 이제 자신의 기반을 구축했다. 영토 군데군데 초목들이 들어서고, 관목이 우거진 작은 덤불들이 점점이 박히게 된다. 만약 더 이상 아무 일도 일어나지 않는다면, 그때까지는 아무도 생명에 주의를 기울이려고 하지 않을 것이다. 생태환경은 단지 하나의 생태학적 영상에 지나지 않을 것이다. 한 생태계가 뚜렷하게 자기 모습을 드러내려면 그곳에 사는 개체군과 종(種)이 그 생태계가 말 그대로 생명으로 충만할 만큼 확장돼야 한다. 이는 소위 생태계 발전의 2단계에 일어나는 일을 완벽하게 묘사하는 말이다.

생물학의 매력적인 한 분야로 생물지리학이 있는데, 한 생태계가 실제로 구축된 자기 기반을 토대로 도약할 수 있는 환경을 연구하는 학문이다. 생물지리학은 식민화 과정, 즉 선구적인 종들이 이룩한 초기 공동체가 튼튼하고 역동적인 생태계로 변화돼 절정에 이르는 수단에 대해 연구한다. 생물지리학의 몇 가지 본질적인 원칙들은 기업생태계의 확장을 다루는 문제와 특별한 연관성을 가지고 있다.

생물지리학의 중심적인 연구결과 가운데 하나는 "생태학적 공동체들이 성장해 절정에 이르는 방법은 두 가지로 압축된다"는 것이다. 첫째, 생태학적 공동체는 생물자원(어떤 지역에 현존하는 생물의 총량)의 확장을 통해 성숙된다. 초원은 점점 빽빽해지고 나무들은 더 크게 자란다. 동물 개체군의 수가 증가하고 생물체들이 죽고 썩어감에 따라 땅속 유기물이 증가해 토양은 비옥해진다. 일반적으로 태양에너지는 광합성작용을 통해 생물학적 구조로 전환되는데, 이 에너지가 계속해서 우주에서 쏟아져 들어와 지구의 특정구역을 밝게 비추면, 그 지역의 생물자원은 계속해서 확장된다.

둘째로 생태계는 분화를 통해 종의 수를 늘려가면서 성숙해진다. 즉 생태계는 상호의존적인 관계들을 형성한 후 훨씬 정교하고 활발하게 자원을 공동체생활로 전환시켜 나가면서 종의 수를 늘려간다. 종의 다양성은 생태계가 갖고 있는 아주 뛰어난 특성이다.

생태계가 기후의 급변이나 무서운 질병의 발생과 같은 도전에 직면하면, 그 생태계의 중심을 이루는 종들과 중요한 공생관계들은 위협을 받을 것이다. 그러한 때에 종의 다양성은 다른 종들이 그 자리를 메우는 데 도움이 된다.

종의 다양성과 생태계의 크기 및 범위의 관계에 대한 아주 흥미로운 가설이 하나 있는데, 이것은 원래 에드워드 윌슨(Edward Wilson)과 로버트 맥아더(Robert MacArthur)가 카리브 해의 섬을 조사해서 세운 가설로, 섬의 크기와 그곳에 사는 종의 수는 서로 비례한다는 것이다. 이러한 현상을 '면적효과(area effect)'라고 말하는데, 지금은 다른 많은 생태환경에서도 관찰되고 있다. 예컨대 이것은 자연보호지역을 너

무 세분하여 가장 기초적인 종들조차 살아갈 수 없게 만드는 것을 막는 이론적 근거가 되고 있다.[1]

면적효과는 먹이사슬의 정점에 있는 육식동물을 중심으로 많은 종들이 아주 광범위한 지역에서 먹이를 구한다는 사실에서 출발한다. 코스타리카 육식동물의 정점에 있는 아메리카 표범의 경우 한 마리가 약 50제곱킬로미터에 달하는 지역을 자기 영역으로 삼고 있으며 아메리카 표범 개체군이 살아남기 위해서는 최소한 1800제곱킬로미터에 이르는 산림이 필요하다. 한 생태계가 식민화하는 연속 영역의 면적이 클수록, 더 많은 종들이 자기에게 필요한 것을 발견할 수 있을 것이다. 그리고 이들 종은 활동범위가 좁은 종들에 은신처나 먹이를 제공할 것이다.

기업생태계 내의 다양성을 촉진하라

기업생태계에서도 사람과 조직, 아이디어가 다양한 것은 장점이 된다. 일반적으로 기업생태계의 구성원이 다양할수록 그 생태계가 제공하는 제품이나 서비스가 다양해지고 병목현상이 일어났을 때 이에 대체할 수 있는 공급원이 다양해지며, 생태계의 진보를 낳을 창조적인 아이디어도 다양하게 제기될 수 있어, 그 생태계는 활력과 탄력성이 배가된다.

기업생태계에도 면적효과라는 것이 있는 것 같다. 기존 경제공동체가 새로운 참여자들—그들은 새로운 고객을 끌어들일 것이다—을 구성원으로 받아들일 경우 그들을 최대한 지원할 수 있는 거래의 범위나 양이라는 한계수준이 있다. 우리는 작은 읍과 대도시 경제의 차이에서 이것을 확연하게 볼 수 있다. 작은 읍은 때로 중요한 가치와 독특한 문화자원을 제공하지만, 대도시처럼 혼란스러울 정도로 다양한 것들을 보여주지는 못한다. 또한 방식이 다른 가전제품 간 경쟁에서도 이러한 현상을 발견할 수 있는데, VHS 방식의 테이프와 오디오 카세트, 콤팩트 디스크는 광범위한 녹음이나 녹화 프로그래밍이 가능하지만 8mm 비디오나 MIDI 디스크는 그렇지 못하다.

물론 사업의 다양성은 한 생태계의 거래량뿐만 아니라 그 기업생태계가 새로운 아이디어와 사람, 조직, 업무과정에 얼마나 개방적인가 혹은 폐쇄적인가에 의해서도 결정된다. 이는 생물생태계에도 똑같이 적용된다. 새로운 생물체의 침입을 받을 위험은 생태계마다 그 정도가 다르다. 생물학자들은 섬이 육지나 대륙에서 멀리 떨어져 있을수록 그 섬에 사는 종의 수는 적어진다고 말한다. 육지나 대륙에서 멀리 떨어진 섬일수록 새로운 종들이 그 섬에 정착하려면 그만큼 먼 거리를 여행해야 하기 때문에 그 섬이 생물로 가득 차려면 훨씬 많은 시간이 걸린다는 것이다. 생물학자들은 이러한 현상을 '거리효과(distance effect)'라고 부른다. 자연계에서 다양하게 나타나는 이 개념이 기업에도 유사하게 적용된다.

이 개념은 생태계의 확장기에 발생하는 고립의 비용을 설명해준다. 대부분의 경우 한 기업생태계가 성장을 멈추는 것은, 거기에 참여하고자 하는 다른 기업들이 쉽게 참여할 수 있도록 해주어야 할 구성원들의 무성의와 아주 깊은 관계가 있다.

생물생태계에서처럼 기업생태계에서도 확장단계는 생태계의 확장에 협력하는 조직과 개인의 종이 다양해질 뿐만 아니라 양과 규모가 모두 증가하는 단계다. 그것은 또한 방어태세를 취하는 시기이기도 하다. 왜냐하면 확장기의 생태계는 거의 언제나 자기기반을 확고히 구축한 종들이 자기 영역을 확장하기 위해 또는 새롭게 형성된 다른 생태계와 벌이는 경쟁에 직면하기 때문이다. 경영의 관점에서 보면, 2단계에서는 3가지 중요한 질문이 집중적으로 제기된다. 즉 우리의 아이디어는 전성기를 맞이할 준비가 되어 있는가? 2단계에서는 주로 어떤 활동들이 필요한가? 그리고 우리는 이 생태계가 어떤 속도로 성장하게 해야 하는가, 즉 주어진 시간 안에 우리는 얼마나 많은 사업을 벌일 수 있고 또 얼마나 많은 참여자들을 받아들일 수 있는가?

새로운 가치를 낳을 수 있는 강력하고 확장가능한 비전을 구상하라

2단계에서 처음에 주어지는 과제는 2단계에 접어들기 위한 만반의 태세를 갖추는 것이다. 일반적으로 말하면, 확장기인 2단계에는 새로운 가치를 낳을 수 있는 강력한 비전과 그 가치를 폭넓은 고객에게 제공할 수 있도록 생태계의 규모를 확대할 수 있는 능력이 필요하다. 앞에서 이미 논의했듯이, 때로 어떤 구상은 최소한 현재 예상되는 비용이 들어가지는 않더라도 확장이 이루어질 정도로 충분한 경제적 가치를 보장하지 못하는 경우가 있다. 그러한 경우에 그 구상은 그것의 명분을 쌓을 때까지 1단계로 되돌아가야 한다. 불행하게도 지나친 열정은 맹목성을 초래할 수 있다. 충분한 가치를 지니지 못한 제품이나 서비스를 무분별하게 확장할 경우 새로운 제품시장에 대한 전망은 흐려진다.

때로는 핵심 구상에서 잠재적 가치 이상의 것이 발견되기도 하지만, 이러한 가치를 실현하고 그것을 고객에게 전달하는 것은 그 생태계가 특정한 규모 혹은 풍부함에 도달했는가에 좌우된다. 이러한 경우 일정한 규모와 풍부함을 달성하려면 그 생태계에 최초로 들어오는 참여자들에게 특별가격 같은 유인책을 쓸 필요가 있을 것이다. 유인책은 또다른 참여자들을 끌어들이는 수단이 된다. 이러한 현상은 헬스클럽이나 사교클럽 같이 풍부한 유인책으로 초기 가입자를 끌어들여야 하는 곳에서 흔히 볼 수 있다.

이와 관련된 문제는, 초기에 엄청난 비용을 부담하더라도 그 생태계에 참여하는 것이 장기적으로는 고객이나 공급자에게 커다란 가치가 있을 때 일어난다. 따라서 때로는 이들 참여자에게 일종의 장기 융자를 주어 가입을 유도하는 것도 가능하다. '무료' 휴대전화기를 보라. 고객의 초기 부담을 덜어주었지만 결국 그 비용은 고객의 휴대전화 서비스 가입비에서 얻은 수입으로 충당된다.

가치명제를 복제하여 그 규모를 확대하는 것이 두 번째 도전이다. 포드의 자동차, 맥도널드의 햄버거, AT&T의 전화서비스, 인텔의 마이크로칩, 그리고 신용투자회사(Fidelity Investment)의 고객서비스는 시종일관 엄청난 규모로 제공될 수 있다는 사실에서 그 가치를 찾을 수 있다. 이렇게 거대한 양은 이들 회사가 거대한 생태계를 형성할 수 있게 해준다. 규모가 작은 생태계는 그들에 비해 상대적으로 강력하지 않은 회사들에 의해 창조된다. 그러나 한 지역의 기업생태계를 창조하고자 열망한다면 서비스를 일관성 있게 제공해야 한다. 이는 동네식당이라도 음식을 일관성있게 제공해야 함에서 알 수 있다. 나아가 그것은 규모의 경제를 실현할 수 있어야 한다. 확장의 결과로 이익을 제공해줄 것이며 이 이익은 다시 그 공동체의 성장과 유지에 재투자될 수 있을 것이다.

만약 당신 자신의 사업구상이 실제로 실행될 만반의 준비가 되어 있는지 시험해 보고 싶다면, 이렇게 자문해보라.

내 회사의 장점을 토대로 경제적 생태계를 창조하려는 나와 동료들은 우리의 가치를 일정한 규모로 일관성있고 신뢰할 수 있게 제공하는 방법을 배운 적이 있는가? 그렇게 하려면 무엇이 필요한가?,

이 간단한 질문에 대한 대답은 결국 당신이 2단계 확장운동을 준비하도록 도와줄 것이다.

생태계를 확장하기 위한 일련의 선도적인 활동을 벌여라

충분한 가치와 그 가치를 확대생산할 가능성이 있다고 전제했을 때, 우리는 2단계를 실행하는 데 따른 일련의 도전에 맞닥뜨리게 된다. 여기에서 중심적으로 제기되는 도전은 지금 당장 해야 할 것은 무엇이고 다음에는 무엇을 할 수 있을까 하는 순서와 관계 깊다. 확장을 위한 전략은 기업생태계의 7가지 차원 전체에 걸쳐 벌여야 할 선도적인 활동에 대해서도 고려해야 한다. 우리 생태계를 다른 생태계와 차별화하는 방법을 찾아야 하는 것처럼 외적인 차원에서 거쳐야 할 도전들도 있다. 이 질문에 대한 대답은 우리가 추구하는 일련의 고객과 시장, 제품에 대해 깊은 관심을 기울여 연구해보면 찾을 수 있다. 당신은 어떤 고객과 시장을 가지고 시작할 것인가 그리고 다음에는 어떤 고객, 어떤 시장으로 이동해 갈 것인가? 당신은 당신의 초기 고객과 시장의 성격, 나아가 이후의 당신 고객의 구매 패턴과 필요, 태도와 초기 고객 및 시장의 차이점에 대해서도 숙고해야 한다. 당신의 생태계는 시간이 흐름에 따라 달라지는 고객과 시장의 성격에 맞추어 봉사할 수 있도록 적응해나가야 한다. 당신이 초기에 제공하는 제품과 서비스는 때로 이후에 제공할 제품과 서비스의 선구자가 되어야 하며 고객을 당신의 생태계로 끌어들이고 이후에도 계속해서 그들의 참여를 강화하는 방식으로 설계되어야 할 것이다.

많은 도전은 내부적인 것이다. 따라서 당신은 새로운 성장의 압력에 못 이겨 생태계가 내파(內破)하는 것을 막는 방법에 대해 숙고해야 한다. 2단계에서 부딪히는 내부적인 도전 가운데 많은 것은 업무과정, 조직, 이해관계자의 차원에서 발생한다. 규모를 확대하고 복제하기 위해서는 잘 설계된 표준과정이 필요하다. 그리고 이는 다시 얼마나 잘 관리되는 조직을 가지고 있는가에 의해 좌우된다. 고도성장 속에서도 조직을 장악하려면 모험자본이 필요하며, 이는 반드시 재력이 풍부한 이해관계자들이 제공해야 한다.

자본 투자자들의 주요 관심사인 가격결정과 기업의 소유권 같은 직접적인 간섭에서부터 세제상의 특혜, 은행업무와 증권시장 규제, 이자율 정책 그리고 현지 통화에 대한 지원에 이르기까지 모든 것은 정부의 영향을 받는다. 1993년에 우리는 초고속 정보통신망 구축을 위해 케이블 텔레비전과 지역 전화회사들을 합병했던 수십 억 달러 자산 규모의 회사가 부분적으로는 정부의 케이블 텔레비전 가격동결 조치 때문에 붕괴되는 것을 보았다.

2단계 확장은 아주 신중하게 벌여야 하는 게임이다. 그것은 견실한 재정자원이나 개척단계와는 전혀 다른 차별성을 요구한다. 경영자와 조직은 그와 같은 대대적인 이행의 영향을 예측하고 그것에 대비할 필요가 있다.

생태계의 확장 속도를 조절하라

확장속도는 기업의 성장에서와 마찬가지로 기업생태계의 발전에서도 아주 신중하게 선택해야 할 중요한 사안이다. 당신은 급속한 확장을 시도할 수도 있고 성장속도를 진정시켜 성장을 단계적으로 추진하려고 할 수도 있다. 기업생태계의 성장속도가 어느 정도여야 하는가를 결정해주는 공식은 없지만, 몇 가지 중요한 요소에 대해서는 반드시 점검해야 한다. 이것은 다시 외부적인 것과 내부적인 것으로 나뉜다.

외부적으로, 만약 당신의 기업생태계가 경쟁자의 직접적인 공격에서 안전하다면 확장에 좀더 많은 시간을 들일 수 있다. 확장기의 완만한 성장은 아주 큰 이익이 될 수 있다. 왜냐하면 경영 모델의 이론적인 장점들을 현실화하는 데 좀더 신중할 수 있기 때문이다. 나중에 보겠지만, 월 마트는 자신의 생태계를 견고하게 하느라 많은 세월을 보냈다. 그것은 대도시의 경쟁자들과 직접적인 경쟁을 피할 수 있었기 때문이기도 하다. 즉 월 마트는 치열한 대접전에 들어가기 전에 고객에 대한 충실도를 높이고 개인과 조직의 기량을 심화할 수 있었으며 이를 통해 시스템과 업무절차를 강화할 수 있었다.

일본의 자동차제조 생태계들도 마찬가지였다. 그들은 자신들의 종과 생태적 모델을 미국에 수출하기에 앞서 기술을 연마하고 세계시장에서 경쟁력을 가질 수 있게 해주는 규모와 범위의 경제를 실현할 때까지 보호무역정책이라는 높은 담에 둘러싸여 자신들의 핵심 역량들을 창조해나갔다.

보호는 물론 장단점을 가지고 있다. 그것은 새로운 아이디어가 성숙되고 현실화하는 1단계와 2단계에서는 아주 결정적인 역할을 할 수 있다. 그러나 지나친 보호는 결과적으로 공격받기 쉽고 축소지향적이며 경쟁력이 없는, 하와이식 생태계를 낳을 수 있다. 어느 정도의 보호가 최선인가를 알려면 기업생태계의 발전을 주도하는 경영자들이 다음 두 가지 사항에 관심을 기울여야 한다.

첫째, 그들은 세계가 제공해야 하고 또한 확장기의 생태계에서 상호의존적인 관계로 공존할 수 있는 최상의 기업 종에 자신들의 발생초기 생태계가 접근해야 한다는 것을 분명히 인식할 필요가 있다. 이러한 생각은 고립된 섬이 아니라 새로운 아이디어가 도입되면 야생동물 조련사 같은 것에 의해 어느 정도 통제될 수 있는 생태계를 만들어낸다. 리더는 생태계를 구체적으로 형성해내야 한다. 둘째로 리더는 초기의 보호막에 의해 얻어진 이익은 세계적 차원의 경쟁력을 구축하는데 재투자되어야 한다는 점을 분명히 해야 한다. 앞에서 기술했던 도요타 자동차 생태계는 2차 세계대전 후 일본 외부의 다른 생태계들이 확립한 노하우를 활용해 크게 덕을 봤다. 도요타 자동차 생태계는 보호막을 이용해 제반 역량을 쌓았고 결국 최초의 고립된 섬에서 벗어나 번영을 구가할 수 있었다. 리더의 의도는 명확해야 한다. 생태계의 일시적인 온실화는 그 생태계가 더 넓은 기회환경으로 박차고 나갈 수 있는 토대가 돼야 한다.

어떤 시장에서는 일정한 때가 되면 보호와 관련된 문제가 거론된다. 대체로 첨단과학기술 분야가 그렇다. 몇몇 회사들이 재빨리 힘을 모아 특수한 표준을 정해놓고 번개 같은 속도로 더 넓은 기회환경에 들어가 그것을 지배한다면 그것은 막강한 힘을 발휘할 수 있다. 좁은 환경에서 보호받으며 출발하는 것은 그 효과도 제한받을 수밖에 없다. 한 예로 인터넷 세계에서 넷스케이프 통신(Netscape Communications)은 1995년초 몇 달 동안 전자거래(electronic commerce)회사와 개인을 위한 서버 및 브라우저 데스크톱 소프트웨어의 표준 공급자 위치를 확립하고자 행동에 들어갔다. 확고한 표준 소프트웨어 공급자 위치를 다지기 위해 넷스케이프는 자신의 초보적인 데스크톱 브라우저 수천 개를 공짜로 제공하였다. 동시에 넷스케이프는 인터넷에 등록하기 바라는 수많은 회사를 대상으로 서버를 판매하고, 견실한 투자자본을 끌어들였으며, 시장을 강타한 주요 혁신기술들을 전부 자신의 소프트웨어 베이스에 통합하였다. 그 해가 지나기 전에, 넷스케이프 소프트웨어 중심 생태계는 지배적인 위치를 확보했으며, 넷스케이프의 임원진은 실질적으로 공동체를 주도하는 리더십의 토대를 구축하였다.

지금 그들이 직면한 문제는 다음과 같은 것이다. 즉 넷스케이프는 현재의 지배적인 위치를 계속 유지하기 위해 이러한 리더십을 수익·규모·이윤면에서 의미있는 실질적 경영 모델로 전환시킬 수 있을 것인가? 그들은 이미 확립된 핵심사업이 있는 마이크로소프트와 다른 회사의 집요한 대항에 맞서서 존속 가능한 사업을 세울 수 있을 것인가, 그리고 그것을 위한 대량투자능력을 구축할 수 있을 것인가?

외부적인 환경의 영향으로 급속한 확장이 불가피하더라도 급속한 확장 욕구는 내부 붕괴의 위험에 대한 정확한 판단에 견주어 균형을 이루어야 한다. 내적인 위험을 관리하는 좋은 방법의 하나는 기업생태계의 7가지 차원을 이용하여 정기적으로 생태계의 성장속도를 평가하는 것이다.

고객 차원에서 예를 들면, 당신은 최종사용자인 고객을 자극해서 경쟁 생태계를 앞지르고자 한다. 그러나 다른 한편으로는 자신의 공급능력을 훨씬 초과하는 수요가 있기를 바라지는 않는다. 당신의 공급능력을 훨씬 초과하는 수요가 발생하면 그 수요가 차선책으로 당신의 라이벌을 찾아갈 것이고, 그러면 결국 수요촉진을 위한 투자가 오히려 당신의 적을 돕는 격이 될 것이다. 1995년에 애플 컴퓨터는 가격을 대폭 인하해 자신이 제공하는 매킨토시의 수요를 촉진하였다. 그러나 불행하게도 칩을 원활하게 공급하지 못함으로써 수요를 충족시키지 못했다. 그리고 분석가들은 수요를 충족받지 못한 고객 가운데 상당수가 결국에는 적대적인 마이크로소프트/인텔 생태계에서 새로운 기계를 구매했다고 믿고 있다.

시장 차원에서 살펴보면 당신은 가능한 한 많은 유통기구 및 판매대리점과 계약을 맺으려 한다. 그러나 그들이 실제로 고객에게 제공하는 것에 대한 통제력을 상실하거나 혹은 더 나쁘게는 중간상인들이 새로운 생태계를 만들 수 있는 여지를 줌으로써 고객 자체에 대한 통제력을 상실할 정도로 지나치게 빨리 움직이고 싶어하지는 않는다.

업무과정은 수요를 충족시키고 경영 모델이 제시하는 규모와 범위의 경제를 창출하기 위해 확장해야 한다. 그렇지만 너무나 빨리 그리고 멀리 업무과정을 확장했다간 품질과 신뢰성이 무너질 것이다. 공급자들과 이해관계자들은 그들이 치러야 할 대가가 그들이 얻게 될 부가가치를 초과하거나 혹은 전반적인 공급자 네트워크가 고품질의 제품과 서비스를 제공하지 못할 경우에는 가차없이 등을 돌린다.

1993년에 크라이슬러 주식회사는 LH-시리즈 자동차를 출시했는데, 이것들은 미려한 디자인으로 선풍적인 인기를 끌었다. 차는 핵심부품과 조립부속품의 제조는 물론 디자인까지 포함하여 유례없이 광범위한 기능이 하나의 생태계에 의해 만들어졌다. 크라이슬러는 다른 세계적인 자동차 메이커들과 비교하여 상대적으로 작은 자신의 규모에 맞추고, 아웃사이더들에게 의지하여 자신의 생태계를 강화함으로써 비용을 인하하려고 했다.

그러나 그렇게 확장된 공급 사슬로부터 품질이 좋은 제품을 얻는 것은 크라이슬러의 경영진이 예상했던 것보다 훨씬 어려운 일임이 밝혀졌다. 1995년에 『소비자 리포트(Consumer Reports)』지는 크라이슬러도 인정한, 그 공급자 네트워크 관리능력의 한계가 빚어낸 신뢰성 문제를 들어 LH 모델을 추천상품 목록에서 빼버렸다. 그로 인해 보증 비용은 거의 두 배로 뛰었다. 크라이슬러 경영진은 그들의 생태계 설계에 서로 연결되어 있으면서도 한편으로 서로 독립적인 조직에서 품질문화를 창조하려면 어떻게 해야 하는가에 대해서 진지하게 생각하게 되었다.

때로 고속성장을 추진하다 보면 수익률 또는 경영관리적인 측면에서 고비용을 초래한다. 1995년에 팔렸던 개인휴대통신(personal communications services; PCS) 특허처럼 독점권이나 과점권을 정부가 법률로 제공하는 경우에, 정부는 생태계의 고속성장을 의도적으로 촉진한다. PCS의 경우 정부는 새로운 기회환경에서 기업생태계의 생성을 촉진했을 뿐 아니라 그 환경에 진입하는 데 필요한 전파 스펙트럼에 대한 권리를 팔아 수십억 달러의 공공자금을 조성함으로써 아주 중요한 역할을 하였다.

무엇보다도 임원이라면 두 가지 목표에 깊은 관심을 기울여야 한다. 그 두 가지 목표란 고속성장에 따른 내부 붕괴의 위험성을 완전히 차단하는 것과 다른 생태계보다 앞서서 진출할 수 있는 모든 영역을 식민화할 정도로 빠르게 성장하는 것이다. 8장에서 살펴보겠지만, 시장의 경계를 강화하여 경쟁 생태계의 침입을 방어할 수 있는 능력을 배양하는 방법은 여러 가지가 있다. 그러나 다른 많은 게임에서처럼, 생태계와 생태계 간의 경쟁에서는 공격이 최선은 아닐지라도 아주 효과적인 방어다.

따라서 2단계는 일단의 상호의존적인 핵심관계 중 누가 먼저 풍부하고 튼튼한 생태계로 전환하는가를 다투는 시기다. 그것은 또한 경쟁 생태계들의 여러 측면까지를 포함하여 광범위한 가치요소로 시장 영역을 장악해 경쟁 기업생태계의 침입을 방어해낼 수 있는 경제시스템으로 통합하는 과정이다.

퍼스널 컴퓨터 사업의 초창기부터 내려오는 전설적인 이야기인 애플과 탠디(Tandy)의 경주는 이러한 논의에 두 가지 중요한 점을 덧붙여준다. 우선 탠디는 전통적인 사고방식이 기업생태계에서는 아무런 역할도 하지 못한다는 사실을 비교·대조해볼 수 있는 아주 적절한 실례를 제공해 주었다. 둘째, 이 경험은 퍼스널 컴퓨터 사업의 다른 많은 선구자들에게 새로운 기업생태계에서 전통적인 사고방식이 왜 무력한지를 가르쳐줌으로써 퍼스널 컴퓨터업계 및 관련업계에서 새로운 국면의 생태계간 경쟁을 벌일 수 있는 무대를 마련해주었다. 그 전쟁과, 전쟁에 대한 평가는 이후 실업계에 광범위한 영향을 끼쳤다.

새로운 생태계를 창조하기 위해 생활을 변화시켜라

나는 최초의 퍼스널 컴퓨터에 대한 재미있는 얘깃거리가 있다. 내가 1982년에 구입했던 것은 탠디 TRS-80 모델 I(그것을 비방하는 사람은 '쓰레기 80'이라고 부른다)이었다. 나는 셋째번 소유자였다. 그것은 트럭운송회사의 업무자동화를 도왔고 이어 컨설팅 엔지니어링 회사의 냉온방 계측을 자동화하였으며, 이제는 내가 하버드 대학에서 석사학위 받는 것을 도울 예정이었다. 오늘날의 용어로 말하면, 그것은 기억용량이 아주 작을 뿐 아니라 속도도 느린 마이크로프로세서에다가 소프트웨어도 몇 가지 없는, 보잘 것 없는 기계였다.

그것이 가진 한계에도 불구하고, 나의 TRS-80은 획기적인 역할을 했다. 아주 적은 생활비로 살아가는 학생이었던 나는 자립하기 위해 학부교수들을 위한 연구조사와 집필 작업을 하고 있었다. 그 믿음직한 퍼스널 컴퓨터로, 나는 그것이 없을 때보다 6배나 더 효과적으로 일할 수 있었다. 내 동료들은 아직 퍼스널 컴퓨터를 사용하지 않았기 때문에, 나는 내 고객들에게 슈퍼맨처럼 보였고 수입은 증가했다.

퍼스널 컴퓨터가 가난한 대학원생에게는 편리한 장치 그 이상이었다. 그것은 전자계산에서 해방됐음을 의미했다. 전에는 '정보기술국'의 위압적인 직원들이 통제하는 메인프레임에 접속된 단말기를 이용하려고 대학 컴퓨터센터를 여기저기 돌아다녀야 했던 내가 이제는 아무런 방해도 받지 않고, 게다가 타임셰어링(한 대의 컴퓨터를 동시에 몇 개의 단말기로 사용하는 방식) 비용도 전혀 물지 않고 내 아파트에서 편안하게 일할 수 있었다. TRS-80은 내것이었고, 그리고 그것은 스티브 잡스가 그럴 듯하게 말했듯이—언제 어디서나 사용할 수 있는, 나의 정신적 능력을 확장한—소위 '마음 속의 자전거'가 되었다. TRS-80은 나의 생활에, 그리고 나와 같은 수백만 명의 생활에 개인적인 혁명을 가져왔다.

　내가 앞장에서 강조했듯이, 주요 기업생태계를 창조할 수 있는 잠재력을 가진 혁신은 사람들의 생활에 이러한 종류의 혁명을 불러일으켰다. 자동차, 장거리통신, 텔레비전, 의약품 그리고 항공여행 모두가 이런 효과를 가지고 있었다. 퍼스널 컴퓨터가 전자계산에서 해방시켰듯이, 이제는 인터넷이 전세계적인 장거리 통신을 해방시켜 거대한 경제혁명을 일으킬 것 같다. 1982년에 내가 TRS-80에서 기쁨을 발견했던 것은 그 당시에는 잘 몰랐지만 광범위한 혁명, 즉 경영혁명에 참여했기에 가능했던 것이다.

완건한 제품, 업무과정 및 조직구조를 완성시켜라

　으레 혁명은 폭발적으로 시작된다. 1970년대 초에 새로운 기술을 대표하는 마이크로프로세서는 광대한 응용범위를 낳을 가능성과 전자계산 비용을 엄청나게 줄일 가능성을 안고 등장했다. 그러나 이 기술혁신은 여러 해 동안 활용되지 못한 채 동면에 들어갔다. 앨테어(Altair)나 IMSAI와 같은 컴퓨터 애호가용 기계들은 1975년까지 아주 협소한 시장에만 침투해 있었다. 따라서 이러한 컴퓨터들은 일반 사람들이 사용하기에 적당한 제품이 아니었다.

　1970년대 말에 처음으로 탠디 주식회사와 애플 등이 오늘날 퍼스널 컴퓨터의 모체가 된 기계들을 내놓았다. 그들이 선택한 혁신의 씨앗은 마이크로프로세서였다. 그러나 이들 초기 설계자들 역시 전체 패키지를 통합하기 위해서는 그 밖에 다른 제품과 서비스가 창조되어야 한다는 것을 인식하고 있었다. 여기에는 하드웨어 부품에서부터 소프트웨어, 판매와 고객지원과 같은 서비스가 망라돼 있었다. 나의 TRS-80

모델 I은 이러한 노력의 산물이었다.

애플과 탠디는 각각 완전하고 풍부한 생태계를 창조하기 위한 전략을 가지고 있었다. 애플은 사업 파트너들과 협력하고 공진화를 장려하는 '복음전도'에 대해서 이야기했다. 즉 애플은 제휴할 파트너를 선정한 뒤 전체 퍼스널 컴퓨터 업계에 대한 비전으로 그들을 격려했으며 파트너들이 목표를 향해 나아갈 수 있도록 사기앙양을 비롯한 여러 가지 지원을 아끼지 않았다. 또한 기본적인 컴퓨터 설계와 운용시스템 소프트웨어를 엄격하게 통제하면서도 독립적인 소프트웨어 개발자들로 하여금 자사 컴퓨터를 위한 프로그램을 짜도록 독려했다. 애플은 또한 독립적인 잡지, 컴퓨터 상점 그리고 기술훈련소들과 협력했으며 수많은 학구(學區)에 애플 II를 '살포'했다.

한편 탠디는 수직적 통합을 강화하는 접근방식을 취했다. 탠디는 운용 시스템에서부터 프로그래밍 언어, 그리고 워드프로세서와 같은 응용 프로그램에 이르기까지 자신의 소프트웨어를 사도록 했다. 탠디는 자사 판매회사인 라디오 색을 통해서만 판매함으로써 판매와 서비스를 포함하여 지원과 훈련 및 시장개발을 통제했다. 게다가 탠디는 TRS-80에 호의적이던 여러 잡지들의 사기를 꺾었다. 따라서 단순하고 엄격하게 통제된 탠디의 생태계는 동기유발이나 기회부여와는 전혀 무관했고, 다른 기업의 참여를 통한 자본과 기술확대도 기대할 수 없었다.

〈도표 7-1〉은 주요 가치요소들의 대내외적 통제에 대한 애플과 탠디의 접근방식을 비교해서 보여준다.

탠디의 접근방식은 탠디가 아주 빠른 속도로 성장하게 해주었다. 즉 1979년에 애플의 총판매액이 4790만 달러였던 데 비해 탠디의 총판매액은 9500만 달러에 달하였다. 그러나 탠디의 엄격한 통제는, 성공을 위해서 본질적으로 시장점유율을 높이고 사용자층을 폭넓게 구

■ 어떤 조직들이 제품구조의 주요 요소들을 책임졌는가?

제품 요소	애플	탠디
응용 소프트웨어	독립적인 개발자들로 구성된 의욕적인 공동체	탠디의 면허를 받은 독립적인 개발자들의 소규모 공동체
프로그래밍 언어	자체 개발되기도 하고 독립적으로 개발되기도 함	외부 개발자에게서 언어를 사들여 라디오 섁을 통해서만 판매
운용 시스템 소프트웨어	자체 개발	자체 개발
디스플레이	제3자가 개발한 것을 제공받아 명칭만 바꾸었음	자체 제조
저장장치	제3자가 개발한 것을 제공받아 명칭만 바꾸었음	제3자가 개발한 것을 제공받아 명칭만 바꾸었음
입력장치 (예컨대 키보드 등)	제3자가 개발한 것을 제공받아 명칭만 바꾸었음	제3자가 개발한 것을 제공받아 명칭만 바꾸었음
기본적인 컴퓨터 하드웨어 플랫폼	자체 제작	자체 제작
마이크로프로세서	모토로라	질로그

■ 어떤 조직들이 주요 경영과정을 담당했는가?

경영과정	애플	탠디
고객 지원과 서비스	독립적인 상인들의 네트워크	회사 소유의 라디오 섁
판매	독립적인 상인들의 네트워크	회사 소유의 라디오 섁
마케팅	지명도가 높고 전국을 망라하는 외부 광고 대행사들을 이용	내부적으로 개발한 광고를 이용하는, 라디오 섁을 지원하는 지명도가 낮은 광고회사
잡지, 훈련을 위한 제품과 서비스, 고객 교육과 정보	지원을 받은 독립적인 잡지들과 학자들 및 지원 조직들	자체 출판물, 의기소침하고 독립적인 잡지들과 학자들 및 지원 조직들

• 애플과 탠디의 접근방식 및 주요 가치요소들의 대내외적 · 통제에 대한 비교. 내부적인 통제는 강조하기 위해 밑줄을 그었다.

〈도표7-1〉

축해야 하는 지점에 이르러서는 결국 성장의 둔화를 가져왔다. 1982
년에 애플은 5억 8310만 달러의 판매고를 올려 탠디의 4억 6640만 달
러를 크게 앞질렀다. 그 다음 두 해 동안에 탠디가 중심이 된 생태계
는 IBM 퍼스널 컴퓨터가 약진하자 붕괴되고 말았다. 그리하여 탠디는
또 하나의 IBM 유사품 제조업자로 전락하고 말았다. 애플은 광범위한
기반에 대한 확고한 지원 덕분에 1990년 중반까지 IBM이 퍼스널 컴
퓨터 생태계에 참여한 후로 10년이 넘도록 확실한 시장영역을 장악할
수 있었다.

　컴퓨터 산업 내부에서 이렇게 상반된 접근방식에 대한 비교는 주요
경영진에 민감하게 받아들여졌다. 그들은 여기서 다음과 같은 몇 가지
분명한 교훈을 얻을 수 있었다. 즉 혁신은 접근방식이 서로 다른 실행
사이에 경쟁을 유발하며, 그 경쟁에서 승자가 되려면 완벽한 가치를
완전하게 제공하는 것이 무엇보다 중요하다. 또한 종의 다양성은 제3
자의 소프트웨어와 하드웨어 및 서비스를 망라해 광범위한 영역의 고
객들을 끌어들이며, 초기 고객들은 다양한 가치요소들과 제품 및 서비
스를 부가해준다. 그리하여 궁극적으로는 확장의 선순환이 구축된다.

　어쩌면 가장 중요한 것은, 창조되는 여러가지 새로운 가치들을 그
생태계의 창설자나 총괄자들이 예측하지 못한다는 것이다. 오히려 새
로운 가치는 대개 자신의 목적을 위해 그 생태계로 와서 그 생태계가
제공하는 것들을 자신의 필요에 맞게 적응시키려고 하는 아웃사이더
들에 의해 발견되고 추구된다. 이런 식으로 아웃사이더들은 인사이더
가 되며, 이로써 그 생태계와 생태계의 종들은 다양해진다. 예컨대 애
플은 굳이 교육시장을 점령하기 위해 애쓰지 않고서도 자연스럽게 교
육종사자나 학생들이 총아가 될 수 있었던 것이다. 마찬가지로 전자출
판업계는 본질적으로 우수한 그래픽 인터페이스와 초기의 레이저 프
린터 그리고 애도브(Adobe) 등과 같은 독립적인 사람들이 개발한 소

프트웨어를 가진 애플 매킨토시를 찾았다.

생태계 리더십은 참여를 위한 틀을 창조해야 한다

탠디와 애플을 면밀하게 관찰한 사람들은 거기에서 두 번째 분명한 교훈을 얻을 수 있었다. 즉 확장이란 근본적으로 새로운 파트너들을 그 경제공동체에 참여시키는 것이라는 점이다. 생태계의 확장이 한 회사의 성장에는 부차적인 것일 수도 있다. 하지만 파트너와의 협력은 그 회사의 성장에 촉매 역할을 한다. 파트너들은 전혀 예측하지 못한 창조적인 방식으로 그 생태계가 가치요소 전체를 충족시키고 또한 풍부하게 하도록 도와준다. 게다가 자신의 진지에 주요 파트너를 끌어들임으로써 그들이 확장을 꾀하는 다른 생태계를 지원하는 것을 차단하고 자신의 생태계를 방어하는 데도 결정적인 역할을 한다. 한 생태계가 그들에게 새롭게 기여할 수 있는 파트너들을 얼마나 신속하게 통합하는가는 그 생태계의 구조가 얼마나 개방적인가 그리고 얼마나 많은 기여자들이 그들과 새로 제휴할 충분한 동기와 능력을 가지고 있는가에 달려 있다.

애플이 한 일 가운데 가장 중요한 것은, 기업생태계의 리더십은 다른 사람이나 다른 조직을 끌어들여 그들의 활동을 생태계의 성장을 촉진하는 방식으로 조직하는 개방적인 참여의 틀을 구성하는 데서 발휘되어야 함을 보여준 것이다. 그의 선구자나 동시대인들에게는 터무니없이 들리겠지만 애플은 흔히 퍼스널 컴퓨터 발명자라는 칭송을 듣는다. 그렇지만 애플의 조직적 비전을 창시하고 그것을 구체적으로 실현하는 데 결정적인 역할을 했던 스티브 잡스는 복음전도를 하나의 경영방식으로 창안하기 위해 많은 일을 했다. 즉 어떤 사람들을 포섭할 필요가 있는가를 결정한 다음 그들을 끌어들일 방법을 찾아내고 지속적으로 그들을 받아들일 수 있는 틀을 유지해 참여를 자극했으며, 그 공동체 내에서 공정한 게임을 할 수 있도록 유도했다. 한 인사이더는 이렇게 평했다.

"스티브 잡스는 록 스타가 되고 싶었으며, 그러한 열정과 개성을 사업에 바쳤다."

그 당시 로큰롤 사회에 특징적으로 나타났듯이 열렬한 애호가들과 팬들을 창조하고 프로모터 및 대중매체와 협력하며 명성과 명예와 충성을 이끌어내고 심지어 반항까지도 불러일으키려고 노력함으로써 잡스와 그의 애플 동료들은 산업간 경계가 없고 여러 가지 다양한 기능과 개성들을 통합하며 가치사슬을 창조하는 새로운 기업생태계 세계와 아름답게 조화된 새로운 경영방식을 만들어냈다.

그러나 얄궂게도 애플 자신이 이러한 틀을 쫓아가지 못하고 결국 몰락하고 말았다. 1980년대 말에 IBM이 씨를 뿌린 생태계의 주도권은 마이크로소프트와 인텔에 넘어갔으며, 그 생태계는 아주 개방적이고 대단히 효과적인 참여의 틀을 개발했다. 수천에 이르는 공급자들과 수백만에 이르는 고객들이 그 생태계에 합류하기 위해 쇄도하였다. 이제 잡스와 그의 초창기 로큰롤 밴드의 손을 떠난 애플은 상대적으로 참여하기 어려운 폐쇄적 생태계가 되었다. 응용 소프트웨어 회사들은 애플의 기계와 한 묶음으로 나온 애플 워드프로세서 및 제도용 프로그램을 가지고는 경쟁하기가 어렵다는 것을 발견했다. 하드웨어 회사들은 그 생태계에서 유일무이한 존재가 되기를 고집하는, 그리하여 자신의 소프트웨어 운용 시스템을 다른 기계에서 작동시키는 것을 허락하지 않으려는 애플의 태도 때문에 벽에 부딪혔다. 그러나 이와 달리 마이크로소프트 소프트웨어와 인텔 칩 그리고 다른 관련 부품들은 그들의 생태계에 참여하기를 원하는 사람이면 누구나 이용할 수 있었다.

애플 생태계의 혁신속도는 느려졌으며, 가격은 제자리걸음이었고, 가치를 선도하는 리더십은 자신의 경쟁 생태계로 넘어갔다.

확장기 기업생태계의 리더들은 다양한 참여자들의 노력을 끌어들이고 조화를 이루는, 가장 효과적인 틀을 만들어야 한다. 자원들이 자신의 역할을 스스로 규정하고 리더를 찾아서 그 생태계에 참여하기를 원할 정도로 생태계가 매력적인 존재가 된다면 더할 나위 없을 것이다.

나아가 리더가 어떤 자원이 찾아오더라도 반갑게 맞이할 정도로 개방적이고 그 자원들 스스로가 새로운 가치를 발견하는 능력과 창조성을 발휘하여 새로운 성장의 길을 제안하고 개발하는 데 주도적인 역할을 할 수 있게 한다면, 그 노력은 가장 효과적으로 발휘될 수 있을 것이다.

생물생태계에서는 이와 같은 현상이 훨씬 두드러지게 나타난다. 이미 지적했듯이 육지와 멀리 떨어져 있는 섬들은 아주 느리게 발전한다. 하지만 기업생태계에서는 본질적으로 섬이 새로운 기여를 할 수 있는 자원들에 더욱 가깝게 접근할 수도, 더욱 멀리 떨어질 수도 있다. 따라서 새로운 것의 도입을 조절할 수 있다.

한동안 애플은 새로운 종들에 개방적인 생태계를 창조했으며, 새로운 기여를 할 수 있는 그러한 종들을 불러들이고 그들을 조직화하는 데서 자신의 존재이유를 찾았다. 이는 아주 다양한 기업 종을 낳았으며, 애플 생태계로 하여금 풍부하게 성장해 결국은 규모에 있어서도 탠디를 앞지를 수 있도록 해주었다. 하지만 이와 대조적으로 탠디는 해변에서 자꾸 멀어짐으로써 고립됐으며 거리효과의 희생자가 됐다. 탠디의 생태계는 다른 종이 들어오는 것을 허락하지 않았기에 그만큼 힘차고 강해질 수 없었다. 생물의 세계에서와 마찬가지로 기업 세계에서도 다양성이 더 큰 생태계가 더 바람직한 생태계가 될 것이다.

물론 파트너들과 제휴하는 데는 여러 가지 위험이 뒤따른다. 다른 어떤 곳의 파트너와 마찬가지로, 기업생태계에서도 파트너가 공동체의 리더십을 장악할 정도로 강력하게 성장할 수 있다. 따라서 파트너들과 제휴하는 것도 중요하지만 한편으로는 장기적으로 리더십을 유지하고 파트너들을 통제할 수 있는 전략을 수립해야 한다. 그러나 이러한 교훈이 초기 퍼스널 컴퓨터 혁명을 주도했던 리더들의 의식에는 확고하게 자리잡혀 있지 않았다. 이는, 앞으로 살펴보겠지만, 지난날의 파트너였던 마이크로소프트나 인텔에 잡아먹혔다는 것을 깨달았던 후기 IBM의 경험을 보면 충분히 납득할 수 있다. 파트너와 제휴하는 데 따른 위험에 대해서는 뒤에 상세히 다루겠다. 여기에서는 소위 경쟁의 종말 이후 파트너와 제휴하는 것은 거의 피할 수 없으며 따라서 그들의 도전을 피하기보다는 그것을 정복해야 한다는 점만 말해두기로 한다.

만약 적절하다면 선구적인 생태계들을 이용하라

어떤 의미에서 한 생태계가 아무 것도 없는 상태에서 출발하는가, 아니면 다른 생태계에 있다가 그 환경에 적응한 종이나 다른 생태계에서 빌려온 종에 의해 세워지는가는 중요하지 않다. 중요한 것은 협력과 공진화할 수 있는 새로운 틀, 즉 상호의존적인 새 관계들을 형성하고 유지해서 다른 조직들에 대한 경쟁 우위를 제공하는 것이다. 내가 좋아하는 생물학적 예 가운데 하나는 송골매가 뉴욕시에 구축한 아주 작은 생태계다. 그것은 송골매가 농약이나 DDT 또는 이와 비슷한 화학약품에 아주 민감했기에 가능한 일이었다. 미국에서는 대부분 금지된 이러한 화학약품들로 인해 송골매의 알껍데기가 점차 얇아져 대부분의 알이 부화하기도 전에 깨져버렸다. 송골매가 DDT를 직접 섭취하는 일은 없었지만 DDT에 오염된 벌레를 잡아먹은 새들을 먹었기 때문이다. 먹이사슬의 각 단계에 쌓인 DDT는 송골매에게 치명적인 영향을 끼쳤다.

그런데 놀랍게도 뉴욕시의 비둘기는 그 도시의 쇄석을 먹는데도 DDT에 오염되지 않았다는 것이 밝혀졌다. 몇 년 전에 몇 마리의 송골매가 고층건물 꼭대기에 둥지를 틀고 배가 고프면 비둘기들을 잡아먹으면서 뉴욕에 자리를 잡았다. 송골매는 이제 옛날부터 있었거나 새로 날아들어온 것들이 모여 이룬 이 작은 생태계에서 크게 번성하고 있으며, 지금은 도시의 모든 고층건물로까지 그 영역을 확장하였다. 여기서 중요한 것은 생태계를 구성하는 요소들의 원천이나 그들의 이전 관계가 아니라 송골매와 비둘기, 그리고 음식찌꺼기를 연결해 하나의 상호의존적이며 자립적인 시스템으로 만든 새로운 협력을 위한 틀이다.

새로운 생태계는 현존하는 생태계들과 그 생태계를 구성하는 요소들을 기민하고 솜씨 좋게 활용함으로써 강력한 이점을 얻을 수 있다. 앞장에서 스타라이트 통신은 소말리아에서 전화서비스를 할 때 영리하게도 근거리 무선통화를 위한 값싼 택시 무선통신에서부터 노르웨이 통신과 위성연결을 통한 전세계적 장거리 서비스 네트워크 접속에 이르기까지 기존 시스템을 이용하였다. 성공의 열쇠는 보수적인 사고방식과 운영방식에 휘말리지 않는다는 전제 아래 현존하는 생태계의 규모와 기타 확립된 역량들을 이용하는 데 있다. 물론 자기 자신의 비전과 가치에 충실하고, 또한 새롭고 독특한 생태계 안에 창조적인 관계들을 수립할 수 있는 적절한 협력의 틀 속에서 이러한 가치를 실현하면서 그 자원들을 활용하는 능력을 발휘해야 한다.

사람들은 IBM 퍼스널 컴퓨터 생태계가 소위 CP/M 세계 이전의 퍼스널 컴퓨터 생태계의 단편적인 부분에 기초하여 세워졌다는 사실을 거의 기억하지 못한다. 퍼스널 컴퓨터 사업 초창기에 세 번째로 등장한 생태계는 거의 이륙하자마자 추락하고 말았다. 이 세 번째 생태계는 두 소프트웨어 회사, 즉 디지털 리서치(Digital Research)와 마이크로프로(Micropro)를 중심으로 세워졌다. 1977년에 디지털 리서치는 자신의 소프트웨어 운용 시스템인 CP/M을 하드웨어와 관계없이 이용할 수 있게 만들었다. 그러한 분리는 거의 모든 소규모 제조업자들이 부품을 조립해 사용 가능한 퍼스널 컴퓨터를 만들어낼 수 있게 하였다. 하룻밤 사이에 엄청나게 다양한 소규모 회사들이 초기 탠디 기계에서 사용됐던 질로그(Zilog) 마이크로프로세서를 기초로 하여 그 사업에 뛰어들었다.

1979년에 마이크로프로는 CP/M을 탑재한 기계에서 운용되는 워드프로세서를 내놓았다. 워드스타(Wordstar)는 최초의 아주 강력한 워드프로세서였으며, 그것은 잠재적인 PC 고객들, 작가와 편집자 같은 중요한 집단을 황홀하게 만들었다. 이리하여 워드스타와 CP/M, 모로(Morrow)와 케이프로(Kaypro) 같은 소규모 회사들의 하드웨어에 대한 수요는 폭증하였다.

그러나 불행하게도 하드웨어 회사들 사이에는 치열한 경쟁이 없었기 때문에 아무도 공동체를 주도하는 리더십에 재투자할 정도로 많은 돈을 벌 수 없었다. 그리고 두 소프트웨어 회사 가운데 어느 누구도 공동체에서 리더십을 발휘하는 방법을 알지 못했다. 결국 시장을 연구하고 공급자와 파트너를 조직하여 시장개선을 꾀하는 사람이 아무도 없었던 것이다. CP/M 생태계는 초기 형태를 넘어서려고 애쓰다가 그만 난관에 부닥뜨렸다.

1981년 퍼스널 컴퓨터 사업에 뛰어든 IBM은 이 생태계의 단편들을 주워모았다. 수직적 통합이라는 자신의 역사 및 문화와는 반대로 IBM은 지지자들의 공동체를 세운 애플 모델을 따랐으며 이를 확대했다.

IBM은 파트너들과 제휴하였으며 자신의 컴퓨터 구조를 외부 공급자에게 개방했다. 나아가 IBM은 탠디와 CP/M 기계에서 사용된 질로그 마이크로프로세서에서 이용할 수 있었던 모든 명령을 통합한 인텔의 마이크로프로세서를 채택했다. IBM은 당시 아주 조그만 회사였던 마이크로소프트의 소프트웨어 운용 시스템인 MS-DOS 사용권을 따냈다. 원래 MS-DOS는 마이크로소프트가 CP/M의 복제판에 가까운 운용 시스템을 만들어냈던 더 작은 회사인 시애틀 컴퓨팅에서 사들인 것이었다. 결국 워드스타와 다른 인기 있는 응용 프로그램들이 IBM PC에 쉽게 탑재될 수 있었다.

여기에서 본질적으로 중요한 것은 IBM이 CP/M 생태계의 주요 요소들을 그들 자신의 노력에 접목시켰다는 점이다. 동시에 IBM은 자신의 전통적인 메인프레임 중심 생태계가 갖고 있는 몇 가지 경쟁 우위적인 요소들을 새로운 노력에 '빌려' 주었다. IBM은 자신의 충분한 재력과 규모를 이용하여 성공적인 퍼스널 컴퓨터 중심 생태계를 구축하였다. 그 결과 IBM 생태계는 확장 측면에서 보았을 때, 애플과 탠디가 주도했던 노력들에 비해 상대적으로 엄청난 경쟁우위를 확보했다.

IBM은 엄청난 상표광고와 시어즈(Sears)를 비롯해 기타 유통구조를 통한 판매, 그리고 자신의 제품만을 파는 전문점 네트워크의 개설 등에 종합적인 노력을 기울임으로써 이 새로운 기계에 대한 수요를 자극했다. 게다가 마이크로소프트에 자금뿐만 아니라 경영에 관한 조언과 시스템을 제공했다. 또한 IBM은 인텔이 규모가 큰 마이크로프로세서 사업을 하도록 도와주는 데 그치지 않고 1983년에는 2억 5000만 달러를 인텔에 제공했으며, 이로써 인텔은 칩 조립시설을 세울 수 있었다. 어떤 측면에서 보더라도 자신의 PC 생태계 확장에 대한 IBM의 접근 방식은 엄청난 성공을 거두었다.

IBM의 퍼스널 컴퓨터 사업은 1982년에 5억 달러에서 1986년에는

56억 5000만 달러로 급증할 만큼 성장했으며, IBM과 IBM생태계는 빠른 속도로 시장을 지배했다.

인습적인 사고방식에서는 오래된 생태계와 새로운 생태계의 관계를, 오래된 것이 새로운 것을 집어삼키는 측면에서 보는 경향이 있다. 대체로 혁신적인 측면이 빈약하다고 보아도 좋은 대기업들은 어떤 아이디어가 제출되더라도 그것의 확실한 가치가 증명될 때까지 기다렸다가 나중에야 그것을 채택해 성공시킨다. 사실 사람들은 IBM 퍼스널 컴퓨터의 역사를 종종 그런 식으로 이야기한다.

그러나 나는 좀더 창조적인 관점에서 보면 새로운 생태계는 오래된 생태계와 협력함으로써 아주 많은 것을 얻을 수 있으며 결국 정상에 오르는 것은 새로운 생태계에 속한 회사들이라는 점을 말하고 싶다. IBM의 경우 승자가 된 것은 마이크로소프트와 인텔이었으며, 사실상 그들이 노력과 리더십, 그리고 비전을 IBM의 자원에 접목시켰다고 보는 것도 역사를 바라보는 한 가지 방식이 될 수 있다.

마찬가지로 페더럴 익스프레스도 전화와 공중 수송 체계가 없었더라면 성공하지 못했을 것이다. 페더럴 익스프레스는 이 두 개를 자신의 목적에 맞게 조직했다. 아주 좁은 범위의 상품만을 지배하는 데 관심을 두는 소매상들도 부분적으로는 다른 잡화점에서 팔지 않는 제품이나 서비스를 고객에게 제공해주기 때문에 성공할 수 있는 것이다.

홈 데포(Home Depot, 역주 : 비전문가도 쉽게 조립해서 만들 수 있는 가정용품을 전문적으로 판매하는 연쇄점)의 상품도 인근 공구점과 목재상에 의해 보완되고 있다. 유기농법으로 재배한 식품을 판매하는 상점들은 전통적인 슈퍼마켓을 포함한 전반적인 시장과 이익을 나누고 있다. 고객들은 대체로 두 상점에서 장을 본다. 새로운 기업생태계 세계에서는 오래된 세계의 어떤 부분들을 어떻게 통합할 것인가 하는 문제도 전략의 중심요소가 된다.

확장기 생태계 안에서 당신 자신의 상황을 생각해보라

지금까지 확장하는 과정에 맞닥뜨릴 몇 가지 도전에 대해서 검토해 보았으므로, 이제 당신 회사의 확장, 그리고 당신 자신의 사업을 둘러싸고 있는 더욱 넓은 세계와 생태계의 확장을 촉진하기 위해 당신이 제공할 수 있는 기회들에 대해서 잠시 생각해보는 것도 의미가 있을 것이다. 다음에 있는 7가지 차원에 대한 도표는 확장기에 생각해볼 가치가 있는 몇 가지 점을 정리한 것이다. 당신은 당신의 경영 팀도 다음과 같은 문제에 대하여 생각해보라고 권하고 싶을 것이다. 확장하는 공동체를 창조한다는 정신에 충실하려면 당신은 '팀'을 좀더 넓은 의미로 해석하고 여기에 당신이 참여하고 있는 생태계 전반에서 주도적인 역할을 하고 있는 중심적인 리더들을 포함시켜야 할 것이다.

이들 문제를 다루려면 먼저 광범위한 문제들을 생각해보아야 한다. 즉 제품, 서비스, 업무과정 및 조직의 측면에서 볼 때 당신의 기업은 생태계의 확장에 어느 정도 기여할 수 있을까? 공진화한다는 새로운 사고방식 속에서 나의 기업은 고객과 상호연관된 제품이나 서비스, 즉 새로운 기능과 해법을 창조하고 개발하는 데 어느 정도 기여할 수 있을까? 이러한 질문에 대한 답변은 다른 참여자들에게 파트너로서 제휴할 것과 혹은 표준과 당신이 제공하는 것이 좀더 밀접하게 통합될 수 있는 보완적인 제품이나 서비스를 제공하도록 제안하게 할 것이다. 또한 그 답변은 이러한 요소들 사이에 상호의존적인 관계와 운영 차원의 제휴강화를 목표로 한 연구개발에 바람직한 방향을 시사해줄 수도 있을 것이다. 여기에서 전반적으로 해결해야 할 문제는 기업생태계의 7가지 측면에서 협력과 공진화를 유도하는 틀을 창조하는 것이다. 그리고 그것은 그 생태계가 경쟁우위적인 요소들을 확보할 수 있도록 도와줄 것이다.

기업 생태계 차원	협력과 공진화를 위한 틀이 역점을 두어 다뤄야 할 질문들	달성해야 할 경쟁 우위
고객	확장하기 위해서 나의 생태계는 열망과 자기 이미지, 그리고 구매습관과 제품충성도에서 나타나는 어떤 변화를 이용해야 하고 혹시 도움이 된다면 어떤 변화들이 활기를 띠도록 해야할까?	그 생태계의 구성원으로서 강한 연대감을 가진 고객 확보 및 다른 구성원들에 대한 적극적이고 다양한 유대관계
시장	어떤 시장의 수요를 충족시키기 위해 나의 생태계가 확장되기를 원하는가? 어떻게 하면 나의 생태계를 확장하려는 노력 속에서 나의 생태계가 이 시장들 내의 사람과 조직의 열망에 기여하도록 할 수 있을까? 어떤 지역 종들의 제품·서비스·활동·조직들을 나의 상호의존적 네트워크에 포함시켜야 하나? 혹은 나의 확대되는 기여들에 의해 대체될 수 있을까?	마케팅 채널과 그것들이 봉사하는 일정한 경계 내의 시장에 대한 지배
제공	어떤 보완적인 제품과 서비스가 생태계의 확장을 도울까? 나는 어떻게 내가 제공하는 것들과 이와 연관된 기여들의 유대를 강화하도록 도울 수 있을까? 그리고 그것들이 현재의 가치를 유지하고 개선되도록 도울 수 있을까?	고객들이 연관된 제품과 서비스를 찾아 생태계의 범위를 넘으려고 하지 않을 정도로 풍부하고 완전한 가치들을 모두 제공
업무 과정	나 자신뿐만 아니라 다른 사람에 의해서도 관리되며 나의 사업이 확장하기 위해서 의지해야 할 완벽한 업무과정을 갖춘 생태계는 어떤 것인가? 이러한 업무과정의 확장은 파트너들 사이의 의식적인 협력에 의해 어떻게 개선될 수 있을까?	지금까지 잘 실행돼 왔던, 업무과정, 다른 생태계에 대한 누적된 연결과 규모와 범위의 경제를 달성한 업무과정, 그리고 생태계 발전에 기반이 되는 기술과 구상을 더욱 효과적이고 효율적으로 반영하는 업무과정의 구축
조직	나의 기업과 그것이 속한 생태계의 확장을 위해서는 어떤 조직과 내부조직 관계들이 필요할까? 확장을 지원하기 위해서는 그러한 조직구조가 어떻게 개선돼야 할까?	이 생태계에 규모, 범위, 혁신의 측면에서 최대한의 경제성을 가져다 주는 일련의 조직관계 구축
이해관계자	확장하기 위해서는 재정적인 지원을 포함해 어떤 이해관계자의 지원이 필요할까? 이러한 지원은 어떻게 확보할 수 있을까?	최저비용으로 필요한 최대의 자원을 확보하고, 특히 비용이나 통제의 측면에서 부담이 되지 않는 재정적인 지원을 확보한다.
가치 와 정책	어떻게 하면 나의 생태계와 기업의 확장이 공급가치 및 정부정책과 양립할 수 있을까? 나는 어떻게 이것들과 유대를 강화하며, 또한 나의 생태계의 확장이 낳을 수 있는 이점을 대중과 중요한 정부 지도자들에게 설명할 수 있을까?	생태계의 목적 및 가치와 자신을 둘러싸고 있는 사회의 목적 및 가치, 그리고 정부 관료와 기관들을 포함한 그 사회 파워 엘리트들의 목적 및 가치 사이에서 최대한의 공통분모를 이끌어낸다

〈도표 7-2〉

■ 기업생태계의 확장을 주도하기 위해 필요한 인식의 변화들

~에서	~로
개별적인 회사를 세우고 그것들이 성장하도록 돕는다.	많은 회사가 갖고 있는 능력들을 결합시키는 공진화를 위한 틀을 세우고 이들 공동체가 성장하도록 돕는다.
이미 이용되고 있는 자원을 가지고 어느 정도 충족되고 있는 요구를 더욱 잘 충족시킬 수 있는 방법을 찾는다.	아직 충족되지 않은 강력한 요구와 분산돼 있고 충분히 이용되지 않은 자원에는 어떤 것들이 있는지를 확인하고, 이러한 자원과 요구를 창조적인 방법으로 결합하는 새로운 가치사슬을 만들어낸다.
주로 당신의 회사와 산업공동체 안에 어떤 자원이 있는지를 확인한다.	당신의 회사와 산업보다는 다른 회사와 산업에 있는 자원을 통합하는 창조적인 방법을 찾는다.
기본적으로 생명이 없는 자산의 통제를 통해, 그리고 사람들과 조직들이 당신의 계획에 따르도록 강요함으로써 경영력과 리더십을 발휘한다.	재능 있는 사람, 조직, 기업들이 일련의 공동목표를 실현하기 위해 당신과 제휴하도록 유도한다.

〈도표 7-3〉

　당신이 당신의 동료들과 함께 이런 질문들에 대해 이야기할 때 서로 의견이 일치하는 부분들을 유심히 살펴봐야 하겠지만 팀 구성원 사이에서 의견이 일치하지 않는 점들에 대해 살펴보는 것도 상당히 흥미로울 것이다.

　생태계 차원에서 확장전략이 서로 일치하지 않는다면 눈에 보이지 않는 커다란 타격을 줄 것이다. 왜냐하면 확장전략이 일치하지 않으면 사람들은 서로 엇갈린 행동을 할 것이고 또한 그 회사의 평상시 경영시스템과 목표에서 벗어나는 리더십이 일어날 것이기 때문이다. 필연적으로 당신들이 창조하고 관리하는 협력이나 공진화를 위한 틀과 뚜렷한 관련을 갖고 있는 제휴세력들 또한 경영팀의 효율성에 대해서 의심을 품을 것이다. 그러면 그들은 새로운 자원, 그 자원을 원래의 목적에 맞게 이용하는 새로운 방법, 그리고 획기적인 성공을 달성할 잠재적인 영역들을 찾아나서거나 제안할 수도 있다.

대체로 기업생태계의 성장을 성공적으로 주도하기 위해서는 당신이나 당신 팀의, 리더십에 대한 사고방식을 변화시켜야 한다. 근본적인 측면에서 보았을 때, 여기서 변화란 실체의 개념에서 틀의 개념으로 바뀜을 말한다. 즉 주로 사업을 구성하는 실체인 회사와 사람, 기술, 자산을 중심으로 생각하던 방식에서 이러한 실체들이 협력하고 미래를 향해 공진화해가는, 협력과 공진화를 위한 틀을 중심으로 사업을 바라보는 변화를 말한다.

실체를 중심에 놓는 관점에서 협력과 공진화를 위한 틀을 중심에 놓는 관점으로 이동하려면 이와 관련된 여러 가지 명백한 변화가 필요하다. 이러한 변화들이 〈도표 7-3〉에 요약돼 있다.

당신은 조직 네트워크, 표준, 구조가 반드시 이루어져야 할 것들의 중요한 측면을 강조하는 데 그쳐서는 안 된다. 리더의 임무는 바뀌어야 한다. 리더가 도전해야 할 일은 혁신적인 가치를 고객에게 제공하는 협력과 공진화를 위한 틀을 설계하고 추진하는 것이다. 그 안에서 리더는 자신이 기여해야 할 바를 발견할 것이다. 당신은 실패를 한 후에야 비로소 틀을 중심으로 한 시각으로 나아가기보다는 경영전략이 이러한 관점에서 출발할 수 있도록 경영에 대한 사고방식에 근본적인 변화를 주어야 한다.

계속되는 2단계 : 혁명의 방어

　지구의 위성사진을 보면, 식물과 동물들의 비슷한 공동체 영역이 마치 여러 가지 색깔과 모양의 천조각을 펼쳐놓은 양 광활하게 분포돼 있다. 아직도 미국의 동부와 중서부에는 활엽수가 빽빽이 들어서 있는 단단한 숲을 기반으로 한 생태적 질서가 자리잡고 있다.

　그러나 좀더 자세히 살펴보면, 전혀 다른 광경이 눈에 들어온다. 광활한 분포 구역들이 뚜렷하게 구분되는 여러 다양한 상태로 나타나는 것이다. 미시간 호를 따라 길게 펼쳐진 있는 모래언덕들이 눈에 들어오고, 습지들은 초원과 인접해 있다. 그리고 도시 주변의 블루그래스 초지들이 숲을 가로지르고 있다.

　이렇게 자세히 보면 좁은 서식지의 국지적인 조건들을 나타내는, 생물학자들이 말하는 소위 소(小)기후들이 복잡하게 뒤섞인 신비한 경관들이 뚜렷하게 눈에 들어온다. 같은 날 같은 시각에도 작은 언덕의

남쪽과 북쪽은 상당히 큰 온도차를 드러낸다. 겨우 몇 제곱미터밖에 안 되는 좁은 면적에서 상당히 다양한 토양조건들이 나타나기도 한다. 강들은 물기라고는 전혀 없는 건조한 바위층 바로 옆에 수생(水生) 생태계와 습지대를 위한 풍부한 조건들을 만들어내면서 넓은 대지를 가로질러 흘러간다.

여러 산업을, 그리고 산업계간 경계를 파괴하는 새로운 기술들을 수렴하면서 빠르게 확장하는 기업생태계의 세계에서, 우리는 때로 여러 가지 다양한 기업 소기후들을 제대로 평가하지 못하거나 그것들이 가진 이점들을 제대로 이용하지 못하곤 한다. 그러나 소기후들은 불안정한 기업생태계에 결정적인 보호장치를 제공할 수도 있다. 우리는 코스타리카 식이라고 불리는 기업생태계의 풍부함과 변화무쌍함을 찬양할 수도 있다. 그러나 만약 당신이 새로운 질서를 수립하려고 한다면, 코스타리카는 도저히 그런 일을 착수하기에 마땅찮은 지역일 것이다. 오히려 당신은 외부로부터 격리돼 있는 지역을 찾아내 거기에 중심적인 종들을 도입해서 일련의 과정을 거쳐 풍부하고 상호의존적이며 긴밀한 관계들로 이루어진 공동체를 창조하고 싶을 것이다.

따라서 국가와 산업 간에 그물처럼 얽혀 있던 수많은 경계가 무너져갈 때는 소규모로 시작해서 특수한 소(小)조건과 절묘하게 어울리는 생태계를 세우는 것이 현명한 전략일 수도 있다. 앞으로 살펴보겠지만 월 마트를 포함해 후기산업사회에서 강력한 힘을 발휘하는 몇몇 기업은 아주 작은 기회환경에서 시작하여 거대한 제국을 창설했다. 그들은 일단 소규모 기회환경 가운데 몇 가지를 포착하여 그 기회환경 내에서 자기 위치를 확립한 뒤 그곳에서 창조한 것을 구슬을 꿰듯이 연결시켜 거대한 규모와 범위의 경제를 가진 정교한 네트워크를 형성했다. 이러한 전략은 새로운 세계에서는 아주 중요하며, 노력을 기울일 만한 가치가 충분히 있다.

우선 많은 경우에 그러한 접근방식을 요구하는 생태계 간 경쟁에 토대가 되는 조건들부터 다시 살펴보도록 하자.

생태계와 생태계 간 경쟁의 위험

전통적인 경계들이 붕괴되거나 점차 상호침투하게 되면서 대부분의 회사는 자신이 아주 광활한 기회환경 속에서 전통적인 경쟁자와 새로운 경쟁자 사이를 표류하고 있다는 사실을 깨닫는다. 대부분의 창조적인 회사들은 기업생태계를 결합하여 고객을 만족시키고 새롭고 혁신적인 아이디어들을 이용하는 데 필요한 지원과 다양한 능력을 제공한다. 그러나 하나의 기업생태계를 창조하는 것만으로는 경쟁을 피하지 못한다. 사실 새로운 세계에서는 생태계와 생태계 간의 경쟁이 상당히 광범위하게 일어난다.

생태계와 생태계 간의 경쟁은 어느 정도는 기업생태계만의 독특한 특성이며 생물생태계에서는 이에 직접적으로 상응하는 현상을 찾아볼 수 없다. 이와 가장 유사한 현상은 정원사가 잡초나 황무지와 벌이는 전쟁일 것이다. 그러나 기업생태계에서는 리더들이 미래와 구성원들의 관계에 대한 대안을 제시하고, 고객과 공급자, 그리고 기타 사람들은 어떤 대안을 선택하도록 요구받는다.

생태계와 생태계가 벌이는 전쟁은 기업생태계의 성장기인 2단계에서 집중적으로 나타난다. 아이디어들이 급속하게 전파되고 기업가 정신에 대한 전통적인 장벽들이 전세계적으로 와해된 상황에는, 실험을 거쳐 확장 단계로 진척된 아이디어들이 적대적인 공동체들을 자극할 것이다. 어쩌면 일정한 제휴세력들에 의해 팽창하는 공동체의 존재 자체가 선견지명이 뒤떨어지는 다른 전략가들에게는 행동이 개시됐다는 것을, 그리고 그들도 비슷한 생태계를 만들기 시작해야 할지도 모른다는 사실을 알리는 신호가 된다.

이러한 현실에서 한편으로는 다른 경쟁자들의 침범을 막으면서 또 한편으로는 우리 자신의 상호의존적인 관계망을 확대하고 심화시키려면 어떻게 해야 하는가를 정확하게 파악하지 않고서는 2단계 확장을 위한 의미있는 전략을 세울 수 없을 것이다. 경쟁이 가장 흥미롭게 펼쳐지는 상황은 팽창하는 공동체간의 충돌일 것이다. 나는 월 마트와 케이마트 간의 마지막 결전을 지켜보면서 흥분을 가눌 수 없다. 월 마트가 분발하면 할수록 케이마트는 자신이 의지하고 있는, 이제는 허약해진 상호의존적인 관계들의 완전붕괴를 피하기 위해 온갖 노력을 기울인다.

확장을 벌이며 당신과 경쟁하는 어떤 경쟁자도 단순히 당신을 이기는 데서 그치려고 하지는 않을 것이다. 경쟁자들은 당신 생태계의 경영 모델이 붕괴될 정도로 이용 가능한 영토는 모두 빼앗으려고, 즉 생태적인 부양능력이 미칠 수 있는 범위만큼은 가능한 한 모두 흡수하려고 한다. 당신과 경쟁하는 팽창주의자들은 당신의 생태계가 광범위한 구성원과 규모 그리고 지속적인 혁신에서 이익을 얻을 정도로 크게 성장하는 것을 막으려고 한다. 이 새로운 경쟁자는 궁극적으로 당신의 우세한 시스템이 비틀거리다 결국에는 무너지기를 바라면서 당신의 생태계가 성장하는 것을 저지하려고 한다.

생태계 차원에서 벌이는 결투는 중심적인 고객, 임계량과 시장력, 그리고 중요한 공급자들을 포함하여 기타 잠재적인 제휴세력을 확보하는 싸움으로 집중된다. 이것이 바로 집요한 제로 섬 게임이다. 내가 빼앗은 만큼 당신은 잃는다. 나는 중요한 기여자들을 포섭하는 데 그치지 않고 그들이 당신과 다른 생태계들에서 등을 돌리게 하려고 한다.

따라서 당신이 성공하려면 두 가지 목표를 달성해야 한다. 첫째, 당신의 생태계가 다른 경쟁 생태계들에 비해 성과가 높고 다양하며 튼튼하게 만들어야 한다. 이를 달성하기 위해서는 거리효과를 관철시켜야 한다. 예를 들면, 당신의 생태계가 다른 잠재적인 참여자들에게 더 가깝게 접근하도록 자극하고 그들이 당신의 생태계에 기여하도록 격려해야 한다. 또한 당신은 면적효과를 이용하여 당신의 규모에 다양성과 풍부함을 부여해야 한다. 그리고 다른 생태계들과 연결고리를 찾아 다른 생태계들을 당신의 네트워크에 종속시키고 호혜적인 관계로 이루어진 세계의 성장을 촉진해야 한다. 이들은 앞장에서 이미 이야기했던 것이다.

둘째, 다른 경쟁자의 침입으로부터 당신의 생태계를 보호하기 위해 이미 존재하고 있는 어떤 경계에도 의지해서는 안 된다. 대신 당신은 다른 기업이 진출하지 않은 곳에 생태계의 경계를 만들고 그 경계를 철저하게 방어해야 한다. 이 장에서 중점적으로 다루려고 하는 것이 바로 이 부분이다.

방어할 수 있는 경계를 수립하는 방법은 세 가지다. 먼저 당신의 생태계 깊이 고객을 끌어들일 수 있는 방법을 찾아라. 심리적 일체감과 멤버십, 일상적인 신뢰를 가질 수 있도록 격려하고 반복적이고 정기적인 참여를 유도하라. 둘째, 시장과 마케팅 채널을 지배하라. 시장 내의 모든 수요를 흡수하고 다른 경쟁자가 범접할 수 없는 가격을 유지하라. 셋째, 제품과 서비스를 통해 어떤 특정 범주에서 고객이 필요로 하는 바를 모두 충족시키는 통합적 해결책을 제공하라. 당신의 생태계에서 제공하는 것들을 보완하는 제품과 서비스를 다른 생태계에서 찾도록 해서는 안 된다. 왜냐하면 고객이 대체 생태계의 덫에 걸려들지도 모르기 때문이다.

광범위한 전체 기회환경에서 지배적인 위치를 차지하려고 한다면,

경계를 구축하기는 대단히 어려울 것이다. 그러나 당신이 처음에 품었던 야망의 범위를 축소하여 누구든지 지배할 수 있는 경제적 소기후에 해당하는 것에 초점을 맞춘다면, 경계를 구축하는 일은 훨씬 빠르게 그리고 확실하게 달성될 수도 있을 것이다. 성공적인 생태계의 확장은 때로 그 생태계가 전체 영역의 일정 부분에 대해 방어 가능한 지배력을 확립할 수 있는 범위 내의 부분시장을 규정하는 것으로 시작된다. 최상의 경우에 그러한 시장분할은 전체 영역의 많은 부분들에 대한 성공적인 식민화와 방어를 위해 궁극적으로 결합될 수 있는 방어 가능한 지점들을 확립할 수 있게 해준다.

한때는 대단히 성공적으로 보였지만 결국 방어 가능한 시장경계의 구축에 관심이 없었던 탓에 실패한 2단계 확장 사례를 하나 살펴보도록 하자.

경종을 울리는 이야기들을 기억하라

마음을 들뜨게 하는 2단계 확장의 시대가 도래하면 사람들은 맹목적인 열정에 사로잡히기 쉽다. 전도자 같은 열의와 티셔츠, 머그 잔, 야구모자, 그리고 환희는 그 시대의 명령이다. 이런 때는 몇 가지 경종을 울리는 이야기를 되씹어보는 것이 현명하다. 이 경우에 걸맞은 사례로 내가 가장 좋아하는 이야기 중의 하나는 생태학적 견지에서 조사해볼 가치가 있는 유명한 피플 익스프레스(People Express)에 관한 것이다. 경영학부의 총아이며 종업원들의 희망으로 가득찬 꿈이었고 수천 배낭여행객들의 구세주였던 이 항공회사는 바로 무리한 확장으로 그 기반의 취약점이 드러나면서 궁지에 몰리고 말았다.

피플 익스프레스는 1978년 미국이 정식으로 항공산업에 대한 규제를 철폐했을 때 설립됐다. 규제철폐는 1982년까지 항공산업의 전통적인 보호막과 지원을 완전히 없앴으며 세계에서 가장 큰 항공 서비스 시장을 개방했다. 1982년부터 많은 경쟁자들이 그 사업에 뛰어들었다. 그러나 대부분은 사업에 뛰어들자마자 망해버렸다.

그러나 피플 익스프레스는 그렇지 않았다. 여러 면에서 피플 익스프레스의 창설자 도널드 버(Donald Burr)는 모든 일을 훌륭하게 처리했다. 즉 그는 가격에 민감한 고객들에게 초점을 맞추고 별로 주목을 끌지 못하는 중소도시간 니치 시장(niche market)을 지배했으며 항공회사를 엄청나게 낮은 비용 구조로 운영하는 혁신적인 방안들을 개발했다. 또 그는 종업원들에게는 직접보상 대신에 주식을 분배했으며, 미국의 동부 해안을 따라 몇몇 중요한 시장에 상당히 만족스러운 고객기반을 구축했다. 피플 익스프레스는 처음 서비스를 개시했던 1981년부터 1985년 사이에 연간 총수입이 거의 10억 달러에 이를 정도로 크게 성공했다.

그러나 1985년에 피플 익스프레스는 중소도시의 범위를 넘어서서 대도시 노선을 개설하면서 주요 항공회사들과 치열한 경쟁을 벌이게 됐다. 이는 더 큰 비행기와 더 무거운 부채부담을 요구했다. 1985년 10월, 버는 서부에서 그의 성공을 다시 한 번 되풀이하기 위해 프론티어 항공사를 사들였다.

피플이 프론티어를 통합하고 그 기업문화를 변화시키는 문제에서부터 그 거래를 위해 빌렸던 부채를 상환해야 하는 문제에 이르기까지 그들이 헤쳐나가야 했던 많은 문제들로 인해 취약점이 가장 크게 드러났을 때 아메리칸 에어라인이 공격을 해왔다. 아메리칸은 컴퓨터 예약시스템을 통해 얻은 정보를 이용하여, 피플의 현금자금을 철저하게 축소시킬 의도로 일련의 계획적인 가격인하정책을 계속해서 펼쳐나갔다. 이는 피플의 능력에 커다란 타격을 입혀 확장을 지속할 수 없게 했으며, 피플 익스프레스 생태계 전체에 파문을 일으킨 신용위기를 초래해 결국 피플의 몰락을 부채질했다.

이 상황에 피플 익스프레스는 어떻게 할 수 있었을까? 피플 익스프레스는 자신의 입지가 튼튼한 동부해안시장에 충실을 기하고, 아메리칸이나 다른 주요 항공사들이 장기적으로 가격을 할인해줄 것 같지 않은 자신의 할인 고객들과 유대를 더욱 견고히 하는 데 초점을 맞출 수도 있었을 것이다. 아니면 주요 항공사들의 일시적인 가격인하정책을 견뎌내기 위해 더 많은 현금을 축적할 수도 있었을 것이다. 그러나 피플 익스프레스는 그렇게 하는 대신 더 많은 부채를 끌어들여 자신이 확보하고 있는 니치 시장의 범위를 확장하려 했다. 만약 피플 익스프레스가 자신의 요새를 방어했더라면, 아주 높은 비용이 들 수밖에 없는 아메리칸 에어라인사가 시도했던 공격은 불가능했을지도 모른다.

바로 여기에 초점을 맞춰 1990년대의 사우스웨스트 익스프레스와 같은 할인 항공사들이 등장했다. 이들은 댈러스와 포트워스 간의 항로처럼 침투할 수 있는 작은 니치들에 충실했으며, 주요 항공사들과 벌이는 경쟁만큼이나 치열한 경쟁을 버스·자동차 여행사와 벌이고 있다. 그들이 활약하고 있는 기회환경이 많은 경쟁자들에게 개방돼 있지만, 이 항공사들은 조심스럽게 자신에 맞는 영역을 파악하고 그 영역 내의 수요를 충족시켰으며, 낮은 가격을 계속 유지하면서 일시적인 가격전쟁을 견딜 자금을 비축했다. 이는 확장해 나가려고 하는 다른 항공사들의 공격을 충분히 막아낼 수 있는 니치들을 확립할 수 있도록 해주었다.

일단 일정한 수준에 올라섰다면 그들의 궁극적인 승리는 계속해서 거대 항공사들의 공격을 방어하면서 한편으로는 자신들이 누리고 있는 위치를 규모의 경제를 가진 시스템으로 통합시키는 방법을 확실하게 생각해낼 수 있느냐에 달려 있을 것이다. 이 점에 관해서는 월 마트의 사례에서 뭔가를 배울 수도 있겠지만 더 나쁜 방향으로 나아갈 수도 있을 것이다.

확장에 성공한 이야기

경계 구축을 경쟁이 치열한 기회환경 속에서 지속적인 확장을 위한 토대로 삼았던 이야기는 아칸소 주 밴톤빌에 본부를 둔 신화적인 할인 산매점 월 마트에서 찾아볼 수 있을 것이다. 월 마트는 1962년 창사 이래 오늘과 같은 엄청난 부를 쌓았고, 또 잘 알려진 샘 월튼(Sam Walton, 역주 : 월 마트 창립자)의 신화와 같은 입지전으로 대단한 대중적 관심을 불러일으켰다.[1] 죽을 때까지 그는 미국에서 가장 부유한 사람이었으며, 그의 가족 재산을 모두 합치면 지금도 빌 게이츠의 재산을 능가한다.

월 마트 이야기에는 두 가지 시각이 있다. 매장에 '손님 맞이하는 사람'을 두어 구매과정에 온기를 불어넣은 이야기를 중심으로 월 마트의 성공을 고객 중심의 경영에서 찾는 순진한 시각과 그림 같은 작은 도시들의 조용한 생태환경을 짓밟은 거대기업으로 바라보는 시각이 그것이다. 내가 보기에 두 이야기 모두 가장 중요한 점을 빠뜨리고 있는데, 그것은 월 마트는 성자처럼 거룩하지도 야수처럼 탐욕스럽지도 않다는 것이다. 월 마트는 생태계 차원에서 아주 효과적으로 운영되고 있으며 몇 년 전부터 실행했던, 경계를 방어하는 전략이 낳은 이익을 오늘날 거둬들이고 있을 뿐이다.

월 마트가 거의 미국 전역에 자리잡고 있다는 것을 알고 있는 사람은 많지만, 기업 전체의 정확한 규모를 올바르게 평가하는 사람은 거의 없다.

월 마트는 미국 내 최대 규모의 할인산매점이다. 1995년에만 2874개의 점포에서 거의 1000억 달러에 육박하는 총수입을 올렸다. 이 모든 상점들이 세계에서 가장 정교한 마케팅 정보 네트워크에 연결돼 있는 월 마트는 아마도 미국에서 공공기관을 제외하고는 대규모 병렬식 컴퓨터를 제일 많이 사들이는 구매자일 것이다. 월 마트보다 더 많이 구입하는 것은 정부뿐이다. 월 마트는 이들 컴퓨터를 고속정보검색, 즉 수백 만에 이르는 월 마트 고객들의 구매습관을 조사해서 가격을 결정하고 판매촉진 활동을 통해 변화하는 고객들의 욕구에 즉각적으로 대응하는 데 이용하고 있다. 수천 개에 이르는 POS(point-of-sale, 역주: 판매시점에서 판매활동을 관리하는 컴퓨터 시스템) 단말기는 그날그날의 판매자료를 분석하여 당일 저녁에 밴톤빌에 있는 월 마트 본부에 그 결과를 보낸다.

공급 측면에서, 월 마트는 누구에게도 뒤지지 않는 통합 물류 시스템을 가지고 있다. 예를 들어 유통비용을 보면 경쟁 할인점들이 판매액의 4.5%에서 5%에 이르는 것과 비교했을 때 월 마트는 3%도 채 안 된다.[2] 몇몇 주요 소비재 회사들의 북미대륙 전체 판매액 15%에 육박하는 양을 취급하는 월 마트는 세계에서 가장 강력한 대량 구매자에 속한다.

월 마트는 상점의 수요와 재고—창고에 있는 것과 전체 네트워크에 운송중인 것을 합쳐—를 맞추기 위해, 그리고 공급자 생산을 자극하기 위해 전신망을 통해 1800 공급자를 하나의 통합 시스템에 연결시켰다. 이러한 시스템으로 월 마트는 제조, 가격변동, 그리고 산매점에 맞는 제품개발에 유례없는 영향력을 행사하고 있다.

월 마트를 완벽하게 평가하려면 상점을 직접 방문할 필요가 있다. 나는 월 마트의 경영 모델을 배우는 학생이자 그것이 미국의 소박한 지방도시에 기여했던 바에 대한 열렬한 찬미자였다. 나는 월 마트가 자신의 첫 요새를 구축했던 미국 중서부에 있는 중소도시에서 자랐다.

최근 7월 4일 독립기념일 휴가에 나는 일리노이 중부에 있는 매툰이라는 소도시에 사시는 조부모를 방문하려고 시카고를 떠났다. 98세와 99세인 조부모님은 어려움을 무릅쓰고 아직도 당신들의 집에서 살고 계셨다. 나는 찌는 듯이 더운 날 매툰에 도착했다. 기온은 섭씨 38도를 맴돌았으며, 습도는 거의 100%에 육박했다. 매툰 사람들은 그런 날씨가 옥수수에 얼마나 환상적인지를 잘 알고 있었다. 옥수수는 이쪽 지평선에서 저쪽 지평선까지 내가 볼 수 있는 거의 유일한 것이었다. 주간(州間) 고속도로를 빠져나와 간선도로로 진입했을 때, 나는 도시 저쪽 끝 주차장 중앙에 수천 제곱미터나 되는 면적을 차지하고 앉은 월 마트를 발견했다. 그것은 인구 1만 2000명에, 그마저 점차 줄어들고 있는 매툰에서는 그야말로 보기 드문 장관이었다.

다음날 나와 조부모님은 무엇을 할지 생각하며 앉아 있었다. 매툰에는, 특히 100세에 가까운 사람이 할 일이 없었다. 어떤 사람이 우리에게 월 마트에 가보라고 권했다. 다른 지역의 월 마트 상점처럼 매툰 월 마트도 1년 365일 24시간 문을 열고 있다. 그리고 1년 중 이 기간에는 냉방이 매우 잘 된다.

나는 매툰 월 마트에 대해 놀라운 사실을 알았다. 다름 아니라 그것은 북아메리카에서 가장 규모가 큰 월 마트였던 것이다. 2만 제곱미터가 넘는 그것은 축구장보다 더 커 보였다. 게다가 중서부의 이 작은 농촌에서 만난 월 마트의 고급스러운 외관은 그 크기보다 더 감동적이었다. 나는 내가 어린 시절에 먹었던 식빵을 떠올리면서, 독점판매권을 가진 대도시 상인이 고객에 대해서는 아무런 관심도 없이 철지난 물건을 늘어놓고 있으리라 생각했다. 그러나 이 월 마트에서는 살아 있는 새우와 여러 종류의 고급 치즈를 팔고 있었고 또 잘 만들어진 최신 유행 의류를 팔고 있었다. 장난감들은 색깔이 밝고 산뜻했으며,

단순히 장난감 총만 늘어놓은 게 아니라 농업, 건축, 자동차 경주와 같은 테마를 강조하고 있었다. 특별히 설계된 전면을 비추는 조명기구가 매장 전체에 서늘한 빛을 비추고 있었다. 그리고 예상했던 대로 냉방장치는 시원하고 만족스러웠다. 우리는 집에서 금방 달려올 수 있는 거리에 있는 어떤 꿈 같은 곳에 들어와 있었던 것이다.

꽤 많은 소도시에 있는 대부분의 월 마트에서도 똑같은 경험, 즉 할인된 가격에 아주 고급스러운 경험을 할 수 있다. 월 마트가 기본적으로 성공할 수 있었던 것은 그것이 지방상점들을 쫓아냈기 때문이 아니라 지방상점과는 비교가 안 될 정도로 높은 가치를 제공했고, 따라서 고객들이 월 마트를 선호했기 때문이다. 이용할 수 있는 다른 상점들과 비교해보거나 고객의 기대치를 생각해봐도 월 마트는 노드스트롬(Nordstorm)이나 블루밍데일(Bloomingdale)이 부유한 도시 근교에서 담당했을, 그리고 전통적인 백화점들이 오랫동안 대도시에서 담당해오던 역할을 기대 이상으로 해냈던 것이다. 그것의 가치명제는 거의 흠잡을 데가 없었다.

아이러니컬하게도 매튠 월 마트 바로 옆에 그것의 약 6분의 1 규모로 기죽은 듯 보이는 케이마트가 있었다. 그것은 타이어와 자동차 부품을 전문적으로 취급하는 것 같았다. 하지만 어느 누가 엄청난 경쟁우위를 통해 번창하는 월 마트로 가지 않고 그곳으로 가겠는가?

나를 놀라게 한 것은 어떻게 초창기의 월 마트 생태계가 케이마트나 시어즈 같은 다른 비슷한 생태계 리더들의 공격을 완벽하게 피했는가 하는 점이었다. 미국에서 산매업은 언제나 경쟁이 치열한 사업분야다. 케이마트나 시어즈는 월 마트의 자본과 전문기술, 그리고 시장 점유율에 섬뜩한 두려움을 느낀 게 한두 번이 아니었다. 그렇다면 그런 무자비한 환경에서 월 마트는 어떻게 피플 익스프레스의 운명을 피할 수 있었는가? 나는 이 질문에 대한 답변에서 많은 것을 배울 수 있으리라 생각한다. 그러나 월 마트가 이룬 성과의 의미를 평가하려면 먼저 월 마트와 케이마트의 생태계가 무엇에 승부를 걸었는지를 비교할 필요가 있다.

대다수가 시내 중심가를 빠져나가다

과학기술이나 사회의 변화는 때로 새로운 기회환경을 만들어낸다. 1960년대 초기에 자동차와 도로, 그리고 2차대전이 가져온 호황은 미국 산매업 형태에 엄청난 변화를 가져왔다. 이러한 변화는 할인산매점의 확산으로 이어졌으며, 궁극적으로는 토이저러스(Toys 'R' Us)나 스테이플스(Staples) 같은 산매상 품목의 일정 부분을 잠식하는 전문매장들은 물론 거대한 행렬을 이룬 월 마트와 같은 대규모 종합산매점의 등장으로 나타났다. 이런 흐름은 산매업을 변화시켰다. 즉 여러 가지 상품을 낮은 가격에 사기 위해 기꺼이 차를 몰고 상당히 멀리 떨어진 쇼핑몰이나 시내 중심가가 아닌 다른 곳으로 가는 고객들이 점점 더 많아졌다. 자동차와 도로가 개선됨에 따라 사람들은 드라이브를 즐기기 시작했고, 그들이 판단하기에 기꺼이 갈 수 있는 거리도 점점 더 멀어졌다. 그러니 어떤 상점이 낮은 가격에 광범위한 상품을 갖추고 있고 또한 쇼핑하는 데 드는 시간을 절약하게 해준다면 고객들은 즐거이 그 상점으로 차를 몰고 갈 게 당연했다.

자동차에 대한 미국인의 열광은 산매업 형태에 엄청난 변화를 몰고 왔다. 도매업자와 산매업자들이 유통마진을 들여서 상품을 사람들 가까이 있는 작은 상점들로 가져오는 것이 아니라, 사람들이 직접 그 상품이 있는 곳으로 이동하기 시작했다. 이전에 산매업자들에 의해 실현되던 비용절감 부분—이동 거리를 줄이고 상품을 작은 단위로 나눠서 판매하며 대규모 상점들이 제경비를 공동 부담하고 또한 일괄구매를 통하여—이 이제는 고객의 이익으로 넘어갈 수 있었다. 산매업자들은 시내 중심가의 싸구려 잡화점이 점차 일반 잡화점에 잠식당하고 있음을 알게 됐다. 그런데 이번에는 일반 잡화점들이 대규모 할인판매점의 위협을 받게 된 것이다. 1960년까지 미국에서 그러한 할인판매점의 총수입은 10억 달러를 상회했다. 그러나 이러한 아이디어를 대규모 산매유통 생태계를 위한 토대로 이용한 사람은 하나도 없었다.

케이마트와 월 마트의 등장

1960년대 초기에 많은 산매업자들은 시내중심가를 떠나 할인판매 개념을 이용하기 위해 점차 번창하고 있는 도시 근교로 이동하기 시작했다. 그런 회사 가운데 하나가 싸구려 잡화점 개념에 기초해 크게 성공한 공동출자회사 S. S. 크리스게였다. '10센트를 넘는 것은 아무것도 없다'는 슬로건 아래 세바스찬 크리스게(Sevastian Kresge)와 존 맥크로(John McCrow)는 1899년 디트로이트에 첫 번째 상점을 열었다. 1912년까지 크리스게는 85개의 상점을 열었고 점차 확장을 계속한 결과 1950년대에는 미국의 주요 종합산매점이 됐다. 1958년 어느 회사의 시장조사 결과는 크리스게로 하여금 할인산매점으로서 기량을 시험해보도록 자극했다.

처음에 그 개념을 시험해보기 위해, 크리스게는 수지가 안 맞는 점포 3개를 새롭게 단장하여 주피터 디스카운트 스토어(Jupiter Discount Store)를 열었으며, 그 뒤를 이어 1961년에 최초의 공식적인 케이마트를 개장했다. 이 새로운 할인판매점들이 크리스게의 총수입을 앞서기 시작하자 크리스게는 자신의 싸구려 잡화점 자체를 할인판매점 형태로 바꾸고, 그것에 어울리게 넓은 주차장도 갖췄다. 교통의 흐름을 이용할 수 있는 곳에 자리잡고 차를 이용하는 고객들이 쉽게 접근할 수 있는 대단히 넓은 점포로 바꾸어 장사를 다시 시작했다. 크리스게는 전략적으로 자신의 점포 위치를 각종 상점이 즐비하게 늘어서 있는 기존 쇼핑센터 근처와 인구가 5만이 넘는 도시 근교로 정했으며, 도시 근교 주민들의 약간 뒤떨어지는 취향을 겨냥해 대단히 많은 종류의 상품들을 취급했다.

풍부한 자본과 경영능력 그리고 통일된 의지를 바탕으로 열정적으로 사업을 일으켰던 케이마트 생태계는 초창기에 빠른 속도로 확장했다. 그것은 상당히 오랫동안 수십 억 달러를 거머쥔 위대한 승리자였고, 자동차 이용 단골고객들의 리더였으며, 재정적으로 엄청난 성과를 올리면서 1960년 중반까지 1000개의 점포를 개설함으로써 월 스트리트의 총아가 됐다.

같은 시기에 두 번째의 훨씬 기상천외한 경쟁자가 아칸소 주의 지방도시에 등장했다. 월 마트는 뻔뻔스럽게도 케이마트의 아이디어를 무단으로 차용하고 다른 선구자들의 장점만 골라 할인판매 모델을 그대로 복사했다. 그러나 샘 월튼의 천재성은 자신의 점포뿐만 아니라 경쟁자들의 점포까지도 기꺼이 방문하려는 태도와 하나의 생태계라는 관점에서 그것의 구성요소를 빈틈없이 분석해낸 데서 유감없이 발휘됐다. 그런 다음 그는 마치 은둔처 같은 아칸소에 있는 실험실에서 이들 요소와 모델에 관한 실험을 했다.

1960년대 말까지 월 마트는 자신의 기업생태계 기본골격을 만들어냈다. 즉 월 마트 상점들은 유명상품들을 다양하게 갖추고 그보다 작은 '영세' 상점의 판매가격보다 15% 가량 싸게 팔기로 했다. 그러나 이러한 구조는 한 가지 중요한 점에서 케이마트나 다른 할인판매점들과 달랐다. 즉 월 마트는 돈이 있는 도시 근교로 진출하기보다는 인구가 약 5000명밖에 안되는 읍에, 특히 하나의 상점이 여러 읍의 수요를 모두 충족시키는 지점에 있는 농촌시장에 자리잡았다. 이들 시장에 있는 기존 경쟁자들의 서비스가 워낙 형편없었기 때문에 월 마트는 금세 그 지역에서 2류 산매업자로서가 아니라 일류 상품을 갖추고 가장 싼 값에 물건을 파는 가장 중요한 상점의 위치에 오를 수 있었다. 그러한 지리적인 조건은 또한 월 마트로 하여금 그 지역의 주요 비농업 고용주로 성장할 수 있게 해주었으며, 이는 월 마트가 그 공동체를 지탱하는 중추가 되게 해주었다.

자신의 소비자집단 내에서, 월 마트는 극히 높은 인지도와 일상적인 신뢰 및 상호의존성을 얻어낼 수 있었다.

농촌시장들은 월 마트 생태계에 눈에 보이지 않는, 하지만 아주 중요한 또 하나의 이점을 주었다. 즉 고객들이 종합판매점으로 가기 위해 10마일 이상 차를 몰고 가려고 하지 않음으로써 자연발생적으로 생긴 경계가 그것이다. 이 10마일 안에서는 하나의 월 마트가 많은 상품들에 대한 수요를 충족시킬 수 있었다. 따라서 월 마트가 지향한 시장의 한계는 케이마트와 같은 경쟁자들의 주의를 끌기에는 너무 작지만, 여러 읍에 사는 주민들의 구매력을 통합하여 대량구매에 따른 구매력으로 가격할인을 협의하기에는 충분한 규모였다.

이와는 달리 케이마트는 도시 지역에 있는 더 큰 물고기에 눈을 돌렸다. 케이마트는 자신의 시장을 찾아온 수요를 모두 충족시키기보다는, 수요를 자극해 고객뿐만 아니라 경쟁자들마저 끌어들이는 행동을 취했다. 시장의 수요를 충족시켜서가 아니라 자신의 확장 시스템에 의지하여 초창기에는 급속도로 성장했다. 하지만 이는 결과적으로 경영 모델이 거의 동일하고 새 점포 개장이 거의 비슷한 속도로 진행되고 있던 타깃(Target)이나 벤처(Venture)와 같은 다른 할인판매업체들과 치열하고도 직접적인 경쟁을 유발했다. 이후 단 한 종류의 상품에서 상상할 수 있는 모든 제품으로 한 시장의 수요를 완전히 충족시키는 토이저러스나 홈 데포와 같은 카테고리 킬러들이 케이마트를 맹렬히 폭격하기 시작했다.

케이마트의 몰락이 피플 익스프레스보다 극적이지는 않지만, 그 원인은 섬뜩할 정도로 비슷했다. 즉 방어할 수 있는 경계를 구축해 경쟁적인 잡초들이 침범해 오지 못하도록 조처를 취하지 않은 채 무리하게 확장을 시도하다 몰락한 것이다.

잡초를 근절하라

원래 월 마트가 진출했던 지역들은 그 수요가 상점 하나 정도는 유치할 수 있지만 두 개의 경쟁적인 할인판매업체를 유치할 정도로 크지는 않은 곳이었다. 따라서 일단 월 마트가 특정지역에 점포를 개설해 허약한 지방 산매업자들을 격퇴한 다음에는 케이마트를 포함한 다른 할인판매업체들의 위협을 받을 일이 거의 없었다.

경계를 강화하는 가장 좋은 방법의 하나는 잠재적인 경쟁자들이 들어설 여지를 전혀 남겨놓지 않고 일정한 지역의 수요를 몽땅 흡수하는 것이다. 경제학자들은 이러한 개념을 '공간충전(space packing)'이라고 부른다. 생물학에서 이에 해당하는 것이, 현존하는 어떤 종이 한 특정지역 내에서 구할 수 있는 자양분을 전부 먹어치움으로써 다른 종이 비집고 들어올 여지를 없애버리는 상태를 가리키는 '종의 충전(species packing)'이다. 거기에는 전혀 비집고 들어갈 여지가 없다.

매년 나는 육지의 한 작은 지점, 즉 우리집 뒤뜰에서 이 개념의 축소판을 본다. 만약 내가 해마다 봄에 블루그래스(새포아 속의 풀)를 심어 뒤뜰을 가득 채울 정도로 빽빽하게 자라게 하는 데 성공하면 여름

이 와도 어떤 클랩그래스(바랭이류의 잡초)도 내 잔디밭을 침범하지 못한다. 그러나 블루그래스가 뒤뜰을 가득 채울 정도로 빽빽하게 자라지 않으면, 클랩그래스가 뿌리를 내려 나는 미학적으로 불쾌한 생태계 전쟁을 지켜보아야 한다.

공간충전은 흔히 그 진가를 제대로 평가받지 못하지만 월 마트에는 아주 중요한 결과를 가져왔다. 즉 그것은 월 마트가 확장하는 데 따른 불확실성을 감소시키고, 그럼으로써 그 회사의 실행비용과 위험부담을 덜어주었다. 월 마트는 경쟁자가 있었다면 불가피했을 부가비용을 들여 복잡한 상황에 대처할 필요도 없이 초창기에 자신의 역량을 키울 수 있었다. 따라서 월 마트는 확장하는 과정에 강력한 경쟁자들이 매복해 있다가 어떤 빈틈이 생겼을 때, 즉 자본이 달리거나 다른 지역에 새로 점포를 개설한다거나 하여 경영진의 관심이 일부 그쪽으로 쏠린 틈을 타서 공격해오는 위험을 별로 겪지 않았다.

원격제어가 되도록 하라

월 마트 최고경영진은 일단 자신의 경영전략을 수립하여 미국 남부와 중서부에 있는 많은 할인판매점에서 이를 실행하면서, 다른 시장에서 시장경계구축 전략을 신속하게 복제할 조직역량을 개발하는 데 전력을 기울였다. 그들에게는 반드시 실현해야 한다고 생각하는 3가지 임무가 있었는데, 그것은 바로 샘 월튼이 일일이 손을 대지 않고서도 원격제어가 되도록 하는 것으로 요약된다. 그것들은 다음과 같다.

- 종업원과 관리자들이 그들이 일하는 지역 상점에 전념할 수 있도록 일련의 보상제도와 업무성과 측정기준을 마련한다. 이는

246

훈련과 감독, 상여금제도, 종업원 주식취득계획으로 이루어진 복잡한 시스템을 낳았다.

- 멀리 떨어져 있는 상점들을 하나의 네트워크로 통합하여 상호 의견교환을 가능하게 하고 통제를 원활하게 한다. 이를 위해서는 밴톤빌에 있는 월 마트 본부로 매일 전송된 각 지역 상점의 업무성과 측정치에 대한 면밀한 검토가 필요했다.
- 공동구매와 공동설비, 체계적인 주문과 수많은 상품의 점포간 유통을 위한 능률적인 유통 시스템을 확립한다. 이 세 번째 임무는 결국 월 마트의 트레이드마크인 지선(支線)의 대도시 집중 유통시스템(hub-and-spoke distribution system), 즉 물류센터들이 그곳에서 차로 하루 이상 걸리지 않는 곳에 위치한 여러 점포들에 상품을 공급하는 방식이 됐다.[3]

월 마트는 본질적으로 자신의 지역생태계, 즉 월 마트가 지배하는 일정한 경계 내의 시장에 구축된 각 생태계를 하나로 묶어 범위와 규모의 경제를 실현할 수 있는 더 넓은 생태계로 발전시켰다. 월 마트의 전략은 그 성격상 코스타리카의 생물학적 산림 복구계획과 정확히 맞아떨어진다.

산타 로사(Santa Rosa) 국립공원은 1971년에 조성돼 건조림을 복구할 수 있게 됐다. 1989년에 조성된 과나카스테(Guona-caste) 국립공원은 건조림을 오로시(Orosi)와 카카오(Cacao) 화산에 있는 운무림(雲霧林)지대를 포함하여 더 높고 더 습한 지역들과 연결시켰다. 또한 이들 지역은 최근에 조성된 과나카스테 자연보호구역을 통해 몇몇 다른 지역들과도 연결됐다. 그 결과 작은 공동체들이 각각 흩어져 있을 때보다도 다양성과 잠재적인 안정성을 훨씬 많이 확보한, 하나로 연결된 생태학적 시스템을 구축할 수 있었다.

이와 마찬가지로, 하나의 지역공동체를 이룬 상점들과 그 지역의 유통구조가 통합된 월 마트의 네트워크는 더 광범위하고 더 풍부한 기업생태계의 토대를 만들었다.

월 마트의 점포는 1970년에 32개였던 것이 최초로 완전자동화된 유통센터가 문을 연 1978년에는 195개로, 그리고 광범위한 지역에 산재한 월 마트 전매장을 임원진이 매일 접촉할 수 있도록 전용위성을 이용하기 시작한 1983년에는 551개로 급속하게 늘어났다.[4]

이런 전반적인 노력을 통해 월 마트는 경제적 우위를 달성할 수 있었다. 광범위한 지역에 분포된 점포시스템과 이들을 하나로 연결해주는 통신 네트워크를 통해 월 마트는 막대한 경상비를 추가하지 않고도 확장할 수 있었다. 그리고 잘 짜인 유통시스템은 그 생태계가 성장함에 따라 범위와 규모의 경제를 확대해주었다.

이와는 대조적으로 케이마트는 자신의 구매력을 내부적인 비능률을 조장하는 데 소비했으며, 일관성 없는 투자로 인해 재고를 예측할 수 없었고 업무성과 또한 불확실해졌다. 예를 들면 케이마트는 1980년의 전략 초점을 마루를 깨끗이 닦고 조명기구를 교체하고 각 점포를 산뜻하게 칠함으로써 최신식 이미지를 창조하는 데 맞추었다. 새롭게 단장한 케이마트 점포는 이전의 주피터 할인판매점과 매우 유사했다.

1980년과 1983년에 케이마트는 퍼스 카페테리아(Furr's Cafeteria)와 비숍 뷔페(Bishop Buffet) 사업을 추가했으나 1986년에는 이를 싸게 팔아넘기지 않을 수 없었다. 1984년에 주요 머천다이저(merchandiser)로서 위치를 재정립하려던 케이마트는 거래가 중지된 제품이 엄청난 재고로 쌓여 4/4분기 총수입이 17.8%나 떨어졌다. 케이마트의 물류시스템은 분열돼 규모의 경제가 흐트러졌고 금융비용은 점점 높아졌다. 케이마트의 생태계는 케이마트가 성장하면 할수록 혼란이 가중되면서 비대해지기만 했다.[5]

2단계의 지배를 3단계의 성공을 위한 발판으로 이용하라

1980년대 초까지 월 마트 생태계는 자신의 세력권을 광대한 지역으로 확장했다. 더 높은 가격을 책정하여 판매이익을 높임으로써 약간의 보상을 얻고 싶은 유혹도 있었다. 그러나 이는 결과적으로 경쟁을 조장했을 것이고 그 생태계의 안정을 위협했을 것이다. 이를 두려워한 월 마트는 자신이 지배하고 있는 시장과 여러 지역에서 더 높은 가격을 매기고 싶은 유혹을 뿌리쳤다. 그러기는커녕 최고경영진은 아직도 각 시장에 경쟁의 여지, 즉 만일 월 마트가 고객에게 최대의 가치를 제공하지 못한다면 언제라도 경쟁자들이 침투해 들어올 수 있는 여지가 있다고 보았다. 지속적인 고객중심 전략은 결국 월 마트의 이미지를 높여주었고 나아가 고객들의 마음과 구매습관에 강한 인상을 남겼다. 매주 실시하는 할인판매나 특별한 판매촉진 활동이 필요 없는, '언제나 낮은 가격'을 모토로 내건 월 마트의 시스템은 이제 산매업에서 하나의 표준이 됐다.

앞에서 지적했듯이 2단계의 주요 목표는 일정한 시장영역에서 주도적인 생태계가 되는 것이다. 월 마트는 이것을 아주 쉽게 달성했다. 그 결과 월 마트는 3단계에서의 우위를 보장하는 강력한 지위를 차지했으며, 이는 그 생태계를 구성하고 있는 다양한 활동과 조직의 네트워크 '내부에서' 리더십과 교섭력을 유지했기 때문에 가능했다.

1980년대 초에 이르러 구조적으로 성숙한 월 마트는 3단계로 진입하고 있었다. 그 생태계의 기저를 이루는 핵심 제품과 서비스, 업무과정, 그리고 체계들은 훌륭하게 조직돼 있었다. 생태계 전체를 통해 월 마트는 고객의 인지도를 높이고 다른 구성원들과 유대를 강화하기 위해 애썼다. 성공을 거둔 생태계의 리더로서, 월 마트 경영자들은 다른 공동체 구성원들에게 자기 회사의 비전을 제시하는 노력을 계속했다.

첫째, 월 마트는 유통부문에서 자신의 기본적인 규모와 범위의 경제에 계속적으로 투자하고 이를 증대시켜 나감으로써 그 생태계에 대한 자신의 직접적인 가치기여를 강화했다. 리더십 단계까지 비용은 낮고 자동화율은 높으며, 목표가 정확하게 설정된 유통구조는 월 마트의 중요한 생태적 요소가 됐다.

둘째, 월 마트는 공급자들과 유례없이 밀접하고 복잡한 관계를 맺었다.[6] 1984년(월 마트가 고객에게 다가가는 아주 광범위하고 강력한 통로가 됐던 시점)에 월 마트는 공급자들에게 그들이 공급하는 제품의 가격을 더 낮추라고 압력을 가하기 시작했다. 나아가 월 마트는 제조와 유통부문에서 최대의 효율을 얻기 위해 자신의 공급자들에게 회사간 정보시스템을 가동하라고 강요했다. 예를 들면 1987년에 월 마트와 프록터 앤드 갬블(Procter & Gamble)은 회사간 광범위한 전자주문방식과 정보공유를 포함하는 강력한 파트너십에 도달하는 데 성공했다. 이런 종류의 관계는 대규모 공급자들이 월 마트와 전쟁을 벌이는 것을 거의 불가능하게 만들었다. 왜냐하면 그들의 경영과 업무과정이 아주 밀접하게 연관돼 있기 때문이다. 이러한 공급자들의 취약성은 공급품목과 공급조건 협의에서 월 마트로 하여금 강력한 교섭력을 발휘하도록 해주었다. 그 대신 월 마트는 평균적으로 다른 산매업체들보다 훨씬 많은 주문을 하고 또한 좋은 지불조건을 보장해주었다. 즉 케이마트의 지불기한이 45일인 데 비해 월 마트는 29일 안이다.[7]

일단 이러한 규모와 교섭력을 확보하자 월 마트는 처음에 경계를 구축하여 얻었던 것들을 훨씬 상회하는 엄청난 경제적 우위를 확보하게 됐다. 그런 다음 월 마트는 우세한 지위를 토대로 경쟁이 더 치열한 시장에 조심스럽게 진출할 채비를 했다. 1980년대에 확장하기 시작하여 1990년대에 이를 더욱 가속시켰던 월 마트는 인접 영역과 인접 생태계들로 자신의 범위를 확대했다. 1983년에 월 마트는 샘스 클럽(Sam's Club)이라는 이름으로 회원제 할인판매시장(membership discount market)에 진출했으며, 그것은 1992년까지 총수입이 210억 달러가 넘는 208개 특별회원 판매조직들을 포괄하게 됐다. 1990년에 월 마트는 편의점업계에 상품을 공급하는 전국 최대의 ·유통기구인 맥레인(McLane) 회사를 합병함으로써 또 다른 생태계를 통합했다. 월 마트의 통제 아래 맥레인은 이제 약 3만 개의 편의점에 상품을 공급하고 있다. 1992년에 월 마트는 또한 사우스랜드 주식회사의 유통과 식품 가공 부문을 합병했다. 사우스랜드는 대규모 체인인 세븐 일레븐 편의점을 운영해왔는데, 이 합병으로 맥레인—월 마트 고객 기반에는 6000개의 세븐 일레븐이 추가됐다. 1995년까지 이러한 모든 활동이 통합돼 북아메리카에 독보적인 유통·산매 생태계가 탄생했다.[8]

이와는 정반대로 케이마트는 1995년에 미국에 겨우 2163개의 케이마트 점포와 171개의 빌더 스퀘어(Builder Square) 산매점을 확보하는 데 그쳤다. 케이마트는 1994년에 특선품만 파는 전문점 대부분을 처분했다. 그에 앞서 1986년에는 카페테리아와 뷔페 사업 분야를 처분한 후 1988년에 PACE라 불리는 회원제 창고할인판매 업체를 합병했다. 하지만 중서부 지역에서 샘스 클럽과 경쟁하는 것을 포기하면서 1994년에는 PACE 점포를 월 마트에 팔았다. 케이마트는 1994년에는 121개 점포가, 1995년에는 다시 207개의 점포가 문을 닫았으며 1996년 현재 문을 닫을 예정인 것만도 70개나 된다.[9]

케이마트는 월 마트 생태계에서는 도저히 볼 수 없는 재고를 수백억 달러어치나 쌓아두고 있으며, 자기 생태계 구성원들과 효과적인 연결을 꾀하기보다는 단지 의무와 규율을 강화하는 방향으로만 내부구조를 조정해왔다. 최근에 회장직에 취임한 최고경영자 플로이드 홀(Floyd Hall)에 따르면, 케이마트의 1996년도 우선순위 실천 목록에는 상품 구색을 개선하고, 가격경쟁력을 높이며, 총판매수익을 합리적인 수준으로 통제하고, 재고 이용도를 높이며, 고객 서비스를 향상시키고, 점포의 청결을 유지하는 것이 포함돼 있다고 한다.

채점표

여기에서 월 마트 이야기가 중요하게 다루어지는 이유는 그것이 단순한 한 회사가 아니라 잘 운영되는 하나의 생태계를 창조한 무용담이기 때문이다. 월 마트 이야기는 똑같은 기본 패러다임에 기초한 할인산매업이 처음에는 대단한 성공을 거두었으나 생태계를 잘못 운영한 결과 결국에는 그 압력에 못이겨 무너져버린 케이마트의 경우와 뚜렷한 대조를 이룬다. 〈도표8-1〉은 두 경우 사이에 뚜렷한 대조를 보이는 점들을 요약한 것이며, 이를 통해 여러분은 케이마트의 경우와 대비되는 월 마트의 전략적 성장과 생태계 운영에 대해 좀더 올바른 평가를 할 수 있을 것이다.[10] 〈도표 8-2〉와 〈도표 8-3〉에 그려진 두 회사의 재정적인 성과 대비는 두 회사의 대조적인 경영전략이 빚은 결과를 더욱 분명하게 보여줄 것이다.

먼저 점포 수와 총판매액을 보자. 도표에서 보듯 케이마트는 훨씬 강력한 기반을 가지고 출발해 급속하게 성장했지만 생태계가 비대해지면서 비능률적이 되고 1980년대에는 점포 수가 평형상태를 유지한다. 판매는 계속해서 증가하지만 속도가 아주 느리다. 이와는 대조적으로 월 마트의 점포 수 증가곡선은 출발은 아주 완만하지만 생태계가 훨씬 광범위한 영역에 걸쳐 자신의 위치를 확립하면서 아주 안정되고 기하급수적인 증가를 계속한다. 마찬가지로 월 마트의 판매곡선은 놀랄 정도로 질서정연한 성장을 계속한다. 월 마트가 케이마트를 추월하는 데는 10년 이상이 걸렸지만, 거기에는 아주 견고한 토대가 있었

		월마트	케이마트
1 단 계	초기 구성요소	• 5개의 밴 프랭클린 상점 • 농촌 지역 • 한정된 자금	• 새로 개장하거나 기존 싸구려 잡화점을 개조한 수많은 지점들. • 공동출자 회사 • 자산규모가 수십억 달러에 이르는 회사
2 단 계	각 점포의 인구 지역	• 인구 5000 명 이하 • 지리적으로 경계가 지어짐	• 인구 5만 명 이상 • 인구가 많은 다른 지역과 인접해 있다.
	시장에 점포를 개설하는 이유	• 수요를 충족시킨다. • 경쟁을 사전에 방지한다	• 수요를 자극한다. • 경쟁을 유발한다.
	전반적 시스템	• 각 점포를 연결한다	• 점포 수를 확장한다.
	결과	• 점포 차원의 안정된 성과 • 재고가 거의 없으며, 단순한 물류 시스템을 가지고 있다 • 낮은 금융비용 • 잘 계획되고 관리되는 성장	• 점포 차원의 불안정한 성과 • 통합되지 않은 물류 시스템 • 높은 금융비용 • 훨씬 무질서한 성장
3 단 계	구매력	가격을 낮게 유지하고 시장을 지배 하기 위해 이용된다	시스템의 내부적 비능률을 양산하는 데 소비된다.
	결과	• 통합된 물류 시스템 • 유통에서 규모와 범위의 경제 실현 • 예상할 수 있는 성과	• 산만한 물류 시스템 • 예측할 수 없는 성과
	현황	정보를 토대로 한 산매업체, 현재 모 든 경쟁에서 수위를 차지하고 있으 며 새로운 기회환경으로 재빨리 이 동할 태세를 갖추고 있다	자금 조달, 시장의 평판, 성과, 도덕적인 측면에서 어려움을 겪고 있으며 이로 인해 야기되는 여러 가지 도전을 받고 있다

〈도표 8-1〉

다.[11]

아주 흥미로운 비교는 판매액 대비 순수익을 백분율로 표시한 것이
다. 여기에서 우리는 케이마트의 소득이 현기증이 날 정도로 불안정한

■ 케이마트의 점포 수와 총수입: 생태계의 쇠퇴

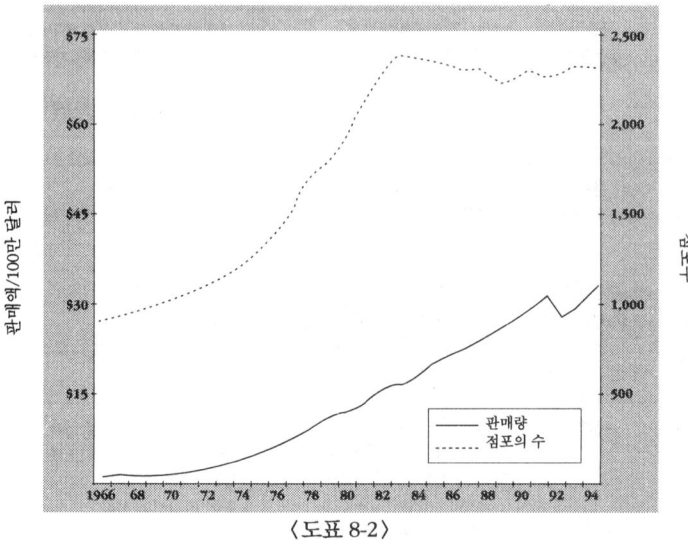

〈도표 8-2〉

■ 월 마트의 점포 수와 총수입: 생태계의 기하급수적인 확장

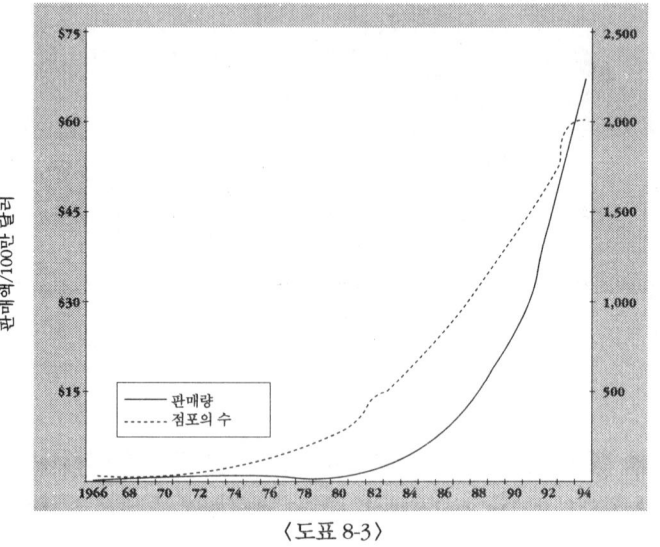

〈도표 8-3〉

것을 볼 수 있다. 이것은 한 회사가, 함축적으로는 한 생태계가 제어할 수 없는 상태가 됐음을 의미한다. 이와는 대조적으로 월 마트는 20년이 넘도록 판매액 대비 4% 안팎의 꾸준한 순수익을 올리고 있다. 꾸준한 순수익과 질서정연한 성장의 조합은 주목할 만한 대목이다. 이는 한 회사가, 나아가서는 한 생태계가 자신의 운명을 제어하고 있음을 시사해준다.

전체 시스템에 대해 생각하는 힘

월 마트의 전반적인 힘은 경영진이 항상 그들이 자리잡고 있는 전체 생태계를 생각하는 데서 나온다. 몇 년에 걸쳐서 그들은 점점 확대

■ 케이마트와 월 마트의 판매액에 대한 순수익 비율

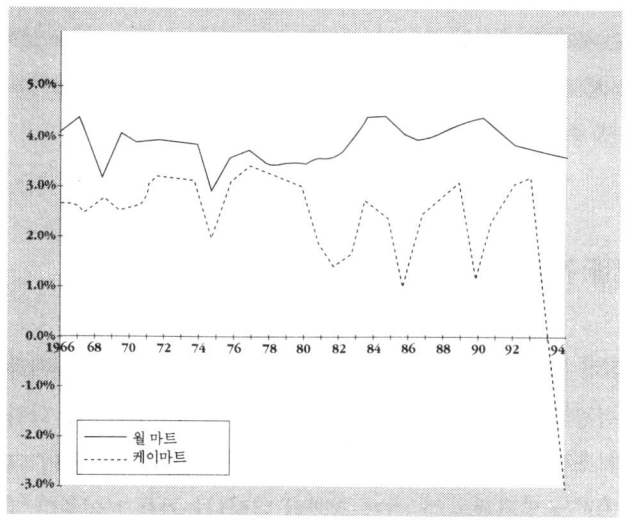

〈도표 8-4〉

되는 다양한 기업 종들의 기여를 조화롭게 관리하면서 아주 효과적인 공진화의 틀을 만들어냈다.

흥미롭게도 오늘날 월 마트가 가장 중점적으로 투자하는 곳은 자산의 확대가 아니라 전체 생태계, 즉 수천에 달하는 공급자와 수천 개에 달하는 매장 그리고 수백만 명의 고객으로 이루어진 거대한 네트워크에 대한 리더십을 정교하게 하고 강화하는 부문이다. 자신을 정보회사라고 생각하는 월 마트는 끊임없이 변화하는 공진화를 위한 틀의 정점에 앉아 지금 그러한 틀과, 이와 연관된 조직 및 업무과정의 네트워크가 서로 어떻게 작용하는가를 어느 누구보다도 분명하게 이해함으로써 전체 생태계를 주도하고 있다. 월 마트가 번창하는 이유는 다양한 시장에서 여러 매장을 가지고 고객의 요구를 충족시킬 수 있는 가장 뛰어난 정보—거대한 공급자 네트워크와 물류시스템 역량이 공급하는—를 가지고 있기 때문이다.[12] 월 마트가 경쟁 우위를 지탱해왔던 가장 근본적인 힘은 자신의 생태계를 구성하는 새로운 요소들을 지능적으로 창조하고 관리하며, 변화하는 기회들을 이용하고, 또한 어떤 경우에도 경쟁에 대처할 수 있는 능력, 즉 정보력에서 나온다. 10장에서 자세하게 논의하겠지만, 정보력은 기업생태계 세계에서 성공할 수 있는 가장 중요한 강점을 제공해준다.

경계 구축을 당신의 사업에 적용하는 것

우리가 앞장에서 살펴보았던 IBM의 경우는, 사정이 달랐더라면 뛰어난 경영능력을 발휘했을지도 모를 경영자들이 단지 그들 회사의 성장에만 초점을 맞춘 채 방향설정을 위한 아무런 노력도 없이 그 생태계의 발전을 방관했을 때 어떤 결과가 나타나는가를 보여준다. IBM은 자신의 생태계를 광범위한 시장영역으로 확장시킬 수 있는 힘이 있었지만, 케이마트처럼 다양한 참여자들이 훨씬 경계가 뚜렷하고 방어할 수 있는 자신의 영역에 그들의 입지를 구축하도록 허용했다. 나아가 IBM은 케이마트처럼 시장을 지배하는 데 있어서든 조직운영에서 규모와 범위의 경제를 달성하는 데 있어서든 자신의 초기성과를 변화시키려 애쓰지 않았다. 케이마트의 경우 궁극적으로는 케이마트 생태계의 희생 위에 다른 생태계가 번창하는 결과를 초래했다. 앞으로 더욱 자세하게 논의하겠지만 IBM의 경우 자신의 생태계는 번창했으나 정작 IBM 자체는 공동체 내에서 주도력을 상실했다.

아주 성공적인 확장을 계속하는 동안 월 마트는 두 가지 현명한 조치를 취했다. 먼저 상호의존적인 생태적 관계를 날줄과 씨줄로 가능한 한 촘촘하게 짜 다른 잡초가 침입할 여지를 남겨두지 않았다. 둘째, 월 마트는 최소한 자신이 기울였던 여러 가지 노력을 통합하여 초창기 생태계가 좀더 개방적이고 경쟁적인 환경 속에서도 번창할 수 있을 만큼 규모와 범위의 경제를 달성할 때까지 고립 속에서, 그리고 지리적인 보호막 속에서 앞에 말한 관계들을 형성해나갔다.

〈도표 8-5〉에 설명돼 있듯이, 경계구축은 기업생태계의 최소한 3가지 차원에서 어떤 일정한 조치가 요구되는 경쟁 우위의 한 형태다. 고객들이 당신의 경쟁자가 제공할지도 모를 유인책에 넘어가지 않도록 그들과 밀접한 관계를 형성해내야 한다. 당신은 고객이 당신을 떠나지 못하는 한계뿐만 아니라, 시장 진입을 가로막는 한계처럼 어떤 측면에서 자연적인 경계가 설정된 하위시장들에는 어떤 것들이 있는지를 확인해야 한다. 월 마트의 경우는 이것이 도시지역보다는 작은 읍 단위 시장에 초점을 맞추는 것으로 나타났다. 이처럼 비교적 작은 하위시장 안에서는 가능한 한 그 수요를 충족시킬 필요가 있다. 양적으로는 시장 점유율 측면에서, 그리고 질적으로는 고객들이 바라는 완전한 가치

를 최대한 제공한다는 측면에서. 이런 식으로 당신은 새로운 시장에 진출하려는 사람에게는 매력이라고는 전혀 없는 것처럼 보여 그들로 하여금 확장할 다른 곳을 찾게 만드는 그런 시장을 만드는 것이 바람직하다. 그런 한편으로 일정한 경계가 구축된 시장들을 서로 연결하여 당신의 전체 영역을 확장하고 실질적인 규모와 범위의 경제를 발전시

경쟁 우위 차원	방어전략	이와 관련한 사업목표	경쟁적인 생태계에 끼치는 영향
고객	고객과 긴밀한 유대를 구축해 그들이 다른 생태계들이 제공하는 것으로 돌아서지 못하게 만든다.	고객들이 자신들의 생활과 습관을 당신을 중심으로 재조정할 정도로 신뢰할 수 있는, 풍부한 원천이 되기 위해 노력한다.	당신과 경쟁하는 생태계들은 고객들이 그들의 생태계로 돌아서는 데 드는 비용을 정당화할 정도로 강력한 가치명제를 제시해야만 할 것이다. 이는 아주 감당하기 어려운 도전이다.
시장	자연적으로 경계가 만들어진 시장을 찾아내 그 경계 안에서 모든 수요를 충족시키려고 노력한다.	더 넓은 시장을 부분적으로 점유하기보다는 100% 장악할 수 있는 일정한 경계 내의 하위시장들을 찾기 위해 노력한다.	다른 생태계들은 시장 진출에 따른 비용이 높고 투자 회수 기간이 길다는 것을 알게 될 것이다. 왜냐하면 초기에는 시장 진출에 따른 비용을 상쇄할 정도로 많은 이득과 판매수익을 제공할 거래가 거의 없기 때문이다.
제품과 서비스	고객이 느끼는 모든 요구나 가장 중요하게 관련된 요구를 충족시켜줄 수 있는 제품이나 서비스를 설계한다.	고객이 보완적이거나 관련이 있다고 느끼는 제품이나 서비스를 완벽하게 제공할 수 있는 방법을 모색한다.	신뢰할 수 있는 공급자가 되기 위해서 새로운 생태계는 고객이 바라는 모든 것을 충족시켜야 할 것이다. 이 방법은 시장에 진출하기 위해 너무나 많은 대가를 치르게 한다.
전반적 목표	고객들이 상호 밀접한 관련을 맺고 있고, 그 시장에 있는 모든 '부양 능력'이 당신의 생태계에 의해 완전히 활용되는, 그런 풍부한 생태계를 창조한다.	전반적으로 경쟁 시장에 진출하는 데 따른 비용과 위험부담을 증가시키고, 설사 당신의 경쟁자가 성공적으로 그 시장에 진출하더라도 투자된 자금을 회수하는 데 걸리는 기간이 늘어나게 만든다.	당신의 희망은 이러한 노력들이 결과적으로 경쟁자들로 하여금 다른 시장을 찾게 만들어 당신의 생태계가 다른 경쟁자들에 의해 위협받지 않는 상태를 유지하는 것이다.

〈도표8-5〉

켜 나가야 한다.

따라서 확장 속에서도 방어할 수 있는 생태계를 창조한다는 일반적인 개념은 다음 4가지 측면에 집중적인 노력을 기울일 것을 요구한다. 즉 하위시장을 찾아내 거기에 주력한다. 당신이 이런 하위시장에 구축한 생태계들을 서로 연결한다. 업무과정과 조직 그리고 이해관계자의 지원을 결합해 범위와 규모의 경제를 창조하고, 이것을 이용해 더 많은 시장을 잠식해나간다. 고객과 유대를 강화하는 것, 일정한 경계가 이루어진 시장의 수요를 완벽하게 충족시키는 것, 그리고 고객과 시장 전체가 공유할 수 있는 범위와 규모의 경제를 만드는 것에 모든 노력을 집중시킨다. 이러한 노력은 하나의 강력한 사이클을 이루며 서로를 지원하고 강화한다.

경영자들에게는 이러한 아이디어들이 아주 중요한 몇 가지 질문을 제기한다.

- 나는 나의 생태계가 개척하여 지배할 하위시장을 어떻게 규정할 수 있을까?

  일단 하위시장을 규정하고 나면 나는 그것을 개척해서 지배하려는 시도를 좀더 쉽게 시작할 수 있을 것이며 또한 그러한 노력을 더욱 효과적으로 발전시키고 방어할 수 있을 것이다.

- 우리가 확장하는 동안 치열한 경쟁을 피할 수 있게 해주고 독특한 차원의 서비스를 제공하며, 제기될 수요를 가능한 한 모두 충족시킬 수 있게 해주는 시장은 어떻게 규정되며 또한 선택될 수 있을까?

  이러한 시험은 내가 어떤 것에 우선순위를 두어 노력을 기울여야 할지 결정하도록 도와줄 것이고, 나로 하여금 또 하나의 피플 익스프레스가 되게 하지는 않을 것이다.

- 이들 시장에 생태계를 구축하고 그것을 지배하기 위해서 나는

무엇을 해야 하는가? 고객과 유대를 강화하고, 유통구조를 완벽하게 구축하며, 수요를 완전히 충족시키고, 고객들이 다른 대안을 찾지 않도록 완벽한 해결책을 제공할 것인가?

이는 그 시장에 구축된 생태계를 풍부하게 하려는 계획에 충실하도록 도와줄 것이다. 이러한 계획의 밑바탕에 깔려 있는 기본적인 생각은 더 넓은 시장에서 진출 가능한 모든 영역을 장악하기 위해 경쟁하는 것이 아니라 그보다는 좁은 몇몇 영역의 경쟁에서 이기는 것이다.

• 내가 현재 추진하고 있는 시장개척 노력들을 효과적으로 결합하기 위해서 나는 무엇을 해야 하는가?

이 질문은 내가 시장을 계속 개척하려면 꼭 필요한 체계화와 이를 적극적으로 추진할 수 있게 해주는 동기 부여 및 조직적인 방법의 개발, 그리고 훈련에 집중적인 노력을 기울이도록 할 것

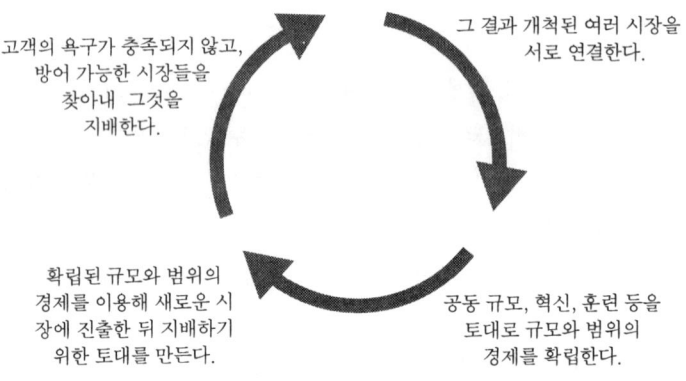

고객의 욕구가 충족되지 않고, 방어 가능한 시장들을 찾아내 그것을 지배한다.

그 결과 개척된 여러 시장을 서로 연결한다.

확립된 규모와 범위의 경제를 이용해 새로운 시장에 진출한 뒤 지배하기 위한 토대를 만든다.

공동 규모, 혁신, 훈련 등을 토대로 규모와 범위의 경제를 확립한다.

〈도표 8-6〉

이다.

- 개척된 시장들이 모두 공유하는 규모와 범위의 경제를 창출하려면 무엇을 해야 하는가?

  이것은 규모와 범위의 경제를 구축하고 누진적인 학습효과를 보장하며 근본적인 혁신을 통해 경쟁 우위를 달성할 수 있는 계획을 세우도록 도와줄 것이다.

- 경쟁 우위를 달성하려는 지속적이고 가속적인 노력 속에서 나는 어떤 시장들에 접근할 수 있으며 새로운 시장에 진출하기 위해, 그리고 성공적으로 진출한 시장들을 서로 연결하고 통합하기 위한 나의 계획은 무엇인가?

경계를 구축하는 전략이 갖고 있는 최고의 장점은 이미 세력을 구축한 사람들만이 그 전략을 구사할 수 있는 것은 아니라는 점이다. 월마트는 케이마트를 능가하는 실질적인 경쟁 우위 요소가 하나도 없는 상태에서 출발했다. 월 마트가 현명했던 것은 자신에게 승산이 있을 때에만 싸움을 걸고 이길 수 없는 정면대결은 피하는, 경계를 구축하는 전략을 구사했던 부분이다. 어떤 환경에서든 비슷한 소기후들을 유리하게 이용할 수 있는 기회는 아주 많다. 실리콘 그래픽(Silicon Graphics)은 연예·오락 분야의 그래픽 아트 같은, 규모가 비교적 큰 니치 시장에 초점을 맞춤으로써 컴퓨터 시스템 사업에서 호황을 누리고 있다. 성공적인 금융서비스 회사들은 특수한 고객의 필요에 부응하고 특수한 지역을 지배하기 위해 적응해나가고 있다.

소기후들은 새로운 시장이 활기를 띠고 있을 때 훨씬 중요해질 수 있다. 그런 때는 아무리 큰 회사라도 수요에 앞서 진출 가능한 모든 영역의 수요를 다 충족시킬 수는 없으며, 따라서 거기에는 유리한 고지에서 출발했던 참여자들이 차지하지 않고 남겨 놓은 영역을 공략해 생태계를 구축할 수 있는 여지가 있다. 영토 쟁탈전은 항상 풀뿌리 생태계를 위한 여지를 남겨놓는다. 성공적인 참여자들은 큰 시장의 10%를 차지하려고 애쓰기보다는 비전통적인 방법으로 경계가 지어진 여러 시장을 100% 차지하려고 할 것이다. 이러한 니치를 노리는 참여자들이 고객과 긴밀한 유대를 구축한다면 월 마트처럼 그들이 차지한 어떤 영토도 안전하게 지킬 수 있으며 때로는 더 넓은 영토에서 승리를 거둘 수도 있다. 따라서 경계를 구축하는 전략은 확장을 위해서 반드시 고려해야 하며, 이것은 커다란 포부를 가진, 규모가 작은 참여자들에게 실현 가능한 희망을 안겨준다.

월 마트 이야기를 마치면서

내 견해로는 월 마트는 사업적 성공을 거둔 괄목할 만한 사례이며, 그로부터 많은 것을 배울 수 있는 사례연구 대상이기도 하다. 월 마트는 광범위한 상품과 고용 및 투자기회를 제공함으로써 자신이 봉사하는 지역 주민들에게 대단히 많은 가치를 안겨주었다. 그러나 한편으로는 이 회사를 전혀 다른 시각에서 바라보는 사람들도 있다. 월 마트가 진출한 지역의 시내중심가에 상점을 소유하고 있거나 그곳에서 일하는 사람들은 월 마트를 그들의 생계기반을 파괴하려고 작정하고 힘없는 사람을 못살게 구는 불공평한 깡패 정도로 생각한다.

그러나 많은 사람들은 월 마트를 두둔하여 "여느 다른 사업이 그렇듯이 월 마트도 단순히 자신의 사업을 벌여나갔을 뿐이고, 따라서 그것이 끼친 경제적인 영향에 대해서 아무런 책임도 질 필요가 없다"고 주장한다. 나는 이러한 주장에 이의를 제기한다. 현재 판매액 1000억 달러 고지를 향해 나아가고 있는 월 마트는, 만약 그 회사가 새로운 역할을 수행하는 데 실패한다면 비참한 재난을 몰고올지도 모를 만큼 자기정체성의 위기를 겪고 있다. 사회적인 가치나 정책과 관련한 문제로 고민하는 모든 회사들이 그러하듯이, 월 마트도 중요한 도전에 직면해 있다. 월 마트는 많은 곳에서 전력회사나 가스회사, 주요 은행, 병원 등 그 공동체의 기간설비들처럼 그 생태계를 지탱하는 주춧돌과 같은 중심 종이 되고 있다. 따라서 월 마트 수뇌부는 그들 자신이 막강한 권력을 가진 다른 거물에 대해 그러하듯이, 다른 사람들이 월 마트에 얼마나 의지하고 있는가를, 혹은 그 앞에서 얼마나 불안을 느끼고 있는가를 인정하고 올바르게 평가해야 한다.

실제로 변두리에 있는 월 마트 하나가 단순히 몇몇 소수의 상점들로부터 고객을 빼앗아가기 때문에도 그렇지만 시내 중심가의 쇠퇴를 부추겨 상권을 약화시킬 수도 있다. 만약 시내 중심지가 경제적으로 이미 한계점에 와 있다면 월 마트는 마지막 일격이 될 수 있다. 따라서 그런 경우에는 시민단체들이 월 마트의 진출을 막기 위해 지방상인들과 제휴하여 저항할 수도 있다. 그렇지만 최근에 활발하게 논의됐던 경우처럼, 만약 몇 년 후에 월 마트가 문을 닫고 지방경제에 커다란 구멍을 남긴 채 오클라호마의 작은 읍으로 이사한다면 어떻게 될까?

그러한 상황은 더 근본적인 문제를 제기한다. 즉 한 기업생태계가 그 지방 공동체의 사회적 생태환경을 재구성할 정도로 강력할 때, 기업은 어떤 책임을 져야 하는가? 이러한 질문은 기업을 이끄는 리더에게는 결코 새로운 것이 아니지만, 회사들이 경계구축 전략을 추구할 경우에는 특히 중요한 의미를 가진다. 비록 월 마트는 농촌과 도시변두리로 진출했지만 여러 측면에서 자신의 전통적인 경영 모델의 토대를 농촌 지역들을 지배하는 데, 즉 공간충전(또는 생물학적 용어로는 종의 충전)과 경쟁배제에 두었다. 이 장에서 높이 평가했던 안정성은 월 마트가 자신의 현지 경쟁자들을 제거하거나 혹은 최소한 쇠약하게 할 정도로 낮은 가격을 유지해 얻은 결과였다.

궁극적으로 월 마트의 의도는 자신이 사업을 벌이고 있는 곳 어디에서나 중요한 위치를 차지한 유일한 산매업자가 되는 것이다. 이러한 지위를 차지하고 있는 회사들은 그들 자신의 생태계에서 활동하게 되지만 한편으로는 다른 많은 사람을 위한 기회환경이 된다. 그리고 이제 월 마트는 그들에게 한층 높은 행동표준을 적용하려는 정부와 사회 활동가들의 주목을 받고 있다. 사람들은 이 거대 산매업체가 지방 자선단체에 더 많이 기부하고, 지방정부의 공공사업을 지원하며, 그곳의 고용 패턴에 어떠한 변화가 일어나더라도 그 영향을 완화시키기 위해 지방관료들과 신중하게 협력하기를 기대한다.

간단히 말하면 월 마트는 자신이 자리잡은 환경 안에 있는 단순한 사업체가 아니며 또한 그런 사업체 가운데 하나로 취급되려 해서도 안 된다. 아마도 오늘날 월 마트가 직면한 가장 중대한 경영상 문제는 자신이 자리잡고 있는 사회 공동체와 어떤 관계인지 정립하는 일이며, 사회운동을 벌이는 일이다. 여기에 더하여 자신의 역할을 지방 공동체의 한 리더로 가정하는 실제적인 정책연구에 어떻게 투자할 것인가도 문젯거리다. 기업생태환경 차원에서 보았을 때, 월 마트는 이러한 역할을 수락하는 길 이외에는 달리 선택의 여지가 없다. 월 마트는 이제 중심적인 종 그리고 자신이 서 있는 대륙에서 가장 중요한 생태계의 중심이 됐다.[13]

3단계 : 레드 퀸 효과

일단 자신의 생태적 지위가 결정(結晶)되고 그곳에 서식하는 종들이 자기 기반을 확고히 다지면, 생물생태계는 구조적인 성숙단계에 도달한다. 생태계를 하나로 융합하는 과정이 계속해서 광범위하게 일어나면서 종들은 그 안에서 함께 살며 공진화할 수 있는, 존속 가능한 구조를 발전시켰다. 지배적인 종들은 그들의 지배를 분명히 했으며, 그보다 열세인 종들은 결국 작은 범위에서 자기 몫을 받아들였다. 식민자들이 자리를 잡고 먹이와 약탈자들 사이에 상호의존적인 거래가 익숙해지면 생태계는 풍경 전체에 화려한 모습을 드러낸다. 이것은 대체로 오랜 기간 계속되며 생태학적으로 상대적인 안정기를 예고한다.

그렇다고 해서 이제부터 아무 동요도 없으리라는 것은 아니다. 종들은 서로 적응하고 공진화하는 과정을 절대 멈추지 않는다. 상리공생적인 관계들은 확장될 수도 축소될 수도 있다. 약탈자들은 더욱 세련된 공격을 펼치고, 먹이가 되는 것들은 새로운 방어책으로 이에 대응한다. 동시에 고정된 구조에 편승한 새로운 참여자들의 물결이 성숙한 생태계에 끼어들어 그것을 아주 복잡하게 만든다. 이것을 이해하기 위해서는 더도 말고 아주 작은 진드기와 벌새 사이의 복잡한 관계를 보면 된다.

코스타리카의 다우림에서 벌새와 하멜리아(Hamelia) 꽃은 서로 균형잡힌 상리공생적 협약을 발전시켰다. 그것들은 기업생태계의 2단계에서 맺어진 것과 유사한 관계를 가지고 있다. 벌새는 그 붉은 꽃의 감미로운 꿀을 한 번 빨아먹을 때마다 대신 꽃가루를 한 번씩 떨어뜨린다. 일단 이러한 관계가 충분히 정착됐을 때 세 번째 종, 즉 진드기가 그 안에 들어오는 것이 허락된다.

바늘끝보다도 더 작은 진드기는 여덟 개나 되는 발을 가지고 있지만 너무 작아 멀리 갈 수가 없다. 그래서 먹을 꽃을 찾아가기 위해 벌새 부리에 편승하는 법을 배우게 됐다. 벌새 한 마리가 꽃에 부리를 박으면 진드기는 그 새의 콧구멍 속으로 재빨리 들어갔다가 그 벌새가 다른 꽃으로 옮기면 거기서 빠져나온다. 아주 작은 이 벌레는 짝짓기 할 수 있는 에너지를 마련할 때까지 내내 그 꽃에 있는 꽃가루를 맛있게 먹고 약간의 꿀을 마신다.

벌새들은 일정에 따라 움직이는 비행기처럼 활동하지 않는다. 더욱이 언제 도착하고 언제 떠날지를 전혀 예측할 수 없다. 그래서 진드기는 정확하게 기회를 포착하는 아주 예민한 감각을 갖게 됐다. 또한 아주 뛰어난 후각도 갖게 됐다. 진드기는 종에 따라 먹이로 삼는 꽃이 각각 다르다. 어떤 진드기가 실수로 다른 꽃에 상륙하는 날에는 거기에 살고 있는 다른 진드기들에게 죽임을 당하기 십상이다. 그러나 진드기들이 실수를 저지르는 일은 거의 없다. 왜냐하면 그들은 화밀 향기로 식물을 가려내는 데는 타의 추종을 불허할 정도로 아주 능숙한 솜씨를 발휘하기 때문이다.

이러한 진화론적 양식에 예기치 않은 결과가 일어난다. 그 작은 진드기가 공교롭게도 왕성한 식욕을 자랑하는 일이 생긴다. 진드기는 꽃에 있는 화밀을 절반 가까이, 그리고 꽃가루를 3분의 1이나 먹어치운다. 그래서 진드기가 자신의 날개 달린 수송기관인 벌새에게 표하는 감사라는 게 결국은 식량을 차지하기 위해 한층 치열하고 반갑지 않은 경쟁을 벌이는 것으로 나타나고 만다.

3단계는 생태계 내부의 경쟁을 유발한다

기업생태계에 변화를 몰고오는 공진화 역시 생물 세계에서와 마찬가지로 일정한 협약에 따라 결국에는 안정된다. 그리고 이러한 안정성은 그 생태계에 합류하려는 새로운 참여자(생물생태계에서는 진드기에 해당)를 위한 풍부한 기회를 창조한다. 그들이 합류하면서 생태계는 더욱 풍부해지고 활기가 넘치지만 리더십과 더 많은 몫을 차지하려는 구성원 사이의 내부적인 경쟁 또한 심해진다. 나는 이것을 갈수록 경쟁이 치열해지는 기간인 3단계라고 부른다.

3단계에서는 그 생태계의 설계와 구조가 안정될 뿐 규모까지 안정되는 것은 아니다. 사실 양적인 성장은 3단계에서도 지속되며 오히려 빨라지기도 한다. 단지 질적·구조적인 변화가 속도를 늦출 뿐이다.

이것은 생물생태계에서처럼 하나의 경제적 공동체가 앞으로 사업을 어떻게 할 것인가에 대해 부분적으로는 명시적이고, 부분적으로는 암묵적인 동의하에 풍부한 하부구조를 중심으로 스스로를 조직해가는 방식으로 일어난다. 기업생태계를 구성하는 구성원들의 생태적 지위는 분명해진다. 제품과 서비스, 업무과정, 그리고 조직배치가 점차 확립된다. 이는 기업 종들과 기업 개체군이 각자의 역할과 범위에서 정착하도록 만든다. 그리고 그 공동체의 '구조(architecture)'라 할 수 있는 것이 종들과 그들 사이 상호작용과는 명확히 구별되는 어떤 것으로 모습을 드러낸다. 활발한 공진화가 일어나는 가운데 나타나는 새로운 차원의 안정성은 리더십과 전략 수립에 아주 커다란 영향을 끼친다.

기업생태계에서는 그 생태계에 맞는 안정구조가 확립되면 곧이어 자리를 다투는 새로운 신입자들의 물결이 이어진다. 생물생태계와 기업생태계의 뚜렷한 차이는 나중에 들어오는 새로운 참여자들 때문에 야기되는 동요가 기업생태계에서 훨씬 심하다는 것이다. 경제는 본능이 아니라 의식의 지배를 받기 때문이다. 경제적 창조물은 참여하기를 원하는 환경과 생태계를 선택할 수 있다.

결과적으로 생태계가 안정되면 새로운 신입자들과 고객들이 자신의 가능성에 기대를 걸고 뭔가를 시험해보려 한다. 활기가 넘치고 확장 가능성이 풍부하며 잠재적인 이익이 예상되는 생태계에 참여한다는 기대에 부풀어, 그들은 다른 일련의 회사들이 이미 구축해놓은 전략적 구조를 아주 편안하게 이용하며 뜻밖에도 고객들이 자신들을 기꺼이 받아들이는 것에 놀라기도 한다. 신규 참여자들이 그 생태계에 합류하면서 전통적인 리더와 새로운 전투원들 사이에 이해가 엇갈리면 처절한 리더십 투쟁이 벌어진다. 이러한 격변이 일어날 때 우리는 이제 3단계에 진입했다는 것을 확실하게 깨닫게 된다.

3단계에서의 다른 역할들

3단계에서 분출하는 행동을 완전하게 이해하려면 참여자들이 갖고 있는 각기 다른 시각을 살펴야 한다. 한 생태계의 참여자들에게는 그들이 맡은 역할에 따라 3단계가 전혀 다른 의미를 갖는다.

리더 혹은 잠재적인 리더의 입장에서 보면 그 생태계 내부의 경쟁은 더 높은 차원에서의 경쟁만큼이나 중요하게 다가온다. 각 파벌은 리더십과 교섭력을 둘러싸고 서로 치열한 경쟁을 벌인다. 그런데 여기에서 두 가지 요소가 리더들을 좌절시키기 시작한다. 생태계 구조에서 증대되는 안정성 및 변화에 대한 저항, 그리고 그 생태계에 정통한 고객과 신입자에 의해 유발된 수익에 대한 압박이 그것이다. 이때 리더들은 손끝이 근질거리는 것을 느낀다. 점차 그들은 그 생태계에서 얻을 수 있는 수익을 조금이라도 더 낚아채고 미래를 만들어나가는 특권을 차지하기 위해 총력전을 벌이게 된다.

한 생태계 안에서 벌어지는, 언뜻 시시해 보이는 이 세력다툼에서 협력의 중요성은 한층 높아진다. 경쟁자들은 한편으로는 그들의 귀중한 혁신경로인 블랙홀을 지원하면서도, 자신의 지지자들을 끌어모아 그 공동체를 계속해서 합리화하고 개선해나가려 애쓴다.

2단계에서 리더로서 즐겁게 권력을 휘둘렀던 회사들은 3단계로의 변화를 갑작스러운 충격으로 받아들일 수 있다. 3단계에서는 경쟁과 협력의 규칙이 이전 단계와는 확연히 달라진다. 생태계 내부에서 경쟁은 전체 생태계를 성공으로 이끌기 위해 그 동안 협력해왔고 앞으로도 계속 협력해야 할 제휴세력들 사이에 초미의 관심사로 등장한다. 이러한 때에 만일 리더가 더 이상 생태계에 혁신을 몰고오지 못한다면 그의 권력은 쇠퇴하고 말 것이다.

오랫동안 그 생태계에 기여해왔던 어떤 참여자들은 이런 무자비한 현실을 거부하느라 시간을 보내며 기울어가는 자신의 사업을 어떻든 지탱하려고 시간을 낭비할 것이다. 그러나 결국에는 그들 역시 2단계 상부구조에서 불필요한 가지들을 쳐내고 어떤 기능들을 외부에서 조달하고 또한 수직통합적인 회사에서 분권화된 회사로 방향을 선회

하면서 비용구조를 축소하는 방법을 찾기 시작할 것이다.

리더와 잠재적인 리더에게는 계속 원활한 확장과 혁신이 이루어져 공동체의 경색을 막을 수 있는 방안이 전략적 문제로 제기된다. 생태계가 갈등을 겪지 않도록 완벽한 면역성을 줄 방법은 없지만 충격을 완화하는 방법은 있다.

3단계에서 리더의 역할은 생태계의 확산과 혁신을 가로막는 어떤 경직성에 대해서도 단호하게 대처하는 것이다. 리더들은 그 생태계 안에서 자신의 역할을 확실하게 수호하면서 동시에 전체 생태계를 지속적으로 혁신해나가야 한다.

추종자들의 입장에서 볼 때 만약 그들이 리더와 함께 공진화하지 못하면, 그들의 현재 지위는 그 가치가 현저하게 떨어질 것이다. 왜 그럴까? 그것은 신입자들이 그 생태계에 물밀듯이 밀려들어와 현재 추종자들이 하고 있는 일을 더 싸게, 때로는 더 훌륭하게 처리하면서 호시탐탐 그 자리를 노리기 때문이다. 따라서 추종자들은 아주 민첩하게 리더들과 보조를 맞출 필요가 있다. 나아가 그들은 우선 전체에 대한 감각을 제공해줄 정보력 프로젝트에 참여하는 길을 찾아야 한다. 그것은 리더십 집단에서 세력을 얻는 유일하고도 확실한 통로다.

아웃사이더의 입장에서 볼 때 그들은 훨씬 더 빈약한 이익에 만족하면서 그 생태계에 약삭빠르게 파고든다. 그들은 연구와 개발에 투자하지 않아도 되는 것으로, 그리고 처음에 그 생태계를 낳은 모험적인 기업활동의 위험을 감수하지 않아도 됐던 것으로 이것을 상쇄한다.

신입자들이 반드시 해야 할 일은 전체 생태계에 비능률적인 요소(현재 그 생태계에 있는 기업들이 이익을 제대로 못 내거나 과도하게 거둬들이는 니치들)가 있는지를 아주 면밀하게 조사하는 것이다. 그들은 이러한 틈새를 공격함으로써 그 생태계에 진입할 수 있다. 또 현재 그 생태계에 자리잡고 있는 것들을 몰아내고 그 자리를 대신 차지할 수도

	협력적인 측면의 도전	경쟁적인 측면의 도전
리더	제휴세력들이 당신의 리더십을 따르게 하고 당신의 혁신적인 선도가 계속해서 중심적인 위치를 유지하게 해주는 강력한 비전을 제공한다.	당신과는 다른 길을 추구하며 당신의 선도적인 활동 가치를 떨어뜨리려고 하는 비전에 대항하면서, 생태계 내부에서 나오는 리더십에 대한 도전을 봉쇄한다.
추종자	실현되지 않을 미래를 향해 나아감으로써 투자액이 손실되는 것을 피하면서 아류로 전락하지 않을 정도로 빠르게 공진화할 수 있기 위해 승리자의 편에 선다.	당신의 기여를 복제하거나 그것을 훨씬 가치없는 것으로 만들 수 있는, 적대적인 리더십 및 전체에 대한 비전과 제휴하려는 다른 회사의 시도를 원천 봉쇄한다.
아웃사이더	계속해서 그 중요성을 상실하지 않는 가치를 제공하고 그 생태계에 진출하는 데 따른 비용보다 더 많은 이익을 가져다 줄 수 있는 승리자의 편에 선다.	인사이더들이 당신을 그 생태계에서 축출하려는 시도에 저항해 싸운다. 또한 그 생태계에 똑같거나 비슷한 가치를 제공하려는 다른 것들과 싸운다.
고객	그 생태계에 의해 창조된 가치를 실현하는 중심적인 참여자들과 협력하도록 한다.	그 시스템의 다른 구성원들에 대해 지나친 신뢰를 삼가는 현명한 구매자가 되고, 전반적인 생태계 구조가 실질적인 고객의 이해를 반영하도록 주장한다.

〈도표9-1〉

있고, 어떤 경우에는 좀더 나은 성과를 낳도록 자극하여 결과적으로 가격과 공급자의 수익을 떨어뜨릴 수도 있다.

또한 최종 고객의 입장에서 바라보는 특별한 시각도 있다. 생태계가 3 단계로 진입하면서 변화하는 상황에 소극적으로 얼버무리거나 적극적으로 상황에 적응해나가기도 하는 이런 모든 행동을 보면서 고객은 끊임없이 그 생태계에 대해 배운다. 점차 많아지는 지식을 통해 그들은 그들이 현재 의지하고 있는 제품이나 서비스를 구성하는 다양한 성분을 더욱 잘 이해하고 그것들의 차이점을 파악할 수 있게 된다. 이리하여 차츰 어떤 기능은 직접 처리하거나 유명 상표가 아닌 다른 공급자의 제품과 서비스를 구매한다. 아울러 저가격의 대체재가 점점 많아지고 있다는 것을 이용하면서 이러한 의존도를, 또한 그것과 함께 현재 지불하고 있는 가격을 떨어뜨리기 시작한다.

게다가 그 공동체의 구조가 상대적으로 고정되면서 공동체가 어떻게 움직이는지를 분명하게 인식하게 된 고객들은 대체로 2단계에서 그럴 듯해 보였던 시장개발 활동(고객교육이나 판매지원 등과 같은)에 대해 부담을 지려고 하지 않는다. 3단계에 각기 다른 참여자들이 직면하는 도전이 〈도표9-1〉에 요약돼 있다.

공동체의 활황기;
하지만 대부분의 기여자들에게는 훨씬 박한 수익이 돌아온다

생태계가 구조적으로 안정돼 3단계에 들어서면 대체로 진정한 활황기를 경험한다. 생태계 바깥에서 온갖 수단을 다하여 그 안으로 들어갈 방법을 찾던 수많은 회사와 자본도 결국 생태계 내로 들어온다. 기업들은 그 생태계를 연구해 능률과 효율성을 증대시켰을 때 제대로 보상받을 수 있는 활동에는 어떤 것들이 있는지 헤아린다. 그런 다음 그들은 그러한 활동을 하려는 노력을 통해 그 생태계에 합류한다. 규모가 크고 수익성이 있는 생태계에는 그야말로 수백 수천 개의 모험적인 기업들이 진출할 것이다.

리더들은 구조적으로 안정된 기업생태계의 개념과, 성장이 최고조에 달한 회사가 시설과잉으로 인해 힘든 싸움을 벌여야 하는 '시장성숙'의 개념을 혼동해서는 안된다. 3단계의 시작은 이와 전혀 다른 것이다. 그것은 일반적으로 신입자들이 경쟁할 채비를 갖추면서 폭발적으로 자본을 투자하는 시기다. 일단 그렇게 되면 가격은 떨어지고 실적은 개선되며 고객들도 자신에게 더 많은 기회가 있다는 것을 깨닫게 된다. 그러면서 능률과 효율성의 차원에서 결과적으로 시장 확장에 박차를 가하는 다른 많은 개선책들이 도입되며 그 생태계의 총체적인 가격대비 실적이 올라간다.

그러나 경쟁이 심해짐에 따라 수익은 떨어지기 시작한다. 그 생태계의 구성원들은 흥분해서 이렇게 자문한다. 가치사슬에서 가치는 지금 어디 있는가? 결국 그 생태계에 기여하는 주요 제품과 서비스들은 독창성에 대한 아무런 초과이익도 없이 단지 가격으로만 거래되면서 대체가능한 일상재로 변한다. 이때는 그 생태계의 성과를 실질적으로 개선하는 새로운 혁신만이 전체 생태계에 다시 활력을 불어넣을 뿐 아니라 특수한 기여를 두드러지게 하면서, 이러한 사이클의 항로를 되돌려놓을 것이다.

생물생태계에서도 역시 구성원 사이에 끊임없는 투쟁이 일어난다. 이 책을 쓰며 자문을 구했던 생물학자 짐 웨터러(Jim Wetterer)는 이렇게 말했다.

"창조물의 천적들(경쟁자, 약탈자, 기생 동식물 들)은 경쟁에 더 강해지고, 더 잘 약탈하고, 더 잘 기생하기 위해 계속 진화한다. 따라서 진화가 느리거나 멈춘 생물들은 멸종할 위기에 처하기 마련이다."

생물학자 리 반 발렌(Leigh Van Valen)은 '생물생태계의 종들은 어떻게 끊임없이 혁신해야 하는가'라는 주제를 가지고 폭넓은 저작활동을 해왔다.[1] 그는 유성생식(sexual reproduction)과 같은 가장 중요한 생물학적 적응은 대부분 공진화의 압력이 특히 강할 때 시작된다는 '레드 퀸 가설(Red Queen Hypothesis)'을 창안했다.

알는지 모르겠지만 레드 퀸은 루이스 캐럴(Lewis Carroll)의 『거울을 통하여(Through the Looking Glass)』에 나오는 인물이다. 여왕은 앨리스의 손을 잡고 급히 숲속으로 달려간다. 그러나 앨리스와 여왕은 아무리 빨리 달려도 그들이 서 있는 자리에서 한 발짝도 더 나아가지 못한다. 마침내 앨리스가 여왕에게 어째서 한발짝도 나아가지 않는 것처럼 보이는지 묻는다. 여왕은 앨리스를 의아스러운 듯이 바라보며 이렇게 설명한다.

"제자리에 머물기 위해서는 온힘을 다해 열심히 뛰어야 한다. 만약 다른 곳으로 가기를 원한다면 너는 지금보다 최소한 두 배는 더 빨리 뛰어야 한다."

생물학의 경우에는 한 쌍의 암수 유전인자를 섞는다. 그래야 유성 생식 때 적응특성이 더욱 신속하게 나타나 근본적인 유전적 실험이 가능해진다. 따라서 종은 자신의 적을 제압할 수 있는 방법을 창안해 내기 위해 '2배나 빨리' 달려야 한다.

기업생태계에서 단순히 빨리만 달리는 것은 대체로 가격을 내리는 것, 그래서 제비용이 통제되도록 애쓰는 것에 불과하다. 3단계에서는 대부분 회사들이 지속적인 가격하락을 감수해야 한다. 따라서 성공하려면 최소한 일상재화하는 경향을 받아들여야 하며, 어떤 경우에는 가격이 떨어지기 전에 미리 제비용을 대폭 삭감해야 한다. 수익이 낮은 가운데도 번창할 수 있는 대량생산자들은 대체로 일시적이지만 그 생태계의 스타가 된다.

단순히 빨리 달리게만 하는 것은 3단계에서 기업의 결산일이 길어지는 것으로 나타난다. 그것은 2단계 생태계가 확장하는 데 큰 도움을 주었던 퍼스널 컴퓨터 업계의 IBM이나 애플, 가전제품 업계의 소니 같은 대기업들로 하여금 시장개발과 확장에 따른 부담스러운 비용구조에 대해 새로운 시각을 갖게 한다. 회사는 판매비용, 운영비용 및 제반 비용 가운데 불필요한 가지들은 적극 쳐버려야 한다. 부품의 외부조달과 적정규모화는 가장 중점적으로 고려돼야 할 사항이다. 신입자들이 어떤 기능이나 세부 시장에서 리더를 앞지르게 되면 기업들은 경쟁력이 가장 큰 그들의 핵심 능력으로 후퇴해 들어간다.

앞으로 살펴보겠지만, '2배로 빨리' 달리기 위해서는 새로운 사고 방식이 요구된다. 3단계에서 승리자는 단순히 그들의 핵심 제품과 서비스를 합리화하는 데 그치지 않고 기업생태계와 기회환경의 구조 및 발전에 영향력을 행사하는 방법을 알고 있는 회사들이다.

승리자와 패배자

빠르게 움직이며 모듈화된 3단계 상황에도 그 생태계의 다른 종들에 비해 훨씬 많은 이익을 거두는 종들이 분명 있다. 어떤 것들은 레드 퀸의 가르침을 더 잘 이해하는 유능한 학생이 된다. 아마도 3단계 전략수립에 대한 가장 중요한 통찰은 동일 생태계 전체에서 승리자와 패배자가 뚜렷하게 갈릴 거라는 사실이다.

어떤 참여자는 다른 참여자보다 그 생태계에서 얻을 수 있는 이익에서 훨씬 많은 몫을 가져갈 것이다. 승리자나 리더가 되는 비결은 교섭력에 있다. 당신은 공동체에, 특히 고객에게 절대적으로 중요한 존재가 돼야 한다. 생태계에 절대적으로 끌어들일 필요성이 있는 기여자들은 공동체의 다른 동료 구성원들이 그 생태계 내에서 평균적으로 얻을 수 있는 이익보다 더 많은 몫을 가져갈 수 있을 것이다. 그리고 현명한 구성원이라면 여기에서 얻은 이익의 일정 부분을 그들의 교섭력을 강화하고 그 공동체 내에서 강력한 리더의 위치를 확립하는 데 재투자할 것이다.

앞서 나는 퍼스널 컴퓨터 업계가 기업발전을 관찰할 수 있는 깨끗한 창을 제공한다고 지적했다. 불균등한 이익 문제는 퍼스널 컴퓨터 업계가 발전의 3단계에 진입하면서, 특히 인텔과 마이크로스프트의 부상과 IBM의 추락에서 분명하게 나타났다. 1980년대 중반까지만 하더라도 IBM PC의 컴퓨터 아키텍처는 퍼스널 컴퓨터 업계 전체의 사업구조를 좌지우지했다. 당시 퍼스널 컴퓨터 업계는 완전히 3단계에 들어서 있었다. 사실상 어떤 회사든 PC 생태계의 다른 구성요소와 긴밀히 연결시킬 부품을 만들고 서비스를 제공하는 방법을 알아낼 수 있었다. 컴팩과 인텔, 마이크로소프트 및 기타 공급자들은 때로는 IBM과 함께, 때로는 IBM을 배제한 채 하드웨어와 소프트웨어의 공동표준을 결정하기 위해 협력하고 있었다.

3단계에서는 상대적으로 높은 수익이 강력한 교섭력에서 온다. 이 교섭력은 다시 그 생태계에 필요한 어떤 것을 가지고 있을 때, 그리고 그것이 유일하고 실질적인 공급원일 때 생긴다. 유일한 공급원이라는 지위는 계약에 의해 때로는 특허 같은 보호장치를 통해 확립될 수 있다. 그러나 역동적으로 움직이는 세계에서 그러한 지위는 무엇보다도 끊임없는 혁신을 추진할 때, 전체 생태계의 지속적인 가격대비실적을 개선할 때에만 가능하다. 레드 퀸이라면 3단계에 있는 경영팀에 이렇게 충고했을 것이다.

"만약 가능한 한 힘껏 달린다면 당신은 아마도 평균적인 이익을 얻을 수 있을 것이다. 만약 당신이 더 큰 이익을 얻으려고 한다면, 그보다 2배는 더 빨리 뛰어야 할 것이다."

즉 당신만의 특수한 기여를 하면서 기업생태계의 지속적인 개선을 주도적으로 이끌어가야 할 것이다.

그러나 IBM은 거의 속력을 높이지 않았다. 자신의 퍼스널 컴퓨터 생태계가 3단계로 진입했는데도 IBM은 혁신을 지속시키는 방법도, 심지어 규모의 경제를 달성하는 방법도 발견하지 못했다. 혼자서 매년 수십 억 달러어치를 거래했던 IBM은 수년 동안 지구상에서 가장 큰 퍼스널 컴퓨터 제조업자이자 화주(貨主)였다. 그러나 IBM은 자기보다 훨씬 규모가 적은 경쟁자들과 관계를 하면서도 실질적인 규모의 경제를 달성하지 못했다.

오히려 IBM은 그 생태계 자체의 성장을 촉진하고 발전시키는 단계, 즉 2단계에나 걸맞은 활동에 여전히 돈을 낭비하고 있었다. IBM에 그럴 여유가 있기 때문이기도 했지만 여전히 대형 컴퓨터 중심의 사고에 머물러 있었기 때문이다. 그리고 그러한 캠페인으로 이익을 얻을 것이라는 잘못된 가정을 하고 있었기 때문이다.

예컨대 IBM은 사용하기 편리하다는 점을 부각시켜 수요를 촉진하기 위해 유명한 '찰리 채플린의 리틀 트램프' 광고를 포함한 텔레비전 광고에 수백만 달러를 썼다. 이러한 판매촉진활동은 IBM의 제품을 다른 것과 차별화하고 그 생태계 전체에 대한 IBM의 교섭력을 증강시키는 데는 아무런 역할도 하지 못했다. IBM은 또 컴퓨터 사용범위를 확대하기 위해 플로리다의 값비싼 휴양지에서 열린 교육자와 제조업자, 투자정보서비스 전문가들 같은 특수한 이해집단의 회의에도 아낌없이 돈을 쏟아부었다. 당시 IBM을 제외하고는 어떤 기업도 이러한 활동을 벌일 여유가 없었다. 그들은 자기의 핵심역량과 혁신궤도 및 규모의 경제에 투자하고 있었다.

인텔과 마이크로소프트가 그 생태계에서 초기에 중심적인 지위를 차지했던 것은 그들이 적시적소에 있었기 때문이다. 간단히 말해 IBM에 공헌했다는 것이다. 그러나 인텔과 마이크로소프트는 레드 퀸의 충실한 학생이었다.

이 두 회사는 핵심적인 제품과 서비스를 개선하고 그것의 기능성을 확장하며 그들의 현재 지위를 강화해주는 표준을 정하기 위해 컴퓨터 업계 전체의 파트너와 협력하는 데 주력했다. 인텔의 앤디 그로브(Andy Grove)는 결국 컴퓨터 하드웨어의 나머지 모든 기능을 점령하고, 그럼으로써 가치 전체를 장악하게 될 마이크로프로세서를 '블랙 홀(black hole)'이라 칭하여 유명해졌다. 마찬가지로 빌 게이츠의 지휘를 받고 있던 마이크로소프트도 더 많은 소프트웨어를 PC 운용시스템에 통합하기 위해, 또는 자사의 소프트웨어 응용제품의 하나로 통합하기 위해 전력을 기울였다.

이 기간에 마이크로소프트는 최종 사용자들은 물론 수천에 이르는 다른 기업(대부분은 소프트웨어 개발자)과 관계를 구축하고 관리하는 방법을 배우면서, 그 생태계의 조직적인 구조 안에서 우세한 지위를 차지하는 데 특히 역점을 두었다.

시사회나 사용자 조직에 빌 게이츠가 등장하면 IBM의 거만하고 딱딱한 대변인이 등장했을 때와는 달리 잊을 수 없는 우정어린 축제가 됐다. 그동안 줄곧 마이크로소프트와 인텔은 자본이나 전문기술이 고갈되면 언제라도 지원받을 수 있는, IBM이 제공하는 안전망을 가지고 있었다.

1990년대에 이르자 'IBM 퍼스널 컴퓨터' 공동체는 완전히 '마이크로소프트-인텔' 생태계가 돼버렸다. IBM을 포함해 이루 헤아릴 수 없을 정도로 많은 참여자들의 수익이 땅에 떨어졌다. IBM의 PC사업은 70~90%에 육박하는 대형 컴퓨터 판매수익과는 달리 겨우 30% 정도에 만족해야 했다. IBM은 3단계에서 중심적으로 도전해야 할 '권위와 교섭력의 유지'라는 막중한 임무를 깨닫는 데 실패했고 3단계에서 교섭력을 제공하는 다음 3가지 주요 잠재적 원천을 개발하지 않은 채 방치했던 것이다.

- **혁신** 그 생태계에 절대적으로 필요한 '혁신궤도'와 '규모의 경제'를 발전시키는 것. 하지만 IBM은 마이크로소프트와 인텔이 그 업계에서 가장 강력하고 중심적인 혁신궤도로 발전시키도록 도와주는 꼴이 됐다.
- **임계** 당신의 기여가 그 생태계의 다른 구성원뿐 아니라 최종 고

객에게도 중요한 가치가 있음을 확인하는 것. IBM만이 독특하게 기여할 수 있었던 것들은 시간이 지나면서 점차 그 차별성을 상실해갔으며, 고객은 그들이 구입하는 제품과 서비스에 IBM이 직접 관여하지 않더라도 만족할 만한 결과를 얻을 수 있다는 것을 알았다.

- **깊은 연관성** 당신 자신의 제품과 업무과정 및 공식·비공식적인 조직을 생태계의 나머지 구성원의 그것들과 깊이 연관시키는 것.[2] 이것은 그 생태계의 구조와 관례들을 더 나은 방향으로 발전시키고 나아가 협력과 공진화를 위한 틀을 지속적으로 개선하기 위해 그 생태계를 구성하는 다른 회사들과 협력함으로써 달성된다. 이러한 전략을 따르기보다 IBM은 갈수록 자신 속으로 움츠러들었으며 그 생태계에 자신의 제품을 강요하려고 했다. 이러한 것을 단적으로 보여주는 예가 MCA 버스 아키텍처(MCA bus architecture)와 OS/2 운용 시스템의 실패다. 따라서 IBM은 점차 그 생태계의 나머지 구성원과 결별하게 돼 결국 리더십과 영향력, 그리고 교섭력을 상실했다.

혁신궤도를 발전시켜라

3단계에서 중심적인 회사는 전체 생태계의 성과에 혁신적으로 이바지함으로써 자신의 역할을 강화한다. 성공적인 회사들은 시간이 흐를수록 그들이 제공하는 제품과 서비스가 꾸준히 개선될 수 있도록 지속적인 '혁신궤도'를 구축한다. 혁신궤도는 여러 차원(고객 서비스에서부터 고객 세분화와 핵심적인 기술의 진보에 이르기까지)에서 개선된 성과를 낳을 수 있다.

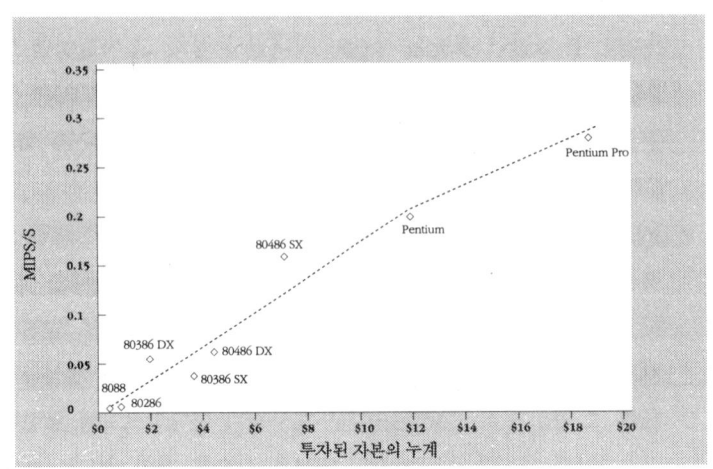

〈도표 9-1〉달러당 MIPS(중앙처리장치의
초당 명령 실행횟수를 100만 회 단위로 측정한 것)로
본 인텔의 마이크로프로세서 혁신궤도(1980~1995년)

그 혁신궤도를 유지하기 위해서는 개별적인 역량과 조직적인 역량
에 대한 관리가 필요하다. 그 혁신궤도 안에서 각각의 회사가 에너지
를 집중시키는 부분은 서로 많이 다를 것이다.

예를 들면 지금은 종종 '윈텔(마이크로소프트와 윈도스 및 인텔)' 퍼스
널 컴퓨터 생태계라고 불리는 것에 그동안 인텔이 제공했던 가치의 핵
심은 마이크로프로세서를 지속적으로 개선하는 능력이었다. 즉 마이
크로프로세서에 더욱 많은 기능을 부가하고, 단위당 정보처리의 비용
을 더 낮추고 연산처리 속도를 높이는 것이었다. 이러한 궤도가〈도표
9-2〉에 예시돼 있다.[3]

물론 이것은 칩이 싸진다는 의미는 아니다. 오히려 인텔의 마이크
로프로세서 가격은 점점 더 비싸졌다. 인텔 386칩은 299달러에 출시
됐고, 펜티엄이 처음 나왔을 때의 가격은 약 900달러였다. 하지만 펜

티엄은 대략 20배나 빠른 연산처리 능력을 제공했다.

인텔은 제반 역량을 쌓고 이러한 혁신궤도를 유지하기 위한 연구개발에 매년 어마어마한 자금을 투입하고 있다. 바로 자신의 리더십을 유지하는 비용이다. 인텔이 지속적으로 역량을 개선하려는 범위는 칩 디자인에서부터 제조, 반도체회사들이 조립(fabrication) 혹은 줄여서 'fab'라고 부르는 것에 이르기까지 광범위하다. 예를 들면 인텔은 1993년에 29억 달러를 투입했으며, 1994년에는 여기에 다시 35억 달러를 투입했다.[4] 1995년에 대략 160억 달러의 총수익을 올린 회사로서는 모험이라 할 엄청난 액수다. 그러나 1995년 업계 최초로 0.35미크론의 회로를 가지고 최신 세대의 칩을 조립할 수 있었던 것은 이런 투자 덕분이었다.

이보다 더 중요한 것은 윈텔 생태계가 계속적으로 호황을 누리고 퍼스널 컴퓨터에 대한 수요가 폭발적으로 증가하는 속에서도 인텔은 대규모 시스템 판매업자들이 유일하게 접근할 수 있는 공급자라는 점이다. 인텔은 자사 상표를 붙인 새로운 디자인을 가지고 있을 뿐만 아니라 시장의 기호에 맞춰 이를 공급할 수 있는 조립능력을 가진 유일한 칩 회사다.

역동적인 코스타리카 스타일의 3단계 생태계에서 주도적인 지위를 차지하고 싶은 회사들은 반드시 이와 비슷한 궤도를 신중하게 구상해야 하며, 그러한 궤도에 진입할 수 있도록 투자해야 한다. 신입자들이 특수한 기능을 가로챌 수 있는 생태계에서 강력한 궤도를 유지하지 못하는 회사는 다른 회사에 자기 위치를 빼앗기는 위험을 감수해야 한다. 경영진은 자기네 회사가 가진 역량과 그 역량을 발전시키기 위한 지속적인 투자에 대해 반성하고, 이러한 것들이 과연 성과를 개선하고 있는지 확인해야 한다.

궤도를 성공적으로 유지하기 위해서는 여기에 초점을 맞춘 강력한 경영능력과 자원의 집중 배치가 요구된다. 이러한 요구조건은 대체로 전문가 조직을 선호하는 경향이 있으며, 이는 결과적으로 재래의 수직 통합적인 회사가 아니라 어떤 참여자들은 한 가지에만 초점을 맞추고, 또 어떤 참여자들은 다양한 전문화 영역을 가진 참여자 생태계를 낳는다. 그러나 조직화 자체가 성공을 위해 가장 중요한 조건은 아니다. 오히려 필요한 것은 점점 늘어나는 수많은 경쟁자를 앞설 수 있는 수준으로 전력을 기울여나갈 수 있는 조직과 전략, 그리고 임원들의 마음가짐이다.

그러나 전력을 기울인다고 다 성공하는 것은 아니다. 이러한 핵심적인 혁신궤도는 반드시 그 혁신궤도의 성과들이 끊임없이 가치평가되고 있다는 것을 확신해줄 생태계를 구체적으로 만들어가는 능력에 의해 지지되고 방어돼야 한다. 인텔은 이것을 어떻게 달성하고 있는가가 이 장의 나머지 부분이 다룰 주제다. 왜냐하면 그것은 임계와 생태계의 다른 구성원과 깊은 연관성을 유지하기 위해 막대한 투자를 요구하기 때문이다.

내가 의미하는 바를 정확히 이해하려면 그 상황을 전통적 산업의 시각에서 생각해보라. 인텔은 종래의 보수적인 전략기획가에게는 악몽 같은 존재다. 산업적 시각에서 보았을 때 반도체의 설계와 제조는 전통적으로 총수익이 낮아 골머리를 앓는, 자본 집약적이며 경기변동이 심한 산업으로 인식됐다. 인텔은 퍼스널 컴퓨터의 마이크로프로세서를 만드는 단일 핵심사업을 하고 있다.

연구와 자본투자는 반드시 시장보다 앞서 몇 년에 걸쳐 이루어져야 하며, 그 궤도는 일단 정해지면 상대적으로 변경하기 어렵다. 마지막으로 기회환경, 즉 컴퓨터와 통신 및 미디어로 이루어진 정보공간은 변화하는 고객의 기호와 기술, 경영 모델 및 주도적인 회사들로 가득차 있다. 전략기획가는 전혀 예측할 수 없는 수많은 미래를 가진 사업에 수 년의 세월을 바쳐야 한다.

초창기 인텔 경영진의 사고방식은 자본을 축적하고 순자산 대비 수익률을 최대화해 이러한 위험을 완화시킨다는 것이었다. 인텔 최고경영진은 마이크로프로세서 분야의 경영책임자였던 크레이그 바렛(Craig Barrett)이 1991년까지 자체 혁신궤도를 유지하고 유사 칩 회사들을 기술적으로 앞서려면 해마다 최소 20억 달러를 투자해야 한다고 예측해 그룹 전체를 깜짝 놀라게 했던 1989년의 그 날을 지금도 기억하고 있다. 당시 인텔은 1989년 총수입이 겨우 30억 달러를 조금 넘을 것으로 예측하고 있었다. 그러한 상황에 매년 20억 달러씩을 투자해야 한다는 것은 엄청난 부담이었을 것이다. 그러나 그러지 않을 경우 예상되는 결과는 더 나빴다. 즉 점차 강력해지는 경쟁자집단의 공동기술혁신과 공동투자에 산 채로 잡아먹힐 터였다. 이는 대체로 3단계에서 맞닥뜨리는 고전적인 문제다.

이러한 위험을 경감시킬 수 있는 유일한 방법은 인텔 중심의 퍼스널 컴퓨터 생태계가 지속적인 발전을 도모하고 인텔이 계속해서 그 공동체의 중심이 되는 방법을 찾는 것이었다. 이것이 우리가 다음으로 다룰 주제다.

인텔은 실제로 그러한 환경에 훌륭하게 적응해갔으며 몇 가지 수치는 이를 단적으로 보여준다. 1990년 이래 인텔은 계속해서 세계의 어느 회사보다도 높은 총수익과 판매수익을 달성한 회사로 손꼽혔다. 그것은 그 회사에 가해졌던 생태학적인 압력과 그 회사의 번창을 가능하게 해준 창조적인 전략 및 조직적인 발명을 탐구하는 데 도움이 된다. 이제 우리는 '인텔 내부에서 바라보는 인텔(Intel inside Intel)'을 좀더 잘 이해하고자 하며, 3단계 과정에서 성공하기 위해 반드시 필요한 두 가지 원칙, 즉 임계와 생태계 다른 구성원들간 깊은 연관성에 대해 생각해보고자 한다.

임계 : 최종 고객에 대한 당신의 가치를 강화하라

당신의 혁신궤도를 유지하는 것만으로는 충분하지 않다. 그 생태계의 다른 구성원들, 특히 최종 고객이 이 궤도를 가치있게 평가해야 한다. 가장 비참한 것은 역량껏 열심히 일했으나 결국 더 이상 쓸모없다는 사실이 드러나는 경우다.

예컨대 셔 마이크로폰(Sure Microphone Company)은 비닐 사진 레코드를 위한 자석 카트리지를 생산하면서 그 산업을 주도했다. 매년 더 좋은 제품이 새롭게 선보였다. 그러나 셔에게 불행한 일이 벌어졌다. 테이프와 콤팩트 디스크가 등장하자 고급 오디오 애호가인 소수집단을 제외하고는 비닐 레코드를 시대에 뒤떨어진 무용지물로 보게 된 것이다.

앞으로 살펴보겠지만 심지어 인텔이 제공하는 것들도 때로는 그 생태계의 나머지 구성원들이 필요로 하는 바를 너무나 앞질렀다는 이유만으로 외면되는 위험을 감수해야 했다. 당신은 다음과 같은 상투적인 말을 얼마나 자주 들었던가?

"누가 더 빠른 컴퓨터를 원하지? 내 것은 내가 원하는 건 전부 해주는데."

따라서 당신은 당신의 혁신궤도가 고객과 그 생태계의 다른 구성원이 바라는 전반적인 제품과 서비스 개선의 추진기가 되도록 노력해야 한다. 이것이 내가 말하는 '임계'다.

인텔의 성공은 더욱 빠른 칩을 생산해냈을 뿐 아니라 그 생태계 내에 그것에 대한 수요가 있다는 것과 인텔이 선호되는 공급자라는 것을 확인했기에 가능했던 것이다. 1990년대 초 자신의 임계가 움츠러들기 시작했을 때 인텔은 일치된 공동행동을 취해야 했다.

한번도 의문시되지 않던 자신의 혁신궤도 측면에서가 아니라 그 생태계의 다른 구성원들 전체를 대상으로 그의 기여에 대한 기호수준을 향상시킨다는 측면에서 말이다. 그러기 위해서는 다른 무엇보다도 강력한 마이크로프로세서가 필요한 멀티미디어 퍼스널 컴퓨터에 대한 수요를 자극하고, 그러한 기계들을 시장에 내놓을 수 있도록 생태계 전반의 다른 구성원과 협력해야 했다.

그 생태계의 제품, 업무과정 및 조직과 깊은 연관성을 구축하라.

당신을 따르거나 당신과 제휴하고 있는 다른 구성원의 투자는 당신의 지위를 중심적인 기여자로 강화하고 유지해준다. 내가 이러한 속성을 '깊은 연관성'이라고 부르는 이유는 중심적인 기여자가 그 생태계의 다른 구성원들과 얼마나 긴밀하게 연관돼 있고 강력한 관계를 맺고 있는가를 시사하기 위해서다.

깊은 연관성을 맺는 일은 어떤 구성원의 기여를 그 공동체에 깊이 낙인찍는 것에서 시작된다. 인텔은 자신의 중심적인 속성들, 즉 자신의 디자인 선택권과 기술적인 신뢰뿐 아니라 고속 칩과 시장수요에 대한 가장 빠른 대응력, 이전에 나왔던 칩들과의 호환성, 그리고 사용자들이 기꺼이 돈을 투자했던 소프트웨어를 생태계의 다른 구성원들에게 깊이 인식시키는 캠페인을 벌임으로써 엄청난 이익을 얻을 수 있다는 사실을 발견했다. '인텔 인사이드(Intel Inside)'는 이러한 캠페인을 알리는 깃발이 됐다.

깊은 연관성을 구축하는 것은 또한 최신 소프트웨어 제품과 특정한 마이크로프로세서의 성능이 상호의존적이어야 하듯이 제품의 구조를 구성하는 제반 요소들을 밀접하게 연관지어야 가능하다.

당신은 또 재고와 제조공정을 조화시키기 위해 전자적 자료교환으로 업무과정을 서로 연결시킬 수도 있다. 이 밖에도 공동개발과 공동 마케팅이 있는데, 이는 둘 이상의 회사에서 이루어지는 활동을 서로 더욱 긴밀하게 결합시키고 전체 업무과정을 개선한다.

마지막으로 당신은 합작투자와 공동투자, 상호투자와 같은 공식적인 메커니즘을 통해 조직들 사이에 긴밀한 유대관계를 구축할 수 있다. 더 나아가 조직은 지역적인 통합에 의해서도 서로 연결될 수 있으며, 이로써 관련된 사람들의 비공식적인 문화와 지식, 정보 등이 상호 침투할 것이다.

임계와 깊은 연관성을 강화하기 위한 지속적인 캠페인을 펼쳐라

경영진은 대개 지속적인 혁신궤도에 대한 투자의 필요성을 인식하고 있다. 그러나 때때로 임계와 깊은 연관성을 강화하기 위한 더욱 포괄적인 경영 캠페인이 필요성하다는 점을 간과한다. 경쟁이 치열한 레드 퀸 타입 환경 속에서는 생태계 다른 구성원들에 대해 당신이 갖고 있는 중요한 지위가 결코 당연시되지 않는다. 눈 깜빡할 사이에 당신의 중요한 기여가 부적절한 것이 되거나 그것이 다른 구성원들의 기여에 의해 교체될 수 있다.

현재 위치가 아주 튼튼한 인텔이나 마이크로소프트 같은 지배적인

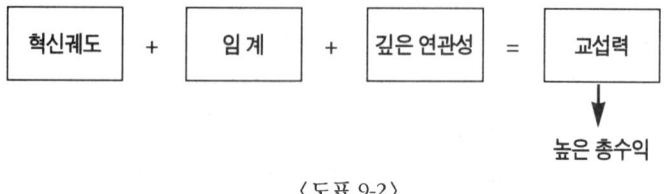

〈도표 9-2〉

회사들도 하루아침에 일상재화할 수 있다. 어째서? 그것은 인텔 및 마이크로소프트와 그 생태계를 공유하고 있는 다른 모든 참여자들이 인텔이나 마이크로소프트의 중심적인 지위를 희생시켜서라도 자신들의 가치를 확대하고 확장하기 위해 노력하고 있기 때문이다. "오직 편집증 환자만이 살아남는다"고 지적한 앤디 그로브의 말은 모든 구성원들이 일제히 가능한 한 빨리 뛰면서 공진화하는 3단계의 생태계에 딱 어울린다.

따라서 지금 해야 할 일은 레드 퀸의 명령에 따라 어떻게 행동할 것인가, 즉 한 생태계 내에서 당신의 지위와 기여들을 체계적이고 포괄적으로 강화하기 위해서는 어떻게 해야 할 것인가를 결정하는 것이

차원	캠페인의 요소	지속적인 캠페인의 범위
고객	최종 고객에게 인식된 가치	최종 고객의 관점에서 당신의 기여에 대해 인식된 가치를 증가시킨다.
시장	시장과 유통구조의 지배	일정한 경계가 지어진 시장과 그 시장의 유통구조에 대한 당신의 지배력을 증가시킨다.
제공	당신이 제공하는 제품과 서비스 전체의 임계와 깊은 연관성	최종 사용자에 의해 경험되는, 당신이 제공하는 제품과 서비스 전체의 임계와 깊은 연관성을 증가시킨다.
업무과정	업무과정구조의 임계와 깊은 연관성	생태계의 전체 업무과정 구조에서 당신의 임계와 깊은 연관성을 증가시킨다.
조직	조직적인 네트워크의 임계와 깊은 연관성	생태계에 중심적인 네트워크에서 당신의 임계와 깊은 연관성을 증대시킨다.
이해 관계자	선호되는 입장에서 자원 활용	생태계에서 당신의 핵심적인 기여와 리더십을 유지하기 위해 이용할 수 있는 자원들을 증가시킨다.
가치와 정책	사회와 제휴	당신의 기여 및 리더십과 연관된 제휴세력과 당신이 활동하고 있는 시장과 연관된 사회 및 정부의 제휴세력을 증가시킨다.

〈도표9-3〉

다. 〈도표9-3〉는 전반적인 목표를 간단하게 요약한 것이다.

이런 종류의 주도적인 활동을 그 생태계의 7가지 차원 전체에서 펼칠 '지속적인 캠페인'으로 생각해보는 것도 한 가지 편리한 방법이다. 가치와 교섭력을 낳는 요인으로도 표현될 수 있는, 캠페인의 각 요소들이 〈도표 9-4〉에 열거돼 있다.

지속적인 캠페인에서 중요한 것은 전체 생태계의 구조가 당신의 핵심적인 기여들을 표현할 수 있도록 그것에 영향력을 행사하는 것이다. 당신의 역량과 고객들이 바라는 가치, 그리고 가치개선궤도 사이에도 상호의존적인 연관성이 구축돼 있다.

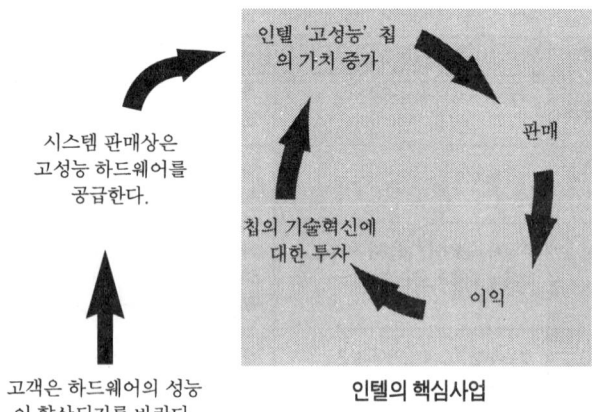

시스템 판매상은
고성능 하드웨어를
공급한다.

고객은 하드웨어의 성능
이 향상되기를 바란다.

응용 소프트웨어는 점차 확장
되고 있는 기능들을 수행한다.

〈도표9-4〉

288

캠페인은 고객과 함께 시작되고, 당신의 가치를 선전하는 것으로 시작되며, 당신이 최대한으로 기여할 수 있는 미래에 대한 비전을 적극적으로 추진하는 것으로부터 시작된다. 캠페인 목적은 시장과 유통구조를 지배함으로써 이러한 비전과 아울러 당신의 중요성을 강화하는 것이다.

그러나 영구적인 캠페인은 제품구조의 발전, 즉 제품이 고객에게 제공되는 방법, 그것에 사용되는 모듈과 하위부품, 그리고 그것이 제공하는 기능에 대해 영향력을 행사하려는 노력을 펼칠 때 더욱 효과적으로 진행된다. 거기에는 또한 업무과정이 구성되는 방법과, 필요하다면 그것을 변화시키는 방법도 포함된다.

지속적인 캠페인은 무엇을 외부에서 조달하고 무엇을 자체조달할 것인가를 결정하도록 도와주면서 조직적인 관계에 영향을 끼칠 수도 있다.

캠페인은 무엇이 대량으로, 그리고 규모와 범위의 경제에 의해 생산될 것인가를 구체적으로 명시하기 위해 노력한다. 그리고 광범위한 개체군 사이의 다양성과 그들 사이에서 일어나는 자연도태를 이용하여 다수 공급자들이 무엇을 제공할 것인지를 결정하도록 도와준다. 마지막으로 캠페인은 모든 형태의 자원에 대한 우선적인 접근, 그 사회의 가치와 정책기관의 밀접한 제휴를 확실히 하기 위해서도 노력한다.

이제는 그러한 캠페인이 점차 경영전략에 중심이 되고 있다. 이것은 종래의 사업계획보다 훨씬 폭넓은 영향력을 행사한다. 그러한 캠페인을 벌이기 위해서는 마케팅과 제품개발에서부터 업무과정 개선, 조직적인 설계, 금융, 정부관계 등에 이르기까지 지금껏 어떤 회사에서도 하나로 통합된 적이 없는 기술들이 필요하다. 캠페인에 대한 감을 잡는 가장 좋은 방법은 아마도 한 가지 실례를 들어 자세하게 조사해 보는 것일 게다.

생태계 렌즈를 통하여 : 인텔의 도전

앞서 지적했듯이 퍼스널 컴퓨터 혁명 초창기에 인텔의 경영모델은 고객과 시스템 제조업자, 그리고 인텔 자체를 강력하게 이어주며 가치를 증대시키는 선순환에 의존하고 있었다.

고객들은 더욱 강력한 성능을 가진 컴퓨터를 요구했고, 인텔의 마이크로프로세서는 IBM과 컴팩같은 시스템 판매상들이 그것을 공급할 수 있도록 해주었다.

그 모델이 존재할 수 있었던 가장 중요한 요인은 많은 고객들이 더 좋은 성능을 가진 기계를 초기에 구입하면서 부담하는 프리미엄을 지불할 용의가 있었다는 점이다. 인텔은 꾸준히 개선된 정보처리능력, 즉 혁신궤도를 제공했을 뿐 아니라 그것을 자신의 경쟁자들보다 훌륭하게 그리고 신속하게 달성함으로써 이러한 프리미엄을 손에 넣었다.

1990년대 초까지 마이크로소프트 윈도스 같은 프로그램이 갈수록 정교하고 복잡해진 것은 인텔에는 좋은 징조였다. 점점 더 정교한 소프트웨어가 잇따라 출시되면서 고객은 인텔의 최신 칩에 맞춰 계속해서 업그레이드하지 않을 수 없었다. 그 동안 인텔은 그러한 경향이 일어나도록 애쓸 필요도 없이 단지 소프트웨어가 점점 더 복잡해지는 경향을 이용하기만 했다.

인텔의 혁신궤도는 고객이 원하는 가치(더욱 빠른 기계를 가능한 한 빨리 시장에 내놓는 것)를 제공하기 위해서는 반드시 필요한 핵심적인 것이었다. 인텔의 핵심사업은 호황을 누렸다.

그러나 1990년부터 1993년 사이 우려되는 몇 가지 생태학적 경향들이 퍼스널 컴퓨터 정글은 휩쓸었다. 최고경영자 앤디 그로브와 인텔 이사회 그리고 최고경영진은 사태를 종합적으로 평가한 결과 이러한 경향이 퍼스널 컴퓨터 생태계에서 인텔이 차지하고 있는 리더십을 위협할 것이며, 따라서 공동행동이 필요하다는 판단을 내렸다. 차후에 우리는 몇 가지 경향에 대해서 알아볼 것이다. 나는 그것들을 명료하게 하기 위해 생태계의 7가지 차원을 제시했다.

고객은 통신과 미디어를 위한 것이 아니라면 더욱 많은 정보처리
능력이 필요하지 않았다

1990년까지 전문가들은 강력한 정보처리능력에 대한 수요가 점차 줄어들 것이라고 생각했다. 워드프로세서 같은 응용 프로그램 사용자들은 이제 더 이상 강력한 칩을 쓰지 않았다. 특히 기업 고객은 최소 수백대에 이르는 기계들을 업그레이드하거나 교체하는 것을 매우 못마땅하게 여겼다.

많은 정보처리능력을 요구하리라고 인텔 경영자들이 예측할 수 있는 응용 프로그램은 거의 모두 멀티미디어 비디오나 통신을 위한 것일 터였다. 불행하게도 IBM 퍼스널 컴퓨터 아키텍처는 첨단 마이크로프로세서를 장착하든 장착하지 않든 이러한 성능을 개발하는 데는 엄청난 장애를 안고 있는 것으로 드러났다.

고객은 점점 할인판매점인 콤프유에스에이(CompUSA) 같은 체인망을 통해 대량판매시장 품목으로 컴퓨터를 구매하게 될 것이고 IBM PC보다는 (인텔 생태계에 속해 있지 않은) 애플 매킨토시에 더 가까운, 사용하기 쉬운 기계를 원했다. 이러한 후자의 두 경향은 어떤 것이 현실로 드러나든 인텔의 칩뿐 아니라 전체 IBM-인텔-마이크로소프트 생태계를 시대에 뒤떨어진 것으로 만들어버릴 수 있었다.

인텔은 한없이 확장되는 시장에서 자신의 한계를 볼 수 있었다

1980년대에도 인텔의 경쟁자들은 이론적으로는 똑같은 혁신궤도를 제공할 수 있었다. 그러나 인텔은 특허와 저작권 뿐만 아니라 대부분

의 퍼스널 컴퓨터 산업에 대해 유일하게 마이크로프로세서 표준을 정할 수 있는 능력을 갖추고 있어 첨단기술시장에서 거의 경쟁을 벌일 필요가 없었다. 경쟁자들은 매번 인텔이 성능을 개선해주기를 속수무책으로 기다려야 했다. 그리하여 그들은 인텔의 지적 재산권을 침해하지 않도록 조심하면서 이런 개선 결과들을 복제하기 위해 치열하게 경쟁했다.

그런데 1990년대 초에 이르자 기술적인 전문지식이 꾸준하게 확산되면서 다른 칩 메이커들은 특허권을 침해하지 않고도 인텔의 칩을 복제할 수 있었다. 어드밴스드 마이크로 디바이스(Advanced Micro Devices)와 사이릭스(Cyrix) 같은 회사는 여전히 인텔의 그늘에서 힘들게 싸웠지만, 그래도 그 연구결과를 재빨리 복제하는 데는 아주 능란했다. AMD가 1992년 중반에 보급형 386 칩의 복제판을 내놓은 것은 불길한 사건이었다.

만약 이러한 경향이 계속된다면 인텔의 판매수익은 급격히 떨어지고 인텔 제품들이 대체 가능한 일상재로 전락할 위험이 있었으며, 많은 회사들이 현기증이 날 정도로 빠른 속도로 인텔의 사업에 침투해 들어오는 걸 허용할 수밖에 없을 것 같았다.

게다가 전세계의 퍼스널 컴퓨터 시장은 마이크로프로세서에 대한 수요를 만족시킬 수 있는 인텔의 능력을 훨씬 뛰어넘어 폭발적으로 성장하고 있었고 이로 인해 결국 인텔은 시스템 판매상들에 평판이 좋지 않은 '할당배급' 계획을 강요하지 않을 수 없었다. 할당배급 계획으로 컴팩이나 델(Dell) 같은 시스템 판매상들은 고질적인 공급 문제로 골머리를 앓으면서도 어쩔 수 없이 그 시장에 침투해 올지 모르는 다른 공급자에게 칩을 구매해야 했다. 할당배급제도는 또한 판매상들이 자사 제품에 로열티를 지불하고 얻는 이익에 대한 인텔의 주장을 무색하게 만들었다.

표준 퍼스널 컴퓨터 아키텍처는 점차 노후화하고 있었다

세 번째로 불길한 사태는 퍼스널 컴퓨터 아키텍처가 시스템 전체의 실행성능을 제한하는 장애물이 되고 있다는 것이었다. 이는 3단계에 다반사로 나타나는 고전적인 문제. 퍼스널 컴퓨터 아키텍처는 지금까지 수천에 이르는 공급자를 조직하는 원리가 되기도 했지만 한편으로 성과를 제한하는 방향으로 수많은 관계를 고정시키는 측면도 있었다. 예를 들면 마이크로프로세서와 비디오 컨트롤러 카드를 잇는 경로의 성능은 당시 출시되고 있는 프로세서나 비디오 카드의 실행속도를 충분히 실현할 수 있을 정도로 빠르지 않았다. 따라서 프로세서 성능의 측면에서 이루어진 인텔의 기술혁신은 시스템 성능에 충분히 반영되지 못했으며 더욱 중요한 것은 고객들에게 최대한의 가치를 제공하지 못했다는 점이다. 인텔에서 생태계 구축의 많은 부분을 관장하는 선임이사 프랭크 질(Frank Gill)은 이렇게 말했다.

"프로세서를 현존하는 시스템 디자인에 장착하는 것은 마치 딱정벌레 폴크스바겐의 차대 버팀장치에 고성능 자동차 엔진을 다는 것 같았다."

업무과정에서 야기되는 문제가 혁신을 늦추고 있었다

생태계 전반의 업무과정은 차츰 신속한 기술혁신을 봉쇄하는 방식으로 조직됐다. 예를 들면 새로운 세대의 마이크로프로세서는 어느 것이나 컴퓨터 시스템 판매상들에게 전반적인 컴퓨터 디자인을 업그레이드하도록 요구했다. 컴퓨터 제조업자들은 즉각 즉각 컴퓨터 디자인을 업그레이드하는 것이 어려워지고 점점 더 많은 비용이 들었다. 그 결과 어떤 제조업자들은 오히려 시스템 재설계 속도를 늦추어 개발비용을 낮추기 바라면서, 갈수록 더욱 강력한 칩을 채택하는 것에 반발하기 시작했다.

일단 이러한 경향이 확고해지면 고성능을 제공하여 높은 수익을 올렸던 인텔의 마이크로프로세서 판매량은 줄어들 가능성이 있었다. 이 문제를 해결하는 가장 분명한 방법은 인텔이 시스템을 설계하고 개발해 그 결과물을 제조업자들에게 공급하는 것이었다.

그 생태계의 조직과 리더십은 효과적이 아니었다

아마도 가장 위협적인 사태는 조직 안에서 일어났을 것이다. 인텔 경영진은 IBM이 퍼스널 컴퓨터 아키텍처를 발전시켜 나가는 데 필요한 리더십을 계속해서 발휘할 수 있으리라고 믿지 않았다.

마이크로소프트도 공동체 내의 더 많은 영역에서 리더십을 장악해 나가고 있었지만 마이크로소프트가 갖고 있는 바람직한 미래상은 인텔의 그것과는 점차 멀어지고 있었다. 마이크로소프트는 자신을 비롯한 다른 구성원들의 인텔에 대한 의존도를 점차 약화시키는 방향으로 투자하고 있었다.

마이크로소프트는 자사 소프트웨어가 인텔의 프로세서나 IBM시스템보다 훨씬 잘 설계된 것으로 알려진 다른 칩이나 시스템에서도 작동하도록 만들고 있었다. 그렇다면 가장 확실한 대안은 MIPS 컨소시엄이었는데, 거기에는 출발 당시부터 디지털 이큅먼트(Digital Equipment)와 컴팩 그리고 여러 일본 회사들이 참여하고 있었다. 이 집단은 독자적인 생태계를 구축하고 싶어했으나 마이크로소프트는 기존 생태계와 이 생태계에서 각각 지배적인 참여자 역할을 하되 두 생태계 사이의 하드웨어 경쟁을 통해 이익을 얻기 바랐다.

가장 흥미로운, 그러나 인텔의 입장에서 보면 아직 확고하지 않은 리더의 지위를 불안하게 하는 몇 가지 문제는 IBM · 인텔 · 마이크로소프트 생태계 외부의 기회환경 한쪽에서 터져나오고 있었다. 그 전해에 스티브 잡스가 인텔의 반도체 분야 경쟁자인 모토로라가 생산한 칩으로 가동되는, 사용하기 쉬운 고성능 멀티미디어용 장비 NeXT를 출시했던 것이다. 특히 앤디 그로브는 그 기계에서 미래를 볼 수 있다고 믿었으며 만일 잡스가 내놓은 이 제품을 중심으로 또 다른 생태계가 구축되기 시작한다면 그것이 어떤 사태를 몰고올지 불안해 했다. 따라서 PC 생태계의 임계와 그 안에서 인텔 역할을 재정립하기 위해서는 무엇인가를 해야 했다.

전반적으로 인텔은 생태계 리더십 지위를 강화할 필요가 있었다

더 이상의 상황 분석은 이해관계자와 가치 및 정책 차원에서 그 외에 우려되는 바(어쩌면 이것이 기회가 될지도 모르지만)가 무엇인지를 확실하게 밝히는 것이었다. 인텔은 그 공동체의 다른 구성원과 조직적인 유대를 공고히 하기 위해 더 잘할 수 있다는 것을 깨달았다. 마이크로소프트 · MIPS 컨소시엄이 초기에 거둔 성공은 인텔로서는 심히 우려되는 징조였다. 인텔은 자신의 창조적인 경영활동이나 엄청난 자금을 미래의 구체적인 실현자가 되는 데 쓴 게 아니라 기껏해야 강력한 이해관계자 이상이 되는데 쏟아부었다는 것을 깨달았다.

그리고 인텔 경영진은 인텔의 사회 전반에 대한 기여를 선전하는 작업을 더 잘할 수 있다는 결론을 내렸다. 이런 식으로 한다면 전세계는 인텔의 가치를 더욱 폭넓게 인식할 것이고, 그의 상표들이 더욱 큰 반향을 불러일으켜 방어하기가 더욱 쉬워질 것이며, 인텔은 정부의 정책개발을 돕는 강력한 지위를 갖게 될 것이었다.

결론은 이러한 경향들이 퍼스널 컴퓨터 생태계에 대한 인텔의 리더십에 근본적인, 그러나 반갑지 않은 변화를 가져올 가능성이 있다는 것이었다. 종래의 제품 · 시장의 시각에서 보면 인텔은 상당히 잘하고 있었다. 그것은 확장하고 있었고, 많은 돈을 벌어들이고 있었으며, 높은 판매이익을 올릴 뿐 아니라 엄청난 시장 점유율을 자랑하고 있었다. 하지만 어떤 대대적인 캠페인을 벌이지 않는다면 결국 직접 창조한 생태계에 대한 영향력이 축소되면서 판매수익의 하락을 감수하지 않을 수 없었던, IBM 같은 신세가 되기 십상이었다.

명백히 우려되는 징조와 더욱 희박해진 기회에 대한 조사 결과가 〈도

생태계의 차원들	1991년부터 1993년까지의 상황 (-)는 인텔의 기여가 일상재화로 기울게 하는 경향을 말한다. (+)는 임계와 다른 구성원들의 깊은 연관성을 강화하는 경향을 말한다. (o)는 상황에 변화가 없음을 의미한다.
고객	(-)점차 그들이 갖고 있는 기계의 프로세서 성능에 만족했으며, 기업 고객들은 새로운 프로세서에 맞춰 업그레이드하기를 주저했다.
시장	(-)AMD와 같은 유사 프로세서 판매자는 점차 유능해지고 있었다. 인텔은 유사 프로세서 메이커들이 살아갈 수 있는 가격우산을 남겨두고 있었으며 시장의 대량수요를 충족시키지 못하고 있었다. 어떤 시스템 판매자는 새로운 세대의 프로세서 채택을 미루고 유사 프로세서 공급자들과 손을 잡으면서, 인텔에 프리미엄을 지불해야 하는데 저항하고 있었다.
제품및 서비스	(-)표준 퍼스널 컴퓨터 아키텍처는 점차 노후화하고 있었다.
업무과정	(-)시스템 판매자들은 첨단 마이크로프로세서를 사용하는 기계를 설계하는데 점점 더 어려움을 겪고 있었다. 인텔의 업무과정은 대체로 다른 구성원들의 업무과정과 무관해졌다.
조직	(-)IBM의 리더십은 비틀거렸다. 마이크로소프트는 더욱 강력한 리더가 됐으며 인텔을 밀어내고 있었다. 마이크로소프트 NT는 프로세서 전체에 이식이 가능해지고 있었으며 RISC 칩은 주류 제품 속에서 살아남을 것 같았다. 인텔은 대체로 생태계의 다른 구성원과 전통적인 고객·공급자 관계를 갖고 있었다.
이해관계자	(-)직접 투자자들은 여전히 인텔을 경기 변동이 심한, 일상재화된 칩의 공급자로만 간주했으며 인텔 주식은 13~15%의 주가 수익률을 가지고 있었다.
가치와 정책	(+/-)인텔은 미국 국방부 및 주요 정치가와 좋은 관계를 맺고 있었지만, 더 광범위한 실업계에는 상대적으로 덜 알려져 있었다. 인텔은 반(反) 독점금지 문제에서는 대체로 자유로웠다. 그러나 그것의 특허 방벽은 침식당하고 있었다.

〈도표 9-6〉

표9-6)에 나와 있다.

이러한 통찰은 인텔이 임계와 다른 구성원들간 깊은 연관성을 재정립하기 위해 벌였던 아주 창조적이고 다차원적인 캠페인에 기초가 됐다. 나는 어떤 조직이든 자신의 상황에서 이와 비슷한 일상재화 경향에 대한 7가지 차원의 감사보고를 하도록 권장한다. 여기에서는 다음과 같은 질문이 포함된다. 즉 생태계의 7가지 차원 중에서 당신의 경쟁자와 약탈자 그리고 당신에게 기생하는 종들이 당신보다 더 빨리 발전하고 있는 차원이 있는가? 어쩌면 이것이 당신의 지위를 더욱 불안하게·만드는 요소일지도 모르지만, 당신 주변에는 당신보다 정력적으로 발전하면서 '가치 약탈자' 가 되고 있는, 즉 당신의 임계와 다른 구성원의 깊은 연관성을 축소시키고 있는 제휴세력, 파트너, 고객 또는 공급자들이 있는가?

그러한 경향은 생태계의 구성원들 사이에서 벌어지는 공진화와 끊임없는 군비확대 전쟁의 레드 퀸 효과를 보여주는 징조들이다. 이러한 경향은 포착하기가 힘들고 회사의 핵심사업이 호경기를 맞고 있을 때에도 일어날 수 있다. 그 때문에 경영자는 엄청난 고초를 겪지 않고서는 대처할 수 없을 정도로 한참 진행될 때까지 이러한 사태를 파악하지 못하곤 한다. 이러한 문제를 고려한다면, 사태의 심각성을 깨닫고 자신의 위치를 재정립하기 위해 다양한 형태의 효과적인 아이디어와 행동을 촉구할 수 있을 것이다.

지속적인 캠페인의 확립 : 인텔의 대응

이러한 곤경에서 빠져나오기 위한 인텔의 대응은 달갑지 않은 경향을 강력하게 저지하기 위해 자신의 자원을 결집시키는 것이었다. 어떤 점에서 인텔 경영진은 일정 수준의 일상재화는 받아들이지 않을 수 없다는 것을 인정했다. 실제로 그들은 피할 수 없는 사태는 그대로 수용하고, 나아가 시장점유율을 유지할 만큼 경쟁력을 갖추고 있는 칩에 대해서는 가격을 내렸다. 인텔의 저비용 386칩 가격은 200달러 이하로 내려갔으며, 1992년에는 100달러 수준이 됐다. 인텔은 노력해서 가격만 낮춘다면, 이미 일상재화하기 시작했지만 그래도 칩의 지배적인 공급자가 될 수 있으리라 확신했다.

역시 1992년에 900달러 대에서 출시됐던 펜티엄 프로세서의 가격은 직접 경쟁과 일상재화를 피하기 어려운 칩의 가격과는 상당한 차이가 있었다. 고속 고성능의 신세대 펜티엄 프로세서에서 인텔은 자신이 가격과 판매이익을 방어하기 위해 훨씬 더 많은 일을 할 수 있다는 것을 깨달았다. 인텔은 고객의 수요를 자극하고 퍼스널 컴퓨터 생태계의 미래를 구현하는 데 능동적인 역할을 할 필요가 있었다. 인텔 경영진은 고성능 프로세서의 임계와 연관성을 강화하기 위해 포괄적인 캠페인을 개시했다.

앤디 그로브는 인텔 최고의 환경실태 조사자 또는 경향 분석가로 널리 인정받고 있다. 한 임원은 그를 이렇게 평했다.

"앤디는 환경 전체에 감지장치를 가지고 있다. 그는 앞으로 어떤 경향이 도래할지를 우리 가운데 어느 누구보다도 신속하게 감지하고 그것이 공동체에 끼칠 잠재적인 영향을 정확하게 파악할 수 있다."

이미 1980년대 말에 그로브는 인텔 마이크로프로세서가 일상재화할 것을 우려했다. 인텔의 기술은 복사되고 있었으며, 특허는 영원히 계속될 수 없었다. 인텔은 그때 이미 고객을 목표로 한 광고 캠페인을 통해 자신의 임계와 다른 구성원들의 깊은 연관성을 지켜나가기 위한 싸움을 시작했다. 인텔 386SX에 대한 1989년의 '레드 X(Red X)' 캠페인은 그 첫 번째 실험이었다. 결과는 성공적이었으며 결국 이는 '인텔 인사이드' 캠페인을 낳았다.

그러나 그로브는 이것으로 충분하지 않음을 알고 있었다. 1991년 4월에 열린 인텔의 연례 장기전략수립회의에서 그는 일상재 경향을 검토하고 실무진에 한 가지 도전을 제안했다. 그는 이렇게 말했다.

"우리에게 콤프유에스에이에서 대량시장 가격대로 팔릴 수 있는, 인텔 칩을 장착한 NeXT 같은 컴퓨터를 가져오시오."

여기에서 그가 의미한 것은 고성능에 낮은 가격, 그리고 비디오와 통신장비까지 갖춘, 사용하기 쉬운 기계였다. 그는 이것이 기술적인 하드웨어 문제가 아니라 소위 생태계 차원의 도전임을 인식하고 있었다. 인텔은 하드웨어 시스템과 전자부품, 그리고 프린터와 비디오 모니터 같은 컴퓨터 주변기기 제조업자와 유통업자뿐 아니라 오락과 통신, 응용 소프트웨어 및 시스템 소프트웨어와 같은 다양한 영역에서 많은 회사들의 기여를 촉진하고 조정해야 할 처지였다.

도전의 핵심은 소프트웨어에 있는 것 같았다. 그로브는 최고 실무진인 론 휘티어(Ron Whittier)를 지목하여 소프트웨어에 대해서, 그리고 그들의 회사설립 강령에는 포함되지 않는다고 생각했던 퍼스널 컴퓨터의 모든 측면에 대해서 배우도록 했다. 아울러 탁월한 엔지니어인 크레이그 키니(Craig Kinnie)에게는 NeXT 멀티미디어 기계를 소비자 물가로 공급하는 구상을 충족시킬 새로운 퍼스널 컴퓨터 아키텍처를 개발하는 임무가 주어졌다.

이와 같은 일련의 활동은 반도체산업의 한 구성원이라는 인텔의 협소한 역할에서 탈피하여 더욱 폭넓은 리더십 지위를 확보하기 위한 포괄적인 전략으로 통합됐다. 휘티어의 관리범위는 확대됐으며, 그는 후에 '베이스 플랫폼(base flatform)' 이라고 불리게 됐던 것에 첨단 성능을 장착할 퍼스널 컴퓨터의 새로운 이용법과 응용을 구상하기 위해 다른 회사들 및 비전 구상가들과 협력했다. 오늘날 휘티어가 하고 있는 작업은 인텔 플랫폼에 오락 관련 내용을 끌어들이는 것이다.

그로브가 크레이그 키니에게 부과한 임무는 '아키텍처 개발연구소 (Architecture Development Lab)' 라는 조직으로 나타났다.[9] 그의 강령은 성능과 통신 및 멀티미디어 기능을 개선하고 사용법을 더욱 쉽게 하기 위해 베이스 플랫폼 아키텍처를 발전시키는 것이었다. 그는 성능 문제를 해결하기 위해 이렇게 자문했다.

"인텔 마이크로프로세서에서 이룩한 진보를 활용한다는 측면에서 퍼스널 컴퓨터 아키텍처가 가지고 있는 다섯 가지 주요 취약점은 무엇인가?"

달리 말하면, 컴퓨터 아키텍처는 인텔의 지속적인 혁신궤도에 적절히 대응하기 위해서 어떻게 개편돼야 하는가? 마찬가지로 그와 그의 엔지니어들은 이런 질문을 던졌다. 베이스 퍼스널 컴퓨터가 멀티미디어와 통신을 지원하는 데 실패한다면 무엇 때문일까? 그리고 어째서일까? 또 매킨토시나 NeXT를 쉽게 사용할 수 없는 것은 어떤 취약점이 있기 때문일까?

이렇듯 퍼스널 컴퓨터의 폭넓은 활용을 가로막는 장애는 무엇이며 그것을 극복할 수 있게 해주는 기술에는 어떤 것이 있는가를 밝히는 것이 연구소 운영의 특징이 됐다. 제품과 서비스 개발이라는 측면에서 그것은 3단계 생태계에서 리더십을 확보하려는 기업에 많은 것을 시사해주었다. 지난 5년 동안 휘티어와 키니가 기울였던 노력은 오늘날의 '인텔 아키텍처 연구소(Intel Architecture Labs)' 로 성장했으며, 그것은 아키텍처 연구와 개발, 그리고 표준을 확립하는 개방적인 과정으로 전체 생태계에 봉사한다는 사명을 가지고 있다.

그 즈음 프랭크 질에게는 '인텔제품 그룹(Intel Products Group)' 을 이끄는 임무가 주어졌다. 1990년대 초에 '제품 그룹' 은 약간 절충적인 일련의 사업을 펼쳤다. 가장 전도가 유망한 것은 시스템 도매사업이었으며, 그것은 기초적인 마이크로프로세서의 수준을 넘어서는, 완성단계의 다양한 컴퓨터 시스템들을 도매했다. 예를 들면 컴팩이나 IBM과 같은 회사는 마이크로프로세서에 더해 칩 세트를 샀을 것이다. 혹은 주로 배선 부분만 집중적으로 다루고 싶은 회사라면 완성된 머더보드 혹은 완전히 조립된 컴퓨터까지도 살 수 있었다.

전통적인 시각에서 인텔의 시스템 사업과 마이크로프로세서 사업의 관계는 생태계적인 측면이 아니라 산업적인 측면으로 비쳤다. 마이크로프로세서 가격은 주기적으로 동요했다. 그러나 시스템 사업은 거의 주기적인 변동을 겪지 않는 것 같았으며, 칩 가격이 폭락했을 때 그 손실분을 어느 정도 메울 수 있는 방법으로 비쳤다. 시스템 사업은 어려움을 겪고 있는 마이크로프로세서가 낮은 가격으로 공급될 터이므로 거기서 이익을 볼 것 같았다. 그러나 실제로 그 이득이란 것은 그리 대단한 게 아니었다. 더군다나 다른 시스템 판매상들이 인텔의 시스템 사업이 혼미를 거듭하며 위기에 처해 있다는 것을 알아챘다. 왜냐하면 그것이 파산한 시스템 판매상들을 수직적으로 통합하는 방향으로 첫 걸음을 내디딘 것으로 보였기 때문이다.

그러나 질은 시스템 사업을 전혀 다른 방식으로 이용할 수 있는 가능성을 보았다. 즉 그것이 생태계에 새로운 아이디어와 혁신을 불어넣을 수 있으리라고 생각했던 것이다. 그는 또 최고 성능의 인텔칩이 내장된 컴퓨터를 빨리 시장에 내놓는 데(이것은 또한 아키텍처 연구소의 가장 중요한 목표이기도 했다) 주력하는 것으로 시스템 사업 방향을 바꾸었다.

질은 신세대 프로세서에 대한 수요를 자극하기 위해, 시장에 최신 컴퓨터를 뿌리는 유통회사(사우스다코타에 본부를 두고 있으며 우편주문배달 영역을 석권한 게이트웨이 2000과 같은)와 손을 잡았다. 이러한 초기 작업은 PC 잡지와 선도적인 고객이 선정한 벤치마크를 정하는 효과가 있었다. 결국 다른 주요 제조업자들은 이들 최신 수준에 맞추지 않으면 시대에 뒤떨어질 위험에 처했다.

제조업자들이 고성능 기계를 제공하려면 최신 인텔 프로세서를 구입해야 했다. 많은 경우에 제조업자들은 인텔에서 칩 세트나 머더보드만 구입할 것인지 아니면 완전한 시스템을 구입할 것인지 택일했다. 새로운 시스템이 소개되고 처음 몇 달 동안은 특히 그러했다. 시장에 나오는 초기 기계 가운데 인텔 제품이 차지하는 비율은 극히 높다. 따라서 다른 회사에서 초기 기계를 내놓더라도 그것이 생태계 전체 생산에서 차지하는 비율은 적을 수밖에 없다. 새로운 방향으로 나아가고 있는 인텔의 시스템 사업은 생태계에 강력하게 기여하고 있으며, 지금까지 수십 억 달러에 이르는 총수입의 원천이 되면서 괄목할 정도로 성장하고 있다.

이 밖에도 시장과 생태계에 새로운 아이디어를 불어넣는 데 도움이 되는 제품 공장들이 있다. 예를 들면 팻 겔싱거(Pat Gelsinger)는 개인 통신 제품을 넘보고 있다. 여기에는 합작 소프트웨어인 프로셰어 라인(the Proshare line)과 PC를 통한 화상회의가 포함돼 있다. 당신들은 그것을 책임지고 있는 사람들이 생태계를 구축하려고 기울이는 노력에 기업이 얼마나 진지한 관심을 기울이는가에 대해서 말할 수 있을 것이다. 인텔의 경우 지금까지 인텔이 기울여왔던 노력이 그것을 웅변해준다.

칩의 세계에서 설계자들은 창조자인 신에 가깝다. 겔싱거는 386칩의 설계자이자 486칩 설계팀의 리더였다. 이제 그는 칩 대신 퍼스널 컴퓨터의 새로운 이용을 위한 기술을 설계·공급하고 있으며, 그 안에서 많은 구성원들이 번창할 수 있는 참여의 틀을 구축하기 위해 생태계의 다른 구성원들과 협력하고 있다. 겔싱거는 이렇게 말했다.

"나는 이전에는 회로를 설계했다. 그러나 지금 나는 '산업 민주주의'의 성격, 새로운 시장을 만들어갈 회사와 조직, 그리고 개인들 간에 어떤 상호작용이 일어나야 하는지를 설계하는 데 더 관심을 기울이고 있다."

이런 식으로 인텔은 자신의 생태계에 새로운 아이디어를 불어넣고 자신의 혁신궤도와 임계 및 다른 구성원과의 깊은 연관성을 지원하는 포괄적인 시스템을 발전시켰다. 쉽게 말해 론 휘티어는 퍼스널 컴퓨터의 새로운 이용법을 장려하기 위해 파트너들과 협력하는 가운데 새로운 아이디어와 그것을 실현하기 위한 필요조건이 무엇인지를 구명하고 있다. 그의 프로그램과 다른 많은 원천을 통해 얻은 통찰은 인텔 아키텍처 연구소로 흘러들어간다. 그러면 연구소에서는 이를 토대로 신세대 퍼스널 컴퓨터 아키텍처를 위한 디자인을 개발한다. 그리고 이렇게 개발된 디자인은 연구소가 지원하는 표준결정 과정을 통해 더욱 정교해져 최종적으로 가장 좋은 디자인이 채택된다. 이들 디자인의 초기 성과는 인텔의 시스템 사업과, 인텔 제품을 파는 다른 상점을 통해 시장에 나온다.

인텔이 지금까지 발전시켜왔던 것은 생태계 전체를 혁신하고 인텔의 독보적인 지위를 유지하기 위한, 강력하고 새로운 조직 메커니즘이다. 이러한 메커니즘의 출현은, 강력한 생태계 내부의 압력이 그 공동체의 구성원들로 하여금 계속해서 리더 위치를 보유할 수 있게 해주는 새로운 조직을 창조할 것이라는, 즉 기업생태계의 영역에서 나타나는 레드 퀸 가설과 정확히 일치한다. 인텔이 채택한 특수한 접근방식은 정보공간 내부에서 제기된 강력한 공진화 요구를 그대로 수용한 결과다. 인텔의 접근방식이 기업생태계에 끼친 영향은 유성생식이 생물학에 끼치는 영향만큼 혁명적이지 않을 수도 있다. 그러나 그것은 관심을 가져야 할 만큼 중요하며, 나는 3단계의 압력에 직면한 회사들에 그것을 연구해보라고 추천하곤 했다.

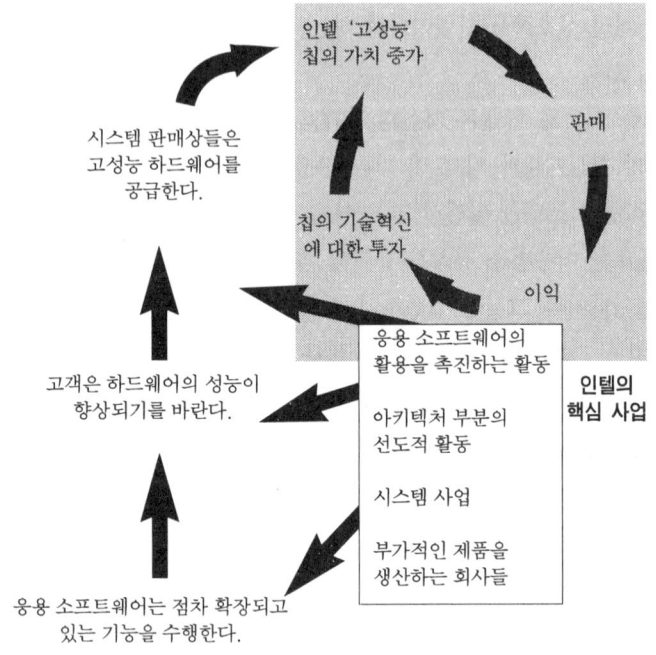

시스템 판매상들은
고성능 하드웨어를
공급한다.

인텔 '고성능'
칩의 가치 증가

판매

칩의 기술혁신
에 대한 투자

이익

고객은 하드웨어의 성능이
향상되기를 바란다.

응용 소프트웨어의
활용을 촉진하는 활동

아키텍처 부분의
선도적 활동

시스템 사업

부가적인 제품을
생산하는 회사들

인텔의
핵심 사업

응용 소프트웨어는 점차 확장되고
있는 기능을 수행한다.

〈도표 9-7〉 인텔의 생태계 구축을 위한 캠페인

　인텔은 아키텍처 연구소에만 매년 1억 달러 정도를 투자하고 있다.
그리고 여기에서 연구된 결과들은 다른 인텔 제품 라인의 활동뿐 아니
라 수십 억 달러가 움직이는 인텔 시스템 사업의 방향을 결정짓는다.
그러나 그것이 미래에 끼친 가장 강력한 영향은 아키텍처 연구소가 심
혈을 기울여 만든 표준들이, 1995년만 하더라도 1000억 달러어치가
넘는 제품과 서비스뿐만 아니라 수십 억 달러가 들어가는 공동 연구개
발에 영향력을 행사하는 전체 윈텔 생태계에서 광범위하게 채택되는

것으로 나타난다. 크레이그 키니는 아키텍처 연구소가 지향하는 바를 이렇게 말하고 있다.

"아키텍처 연구소는 투자를 위한 개방적인 틀, 다른 사람들에게 그들이 이룬 혁신의 결과를 퍼스널 컴퓨터 플랫폼에 가져오도록 초대하는 개방적인 틀을 추진하고 있다. 그러한 틀은 소규모이기는 해도 아주 창조적인 회사들이 그들 나름의 독특한 기여를 할 수 있는 장을 마련해준다는 점에서 매우 소중하다. 우리의 목적은 이러한 투자를 혼자서 하려는 것이 아니라 다른 사람들의 투자를 조정하는 데 도움을 주는 것이다."

인텔은 미래를 구현하기 위한 캠페인을 활발히 해왔다. 전반적으로 인텔은 〈도표9-7〉에 설명돼 있듯이, 리더로서 자신의 활동영역을 생태계 전체로까지 확대해왔다.

다시 7가지 차원을 이용하여 캠페인의 주요 구성요소들을 재검토해보자.

고객에게 당신이 기여하는 바를 알리고, 당신의 기여가 필요한 활동을 유도하라

먼저 고객의 측면에서 인텔은 현재 인텔 인사이드 캠페인과 인텔 기술 브리핑 캠페인(Intel Technology Briefing campaigne)에 매년 수천만 달러를 쓰고 있다. 이 두 프로그램의 목적은 고객에게 인텔의 마이크로프로세서가 어떤 다른 경쟁사 제품보다도 뛰어나다는 것을 알리고 마이크로프로세서의 가치가 어떻게 고객을 위한 가치로 바뀌는지를 이해할 수 있도록 돕는 것이다.

또, 인텔은 빠른 속도와 높은 데이터 처리능력을 가진 프로세서가 필요한 퍼스널 컴퓨터의 새로운 이용영역(화상회의, 음성정보 처리 및 기타 응용 소프트웨어들)을 자극하기 위해 그 동안 많은 노력을 기울여왔다. 그리고 이는 고객들에게 자기 PC를 가지고 스프래드시트와 워드 프로세싱 외에 얼마나 많은 일을 할 수 있는지, 그리고 이런 일을 처리하기 위해 또 얼마나 강력한 기계들이 필요한지를 깨닫게 해준다.

역량을 키우는 데 투자하고 시장의 수요를 완전히 충족시켜라

시장 측면에서 인텔은 세부시장을 지배하기 위해 일상재화한 칩의 가격을 인하했다. 뿐만 아니라 지속적으로 조립역량에 대한 투자를 확

■ 인텔 대 AMD의 연간 자본 지출액: 혁신 비용

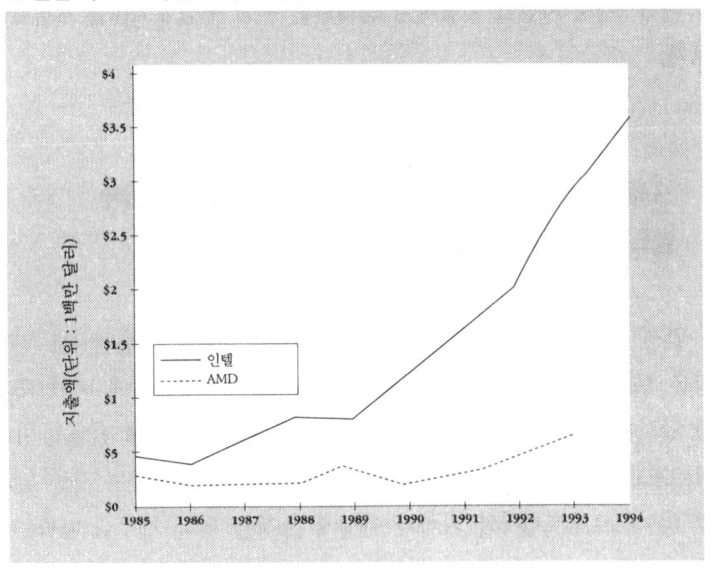

〈도표 9-8〉

대해왔다.

조립역량에 대한 투자는 최신개발 칩과 일상재화한 칩 모두에 대한 미래의 수요를 충족시킬 수 있도록 해준다. 조립역량의 확대를 꾀하는 인텔의 사업계획은 시장에서 충족되지 않은 수요를 전혀 남겨놓지 않으려는 노력을 토대로 하고 있다.

인텔은 공급자의 수요를 모두 충족시키지 못하고 자신의 부족한 역량을 할당해야 했던 상황에서 전체 생태계의 수요 대부분을 공급할 정도로 충분한 역량을 가진 상황으로 전환하기 위해 이런 식의 투자를 했다.

여기에 어떤 생각이 작용하는지는 간단하다. 결국 오직 인텔만이 컴퓨터 산업의 엄청난 성장속도에 부응하는 역량에 투자할 수 있다는 것이다. 따라서 산업의 성장속도에 맞춰 인텔이 지속적으로 성장한다면 AMD 같은 소규모 판매상들이 설사 역량에 막대한 투자를 할지라도 결국 인텔의 규모까지는 접근할 수 없을 것이다. 시간이 지남에 따라 생태계에서 인텔의 생태적 지위를 넘보는 경쟁자들도 시장점유율에서 계속 뒤로 밀릴 것이다. 인텔과 AMD 간 투자의 절대적인 수준 차가 다음 도표에 잘 나타나 있다.[6)]

인텔의 투자전략은 프로세서의 수요가 지속적으로 증가하리라는 미래에 대한 특수한 전망에 실질적인 토대를 두고 있다. 인텔의 확신은 여러 해 동안 전체 판매액의 30%선을 유지해왔던 새로운 설비와 장비에 대한 투자에서 잘 나타난다. 그리고 지금까지 인텔은 자신이 던진 승부수에서 성공하고 있는 것 같다.

왜냐하면 시장은 지속적으로 확대되고 있으며, 윈텔 생태계는 전세계적으로 우세한 지위를 확고하게 구축했을 뿐 아니라 일시적으로 심각한 불황이 닥치더라도 인텔은 이를 극복할 수 있는 재정적인 자원을 충분히 가지고 있기 때문이다.

유리한 제품과 업무과정 및 조직적인 구조를 장려하라

제품구조 차원에서 인텔은 상호보완적인 표준들을 지원하기 위해 인텔 아키텍처 연구소를 설립했고, 이러한 표준은 모두 인텔의 아키텍처에 유리하게 작용하거나 인텔이 추진했던 프로세서의 진보를 적극적으로 지원하는 역할을 하고 있다. 이러한 활동을 통해 인텔은 시스템 사업 분야에 대한 직접적인 영향력을 확대했으며, 이는 결국 인텔식 진보에 아주 적절한 시스템을 탄생시켰다.

업무과정 차원에서도 인텔은 인텔 아키텍처 연구소와 기타 유관조직들을 이용하여 다른 공급자의 제품개발 노력을 인텔의 지속적인 혁신궤도와 결합했다. 그리고 게이트웨이 등의 개발과정에서는 마이크로프로세서 부문에서 구축한 혁신궤도를 활용했으며, 이를 축으로 시스템 개발조직을 구성해 다른 공급자의 개발노력을 거의 완벽하게 인텔의 혁신궤도로 대체했다.

인텔이 시도한 혁명적인 변화는 거의 모든 조직 차원에서 감지됐다. 많은 경영자들은 퍼스널 컴퓨터 생태계를 개선하고 인텔을 포함시킨 참여의 틀을 만들어내기 위해 자기 회사 밖의 파트너들과 협력할 수 있는 기회를 찾기 시작했다. 프랭크 질은 이런 현상에 대해 이렇게 말했다.

"일단 개념이 잡히자 새로운 아이디어들이 여기저기서 속출했다. 우리는 우리 자신을 '무엇이든 기꺼이 배우려는 컴퓨터 광'이라고, 즉 우리를 둘러싸고 있는 훨씬 광범위하고 다양한 회사의 공동체에 파견되는 특사가 되기 위해 반도체산업 전반에 대한 학습에 본격적으로 착수하고 있는 관리자라고 여겼다."

이러한 시각은 인텔과 다른 회사들이 복잡하게 얽혀 있는 수많은 관계들로 구체화했다. 그러자 곧바로 아주 역설적인 상황이 분명하게

개선되고 있는 제품 구조의 측면	표준 프로토타입 또는 제품의 명칭	이익
성능	PCI bus 표준	마이크로프로세서와 비디오 카드 및 기타 주변 기기의 연결이 더욱 빨라짐
미디어 및 통신	TAPI 표준	퍼스널 컴퓨터가 전화 시스템과 협력하게 함
	Cable Port 제품 프로토타입	서비스와 내용 제공자들이 유선 전화통신을 통한 인터넷과 온라인 서비스를 제공하기 위해 유선 모뎀 응용프로그램을 쓸 수 있게 하는 표준 하드웨어 구조.
	개인간 회의 공동이용기기 생산	데이터와 화상처리용 표준 인터페이스와 초기 시장구축용 생산라인
	3DR 라이브러리	PC용 3차원 그래픽 응용프로그램 구축용 소프트웨어 라이브러리
	Intercast 표준	공중파 TV신호를 이용한 자료전수법
	Winsock II 표준	정보의 네트워크 전송방법에 관계없이 정보통신 능력의 진보를 가능케 하는 응용 프로그램
쉬운 사용법	Plug and Play 표준	PC의 구성부품을 서로 전자적으로 인식하여 그에 따라 상호작용할 수 있게 함
	탁상관리 인터페이스 표준	PC의 소프트웨어와 하드웨어를 원거리에서도 관리할 수 있도록 해주는 인터페이스 표준
	Universal Serial Bus 표준	조이스틱에서 ISDN 정보통신망에 이르기까지 PC의 주변기기를 하나로 연결함
토털 시스템 패키지	새로운 기본구조	최종 사용자에게 최소한 PC의 기본으로 제공되는 멀티미디어 용량을 제시

〈도표9-9〉

드러났다. 성공을 거두었던 표준은 다른 사람이 보기에는 가장 공평하고 개방적이며 인텔 쪽에 치우치지 않은 것이었다. 따라서 표준 자체는 제품구조에서 인텔의 연관성을 직접 증가시키는 데 결코 기여하지 않았다. 그러나 업무과정 및 조직적으로 상호연결된 관계들은 수십 개 회사의 많은 참여자들 사이에 밀접하게 결속된 협력작업이 필요한 표준을 세우고 실행하도록 요구했다. 그리고 인텔은 그러한 활동의 중심에 있었다. 이처럼 인텔은 개방적인 제품구조를 추진했기 때문에 그 생태계의 업무과정과 조직에 깊숙이 관여할 수 있었고 그래서 없어서는 안 될 결정적인 위치를 차지하게 됐다. 〈도표 9-9〉는 이러한 노력의 몇 가지 성과들을 보여주며 그러한 전반적인 노력이 얼마나 포괄적이고 다변적인 성격을 가졌는지를 말해준다.

더욱 폭넓은 실업계와 정치환경에 속해 있는 구성원들로부터 올바른 이해와 평가를 받기 위해 투자하라

인텔은 또한 인텔의 조직과 다른 조직 사이의 유대를 강화하기 위해 그 산업의 다른 VIP들과도 관계를 맺었다. 여기에는 시스템 판매상뿐 아니라 소프트웨어 개발자, 전화회사, 연예오락회사 및 기타 그 영역이 확장된 정보산업 전체에서 활약하고 있는 사람들이 포함됐다.

투자자 관계의 인맥은 월 스트리트로 하여금 인텔이 단순한 자본 집약적인 일상재 생산자가 아니라 정보산업 조직의 중요한 구성원이라는 사실을 인정하게 만들었다. 그들은 인텔을 그 공동체를 떠받치고 있는 하나의 중추로, 정보산업의 성장률을 유지하거나 혹은 그 이상의 성장률을 달성하게 만들 유망주로 보았다. 월 스트리트는 인텔을 정보산업의 운명을 결정하는 데 중심 역할을 하는, 그리고 정보산업에서 높은 이익을 올리고 있는 시스템 회사로 인정하지 않을 수 없었다.

마지막으로 앤디 그로브를 비롯한 고위 간부들은 인텔의 신화를 만

생태계 차원	지속적인 캠페인을 구성하는 요소들
고객	1. 최신 기종을 선정하기 위한 캠페인: '인텔 인사이드'와 '인텔 테크놀러지 브리핑' 2. 응용 소프트웨어의 활용 자극: '프로셰어' 3. 고성능 최신기계의 경쟁을 촉진하기 위해 게이트웨이를 이용
시장	1. 유사품이 시장에 나오자마자 낡은 프로세서의 가격을 대폭 인하한다 2. 높은 판매이익을 보장하는 모든 수요를 충족시킬 수 있도록 조립 역량의 강화에 투자한다 3. '인텔 인사이드' 상표의 공동 사용을 허락한다
제공	1. '인텔 아키텍처 연구소'를 이용하여 인텔 프로세서의 혁신궤도에 유리한 상보적 표준들을 지원한다. 상보 관계에 있는 회사에 R&D를 제공한다 2. X86 아키텍처(1860을 제외한)를 지원하기 위해 다른 인텔의 시스템 연구를 합리화한다
업무과정	1. 다른 회사의 제품 개발과정을 지원하고 거기에 깊숙이 개입하기 위 해서 '인텔 아키텍처 연구소'를 이용한다 2. 게이트웨이 등의 경우에 이 개발과정을 대체한다 3. 칩 세트, 머더보드 및 최첨단 디자인과 프로세서를 포함한 완전한 시스템을 제공한다 4. 인텔의 판매대리점을 이용해 상보적인 제품의 판매를 돕는다
조직	1. 상보적인 공급자들 사이에 표준결정 컨소시엄을 조직한다 2. 개방적인 제품구조를 선호하는, 그리고 서로 밀접하게 연관돼 있는 업무과정과 조직 측면에서 다른 구성원과 연관성을 깊게 하고 임계를 창출하는 사고방식을 발전시킨다
이해관계자	1. 그 생태계의 다른 주요 회사들과 맺은 고위 간부 관계에 그리고 고 객생태계에 투자한다 2. 인텔의 칩이 단순히 경기변동이 심한 상품이 아니라 오히려 정보혁 명을 이끄는 결정적인 요소라는 사실을 이해시킨다
가치와 정책	1. 정보혁명과 전세계의 경제에 대한 기여자로서 인텔의 참된 모습을 알린다 2. 특허를 보호하기 위해 지속적으로 노력한다

〈도표9-10〉

들기 위해 많은 노력을 기울였다. 그로브는 전세계의 전화회사와 장
거리통신에 종사하는 사람들이 4년마다 여는 모임인 텔레콤(Telecom)

에서 기조연설을 했다. 텔레콤은 1995년 10월 제네바에서 개최됐는데 여기에서 인텔은 새롭게 수렴되고 있는 정보공간의 리더로 소개됐다. 이 외에도 인텔은 세계를 변화시키는, 확장된 기업구조의 세계적 리더가 됐다. 인텔이 벌이고 있는 캠페인의 구성요소가 〈도표9-10〉에 나와 있다.

이러한 캠페인을 통하여 인텔은 생태계를 이끄는 실질적인 리더십을 발휘했으며 그것은 유익하면서도 필요한 것이었다. 3단계에서 부딪히는 주요 문제는 생태계가 제품구조, 업무과정, 그리고 고정됐으나 아직은 차선인 조직구조 때문에 불구가 된다는 것이다. 인텔은 자신의 영향력을 이용해 다른 참여자들이 전체 공동체의 제품구조, 업무과정 구조 그리고 어느 정도 조직적인 구조까지를 진보시키도록 했다.

그러나 이러한 리더십은 도전이 없었다면 존재하지 않았을 것이다. 다른 회사들은 인텔이 창조하고 있는 미래와는 전혀 다른 미래를 편성하고 싶어 안달하고 있다. 진드기들은 많은데 시간은 촉박하다!

경쟁하는 미래의 비전들

독립기념일은 나의 여름에 가장 중요한 날이다. 나는 불꽃놀이와 계속해서 울려퍼지는 북소리, 하늘을 수놓으며 찬연한 광채를 발하는 빨강·하양·파랑 별들을 아주 좋아하고 목을 길게 빼고 두리번거리고 있는 군중 사이를 이리저리 떠도는 연기까지도 좋아한다. 보스턴에서는 매년 찰스 강 위를 빠르게 움직이는 유람선 위에서 불꽃을 쏘아 올린다. 이 시끌벅적한 놀이를 즐기기 위해 거의 50만 명에 이르는 사람이 몰려든다.

보스턴의 불꽃놀이는 우리가 '정보공간'이라 부르는 기회환경에서 진행되는 것과 상당히 유사한 현상을 보여준다. 인텔은 바로 이러한 정글 속에서 활동하는 수천 개 회사 가운데 하나다. 참여자들은 대부분 성공 정도는 다르지만 임계와 다른 구성원과 깊은 연관성을 맺기 위해, 그리고 중심적인 지위를 지지해주는 공동체의 전반적인 발전을 이룩하기 위해 많은 노력을 기울이고 있다.

개방적인 코스타리카 타입의, 레드 퀸이 알려준 3단계 생태계에서 벌어지는 경쟁은 여러 차원에서 일어난다. 즉 제품과 서비스, 가치와 판매이익, 그리고 궁극적으로는 어떤 미래에 대한 비전이 승리할 것인가를 둘러싸고 경쟁이 벌어진다. 때로는 여러 가지 미래에 대한 서로 다른 비전들이 리더십을 차지하려고 치열하게 싸우면서 서로 충돌한다. 예를 들면 우리는 인텔이 최신 컴퓨터 기종을 팔려는 것을 보았다. 1990년대 중반에 이른 지금 컴팩은 자신과 윈텔 퍼스널 컴퓨터 생태계에 대해 다른 비전을 가지고 있다.

컴팩은 자사 컴퓨터에 탑재하는 첨단 고성능 마이크로프로세서에 대해 개당 600달러에서 800달러 이상은 지불하려고 하지 않는다. 만일 인텔이 고객들의 마음을 휘저어 고성능 칩이 필요하다는 것을 믿도록 하지만 않는다면, 많은 사용자들이 200달러 이하 프로세서의 성능에도 만족할 것이라고 컴팩은 굳게 믿고 있다. 컴팩은 그것들이 어떻게 팔리느냐(마케팅 유통구조와 판매촉진 활동)에 의해, 그것들이 외관상 어떻게 보이느냐에 의해, 그것들이 어떤 주변기기들을 가지고 있는가에 의해, 그리고 그것들에 어떤 소프트웨어가 실려 있느냐에 의해 차별되며 별로 비싸지 않은 마이크로프로세서가 장착돼 그다지 성능이 뛰어나지 않은 컴퓨터를 팔기 원한다. 첨단 시장에서조차 (그것이 기업 고객을 상대하든 일반고객을 상대하든 어느 경우에나) 컴팩은 마이크로프로세서 비용을 줄임으로써 판매이익을 높이려 한다. 컴팩의 혁신궤도는 얼마나 다양한 편차를 가진 고객층이 존재하는가를 인식하고, 그에 따라 세분된 시장영역을 규정해 소규모 사용자들을 위한 컴퓨터 환경 설정과 유통구조를 만드는 것을 목표로 하고 있다.

이렇듯 서로 다른 두 비전은 1994년 크리스마스 구매 시즌에 컴팩이 방송전파를 통해 고객에게 "그것을 컴퓨터로 생각하지 말라"고 외치면서 정면 충돌했다. 인텔은 대대적인 선전을 통해 자신의 펜티엄 판매를 촉진했던 '인텔 테크놀러지 브리핑'으로 이에 응수했다. 그 해 가을과 겨울에는 전체 컴퓨터 시장이 훨씬 커져 첨단기계와 값싼 기계 모두를 소화했기 때문에 두 회사 제품 모두가 고객들로부터 호응을 얻었다.

그러나 1995년 가을에 이러한 갈등이 재연됐다. 당시에는 소비재 멀티미디어와 비디오가 유행하고 있었다. IBM과 컴팩은 영상을 가능하게 하는 특수 전용 칩을 단 값싼 컴퓨터를 내놓았다. 그리고 컴팩은 CD로 영화 톱 건(Top Gun)을 상영하는 프레사리오(Presario)를 출시했다. 그러한 고화질 비디오를 가능하게 했던 칩은 값싼 '디지털 신호처리기'였으며 그것은 컴팩과 IBM이 그 기계에 가장 값싼 인텔 펜티엄 버전을 사용할 수 있도록 해주었다. IBM은 여기서 한 발 더 나아가 자신의 압티바(Aptiva)가 두 개의 프로세서, 즉 인텔 펜티엄과 IBM 멀티미디어 프로세서를 가지고 있다고 선전했다. 이 캠페인은, 오직 단하나의 첨단 펜티엄 프로세서만 '자연 그대로'의 고화질 영상을 제공한다는 의미의 '네이티브 시그널 프로세싱(Native Signal Processing)'을 토대로 멀티미디어 퍼스널 컴퓨터의 새로운 표준을 창출하기 위해 인텔이 후원한 대대적인 선전과 충돌했다.

이런 종류의 갈등은 기업생태계에 고유한 것으로, 그 생태계가 존속하는 한 계속해서 일어난다. 특히 이해관계가 미래를 구현하는 일에 얼마나 연루돼 있는가를 회사 경영진이 깨달으면서 십중팔구 더욱 증가된다. 정보공간에는 다른 주요 기회 공간에서처럼 자기 자신과 자신의 혁신궤도에 이익이 돌아가도록 특수한 주제의 영향력을 획득하기 위해 노력하는 수많은 구성원이 있다. 마이크로소프트는 컴퓨터 네트워킹이 고성능 서버와 퍼스널 컴퓨터에 의해 제어되기를 바라며, 전화회사의 역할이 전자 대폭(帶幅) 파이프(electornic bandwidth pipes)를 제공하는 수준으로 축소되기를 바란다. 그러나 IBM과 AT&T는 이와 반대로 그들의 네트워크에 소프트웨어와 서비스를 제공하기 원하며, 마이크로소프트가 추진하는 서버의 기여도가 줄어들기를 바란다. 오라클(Oracle)의 래리 엘리슨(Larry Ellison)은 인텔과 마이크로소프트로부터 미래를 훔치기를 바라면서, 퍼스널 컴퓨터를 대체하는 500달러짜리 인터넷 접속장치 판매를 촉진하고 있다.

이러한 갈등의 해소책이 무엇이든 미래를 구체적으로 실현하기 위한 캠페인은 컴퓨터 생태계에서 뿐만 아니라 기업생태계에서도 새로운 활동의 중심이 됐다. 비전 대 비전의 경쟁은 기업생태계 발전과정의 어느 단계에서나 어느 정도는 존재하는데, 그것은 3단계에서 가장 중심적인 그리고 긴급하게 해결해야 할 경영상의 도전이다. 캠페인들 사이에서 벌어지는 충돌은 생태계가 4단계로 떨어져 서로 다른 혁신을 위한 비전을 가지고 싸울 때 더욱 두드러진다. 다음 장에서 살펴보겠지만 의료계에는 미래에 대해 경쟁을 벌이는 많은 비전들이 존재하며, 서로 다른 이 비전들은 각 참여자들의 이익과 세력에 아주 중대한 영향을 끼친다.

우리 모두의 내부에 있는 인텔

당신은 이러한 논의가 단지 강력한 대기업에만 적용되는지 물을 것이다. 그 뒤를 따라야 하는 후발회사의 경우는 어떤가? 선발이든 후발이든 상관없이 우리가 활동하고 있는 기회환경에는 대부분 일사불란한 공진화의 중심이 있다.

　기업생태계는 인텔과 마이크로소프트의 정보공간에만 있는 것이 아니라 모든 분야의 경제에 존재하는 실체다. 기업을 운영하는 경영진의 처지에서 보면 이는 여러 가지 시사하는 바가 크다. 우선, 우리는 기업생태계의 역동성을 이해할 필요가 있다. 어느 환경분야에서든 우리는 다음과 같은 질문을 해야 한다. 즉 이 분야에서 제품과 서비스를 조직하는 패러다임은 무엇인가? '완전한 제품과 서비스'를 제공하기 위해서는 어떤 것들이 필요한가? 다양한 회사와 개인들은 각각 어떤 역할을 하고 있는가? 사고를 주도하는 리더는 누구이며, 그들이 가장 중요하게 생각하는 관심사는 어떤 것들인가? 이 리더들은 어떤 자산과 역량을 가지고 있으며, 그들의 자산과 역량을 보았을 때 이러한 환경에서 과연 그들이 어떤 식으로 미래의 제품과 서비스 '업무과정' 조직구조를 만들어갈 것으로 보는가?

　우리의 역할을 찾기 위해서는 우리가 공동체에 기여할 수 있는 능력에 초점을 맞추어야 한다. 우리는 지속적인 혁신을 위한 어떤 핵심역량을 가지고 이 생태계와 구성원이 그들의 목표를 달성할 수 있도록 도와줄 것인가? 나의 잠재적인 기여는 얼마나 독특한가? 나는 시간이 지나면서 얼마나 빠른 속도로 그것을 개선할 수 있는가? 나는 나의 역할을 확보하기 위해 노력하는 과정에 어떤 종류의 경쟁자와 나의 역할을 대행할 수도 있는 대역들을 만나게 될 것인가? 이러한 질문을 통해 우리는 특정한 기업 공동체의 구성원으로서 혹은 리더로서 자신의 역할에 대한 설계에 들어갈 수 있을 것이다. 즉 특정한 생태계 내에서 하나의 종으로서 자신의 역할을 발견할 수 있을 것이다.

　특히 그 생태계를 이끌고 있는 리더십을 신뢰하고 존경한다면, 우리는 우리가 참여하고 있는 기업생태계 공동체의 구체적인 형성자가 꼭 될 필요는 없다. 하지만 우리가 할 수 있고 가치있는 기여, 즉 혁신궤도를 발전시킬 수 있도록 해주는 기여를 찾아내야 한다. 그리고 무엇보다도 우리의 기여가 지속적으로 그 생태계에 중요한 역할을 할 수 있도록 해야 하며, 그것을 공동체의 구조와 깊이 연관시켜야 한다. 그렇게 하면 우리는 존속 가능한 우리 자신의 하위 생태계를, 방어할 수 있는 소(小) 영토와 같은 것을 만들어낼 수 있고, 그래야 자신과 우리 이웃에게 진정으로 기여할 수 있을 것이며 지속적인 혁신궤도에 우리가 투자한 것에 대한 정당한 보상을 받을 수 있을 것이다.

4단계 : 쇄신이냐 도태냐

이 책의 앞부분에서 나는 생물공동체가 질서정연하고 점진적으로 모습을 드러내기보다는 돌발적으로 형성되어 나온다는 점을 지적했다. 그 생태계를 구성하는 종과 그것과 연관된 개체군들이 기본적인 변화없이 오랫동안 지속되는 안정기를 지난 후 갑자기 분출하는 광범위한 생물학적 변화들은 생태계에 근본적인 변화나 완전한 붕괴를 가져올 수 있다. 지진이나 화재, 홍수, 가뭄, 혹은 화산폭발과 같은 물리적인 사건이 이러한 변화를 촉발하는 계기가 될 수도 있고, 그 생태계에 외래종이 들어오거나 그 공동체의 중심적인 종 한두 개가 갑작스럽게 몰락하면서 생태계 자체의 붕괴를 초래할 수도 있다.

그러한 변화를 보여주는 실례들은 많다. 네바다 주에서는 수족관 광들이 엘코(Elko) 강 연안의 온천에 풀어놓은 거피(guppy: 서인도제도산 관상용 열대어)는 번성했으나 그곳에 서식하는 연어과의 식용어 같은 토착종들은 멸종위기에 내몰렸다. 이와 같은 생태계 파괴는 필연적으로 도미노 효과를 불러일으킨다. 몬태나 주의 새우가 그 극단적인 예다. 1960년대와 1970년대로 거슬러올라가, 몬태나 주에서는 낚시용 물고기의 먹이를 늘리기 위해 플랫헤드(Flathead) 호수의 지류에 외래종인 민물새우를 방류했다. 그런데 민물새우가 호수에까지 침투해 그곳에 있던 동물성 플랑크톤을 몽땅 먹어치웠다. 그 결과 그 동물성 플랑크톤을 먹던 육봉형(陸封型) 홍송어가 줄어들었으며, 이어 그 연어를 먹이삼던 흰머리독수리마저 자취를 감추었다. 그 생태환경을 전혀 새로운 질서가 지배하게 된 것이다.

하지만 생물생태계는 자체 복원력으로 스스로를 치유하기도 하고 자연보호주의자들의 도움으로 재건될 수도 있다. 북아메리카의 태평양 해안에서는 사람들의 수달 사냥이 거의 중단됐다. 수달이 섬게를 잡아먹자 섬게의 수가 점차 줄어들어 다양한 종이 해상으로 다시 돌아왔다. 코스타리카의 건조림도 마찬가지다. 그 지역을 사들여 대대적인 복구노력을 기울이고, 그 생태계가 존속하는 데 필요한 최소한의 크기와 풍부함을 확보한 일정한 지역 내의 삼림생태계를 구축하기 위해 따로 떨어져 있는 여러 구역을 하나로 묶는 활동에 힘입어 강한 회복세를 보이고 있다.

생물생태계는 자신의 역량과 다양성을 높이는 적극적인 방법으로 끊임없이 변화한다. 이런 적극적인 변화를 위해서는 구성원 사이의 공진화와 새로운 종의 도입, 지리적인 분할, 그리고 일정하면서도 아주 뚜렷한 방향으로의 진화가 필요하다. 그러나 새로운 생물학적 종들이 끊임없이 진화하고 그들의 역량이 생태계의 재편성을 촉진할 수 있었을 때 근본적인 변화가 일어난다.

쇠퇴와 복구라는 변화는 기업생태계에서도 끊임없이 일어난다. 노후한 생태계는 4단계로 떨어진다. 그러나 그 운명이 정해져 있는 것은 아니다. 노후한 생태계는 사멸할 수도 있지만 소생할 수도 있다. 그리고 그것이 구제할 수 없는 쇠퇴의 길로 빠져든다 할지라도 대개 자신의 상속자를 위한 종과 먹이는 제공할 것이다.

간단히 말해 기업생태계의 4단계는 새롭게 부상한 생태계와 혁신이 완전히 성숙한 기업 공동체를 위협할 때 가장 빈번하게 나타난다. 아니면 지진 같은 급격한 변동, 즉 정부의 규제가 달라진다거나 고객의 구매패턴 혹은 거시경제적인 환경에서 일어나는 변화에 의해 공동체가 동요할 수도 있다. 예를 들면 전화사업에 대한 규제 철폐는 그 기업생태계에 엄청난 동요를 가져왔다.

〈도표10-1〉에서 볼 수 있듯이, 이런 요인들은 서로간에 변화를 가속시킨다. 분명 산업계 내의 지각변동에 의해 변화되었을 환경은 종종 새로운, 또는 이전에는 주변부에 있던 기업생태계들에 더욱 호의적으

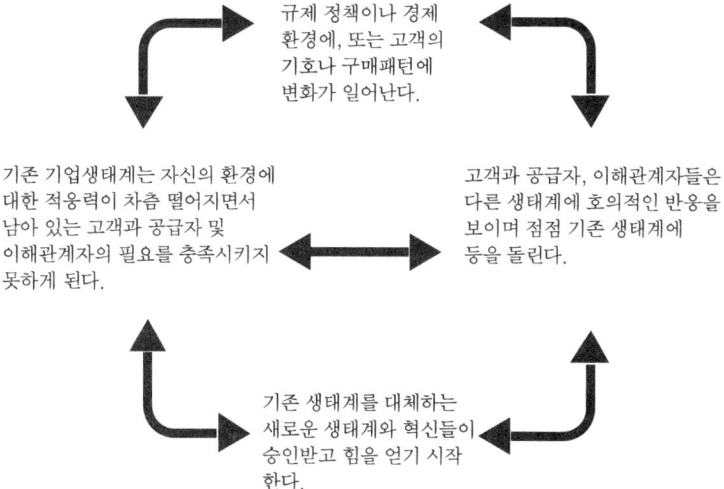

규제 정책이나 경제 환경에, 또는 고객의 기호나 구매패턴에 변화가 일어난다.

기존 기업생태계는 자신의 환경에 대한 적응력이 차츰 떨어지면서 남아 있는 고객과 공급자 및 이해관계자의 필요를 충족시키지 못하게 된다.

고객과 공급자, 이해관계자들은 다른 생태계에 호의적인 반응을 보이며 점점 기존 생태계에 등을 돌린다.

기존 생태계를 대체하는 새로운 생태계와 혁신들이 승인받고 힘을 얻기 시작한다.

〈도표10-1〉

로 나타난다. 그리고 새로운 기업생태계가 확고한 기반을 구축하게 되면, 그것은 기존 생태계의 경쟁력을 더욱 약화시키면서 그로부터 거래와 다른 형태의 지원들을 가로챈다.

마지막 도전

4단계는 아마도 생태계 네 단계 가운데서 가장 과소평가되는 단계일 것이다. 그것은 이제 막 출발한 1단계와 시장각축전을 벌이는 2단계, 그리고 세력다툼을 벌이는 3단계에서 찾아볼 수 있는, 사람들의 관심을 끄는 매력 같은 것이 없기 때문이다. 죽음에 휘말릴지도 모르는 어떤 것에 누가 관심을 가지겠는가? 그러나 4단계에서는 대체로 수십억 달러의 자산을 보유하고 수백만 명의 고객에게 봉사하면서 수십만 명의 사람들을 고용하고 있는, 거대한 기업생태계의 수명을 연장시키는 문제들이 다뤄진다. 그것은 아주 중요할 뿐만 아니라 피할 수 없는 것이기도 하다.

사실상 노후화의 위험에 대처하는 것은 지배적인 회사가 겪어야 할 마지막 도전이다. 마이크로소프트와 인텔이 난공불락의 확고부동한 위치를 확보하고 있는 것 같아 보인다고 해서, 그들이 리더로서 생태계의 불멸을 보장해주지는 않는다. 세대를 거듭해 지속적으로 이루어지는 주도적인 혁신은 한 생태계의 장기적인 성공과 스스로를 쇄신할 수 있는 능력에 결정적인 영향을 끼친다.

기업 변화가 가속됨에 따라, 그리고 우리 모두가 레드 퀸과 함께 달리는 앨리스 같은 느낌이 들기 시작하면서, 우리는 미지의 땅에 처음으로 발을 들여놓는 소박한 꿈을 가진 모험적인 기업가와 새로운 산업의 창시자들을 찬양하는 경향이 있다. 그러나 우리는 흔히 쇠퇴 위기에 직면한 복잡한 기업생태계로 행진해 들어가 소매를 걷어붙이고 땀흘려 일하며 그것을 멋지게 호전시키는 산업의 전환자들에 대해서는 과소평가하곤 한다. 사실상 지속적인 쇄신은 매일 일어나지만, 최초의 식민화는 아주 드문 일이다.

고립된 예들은 확실히 대중의 상상력을 사로잡았다. 1970년대 말과 1980년대에 포드와 크라이슬러 자동차산업 생태계가 임종의 순간에 멋지게 소생한 사건은 산업분석가나 대중언론에 의해 낭만적으로 묘사됐다. 그러나 일반적으로 현존하는 자산의 전환은 그 규모가 얼마나 큰가에 상관없이 오직 고립된 예로만 알려지고 있다. 부상하고 있는 새로운 기업생태계가 점점 발전하고, 그리하여 현존하는 경영 모델들이 빠르게 노후함에 따라, 죽어가는 생태계에 있는 자산을 발견해 그것을 재사용하는 능력은 다가오는 21세기에는 없어서는 안 될 아주 중요한 재능이 될 것이다.

어떤 기업생태계는 미래 세대에 버겁거나 혹은 유해한 자산을 남김으로써, 그것을 재활용하고 재사용하려는 도전의 기세를 꺾어놓는다. 원자력의 전성기였던 1950년대와 1960년대에 세워진 많은 원자력 발전소들은 앞으로 10년 이내에 수명이 다할 것이다. 바다 깊숙이 뚫고 들어간 거대한 대지 위에 거미집 같은 건조물들이 10여 미터 높이로 우뚝 솟아 있는 북해의 발전소들은 유독성 산업폐기물과 재활용할 수 없는 물질들만 잔뜩 싸안은 채 얼음처럼 차가운 바람에 녹이 슬고 있다. 광산업은 전세계적으로 그 잔해와 오염물질만 남겨놓은 채 모든 광물이 바닥난 것으로 일단 결론을 내리고 있다.

신기술이 급속히 개발되고 있는 컴퓨터와 통신 분야 생태계에는, 최고 수준에는 미치지 못하지만 아직도 충분히 제기능을 발휘하는 구세대의 낡은 제품이 많다. 최소한 어떤 고객들에게는 진짜 가치가 있는, 강력하고 완벽한 극소 생태계들이 이들 노병들로 형성되는 일이

왕왕 있다. 전화회사들이 광섬유 네트워크를 가설하고 있는 현 시점이지만 예전부터 쓰던 구불구불한 구리선을 가지고서도 여러 가지 강력한 솔루션이 가능하다.

어떤 경우에는 리더들이 모든 것을 잃어버리기 전에 생태계가 쇠퇴하는 속도를 늦추거나 안정시킬 수 있다. 이 경우에 생태계는 아직도 충분한 적응력을 갖고 있는 경제적 극소환경과 영역들로 뒷걸음친다.

예를 들면 기술 관측자들은 몇 해 전부터 메인프레임 컴퓨터의 소멸을 예측해 왔지만, 메인프레임은 보안성과 신뢰성이 높은 중앙처리기로 아주 용량이 큰 데이터 세트를 저장하고 처리하는 응용 프로그램들을 가동시킬 수 있다. 메인프레임이 제 기능을 충분히 발휘하고 있는 극소 환경으로는 은행, 정부기관 및 전국적인 대규모 산매점을 들 수 있다.

4단계의 붕괴를 피하려면 아주 신속하고 적극적으로 움직여 조직에 가장 적합한 시장과 경제적 극소환경에 맞춰 조직의 방향을 재정립해야 한다. 이러한 움직임 속에서는 미래에 더욱 광범위한 시장영역에서 성공할 가능성이 높은 새로운 생태계, 더욱 효과적인 협력을 위한 틀, 그리고 더 튼튼한 경제적 질서 속으로 어떤 자원들을 이동시키는 게 당연하다. 기회환경의 대부분 영역에서는 이제는 더 이상 최상이 아닐 수도 있는 생태계들이 제경비를 줄이고 자원을 집중시키며 적절한 니치를 목표로 정함으로써, 전반적인 환경의 적절한 하위단위에서 계속 살아남거나 혹은 오랫동안 번영을 누릴 수도 있다.

전환의 시기인 4단계 생태계에서 경영진은 자신의 노력과 창조성을 능동적으로 집중시켜야 한다. 논의를 더 전개시키기 전에, 몇 가지 예측할 수 있는 사태들에 대해서 이야기해보자. 이 장에서 내가 말하려는 것은 4단계에서 치러내야 할 경영상의 도전 및 전략적 도전은 이전과는 전혀 다른 독특한 것들이며 세심한 주의를 기울일 가치가 있다는 것이다. 나는 당신들이 새로운 아이디어를 개발하여 이를 새로운 환경에 적용하고, 그 외연을 확장시킬 수 있도록 4단계 상황을 분석하는데 유용한 몇 가지 원칙과 개념을 소개하고자 한다.

4단계에 나타날 경영상의 도전들을 민감하게 느낄 수 있는 가장 좋은 방법 가운데 하나는 어떤 특정한 경우를 선정하여 이를 더욱 자세하게 조사하는 것이다.

나는 현존하는 기회환경 중에서 가장 심한 난맥상을 보이면서도 4단계 상황을 인상적으로 보여주는 의료 분야를 골라 여기에서 4단계에서 제기되는 문제들을 탐구해볼 것을 제안한다. 의료 분야가 대단히 복잡한 양상을 드러내고 있지만 4단계에서 제기되는 문제들을 탐구한다는 우리의 제한된 목적에 맞추어 나는 미국의 의료 시스템에서 진행되고 있는 변화에 초점을 맞추었다. 분명 건강과 관련된 문제에 대한 포괄적인 조사는 지구상의 다른 지역에서 마주치는 도전과 혁신에 대해서도 시사해주는 바가 클 것이다. 그러나 전지구적인 문제들에 대한 의미있는 분석은 이미 성숙된 질서를 혼란에 빠뜨리곤 한다.

나는 4단계 상황을 분석하기 위해 의료 분야에서 나타나는 아주 풍부한 예를 이용할 것이다. 그 이유는 의료 분야가 사느냐 죽느냐를 결정짓는 기로에 선 4단계 상황과 직접 관련되어 있기 때문이다. 의료 분야에서 제기되는 문제들은 논의가 분분하여 다루기가 꽤 까다롭다. 왜냐하면 그것은 우리의 가장 심층적인 가치들을 다루며 아주 복잡한 문제들을 제기하기 때문이다.

나는 이 장에서 4단계에 대한 모든 것을 말하지도 않을 뿐더러 의료 분야에서 제기되는 모든 문제들을 해결하려고 하지도 않을 것이다. 이 장에서는 당신들이 앞으로 타당하다고 생각할 수 있는 몇 가지 아이디어를 제기한 다음 4단계 상황들이 건설적으로 해결될 수 있는 몇 가지 방법들을 제안하고자 한다.

위기에 처한 기회환경인 의료 분야

의료 분야 자체는 하나의 생태계가 아니라 수많은 생태계들이 활동하고 경쟁하며 서로 접촉하는 '정보공간'과 비슷한 하나의 기회환경이다. 그것이 안고 있는 문제에도 불구하고 의료 분야의 관측자들은 여전히 중요한 하부조직들이 아주 효과적으로 움직이고 있다고 주장하는데, 나 또한 그 점에 대해서는 전적으로 동의한다. 의료 전문가들은 타의 추종을 불허할 정도로 헌신적이고 진지하며 또한 잘 훈련돼 있다. 전세계적으로 의학적인 치료와 공중위생은 모두 금세기에 괄목할 만한 진보를 이루었다. 수많은 치료과정은 가위 예술의 경지에 이르렀다. 의학지식과 기술, 그리고 기간시설은 풍부한 자산가치를 가지고 있다. 그럼에도 전체적으로 이 분야는 자신의 후계자를 찾는 기업생태계들로 가득차 있다.[1]

어떤 생태계가 4단계에 이르렀다는 사실을 인정하기 어렵게 만드는 가장 중요한 요인은 대부분의 경우 개인들이 대체로 유능한데다 그들이 기여하는 특수한 분야에서는 아주 헌신적이라는 점이다. 점점 낡아지는 것은 그 개인이 아니라 그러한 재능들을 하나로 묶는 협력의 틀이다. 의료 분야의 문제는 환자나 의사 또는 간호사들 때문에 생기는 것이 아니다.

제약회사의 경영진이나 병원 당국자 때문도 아니다. 정책결정자들 때문은 더더구나 아니다. 문제의 원인은 이 모든 사람들의 업무를 지배하는 기본적인 전제들에 있다. 수준 이하의 성과를 나타내고 있는 것은 생태계 전체지, 그 생태계를 구성하고 있는 각각의 종들이 아니라는 말이다. 자연계에서 찾아볼 수 있는 이와 가장 비슷한 경우는 전체 생태계가 환경에 적응하지 못해 무력한 존재가 됐던 빙하시대일 것이다.

의료 분야가 4단계 환경에 처해 있음을 증명하는 것은 그리 어렵지 않다. 분명 현재 실행되고 있는 패러다임들은 우리 주변에서 와르르 무너지고 있다. 환자들은 혼돈스럽고 걱정스럽기만 하다. 앞으로 어떤 식으로 사태가 진전되든 많은 개인들, 특히 조직 내에 있는 중간 소득층 피고용인들의 의료혜택이 줄어들 것은 분명하다.

미국 전역에서 병원과 기타 의료기관들이 경영 실패로 문을 닫고 있다. 샌디에이고에서는 관리의료기관(managed care networks)들 사이에 경쟁이 치열한 나머지, 그런 염가로는 아무도 질 높은 치료를 받을 수 없음에도 현재 회비가 1인당 월 100달러 이하다. 뉴욕에서는 메디케이드(Medicaid; 65세 미만의 저소득자, 신체장애인을 위한 의료보호제도) 환자들을, 회비를 지불하고 가입하는 종합의료기관(HMOs)에 위탁하려고 했다. 그것은 번지르르한 마케팅과 판매촉진활동에는 엄청나게 많은 돈을 소비하면서도 정작 사람들의 건강을 증진하는 데는 거의 투자하지 않는 HMOs와 흡사한 양상을 낳았다. 따라서 이제는 그것들이 조합원들의 건강을 위협하기 전에 어느 정도 규제를 가하지 않을 수 없는 상황에 이르렀다.

사무적인 업무와 그들이 생각하기에는 아무런 효과도 없는 비용삭감 노력에 지쳐버린 의사들은 자신들의 고유 업무인 치료를 내팽개치고 있다. 또 현행 시스템으로는 숙련 의사들을 수용할 수가 없다. 전국적으로 약 65만 명에 이르는 의사들 가운데 줄잡아 10만에서 20만 명 정도가 앞으로 몇 년 안에 직장에서 쫓겨나게 될 것이다.[2] 비길 데 없이 훌륭한 수련과정들이 그곳을 졸업하더라도 직장을 얻을 가능성이 없는 탓에 줄지어 문을 닫고 있다.

예컨대 스탠퍼드 대학의 권위 있는 마취학과 전문의 수련과정은 1995년에 학생을 단 한 명도 받지 않았다. 규모가 클수록 전망은 더 어둡다. 미국은 시민 한 사람당 의료비용이 세계에서 가장 높지만, 유아 사망률 같은 공중위생 지표를 보면 의료환경이 다른 선진국에 비해 아주 형편없다.

그 생태계의 정원사들은 단기적인 처방으로 지친 나머지 제 살을 깎아먹고 있다. 콜로라도 강에서 강물을 끌어들여 인위적으로 조성한 관개시설의 도움으로 번창하고 있는 사막의 열대 오아시스인 애리조나 주의 피닉스 시가 다시 자기 지역의 강물에만 의지해야 한다고 상상해보라. 도시 주변 잔디밭은 모래와 세이지브러시(sagebruch ; 미국 서부산 쑥의 일종)로 뒤덮이고 물을 찾기 위해 혈안이 된 그 지역 사람들은 서로 충돌할 것이다.

미국의 의료사업은 주요 기업 및 노동조합이 지원하는 공제회(benefit plans)와 블루 크로스(Blue Cross, 역주 : 가입자로부터 보험료를 징수하여 입원비 등을 지불해주는 미국의 비영리 건강보험조합), 블루 실드(Blue Shield, 역주 : 비영리 의료보험조합의 총칭)와 같은 공·사립 보험조합들, 그리고 전국의 노인과 영세민을 보호하는 메디케어(Medicare, 역주 : 주로 65세 이상의 노인을 위한 의료보호제도)와 메디케이드에서 흘러들어오는 풍부한 강물을 마시면서 40년이 넘게 번창하였다.

그러나 이제 그 생태계에 물을 공급하고 있는 이해관계자들이 생태계의 성과에 크게 실망하면서 물꼭지를 잠그기 위해 서로 단결하고 있다. 비용 측면에서 보더라도 정부나 어느 정도는 사회까지도 의료시스템이 아무런 규제도 받지 않고 확장을 계속하도록 내버려둘 수 없는 지경에 이르렀다. 게다가 주요 대기업에서부터 소규모 영세사업체에 이르기까지 모든 사람들이 도저히 감당할 수 없는 의료 비용에 쐐기를 박는 방법을 적극적으로 모색하고 있다.

따라서 그 생태계 안에 있는 종들은 점차 줄고 있는 자원을 서로 차지하기 위해 경쟁에 돌입하게 됐다. 그러나 불행하게도 자원분배를 현명하게 결정할 솔로몬 같은 인물은 찾아볼 수 없다. 오히려 생태계의 구성원들은 부분적인 해결책만 길게 늘어놓는 쪽으로 끌려가고 있다. 의사와 보험회사를 비롯한 기타 참여자들, 제약회사와 의료설비 공급자, 그리고 병원 당국자와 의료 시스템 관리자들은 모두 나름대로 위기 해결책에 대한 비전만 크게 선전해대고 있다. 물론 한계가 있지만 각각의 비전은 그것을 주장한 자들이 생태계에서 계속 지배적인 위치를 차지하도록 보장해주면서 전체 시스템에서 제기된 몇 가지 문제들을 해결하려고 한다.

그러나 아무리 좋게 보아도 각각의 비전은 기껏해야 몇 가지 진보만 약속할 뿐, 그들의 실행방법은 예기치 못한 결과와 도저히 감당할 수 없는 위험요소들로 가득차 있다.

자기 이해만을 앞세우는 이기주의와 부분적인 해결책에 밀려 진정으로 해결해야 할 문제들과 사회적으로 신중하게 제시돼야 할 효과적인 해결책은 뒷전이 되는 것이다.

의료 문제에 대한 보편적인 접근을 위해 우리가 감수할 것은 무엇인가? 비용을 측정하기는 쉽지만 질을 규정하기는 어려운 때, 질을 파괴하지 않으면서도 비용을 통제하려면 어떻게 해야 하는가? 시스템 전체의 비용을 감축하기 위해 우리는 치료 부문에서 달성한 혁신을 포기해야 하는가? 어느 정도까지 치료의 한계를 정할 것이며, 또한 어떤 식으로 그 한계를 지킬 것인가?

미국의 의료 시스템이 4단계에 처하게 된 것은 자신의 특수한 임무를 제대로 실행하지 못했기 때문이 아니라 전체 생태계가 현재 직면하고 있는 전반적인 문제들을 효과적으로 해결하지 못할 것으로 보이기 때문이다. 적당하지 않은 것은 그 생태계를 지배하고 있는 구조이지 그 구성원들의 성과가 아니다. 이러한 상황에, 즉 한 생태계가 의존하고 있는 전반적인 협력의 틀이 부적절해질 때, 그 생태계는 죽음의 위험을 무릅쓰고 쇄신의 길을 찾아나선다.

행동방침을 세워라

내가 연구한 4단계 기업생태계에는 첨단 과학기술 분야와 중공업 분야의 생태계와 함께 일정만을 다루는 의료분야의 여러 생태계가 포함돼 있었다. 나는 4단계 상황이 다른 단계에 비해 영향력을 행사하기가 가장 어려운 때임을 깨달았다. 이들 생태계는 고객에 대한 중대한 책임을 계속 지고 있다. 의료생태계의 경우 고객은 자신의 건강이 그 시스템에 의해 좌우되는 환자들이다. 당신은 다른 것은 재정비할 시간적 여유를 가질 수 있지만 수술을 간단히 중단할 수는 없다. 즉 심장마비를 일으킨 환자나 암 환자에게 1년 혹은 2년을 기다리라고 말할 수 없는 것이다. 더군다나 이들 생태계는 수많은 공급자들과 기타 관련조직들로 가득차 있으며, 그들 모두는 어떤 종류의 미래가 그들에게 유리한가에 대해 각자 나름의 중요한 이해관계와 견해가 있다.

4단계에 속한 공동체 전체, 특히 공동체 내의 큰 조직은 대체로 심각한 재정불안에 빠지기 쉽다. 어떤 경영자는 이에 대해 이렇게 말했다.

"대규모 조직적인 시스템은 두 개의 아주 큰 숫자, 즉 수입과 지출의 관계에 의해 유지된다. 엄청난 적자, 즉 당신이 도저히 감당할 수 없는, 그리고 이해관계자들 또한 도저히 참을 수 없을 정도로 큰 손실이 발생하는 데는 두 숫자 가운데 어느 것에도 그렇게 많은 변동이 일어날 필요가 없다. 그리고 당신의 이해관계자들이 빠져나가기 시작하면, 붕괴는 그다지 멀지 않은 곳에 있다."

나는 경영자들이 개혁과 쇄신 기회를 잡으려면 반드시 다음과 같은 여러 요소들을 결합시켜야 한다는 것을 알았다.

- 당신은 기회환경을 면밀히 조사하여 현재 세력을 잡고 있는 참여자들과 그들의 이해관계 및 자산에 대해 정확히 파악해야 한

다. 당신은 그들 각자가 제시하고 있는 미래에 대한 비전을 평가하고, 과연 그들이 이러한 비전을 하나의 의미 있는 전체로 수렴할 것인지에 대해서 심각하게 고려해야 한다. 당신은 어떤 비전이 도저히 수용할 수 없는 결과나 위험을 낳을 것인지를 예측하고 또한 그것을 사전에 막기 위해, 혹은 변형시키기 위해 만반의 태세를 갖추어야 한다.

- 당신은 전체 기업생태계의 성과를 평가할 수 있는 타당한 정보를 갖고 있어야 하며 그러기 위해서는 다음과 같은 질문을 해보아야 한다. 즉 이 생태계가 성공한다는 것은 무엇을 의미하는가? 성공은 어떻게 측정될 수 있는가? 성공을 위해서는 어떤 요인들이 필요한가? 성과를 개선하기 위해서는 이러한 요인들에 어떤 식으로 영향을 끼쳐야 하는가? 대체로 그러한 정보를 수집하기는 매우 어렵다. 예컨대 의료 분야의 경우 당신은 의료행위를 조직하고 그것을 제공하는 각 패러다임의 전반적인 성과를 상대적으로 평가한 정보를 얻고 싶을 것이다. 하지만 1인당 비용에 대한 총계를 제외하고는 그런 정보를 얻기가 쉽지 않다. 존경받는 잭슨 홀 그룹(Jackson Hole Group)의 1995년도 회의는, 적절한 상대평가를 할 수 있도록 치료의 질과 또한 환자가 얼마나 회복되고 있는가와 같은 '기능적인' 결과에 초점을 맞춘 좀 더 나은 정보를 요구했다. 포괄적인 측정을 하지 않고서는 의료계에서든 기타 다른 4단계 기업생태계에서든 쇄신이 사실상 일어나고 있는지를 검증할 길이 없다.

- 전환이 필요한 기업생태계의 여러 측면에 영향을 끼칠 수 있도록 새로운 마음가짐으로 캠페인을 조직해야 한다. 그러나 새로운 자세를 가진다 하더라도 문제의 일부만 해결하려 한다면, 아주 큰 어려움을 겪을 것이다. 당신은 공진화하고 있는 일단의

중요한 요소들과 참여자들에 대해 책임을 지겠다는 마음가짐을 가질 필요가 있다. 이러한 마음가짐과 영향력을 발휘할 정도로 강력한 기본방침이 없다는 것이 의료개혁이 안고 있는 중요한 문제점이다. 개혁을 위해 노력하는 조직은 많다. 그러나 포괄적인 정보의 필요성에 대한 대중적인 관심과 각각의 노력을 중재하여 하나의 최선책을 제시할 수 있을 만큼 견고한 기본방침을 결합하고 있다고 여겨지는 것은 아무것도 없다.

4단계 상황에서는 변화를 주도하기 위한 올바른 조직방침을 세우는 것이 중요하다. 지금은 대부분의 정부기관과 실로 많은 기업 경영단위들이 그 이전 시대에나 적합할 낡은 방침들을 가지고 있다는 사실만 말해두겠다. 그런 낡아빠진 방침들을 가지고는 현재 당면해 있는 공진화의 중심적인 문제들을 결코 해결할 수 없다.

현재의 상황을 면밀히 조사하라

모든 기업생태계는 일단의 기본적인 가정들을 토대로 형성됐다고 말할 수 있다. 여기에는 규제사항이나 경제조건 같은 환경이 포함되며 또 고객에 대한 가정, 제공할 제품이나 서비스의 성격과 그것을 보상하는 방법에 대한 가정, 그리고 누가 어떻게 그것을 만들어낼 것인가에 대한 가정들도 포함돼 있다. 이미 확립된 지 오래된 기업생태계에서는 경영자들이 그 가정에 대해 전혀 심각하게 고려해 보지 않을 정도로 많은 것들이 당연시된다. 그리고 실제로 참여자들도 그것에 대해서 말 그대로 '전혀 생각해볼 필요가 없다'고 여길지 모른다.

그러나 새로운 생태계, 그리고 끊임없이 변화하고 있는 기회환경에서는 이러한 가정들이 전략수립을 위해 숙고되어야 할 중심적인 문제가 된다. 경영진은 서로 다른 가정들이 구체화된 여러 가지 시나리오를 짠 다음 그들의 미래에는 어떤 경영모델이 효과적일까를 결정하기 위해 엄청나게 많은 시간을 투여한다. 물론 의료계도 사정은 다르지 않다.

어떤 사람들은 하나의 생태계로 구체화된 일단의 가정들을 일련의 활동을 개념화하고 조직하는 경영 모델 혹은 패러다임 아니면 간단히 '접근방법'이라고 부르기도 한다. 당신이 어떤 명칭을 사용하든, 어떤 기업생태계에 대한 당신의 평가는 그러한 핵심 가정들이 어떤 것인가를 확인하는 데서 시작된다.

상황에 대한 조사는 대개 현재 실패하고 있는 접근방법을 검토하는 것으로 시작된다. 의료업계의 현상황을 어느 정도 쉽게 다루기 위해 나는 기존 의료질서를, 중심적인 일련의 가정들을 체현하고 있는 하나의 독자적인 생태계로 언급할 것이다. 나는 이 방법이 의료 분야와 일반적인 4단계 상황을 깊이 탐구하기에 가장 좋은 방법이라고 생각한다. 하지만 현재 구축돼 있는 질서에도 상당한 편차가 있음을, 즉 한나라 안에서도 지역에 따라 차이가 있고 실제적인 행동을 조직하는 접근방법에도 차이가 있다는 점을 덧붙이지 않을 수 없다. 더욱 포괄적인 조사는 분명 이들 차이점과 그것의 함축적인 의미를 좀더 깊게 다루는 것이겠지만 이 책의 범위를 넘어서는 것이다.

진료 때마다 의료비를 지불하는 시스템 : 미국의 의료 생태계

수십 년 동안 미국의 의료생태계를 지배하고 있는 암묵적인 가정들은 본질적으로 변하지 않았다. 가장 중요한 특징 가운데 하나는 의학적인 결정을 내릴 때 의사 개개인의 의견이 가장 중시된다는 것이었다. 의사는 환자를 책임졌고, 평생 동안 그들에 대한 치료를 담당했으며, 기타 다른 서비스를 받으려면 반드시 거쳐야 하는 통로였다. 그들의 판단은 거의 아무런 의문없이 그대로 받아들여졌다.

의사들은 그들이 제공하는 서비스, 즉 그들이 투여하는 시간과 조치, 관여, 치료에 대한 대가를 받았다. 이러한 이유로 많은 관찰자들은 전통적인 생태계를 흔히 '진료 때마다 의료비를 지불하는 시스템(fee-for-service)'이라고 정의하곤 한다. 금세기 중엽에 국민들은 두 가지 차원의 서비스를 받았다. 부유한 환자들이나 사적인 보험에 가입한 사람들에 대해서는, 의사의 결정은 치료비용에 관심을 두지 않고 그 개별적인 환자의 건강을 극대화하는 쪽으로 내려졌다. 이에 비해 그 밖의 환자들에 대해서는, 의사들이 환자가 부담할 수 있는 범위 안에서 그들이 할 수 있는 것 그리고 적당한 양의 무료 진료 및 자선기금이 지원하는 범위 안에서 그들이 할 수 있는 진료만 했다.

지난 20년 동안 완전한 서비스를 제공하는 진료를 받을 수 있는 범위는 눈에 띄게 확대됐다. 1950년에는 미국 전체 인구의 약 반이 일반입원보험(basic hospitalization insurance, 역주 : 가입자와 그 가족의 입원 가료를 보증하는 보험) 혜택을 받았으며, 약 15%만이 오늘날 우리가 생각하는 포괄적인 범위의 보험혜택을 받았다. 메디케어와 메디케이드는 1960년대에 노인들과 저소득층 환자에게까지 그 적용범위를 확대하면서 정부를 치료비 지불인으로 끌어들였다. 게다가 건강관리가 고용혜택으로 급속하게 확산되면서 1995년에는 전국민의 85%에 이르는 인구가 의료보험 혜택을 받았으며, 나아가 모든 사람들이 의료보험의 적용대상이 되어야 한다는 사회적인 기대가 넓게 퍼졌다.[3] 의료환경을 먹여 살리는 원천이 되는 '강'은 수심도 깊고 수량도 풍부했다.

1980년대까지 의료생태계에 기여하는 다양한 참여자들은 정책 결정자들의 감독이나 간섭을 거의 받지 않은 채 발전했다. 이것은 두 가지 결과를 낳았다. 첫째, 전문분야 내에서는 그것에 대해 지불할 보험 가입 환자가 꾸준히 증가한 데 힘입어 치료방법과 기술을 중심으로 둔 수많은 혁신이 일어났다. 둘째, '치료의 연속성'이 자주 거론되는 슬로 건이자 제공자들에게는 반드시 해결해야 할 도전이 될 정도로 전문분 야의 효과적인 통합이 점차 복잡해지고 관리하기 어려워졌다.

정부는 자신의 에너지를 주요 지불인이 되는 데 집중시킴으로써 소 극적인 감독 역할만 했다. 그러나 여기에도 몇 가지 예외가 있었다. 예를 들면 정부는 의약품의 효능을 검사하는 식품의약국(Food and Drug Administration)처럼, 엄밀하게 규정된 품질표준이 정확히 지켜졌 는지를 감시하고 규제하는 역할에는 적극적이었다. 정부는 또한 그 분 야에 대한 참여를 제한해 참여자들 사이에 경쟁이 격화되는 것을 막았 을 뿐만 아니라 전문적인 표준들을 보증하기 위해 여러 전문적인 하위 특수분야 리더들과 협력했다. 그러나 정부는 전체적인 의료생태계의 성과에 대한 포괄적인 이해를 증진시키지는 않았으며 그 시스템의 발 전에 영향력을 행사할 수 있는 효과적인 수단들을 개발하지도 않았다.

따라서 전통적인 의료 시스템은 급격한 쇠퇴의 길로 들어서게 됐 다. 포괄적인 정보와 발전을 위한 효과적인 감독의 결여로, 의료생태 계는 거의 제어되지 않는 변화를 양산하거나 혹은 조장한다. 내가 앞 에서 언급했듯이, 노후한 생태계들은 완전히 자취를 감추기보다는 종 종 더 협소한 영역으로 뒷걸음질치곤 한다. 진료 때마다 의료비를 지 불하는 의료 시스템은 이미 쇠퇴의 길로 들어섰지만, 그렇다고 완전히 사라질 것 같지는 않다. 부유한 고객들은 여전히 그것을 더 선호할 것 이며, 따라서 한동안은 나름대로 존속할 수 있는 니치 시스템들을 지 원할 것이다. 이 시스템은 또한 단 한 명의 의사밖에는 감당할 수 없 을 정도로 인구가 적은 대부분의 농촌지역에서는 계속 유지될 것이다. 만약 법이 허용한다면, 진료 때마다 의료비를 지불하는 모델들은 국민

의료보험 제도(national health programs)가 지배적인 시스템을 이루고 있는 다른 나라에서는 지속될 것이다.

실현 가능성이 가장 높은 시나리오는 의료비를 진료 때마다 지불하는 의료 시스템이, 각각은 결정적인 한계를 가지고 있으면서도 또한 매력도 있는 수많은 다른 생태계에 통합될 것이라는 전망이다. 이 문제와 관련해 현재 팽팽한 줄다리기를 하고 있는 미국의 정세로 보아 법률의 힘을 빌린다는 것은 거의 기대할 수 없지만, 법률의 힘에 의해 뒷받침되지 않는 한 어떤 독자적인 생태계도 완벽하게 지배적일 수는 없을 것 같다. 4단계가 처한 상황에 의해 제기되는 문제들을 좀더 깊이 있게 조사하기 위해서 그리고 미래가 어떻게 전개될 것인지에 대한 감을 잡기 위해서, 나는 그런 상황 속에서 형성되고 있는 몇 가지 선구적인 생태계들을 조사했다.

부상하고 있는 3가지 접근방법, 새로운 생태계들

이 책을 쓸 무렵의 의료 기회환경에서 특히 두드러졌던 3가지 새로운 접근방법에 대해 요약해본다. 분명 어떤 급변하는 환경 속에서도 패러다임들은 자신을 둘러싸고 있는 생태계들이 성장하거나 몰락함에 따라 끊임없이 변신하고 서로 연합하면서 스스로를 개혁한다. 다음은 이러한 현실에 대한 나의 짤막한 요약이며, 우리는 이를 통해 몇 가지 흥미로운 비교를 할 수 있을 것이다.

1. 자구, 자가치료

가장 근본적인 형태의 변화는 환자를 중심으로 일어나고 있다. 그것은 주요 의료기관들에 대해서는 더 작은 역할을, 그리고 도구와 기술, 교육, 당신이나 나와 같은 일반 사람들의 건강증진을 위한 시간과 노력의 투자에 힘입은 개인적인 책임에 대해서는 확대를 기대한다.[4] 이러한 생각을 구현하고 있는 새로운 생태계들은 전통적인 시스템을 완전히 무시하고 환자들에게 책임질 수 있는 권한을 주려고 한다. 우리는 이러한 현상을 '건강증진' 운동과 급속히 성장하고 있는 '대체 치료(alternative healing)' 활동 그리고 소비자들이 점차 의료품 및 의료 장비를 활용하는 데서 볼 수 있다.

나는 우리 가족이 겪었던 경험을 들어 이 패러다임이 어떤 가치를 가지고 있는지 당신들이 어느 정도 파악할 수 있도록 설명하겠다. 내게는 아들이 둘 있다. 막내가 돌이 조금 지났을 때의 일이다. 밤중에 갑자기 열이 40도가 넘게 올라가면서 호흡이 곤란해지기 시작했다. 처음에 열이 올랐을 때 우리는 의사에게 전화를 걸었다. 그러나 그는 우리가 체온계를 정확히 읽었으리라고 믿지 않았으며 귀에 꽂아서 열을 재는 새로 나온 적외선 주사(走査)형 체온계도 믿지 않았다. 의사는 신기술도, 그리고 그것을 이용할 수 있는 우리의 능력도 믿지 않은 것이다.

몇 가지를 상의하고 다시 수은 체온계를 사용하여 열을 잰 끝에—정말이지 한밤중에 병이 난 아기를 3분이나 걸리는 유리 체온계로 열을 재는 일은 나를 흥분시키기에 충분했다—우리 부부는 두 가지 해결방안이 있다는 점에 동의했다. 첫째는, 아이를 데리고 근처 병원으로 먼저 가서 그들에게 아이가 열이 있다는 사실을 확인시키는 것이다. 그러면 아이를 보스턴에 있는 소아전문 병원에 가라고 할 것이 분명했다(그는 우리에게 '근처 병원에는 소아전문의가 없을 것'이라고 충고했다). 둘째는 곧바로 소아전문 병원으로 가는 것이었다. 소아전문 병원이 근처 병원보다 그다지 멀지 않았기 때문에, 우리는 아이를 싸안고 보스턴으로 향했다.

한밤중에 소아전문 병원에 가는 것은 두 번 다시 하고 싶지 않은 경험이다. 이곳에는 감기 재채기 골절 등으로 괴로운 어린아이들과 부모들이 시내 곳곳에서 몰려드는데, 그들에게는 질질 끄는 긴 과정이 기다리고 있었다. 먼저 입원수속절차를 담당하는 간호사가 서류를 작성했다. 그런 다음 간호 차장이 우리 아이의 체온을 쟀으며(물론 주사형 체온계로)마침내 우리가 잰 체온을 확인했다(그녀는 고개를 끄덕거리며 '흠, 아주 높군요' 하고 말했다). 이어 혈액검사를 한 다음 1회분의 강력한 타이레놀과 애드빌을 주었다. 우리는 기다렸다. 10년이나 지난『내셔널 지오그래픽』을 읽었고 검사 결과를 기다렸고 인턴이 검사 결과를 해석하기를 기다렸다. 그러다가 날이 밝았고 우리는 의사가 정확한 시간에 그의 정기적인 아침 회진을 위해 잠시 들르는 것을 바라보았다. 드디어 열이 떨어지기 시작했다. 당연히 우리는 이제 그만 병원에서 풀려나고 싶었으나, 이를 위해서는 사무적인 절차를 좀더 견뎌내야 했다. 병원에 도착한 지 6시간이 지난 후에야 그들은 우리에게 돌아가라고 말했다.

이 에피소드를, 그렇게 번거로운 절차와 지루하게 기다리는 시간을 생략할 수도 있는 다른 상황과 비교해보자. 즉 우리가 처음 의사에게 찾아가려고 했을 때, 그는 응급처방이 필요할 때면 언제든지 사용할 수 있는 가정상비 모니터링 시스템(주사형 체온계, 맥박과 혈압을 재는 혈압계와 화상전화)을 이용하도록 지시할 수도 있었을 것이다. 그러면 아내와 나는 과학기술을 이용하여 확인받는 검증과정을 거쳤을 것이고, 그것은 우리가 돌발상황에 스스로 대처할 수 있는 지식을 주었을 것이다.

위급한 상황이 벌어졌을 때, 우리는 열이 있는지 없는지와 같이 아주 간단한 것들에 대한 동의를 포함하여 좀더 의미있는 전화통화를 할 수 있었을 것이다. 왜냐하면 아내와 나는 굳이 병원이나 의사를 직접 방문하지 않고서도 여러 가지를 측정하고 확인할 수 있었을 것이기 때문이다. 또 우리는 멀리 떨어져 있지만 전화로 연결할 수 있는 의사의 지시를 받아 세면실에 있는 조그만 약품 선반에 상비해둔 약을 사용할 수도 있었을 것이고, 그러면 우리는 새벽 두 시에 약국으로 약을 사러 가지 않아도 됐을 것이다. 많은 경우에는 전화통화로도 정확한 진단이 내려질 것이기 때문에, 의사는 그 증상에 맞는 정확한 약을 곧바로 사용하라고 처방할 수 있었을 것이다.

특히 당뇨병 환자와 노인 그리고 누워서만 지내는 노쇠한 환자들을 위해 이와 같은 시스템을 가동하고 있는 회사들도 꽤 많다. 여러 가지 응급처방에 대한 정보가 실린 책과 응급처치방법을 실제로 배우는 워크숍 그리고 인터넷 상의 가상단체를 포함한 인근 지원단체들과 함께 이러한 도구들은 사람들이 자신의 건강을 책임지고 싶어하는 강한 열망을 충족시켜준다. 일반적으로 말해서 이런 생태계는 아직 개척단계에 있으며 현재 수많은 실험이 행해지고 있다. 물론 그것은 서양 의학을 포함하여 기타 고대의 전통적인 질병 치료에서도 찾아볼 수 있는, 오랜 전통을 가진 자가(自家) 치료와 일맥 상통하는 것이며 어느 정도는 그것에 의해 강화되고 있다.

물론 환자들이 자신의 처방을 조정하고 통합할 수 있도록 도와주는 사람이 없기 때문에 이러한 시스템이 종합적이 아니라 훨씬 단편적인 처방에 접근하게 할 위험이 도사리고 있다. 그러나 많은 사람들, 특히 시민의 자유의지론을 주장하는 사람들은 우리가 우리의 의료 시스템에서 그러한 자유를 더 누려야 하며 머지 않아 치료에 더 가까이 접근할 수 있어야 한다고 믿는다. 사실 이러한 생각은 의사의 처방전 없이도 이용할 수 있는 조제약 만들기 운동을 부추기는 측면이 있다. 본질적으로 이러한 시스템을 지지하는 사람들은, 교육수준이 높은 소비자들이라면 스스로 여러 가지 경험을 종합하여 약을 조제할 수 있다고 주장한다.

이러한 패러다임의 전망은 아주 밝아 보인다. 그런 움직임은 점점 늘어나고 있는 자원, 즉 교육수준이 높은 소비자들이 이끌고 있다. 이러한 패러다임이 실제로 적용된다면 시간과 돈이 절약될 것이다. 측정과 진단능력을 일반화하는 효과가 있는 책과 테이프, 그리고 기타 기존 의료 시스템에서 해방시키는 도구들을 생산함으로써 이 패러다임에 참여해 너무나 행복해 하는 기업 종들이 있다.

한 가지 흥미있는 모델은 전혀 뜻밖의 요인에서 나왔다. 미국에서는 확인 테스트로 알려진 에이즈 검사를 하는 데 약 125달러가 든다. 그 비용 대부분은 노동력과 실험실 운영 및 문서작성에 드는 것이다. 서아프리카에서는 그런 비용을 감당할 여유가 없다. 전세계의 에이즈 확산방지 활동가들은 검사에 쓰이는 실질적인 화학약품 가격이 겨우 몇 페니에 지나지 않는다는 것을 알았다. 그래서 그들은 현지 아프리카인들이 조제하여 그들 스스로 검사를 할 수 있도록 재료 일습을 만들고 현지 노동력을 사용하여 무료 혹은 실비로 이를 제공했다.

종래의 의료 부문이 규모를 축소함에 따라 1996년부터 1997년까지 미국에서 배출될 15만 명 이상의 '잉여' 의사들에 대한 처리 문제를 둘러싸고 현재 지루한 논의가 계속되고 있다. 생태학적인 관점에서 보면 '그들은 어디로 갈 것이며 또한 무엇을 할 것인가' 하는 질문이 자연히 떠오른다.[5]

1단계에 대한 논의에서 나는 새로운 생태계들이 가치사슬의 형성을 통해, 즉 이전에는 단편적으로 분산돼 있던 자원들을 충족되지 않은 필요들과 짜맞춤으로써 어떻게 등장하게 되는가를 설명하였다. 일단 자격증도 소지하고 훈련도 잘 되어 있지만 불완전고용 상태에 있는 수천명의 의사들이 그 환경에 방치됐을 때 어떤 일이 벌어질지 한 번 상상해보라. 아마도 현실에 불만을 품고 급진화한 값싼 의사들과 기존 의료 시스템에서 해방된 기술 그리고 자신의 건강에 대한 부가적인 책임을 기꺼이 지려는 고객이 조합돼 아주 흥미로운 생태계들이 발생할 것이다. 이것은 이러한 패러다임이 엄청난 가능성을 안고 그렇게 급부상하는 또 다른 이유다.

2. 관리치료
— 환자들이 회비를 지불하고 가입하는 종합의료기관들(HMOs)

2단계의 확장과 3단계의 해체까지도 야기하는 의료환경을 지배하는 새로운 접근방법은 HMO 개념으로도 알려져 있는 관리치료(managed care)다. 관리치료는 통계에 따라 1인당 치료비를 균일하게 할당한다는 가정 위에 세워져 있다. 벽돌과 몰타르가 이 시스템에는 명백한 장애가 된다. 의료 전문가들은 그들의 기여가 단기적으로 명확하게 정당화될 수 있을 때에만 이용된다. 그리고 치료의 중심지는 병원이 아니라 의료보험과 관리, 병원을 통한 1차 진료의 제공을 하나로 묶은 통합 시스템의 일부분으로 서비스를 제공하는 외래환자 의료 센터다.

최소한 그것의 초기 형태에서 보면 이 모델은 실로 비용 중심적인 패러다임이다. 그것은 궁극적으로는 품질이나 과정의 개선도 꾀하고자 하지만 그러려면 시간이 많이 걸리는데다 구축하기 어려운 이 시스템의 참여자들, 즉 환자와 의료 제공자의 행동을 측정하고 통제할 필요가 생긴다.

관리치료가 미국 의료환경에 가장 극적인 변화를 낳으리라는 것은 의심할 여지가 없다. 왜냐하면 그것은 의사와 보험회사, 병원이 수직적으로 통합된 단위로 재구성된다는 신호이기 때문이다. 긍정적으로 보면 이 세 분야의 관계자들은 모두 그들이 관리치료라는 새로운 시스템을 어떻게 구축할 것인가를 구상하는 데 관여하고 있다. 이러한 참여는 의료 시스템의 근본적인 재구성을 부추기며 또한 1차 진료의 진보를 가져올 수 있는 터전인 통합된 과정단위들을 낳고 있다. 이 새로운 시스템은 접근방법과 비용, 품질 등 모든 이해관계를 종합함으로써 의료과정을 진정으로 개선할 수 있는 기회가 된다.

그러나 관리치료가 한편으로 지출을 줄이려는 의료비 지불인과 사회의 요구는 충족시킨다 하더라도, 의료비의 균일한 할당과 가격통제 부담을 환자에게 전가해 그들이 얻을 수 있는 최상의 이익을 경감시킬 수 있다. 환자 쪽에서 보면, 의료생태계들을 비교하고 대비할 수 있는 효과적인 방법은 거의 없다. 아직까지 이와 같은 프로그램을 평가할 수 있는 소비자 보호단체도 없고 또 자기 스스로 판단을 내릴 만한 소비자도 없다. 적당한 측정기준이 없는 한, 우리는 관리치료가 품질을 어느 정도까지 희생시켜 비용을 결정하고 있는지를 알 수 없다.

상정할 수 있는 또 하나의 치명적인 결과는 소규모 HMOs가 감당할 수 있는 보험의 수준이 그것을 재정적으로 불구로 만들 수도 있는, 100만 달러 이상의 보험금을 지불해야 하는 예기치 못한 질병에 대처할 경우 그 생태계를 보호하기에 불충분할 것이라는 점이다. 위험보상 차원에서 이들 새로운 HMOs 단위들을 보호할 수 있는 포괄적인 규정이 아직 없으며, 또한 미래에 발생할지도 모를 곤란한 상황에 대비하여 재보험을 제공하는 분야도 아직 없다.

1995년 후반에 많은 시장은 다양한 계층의 의사와 기타 전문가들의 공급과잉뿐만 아니라 관리치료 시스템의 시설과잉을 경험했다. 샌디에이고 대도시권과 같은 지역에서 야기된 관리치료 제공회사들간의 치열한 경쟁은 회사들이 그들의 가격, 즉 그들의 고용주들에 대한 가격을 현행 비용 이하로, 더 나아가서는 앞으로 감당할 수 있는 비용의 최저한도보다도 더 낮추도록 만들었다. 조직이 얼마나 능률적으로 운영되는가와는 상관없이, 그러한 가격은 너무나 많은 사람들이 계속해서 건강한 상태를 유지하기를 요구한다.

관리치료 생태계 사이에서 일어나고 있는, 이런 종류의 도저히 제어되지 않는 경쟁은 당연히 이들 네트워크 가운데 몇몇의 경제적인 내파(內破)를, 나아가서는 어처구니없을 정도로 인색한 진료를 낳았다. 앞에서 말했듯이 자세하고 객관적인 결과 및 성과에 대한 측정기준이 마련되지 않는 한 환자는 자신이 얼마나 인색한 진료를 받았는지 간파하기 어렵다.

시스템에 대한 정확한 측정의 결여는 의료시스템의 눈에 띄는 결점 중 하나다. 관리치료 생태계에서 벌어지고 있는 무한경쟁은 단기적으로는 비극적인 결과를 낳을 수 있다.

이 책의 렌즈를 통해서 볼 때 나는 관리치료에 대해 경의와 우려를 동시에 표시하고 있다. 이 생태계의 많은 리더들은 의료의 품질개선을 위해 아주 헌신적이다. 그러나 이들 생태계의 발전에 대한 효과적인 규제나 감시의 결여로 인해 의도하지 않은 결과들이 발생할 가능성은 아주 높아 보인다. HMO에 가입하라는 압력은 수많은 개인들로 하여금 그들의 가장 소중한 보물인 자기 가족의 건강을, 너무도 불규칙하고 제멋대로여서 도저히 믿을 수 없는 관리인에게 맡기게 만들었다.

관리치료 생태계의 지속적인 창조와 이 생태계의 전반적인 상태를 전환시켜줄 재원은 어디에서 찾을 수 있을까? 우리가 이전 단계들에서 보았듯이, 생태계의 리더십을 차지하고 유지하는 대가는 크다. 성공적인 리더들은 그들의 캠페인을 뒷받침하기 위해, 즉 중요한 혁신에 대한 투자와 생태계에 대한 투자라는, 이제는 친숙해진 이중고리를 구축하기 위해 일반적으로 규모의 경제를 꾀한다. 관리치료 회사들은 진정한 업무과정 개선을 실현하기 위해 필요한 대규모 캠페인을 뒷받침할 만한 규모의 경제를 달성하지 못하고 있다. 그러기는커녕 이들 회사의 대부분은 너무도 박한 이익으로 절룩거리다가 현금이 바닥나는 상황에 빠질 것이 뻔해 보인다.

3. 질병에 초점을 맞춘 의료생태계들

또 다른 대안은 장거리 통신의 경우처럼 이전에는 그 시스템의 주변부에 있던 강력한 참여자들이 다른 종류의 포괄적인 가치체계를 창출하는 것이다. 이제 다른 참여자들, 특히 의료비를 지불하는 정부와 보험회사들은 의약품 및 의학기술을 제공하는 회사들을 과거처럼 진보에 대한 주요 기여자가 아니라 상당히 문제가 많은 고비용의 공급자로 바라보는 경향이 있다. 이런 참여자들, 특히 제약회사들은 심각한 위기에 직면했으면서도 스스로 구조를 개편하고 새로운 패러다임을 선도하는 데에는 창조적이었다. 그들은 광범위한 변화를 겪는 4단계의 생태계에 적응해 어떻게 자신의 위치를 정립했는가를 보여주는 교훈적인 예들이다. 그들은 (변화가 도래하는 속도를 늦추려는 노력을 통한) 자기 방어와 자기 쇄신을 달성하기 위해서는 어떤 일반적인 접근이 필요한가를 잘 보여준다.

지난 몇 십 년 동안 조제약품 회사들은 정부 규제기관들과 암묵적이기는 하지만 비교적 일관된 사회계약 아래 운영돼왔다. 제품 및 업무과정의 혁신에 대한 막대한 투자의 대가로 제약회사들은 상대적으로 높은 판매이익을 누려왔고, 또한 특허법 및 까다로운 허가절차로 치열한 경쟁을 피할 수 있었다. 그러나 이제 그러한 사회계약은 허물어지고 있다. 국민과 정부, 기업 모두 의료비용이 줄어들기를 바라고 있다. 제약회사 리더들은 HMOs와 정부기관에 의한 약품의 통합구매뿐만 아니라 가격 및 이익 상한제한제도가 시행될 가능성에 직면해 바야흐로 허리띠를 졸라매야 하는 시대가 눈앞에 닥쳤다는 것을 알았다.

이러한 환경변화에 대응하려면 주요 기능들이 모두 바뀌어야 할 것이다. 단기적으로 제약회사들은 (일반적으로 의사들에 대한 교육을 부담하고 있을 뿐 아니라 그들과 판매관계를 구축하고 있는, 막강한 판매력을 가진 '신약 선전원'을 통해) 1차 진료를 담당하는 의사들에게 약을 팔던

식에서 의사의 처방전이 필요한 많은 약을 HMOs나 기타 대규모 합동 구매자들에게 파는 식으로 방향을 전환하고 있다. 이러한 조직의 수문 장은, 상당히 세심한 전략적 사고를 요구하는 고도로 세련된 형태의 판매술이 필요한 그 약들이 공인된 처방 범위에 드는가를 판결하는 위원회다.[6]

공급자들은 아주 다양한 방법으로 고객과 유대를 강화할 뿐만 아니라 새로운 혜택을 제공하기 위해 가치사슬의 초점을 고객에게 맞추려고 노력하고 있다. 이를 위해 그들은 최종사용자나 HMOs 및 약국 모두와 예전과는 다른 관계들을 만들어내고 있다. 공급자들은 또 다양한 시장 매개자들, 즉 의사, 병원, HMOs 및 최종사용자를 판매대상으로 삼는 구매단체들을 통하여 고객에게 적극적으로 접근하는 방법을 모색하고 있다. 제약회사들은 약을 의사의 처방전이 필요한 지위에서 의사의 처방전이 필요없는 소비재로 전환시키기 위해 FDA와 공동으로 노력하고 있다. 제약회사들은 특허등록이 돼 상표를 붙인 신세대 제품에 대한 수요를 자극하기 위해 신문과 잡지, 텔레비전을 이용하여 소비자를 대상으로 하는 광고에 많은 돈을 투자하고 있다. 그리고 의사의 처방전이 필요한 약을 제조하던 회사들은 소비재를 판매·유통하는 강력한 지위로 발돋움할 수 있도록 합병을 추진하고 있다.

약품 제조업자들은 거대 조직들의 관계가 변화함에 따라 제약회사들이 거대 조직과의 관계를 포함하여 행정상의 관리 및 약국에 대한 면책보증까지도 떠맡을 수 있도록 약국(보험)급부금관리회사를 사들였다. 제조업자들은 약값에 포함되는 건강관리 자문, 전화를 통한 건강관리와 함께 개별적인 약을 HMO와 같은 시장매개자에게 팔고 있다. 당뇨병 환자에 대한 관리가 그 대표적인 예다. 제약회사의 건강관리자가 환자에게 전화를 걸어 관계를 구축하고 치료를 위한 규약을 준수하도록 권장한 다음 약이나 치료의 부작용과 환자들의 일반적인 반응에 대한 자료를 신속하게 수집하여 연구개발을 위한 피드백 회로로 이용하는 것이다. 이런 식으로 제약회사들은 고객과 밀접한 관계를 구축할 수 있다.

그러나 이런 식의 유대는 시작일 뿐이다. 제약회사들은 좀더 장기적으로 시장을 지배할 수 있는, 그리고 자신의 중심적인 지위를 확고히 할 수 있는 극소 생태계를 창조하기 위해 막대한 투자를 하고 있다. 사실상 그들의 임계와 그 생태계 다른 구성원의 연관성을 증대시키기 위해 노력하고 있는 것이다. 의료생태계의 구조를 개편하려는 그들의 접근방법은 두 갈래로 나뉜다. 관리치료와 정부정책에 대해 영향력을 행사하는 방식과 그들 자신에게 좀더 바람직한 미래를 보장해주는 비전을 추구하는 것이다.

엘리 릴리(Eli Lilly & Company)는 여기에서 우리에게 시사해주는 바가 크다. 릴리는 '질병 관리'라고 불리는 접근방법에 그들의 미래를 걸고 있다. 이 회사는 5가지 질병, 즉 당뇨병, 심장질환, 중추신경장애, 암, 그리고 전염병을 주요 대상으로 삼고 있다. 릴리는 (1)약뿐만 아니라 진료의 다른 모든 측면을 통한 질병의 완전한 치료와 (2)예방과 감염의 감소 및 부작용의 체계적인 감소를 통해 인구집단에 대한 질병의 관리를 책임지는 방법을 찾으려고 한다.[7]

이것은 제약회사가 실현하기에 아주 어려운 구상이다. 이들은 이제 치료라는 한 요소만을 제공하던 제한된 위치에서 벗어나 일정한 질병에 대해 전반적인 책임을 지려고 한다.

릴리는 가치사슬의 끝으로 밀려나 일상재로 취급되는 것을 막을 수 있는 가장 좋은 방법이 '질병관리'라고 믿고 있다. 릴리를 비롯한 공급자들은 자신이 종합적인 책임을 떠맡음으로써 환자들로 하여금 치료 계획을 준수하도록 하여 합병증 발병을 줄이고, 궁극적으로는 HMO의 돈을 절약해 고객들을 만족시킬 수 있다고 주장함으로써, 관

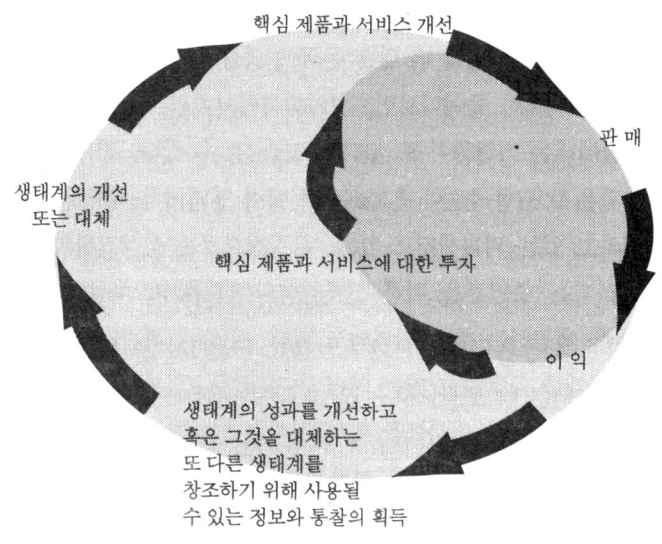

핵심 제품과 서비스 개선

판 매

생태계의 개선
또는 대체

핵심 제품과 서비스에 대한 투자

이 익

생태계의 성과를 개선하고
혹은 그것을 대체하는
또 다른 생태계를
창조하기 위해 사용될
수 있는 정보와 통찰의 획득

〈도표 10-2〉

리치료조직에 그들의 새로운 가치명제를 팔 수 있을 것이다.

　진정으로 릴리에게 긍정적인 요소는, 자신의 혁신궤도에 적당한 이들 소규모 생태계에서 결정적이면서도 다른 구성원들과 밀접하게 연관돼 있다는 믿음이다. 게다가 릴리는 자신의 약 가운데 하나가 '히트' 함으로써 거대한 규모의 경제를 누리고 있다. 릴리는 여기에서 얻은 이익으로 생태계의 발전뿐만 아니라 이후의 핵심적인 혁신에 투자할 수 있을 것이다. 우리의 이중고리 투자 사이클에서 보았을 때, 4단계에서 가장 중요한 것은 변화를 주도하기 위해 사용할 정보와 통찰을 얻는 것이다. 제약회사들은 그러한 노력에 투자하고 이로부터 이익을 얻을 수 있는 이상적인 지위를 차지하고 있다.

　〈도표10-2〉는 규모의 경제를 이룩한 제약회사와 기타 회사의 리더들이 대부분의 관리치료 리더들보다 표준을 정하는 데서 훨씬 막강한

영향력을 행사할 수 있다는 점을 말해준다. 윈텔 이전의 IBM처럼 제약업계는 그 문제에 투입할 더 많은 돈과 인력을 갖게 될 것이다.

　의료환경을 자세히 들여다보면, 제약회사에서처럼 축소판 경제 시스템을 만들어내는 기관들이 또 있다는 것을 알 수 있다. 거기에는 성형외과와 같은 (긴급한 수술이 필요없는) 선택적 영역에서 최종사용자들에게 선전하고 있는 외과센터도 있고, 본질적으로는 심장질환과 스트레스가 우려되는 중년층을 위한 신체검사와 건강관리 차원의, 소위 '생명연장'을 제공하는 특수 클리닉도 있다. 또한 건강관리 전문가들과 일련의 관계를 구축하고 있는 여러 가지 건강교실과 체중감량단체도 볼 수 있다. 게다가 의사들을 위한 장비를 설계할 뿐만 아니라 어떤 장비에 대해서는 최종사용자 시장을 형성하는 방법과 기술혁신의 결과를 대중적으로 이용함으로써 전체 가치체계를 종합하는 방법에 대해 포괄적으로 생각하는 의료장비 제조업체들도 있다. 렌즈크래프터(Lenscrafters)사의 사업부에서 개발하여 광범위하게 소개된 근시교정 수술이 그 좋은 예다.

＊　　＊　　＊

　의료생태계의 미래를 구현하는 여러 가지 접근방식에 대한 연구조사에서, 나는 분명 아주 복잡한 몇 가지 아이디어를 지나치게 단순화시켰다. 이제 여러분은 스스로 숙고해볼 가치가 있는 몇 가지 생각을 발견했을 것이다.

　첫째, 현재 부상하고 있는 3가지 패러다임을, 의료비를 진료 때마다 지불하는 시스템과 비교·검토한 다음 의료와 관련한 자신의 경험을 돌이켜보고 싶을 것이다. 자신과 가족이 받은 진료에 대해 개인적으로 어떤 평가를 내리고 있는가? 이들 접근방법 가운데 어떤 것이 혹은 이 접근방법들을 어떻게 조합한 것이 자신이 추구하는 가치와 가장 일치한다고 생각하는가? 우리 자신의 건강과 우리가 사랑하는 사람들의 건강이 직접적으로 관계돼 있는 이 특수한 분야의 쇄신은 우리 모두와 긴밀한 이해관계를 가지고 있다.

둘째로, 여러분은 의료업계에서 현재 전개되고 있는 상황에 얼마나 신뢰를 보내고 있는가, 그리고 변화는 바로 진보일 것이라는 나의 확신을 뒷받침하기 위해 무엇을 알아야 하고 또한 정책 결정자들은 무엇을 알아야 한다고 생각하는지 자문해보고 싶을 것이다.[8]

여러분은 이렇게 묻고 싶을 것이다. 즉 자신의 사업 현황에 비추어, 의료생태계에서 전개되고 있는 상황에서 무엇을 배울 수 있을까? 우리 가운데 몇 사람은 한두 가지 측면에서 4단계 상황에 빠져 있겠지만, 많은 사람들은 실제로 1단계 혹은 2, 3단계에 있으면서도 4단계 기업에서 나타날 수 있는 몇 가지 증상을 경험하고 있을 것이다.

나의 상황 가운데 4단계의 노후화를 보이는 측면은 어떤 것이며, 전환될 필요가 있는 측면은 어떤 것인가? 현재의 접근방법 중에서 가장 전도가 유망해 보이는 것은 어떤 것이며, 이들 각각의 비전이 갖고 있는 본질적인 특징은 무엇인가? 여러 대안의 성격을 명확히 밝히는 것은 항상 분석을 시작하는 데 도움이 된다. 다음에 우리는 여러 가지 시각을 비교·대조해서 그것 가운데 한두 가지 시각을 현실적으로 실현시키는 방법을 대강 살펴볼 것이다.[9]

효과적인 정보를 개발하라

진정한 리더는 어떤 접근방법도 그 하나만으로는 완벽하지 않으며, 완벽하게 승리를 거둘 수 없다는 것을 정확히 이해하고 있다. 4단계 환경에서는 하나의 해결 방안에만 너무 집착하지 말아야 한다. 그러기보다는 거기에서 좀더 나아가 기업생태계를 만들어나가는 정원사나 조경사 혹은 조림가가 되기 위한 도구와 식견을 개발해야 한다.

리더는 어떤 순간에도 그 생태계를 지배하고 있는 강력한 참여자와 패러다임을 파악하고 있어야 하지만 거기서 성공의 열쇠가 발견되지는 않는다. 진정한 성공을 위한 돌파구는 정보를 수집하고, 어떤 패러다임보다도 개념적으로 우위에 있는 지식과 식견을 얻는 데 투자할 때만 열린다. 당신은 현재 기회환경에 존재하는 여러 생태계들과 그것들이 갖고 있는 각각의 상대적인 약점과 장점을 이해할 수 있게 해주는 분석을 면밀하게 해야 한다. 이러한 정보를 통하여 당신은 고객의 이익을 증진시키고, 쇄신을 일으킬 수 있는 상황을 조성하기 위해 투자하는 방법을 찾아낼 수 있을 것이다.

여러 가지 접근방법과 생태계에 대한 평가를 할 때 의료환경의 접근방법들에 대해서처럼 우리는 다음과 같은 4가지 질문에 직면하게 된다.

1. 당신은 성공을 어떻게 측정하는가?
2. 당신은 변화하고 있는 시스템의 범위 혹은 경계를 어떤 방식으로 규정하는가?
3. 당신은 어떤 방식으로, 각 생태계에서 일어나는 실제적인 가치 창조를 확인하고 이해하며 그것에 영향을 끼치는가?
4. 당신은 이러한 환경 전반에 존재하는 생태계들에 가능한 투자의 포트폴리오(위험분산책)를 어떻게 평가하는가?

당신이 이러한 질문에 정확하게 답변할수록 여러 가지 이해관계와 개혁의 비전을 효과적으로 조정할 수 있을 것이며 또한 의미있고 지속적인 변화를 촉진할 수 있을 것이다. 이러한 아주 작은 지혜가 독창적으로 발전한 것이 바로 제조업 분야에 나타난 '종합적 품질' 운동이었으며, 이 운동으로 깊이 있는 지식을 통해 비용을 절감하고 품질을 향상시킬 수 있었다. 기업생태계는 제조과정보다 훨씬 복잡하다. 하지만 최소한 이 점에서만은 똑같은 원리가 관철된다.

1. 성공의 측정

쇄신의 시기인 4단계에는 그 생태계의 성과를 정확히 측정할 수 있는 기준을 마련해야 한다. 우리는 실태분석을 위한 진단자료로 이용할 정도로, 전체의 가치보다는 구체적인 개별활동을 측정하는 경향이 있다. 그러나 고객들은 '종합적인 제공'을 경험하며, 선택을 할 때는 그 기업생태계에 대한 자신의 전반적인 경험을 토대로 한다. 개혁을 달성할 수 있는 합리적인 기회를 잡으려면, 어떤 성과를 측정할 때 그것을 고객들이 경험하는 그대로 측정하기 위해 모든 노력을 다해야 한다.

이러한 문제는 분명 의료환경에도 존재한다. 환자들의 치료 결과를 자료로 증명하기도 어렵지만 그것을 세밀하게 측정한다는 것은 더욱 어렵다. 암 치료나 심장수술과 같은 처치의 최종적인 성공 여부는 몇 년 동안은 알 수 없다. 이용할 수 있는 가장 좋은 정보는 비용과 관련된 것이기 쉬우며, 그것도 고정비용이나 기타 광범위한 지표들이 아니라 유동비용에만 초점을 맞추는 경향이 있다. 이해관계자는 기본적으로 비용관리에 관심을 두기 때문에 대부분의 패러다임 싸움은 품질개선이나 혁신 혹은 그것들을 측정한 수치가 아닌, 눈에 보이는 비용 억제만 강조한다.

환자의 만족도는 가장 측정하기 쉬운 '품질' 요소이며, 많은 연구 결과 환자의 만족도는 장·단기적인 품질 성과와 관계가 깊은 것으로 나타났다. 그러나 우리는 부당한 동기가 환자와 의료제공자를 교묘하게 꾀어 환자의 장기적인 안녕을 어떤 단기적이고 긍정적인 경험과 맞바꾸도록 하는 예를 상정해볼 수 있다.

사실상 지금까지 의료생태계 전체의 혁신적인 진보를 측정해보려고
했던 사람은 아무도 없었다. 의료계의 현황을 첨단산업과 비교해보더
라도, 대부분의 산업에서는 비용이나 품질 또는 혁신을 중심으로 한
개선에 노력을 기울여왔으며 또한 그들은 체계적으로 이 세 가지를 계
속해서 측정하고 있음을 알 수 있을 것이다.

2. 시스템의 경계들: 비용 유발 요인을 파악한다

대규모 시스템을 전환할 때 제기되는 두 번째 문제는, 시스템에 대
한 당신의 모델이 전체적인 성과에 영향을 끼치는 모든 중요한 요소와
행위를 포함하도록 하는 것과 관련이 있다. 의료계에서는, 비용을 유
발하는 모든 행위가 그 시스템 자체에 있는 것이 아니라는 것은 너무
도 뻔한 사실이다. 마약복용과 음주로 인한 의료비용은 미국 전체 의
료비용의 20%를 육박한다. 도시 지역에서는 총기류와 무기의 불법적
인 사용도 또 다른 요인이다. 비만, 관리하기 힘든 고혈압, 주로 앉아
서 하는 활동, 그리고 흡연은 모두 의료비용을 분명히 가중시키지만,
국영 시스템이든 관리치료 시스템이든 혹은 의료비를 진료 때마다 지
불하는 시스템이든 이들 행동이 야기하는 문제를 효과적으로 다루는
방법을 아직 찾지 못했다.

HMOs는 몇년 동안 자신들이 행동에 관한 문제를 해결할 수 있는
장점을 가지고 있다고 주장했지만, 대부분의 연구는 HMOs가 자기 구
성원의 행동에 뚜렷한 영향을 끼치고 있다고는 보지 않았다. 우리에게
는 어쩌면 어떤 강력한 동기부여를 통해 모든 비용유발 요인을 일정한
기준에 맞춰 규제하는 건강 시스템이 필요할지도 모른다. 흡연자들에
게 추징금을 부과하듯이 현재 시행되고 있는 보험추가부담제도는 (어
쩌면 사람들이 흡연을 자제하도록 도와줄 뿐만 아니라) 비용을 유발하는
행동을 하는 사람들에게 그 비용을 부담시키는 한 수단이기도 하다.

이제 남은 문제는 수많은 비용유발 행동을 어떻게 처리할 것인가, 그리고 장기적으로 자신뿐만 아니라 사회전체에 이익이 되는 행동을 하는 사람들에게는 어떻게 보상을 해줄 것인가이다.

경계를 정하는 문제는 거의 모든 4단계 상황에서 제기된다. 특수한 기업생태계에 의해 갑자기 불거져나오는 문제들은 이전 단계에서는 경영의 범위 밖에 있는 것으로 규정됐다. 그러나 이젠 다시 돌아와 그 것의 소유자들을 따라다니며 괴롭히고 있다. 해양기지의 유정(油井) 굴착장치, 원자력 발전소, 금속과 광석을 채굴하는 광산과 함께 4단계 에서는 거대하고 위험스럽기 짝이 없는 건조물들, 핵폐기물, 유독물 질 저장소등 소위 외부적인 것을 처리하고, 재생하거나 아니면 최소한 해가 되지 않도록 만드는 방법들을 찾는 것이 포함된다.

평가 모델이 이들 외부적인 것을 계산에 넣었을 경우 원래 1, 2단 계에서는 가치 명제였던 것이 긍정적이 아니었던 것으로 평가될 수 있 다. 결국 이들 기업 생태계의 순수가치는 사회에 파괴적인 영향을 끼 치는 것으로 드러난다. 이러한 점과 관련하여 나타난 한 가지 긍정적 인 상황이 산업 과정은 물론 소비재조차도 처음부터 그것의 부산물과 환경적인 영향을 평가하도록 규정해야 한다고 주장하는 운동으로 나 타난다. 유럽에서는 정부 규제기관들이 제조업자에게 무공해 제조 공 정과 완전 재활용 제품의 표준을 준수하도록 하고 있다. 표준은 기업 생태계들의 초창기에 국한하지 않고, 기업의 창조성이 궁극적으로 진 정한 부를 낳는 활동으로 나타나게 해준다.

3. 가치창조의 소재 확인

여기에서 우리는 이 책에서 지금까지 계속 강조했던 생각으로 되돌 아가야 한다. 당신은 기업 생태계, 이 경우에는 반드시 쇄신되어야 할 기업생태계를 창조하고 있다. 그것은 혁신과 가치창조의 새로운 원천을 찾아야 하며, 또한 그러한 원천은 그 생태계가 자신과 경쟁하게 될 다른 생태계의 성과를 능가할 수 있도록 해주어야 한다. 예를 들면, 당뇨병에 대한 질병관리 접근방식은 약품의 혁신과 환자의 약품 사용에서 이루어진 혁신(치료 계획에 대한 준수)이 전반적인 합병증의 발병을 상당히 줄일 거라는 가정에 기초하고 있다. 그리고 이는 다시 환자들의 삶의 질을 개선하고 의료 시스템의 전반적인 비용축소로 전환되어야 한다. 분명히 매력적인 이 아이디어를 실천에 옮기려면, 그러한 아이디어를 추진하는 사람은 적절한 약품의 개발과 그것을 제공하는 효과적인 방법은 무엇인가 그리고 그것은 어떤 결과를 낳을지에 대해 가능한 한 명확하게 규정해야 한다.

따라서 생태계의 리더는 지속적인 혁신궤도가 어떻게 이 생태계의 전환과 쇄신을 추진할지를 정확히 이해해야 한다. 쇄신에 대한 이러한 접근방식에 중심적인 혁신궤도—약품에 의한 치료의 개선과 같은—는 무엇인가? 이용할 수 있는 이론적인 성과 개선에는 어떤 것들이 있는가? 이에 대한 답변을 통해 리더는 전환된 생태계가 실제로 다른 생태계들에 대해 자기 위치를 확고히 구축할 수 있을지를 판단할 것이다. 약품의 경우에, 개선은 그러한 접근방식을 확실하게 채택하게 하기 위해 들어갈 엄청난 노력을 정당화할 정도로 괄목할 만한 것이어야 한다.

일단 이론적인 이익을 평가한 다음에야 이론에서 실천으로 나아갈 수 있다. 이론적인 이익을 현실적으로 실현하여 실제적인 이익을 얻는데는 얼마나 걸릴까? 예상되는 진보들을 실천에 옮기면서 반드시 해소해야 할 결정적인 불확실성은 없는가? 둘다 성과에 대해서 방심할 수 없게 만드는 요인인 소비자 행동 또는 공급자 행동에서 중대한 변화가 일어날 필요가 있는가? 결정적으로 중요한 기술이 아직 완전하지 않거나 또는 폭넓게 적용하기에는 그 비용이 너무 높은 경우도 있을 수 있다. 이런 종류의 한계에 대해서는 그것을 어떻게 극복할 것인지 결정해야 한다. 우리는 그 접근방법이 과연 성공할 가능성이 있는지를 언제, 그리고 어떻게 확신할 수 있을 것인가? 이런식으로 우리는 행동의 우선순위를 정하고 어떤 문제들이 가장 신중하게 다뤄져야 하는가를 선별할 수 있다.

4. 서로 대안의 성격을 갖는 각각의 투자에 대한 평가

가장 중요한 질문 가운데 하나는 과연 생태계의 개혁을 위해 노력할 가치가 있는가 아니면 똑같은 돈과 창조적인 노력을 새로운 다른 기업생태계에 투자하는 쪽이 더 나은가 하는 것이다. 흔히 이러한 질문은 원래 시간이 지나면서 기술이 어떻게 가치를 창출하는가를 표현

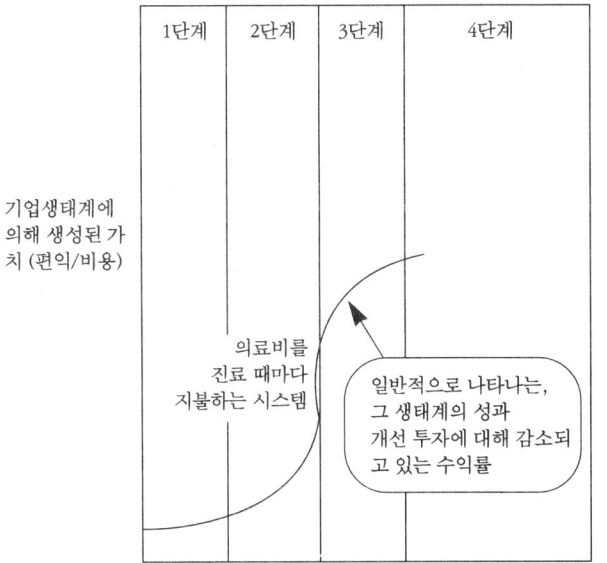

시간의 추이에 따른, 그 기업생태계의 성과 개선을 위한 투자
〈도표 10-3〉

하기 위해 개발된, 유명한 S-곡선으로 표시된다.[10] S-곡선은 어떤 특수한 아이디어에 대한 지속적인 투자가, 그 아이디어가 완성되고 규모가 확대되는 초기에는 그로부터 얻을 수 있는 수익을 가속화하지만 그 아이디어와 그것의 활용범위가 완전히 소진되는 후기에는 그 수익을 감소시킨다는 사실을 말해준다. 시간의 추이에 따라 나타나는 이와 같은 가치 창출의 일반적인 패턴은 기업생태계와 그것의 기본적인 협력의 틀에도 적용된다. 이 패턴은 〈도표10-3〉에 예시돼 있듯이 4개의 단계에서 각각 비슷한 형태를 나타난다.

　4단계에서 해야 할 분석의 첫째 임무는, 〈도표10-4〉에서 볼 수 있듯이 현재 그 생태계에 참여하고 있는 종들과 협력하여 새로운 아이디

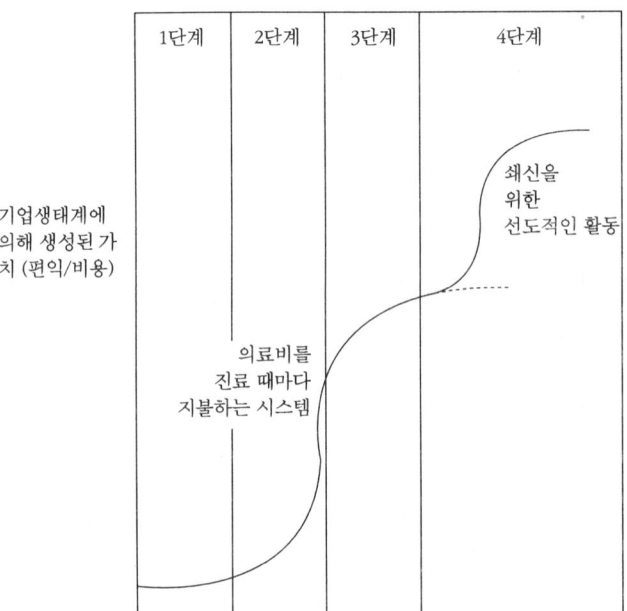

시간의 추이에 따른, 그 기업생태계의 성과 개선을 위한 투자

〈도표 10-4〉

어와 접근방식의 선택적 혹은 일괄적인 투입을 통해 그 기업 생태계의
가치개선궤도를 다시 위로 향하게 할 수 있을지를 결정하는 것이다.

예를 들면, 현재 정치적으로는 그럴 가능성이 거의 없지만, 어떤
개혁과 쇄신을 위한 노력들을 기울인다면, 의료비를 진료 때마다 지불
하는 의료 시스템을 광범위한 토대 위에서 계속 존속시킬 수도 있을
것이다. 사실 '우수 공급자 네트워크'는 그러한 노력의 대표적인 예로
질병 관리 또한 의료비를 진료 때마다 지불하는 패러다임의 생명을 연
장시키는 데 어떤 영향을 끼칠 수도 있다.

분석의 둘째 임무는 쇄신의 비용 대비 편익과 전혀 다른 접근방식

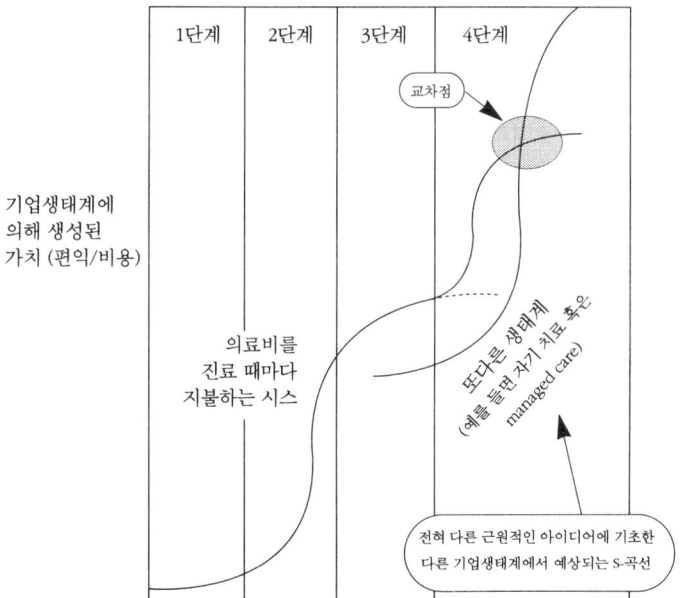

시간의 추이에 따른, 그 기업생태계의 성과 개선을 위한 투자

〈도표 10-3〉

에 기초하여 새롭게 나타나고 있는 기업생태계의 비용 대비 편익을 비교하는 것이다. 본질적으로 이것은 상대적인 가치창조에서 교차점이 어디에 놓이는지를 확인하기 위해 새로운 생태계에서 예상되는 S-곡선을 이전 생태계의 S-곡선 위에 겹쳐보면 된다.

이러한 분석을 좀더 정교하게 하면, 우리는 새로운 생태계를 구축하는 데 따른 위험을 파악할 수 있을 것이며, 그에 따라 그것의 가치창조 곡선을 조정할 수 있을 것이며, 이와 마찬가지로 현존하는 생태계에서 산출된 가치-쇄신 곡선도 조정할 수 있을 것이다. 우리는 세분화한 시장영역에 따라 혹은 기타 다른 요인에 의해 이들 곡선의 모양과 상대적인 위치에 편차가 생길 수 있다는 것을 깨달을 것이며, 이러한 데이터를 분석에 활용할 수 있을 것이다.

무엇보다도 그러한 분석은 다른 생태계뿐만 아니라 쇄신에 대해서도 어느 정도를 투자해야 하는가를 결정하도록 도와준다. 그것은 다음 단계, 즉 행동을 조직하기 위한 토대로 반드시 필요하다. 그러나 현실세계에서는 어떤 한 접근방법과 그에 따른 S-곡선이 다른 접근방법보다 유리한가가 이론에서처럼 그렇게 확연하게 나타나지는 않는다. 현존하는 생태계들은 일반적으로 우리가 쉽게 예상할 수 있는 것보다 훨씬 오랫동안, 최소한 축소된 형태로라도 유지한다. 그에 비해 새로운 접근방법과 생태계들은 대체로 제안자들이 상상하는 것보다 구축하는 데 훨씬 많은 시간이 걸리며, 그것들은 언제나 예기치 못한 도전들과 마주치게 된다.

개혁가들은 종종 새로운 생태계, 즉 '그린필드(greenfield)'에 투자를 할 것인지 아니면 새로운 아이디어와 기술을 기존 생태계, 즉 '브라운필드(brownfield)'에 투입할 것인지를 결정하기 위해 많은 에너지를 소비한다. 미래에 대한 효과적인 자기정립 가능성을 최대화하기 위해 기존 생태계에 대한 투자와 새로운 생태계에 대한 투자 사이에 균형을 이루면서 이니셔티브의 포트폴리오를 창조할 필요가 있다. 때로는 기존 생태계와 새로운 생태계가 서로를 지원하고 자원이나 자산을 공유할 수도 있다. 가장 좋은 것은 상승작용을 기대할 수 있고 비전 있는 다양한 중심점들이 공존하고 공진화할 수 있는 창조적인 기회를 이용하는 것인데, 아이디어를 공유하고 건설적인 경쟁을 유도하며 세분되고 다양한 시장영역과 경제적 소기후들에 적응하는 것으로 나타난다.

달리 말하면 전형적인 4단계 상황에서는 진화 과정을 거친 새로운 발생체들이 1단계에서처럼 단순히 어떤 새로운 시장영역에 적응해 이를 식민화하는 데 그치지 않고 오히려 수많은 종과 그 종들 사이에 깊이 뿌리내린 관계들로 가득 찬 환경에 제2차 식민화가 일어난다. 예컨대 의료 환경에서도, 모험적인 기업가들과 이상주의자들이 새로운 의료 시스템을 건설하려고 하는 그 토대는 부분적으로는 바로 기존 시스템의 잔해, 상호작용하면서 서로 침투해 들어가는 기존 의료생태계들과 그것들을 둘러싸고 있는 사회의 여러 구성요소들로 이루어진 하나의 환경으로 구성되지 않을 수 없을 것이다.

마지막으로, 우리는 의료환경에서의 기회창조에 대해 얼마만큼 이해하고 있다고 말할 수 있을까? 분명 우리는 진보하고 있지만, 진료 때마다 진료비를 지불하는 패러다임이나 자가치료 혹은 관리치료 질병관리 패러다임에 대해 S-곡선 같은 것을 그려보는 일 따위는 전혀 하지 않는다. 많은 기초 자료들이 전혀 활용되지 못하며, 혹은 그것을 갖고 있는 사람들도 이를 공개하지 않고 있다. 개혁을 추진하고 이끌기 위해서는, 그러한 정보는 소비자들뿐만 아니라 어쩌면 그것을 이용해 가장 효과적인 생태계들과 거래를 틀 수 있는 정부 또는 선의의 고용주들을 포함한 합동구매 단체들에 의해서도 활용될 필요가 있다.

만약 그러한 정보가 어디에서든지 통합된 형태로 활용될 수 없다면, 소비자들은 여전히 정확한 판단을 내리지 못한 채 어리둥절해 할 것이다. 의료계에는 『소비자 보고서(Comsumer Reports)』라든가 『J. D. 파워(J. D. Power)』와 같은 것이 없다.

그래서 이제 병원 인가 당국이 비록 아주 제한된 토대 위에서긴 하지만 병원에 대해 활용할 수 있는 포괄적인 정보를 만들기 시작했다. 제약 회사들 또한 약의 효능을 연구하고 종합적인 질병사고 비용과 결과에 대한 정보를 수집하기 시작했지만, 이러한 정보는 일반에 공개하지 않고 독점한 채 자체 마케팅과 약품개발을 위해서만 쓰고 있다. 비용 정보는 의사와 의료처치, 심지어 환자들을 서로 비교하기 위해서만 존재한다. 그러나 이러한 정보 자료는 소비자들이 쉽게 활용할 수 없으며, 때로는 그것을 이용해 비용이 많이 드는 의사와 의료 처치, 그리고 환자들까지도 그 적용 범위에서 배제하려는 부도덕한 보험회사나 의료비용 지불인들에 의해 소비자에게 불이익이 되는 쪽으로 이용되고 있다.

아마도 의료개혁을 위해 할 수 있는 가장 좋은 투자의 하나는 환자와 그들의 대표기관이 의사 결정을 하기 위해 사용할 수 있는 포괄적인 성과 측정에 하는 투자일 것이다. 소비자들에게 이러한 권한을 주는 것은 진료의 질과, 그것이 진료와 관계된 것이든 혹은 아니든 어떤 제품과 서비스의 비용을 개선하기 위해서 반드시 필요하다.

전환이 필요한 기업생태계의 여러 측면에 영향을 주기 위해 조작하라

그렇다면 경영진은 4단계의 커다란 변화에 대해 어떻게 대처해야 하는가? 먼저 존중하라고 말하고 싶다. 수많은 임무들을 존중하고, 관런 투자들을 존중하고, 고객들을 존중하고, 그리고 어쩌면 가장 중요하게는 그 시스템 내부에 있는 사람들을 존중하라. 이론적인 토대가 이미 노후화한 거대한 시스템이 사회에, 그리고 세계에 이바지할 기여를 경시하기는 쉽다. 하지만 그 시스템에는 여전히 사회를 위한 진정한 가치를 창조하고 있는 정신과 감정을 가진 수천 혹은 수백만 명의 사람이 포함돼 있을 것이다.

아마도 4단계의 가장 중요한 측면은, 1단계의 진취성과 창조성을 어느 정도 포함하고 있는 이 단계에서 요구되는 재능들이 거대한 시스템 변화를 달성하는 데 필요한 특수한 기능과 관련돼 있다는 것을 어느 정도 인식해야 한다는 것이다. 이러한 기능에는 가치를 실현하지 못하고 잠겨 있는 투자와 그것의 전환에 대한 재정적이고 기술적인 분석이 포함된다. 4단계의 리더들은 새로운 패러다임을 수용하도록 고객과 기타 개별 구성원들을 설득하는 것은 물론이고 대규모 조직들이 변화의 실행에 관심을 갖도록 유도하는 능력을 보여주어야 한다. 이러한 일단의 재능은 1단계 생태계에서 중요하게 제기되는 시장개발과 인력개발 능력과는 근본적으로 다른 것이다. 물론 4단계 시스템에서도 필요한 능력이기는 하지만.

이러한 재능들은 기존 시스템을 전환하는 임무를 수적으로나 양적으로 얼마나 많이 수행했는가에 의해서만 검증될 수 있다. 리 아이아코카 같은 사람의 가치는 그러한 사명에 희망과 구조를 모두 줄 수 있는 그런 능력이다. 그것은 어떻게 7가지 차원에 걸쳐 있는 모든 이해관계자들과 참여자들을 끌어들여 정성을 다해 어떤 열정적인 일을 하도록 했는지를 보여준다. 산업에 급격한 변화가 일어날 때, 사회에는 이러한 특수한 재능을 가진 리더들이 더 많이 필요해질 것이다.

둘째로, 4단계의 리더가 되려는 사람은 광범위한 기회환경뿐만 아니라 그 생태계의 모든 차원을 다룰 수 있는 조직적인 기반을 마련해야 한다. 다시 기업생태계의 7가지 차원으로 돌아가보자. 효과적인 변화를 위해서는 고객의 태도와 행동을 변화시키고 시장과 제품 및 서비스, 업무과정 및 조직들을 새로운 방향으로 발전시켜야 할 것이다. 당신은 이해관계자들을 만족시키고 그 생태계가 사회적 가치와 맺고 있는 관계들을 고려해야 할 것이다.

의료개혁에서 그 상황의 모든 측면에서 제기되는 문제들을 해결하기 위해서는 어떤 제도적인 기반이 필요한지를 밝히고, 쇄신이 왜 그토록 만만치 않은 작업인지 그 주된 이유를 밝히기는 쉽지 않다. 관리치료 조직은 개인적인 행동을 다룰 수 없고 제약회사들은 모든 사람을 상대할 수 없다. 정부기관들은 분산돼 있고 정보도 부족하며 가장 넓은 의미의 간섭밖에 할 수가 없다. 그 상황의 모든 측면을 다룰 수 있는 것은 고객과 환자다. 고객은 자신의 행동을 정할 수 있으며, 각기 다른 치료양식들을 통합할 수 있다. 오늘날 고객들은 흔히 의사의 처방전이 필요 없는 약과 유사(類似) 요법과 같은 대체 치료법으로 스스로 병을 고친다. 이러한 이유로, 나는 장기적으로 가장 강력한 혁신은 관리치료나 광범위한 정책 간섭이 아닌 자가치료 패러다임에서 흘러나올 것으로 장담한다. 나는 교육받은 사람들이 최신 소비자 의료 기술의 지원을 받으리라 기대한다. 전문적인 도움이 필요할 때는, 언제라도 고객 중심의 정보와 진찰 후 환자를 전문의에게 보내는 사람들을 이용할 수 있을 것이다. 의사와 관리치료 조직의 역할은 완전히 없어지지는 않겠지만 그 중요성이 현저하게 떨어질 것이며, 그들에 의해 소비되는 의료비의 비율 또한 급격하게 하락할 것이다.

좋은 소식은 사람들이 갈수록 4단계의 전환이라는 문제에 더 많은 관심을 보인다는 것이다. 지난 몇 년 사이에 의료개혁은 일반적인 관심사가 됐다. 해야 할 일이 아직 많이 남아 있기는 하지만 최소한 그것에 대하여 생각하는 현명한 사람들이 대단히 많다. 마찬가지로 환경

운동은 마지막 숨을 헐떡이는 기업생태계들이 낳을 수 있는 파괴적 부작용에 우리의 관심을 집중시키기 위해 많은 일을 해왔다. 그러나 불행하게도 환경적으로, 그리고 사회적으로 '외부적인 것들'을 활용하는 것이 세계의 많은 지역에서는, 특히 아시아의 일부분에서는 지금도 강력한 삶의 방식이다. 하지만 이런 비용을 핵심 경영 모델에 통합시키는 측면에서, 그리고 그러한 비용을 줄이고 우리 모두가 얻고자 하는 것, 즉 사회에 진정으로 가치있는 부를 더 많이 성취하는 일에 혁신의 성과를 이용하는 측면에서 몇몇 기업과 정부에 의해 진보가 이루어지고 있는 것은 아주 고무적인 일이다.

11

무력한 행동주의 패러독스

전략은 미래에 영향력을 행사하고 미래를 구체적으로 실현하기 위해 여러 가치와 자원을 통합하는 기술이다. 이 책에서 전달하고자 하는 본질적인 메시지는 우리가 미래에 영향을 끼치기 위해 제휴할 수 있다는 것이다. 그러나 이것은 말하기는 쉬워도 행동으로 옮기기는 어렵다. 우리는 여러 가지 다른 모습의 미래를 상상할 수 있는, 거의 무한한 능력과 미래에 영향력을 행사할 수 있는 제한된 능력 사이의 긴장을 극복하기 위해 노력해야 한다. 이렇듯 폭넓은 시각에서 보았을 때 리더십은 하나의 새로운 도전이다.

현재 유럽의 유력한 컨설팅 단체인 SIFO의 회장 보 에크먼(Bo Ekman)은 지난 20년간 해마다 조직적인 학습과 대규모 시스템 변화에 대해 지속적으로 토론을 벌이는 세미나를 개최해왔다. 회의는 호수의 나라 스웨덴 북부에 자리잡은, 한적한 텔베르크(Tällberg)의 자그마한 리조트 호텔에서 열리며, 이곳에서는 순록고기와 토마토가 식단에 오른다. 인구가 수백 명에 불과한 이 텔베르크는 공기가 맑고 신선하며, 그 고장 특유의 한적함은 대화를 나눌 수 있는 분위기를 한껏 고양시킨다. 한여름에 회의가 열릴 때면 태양은 중천에 떠올라 있고, 가을에는 오후 일찍 노을이 진다. 여러분이 만약 그곳에 간다면, 북극권에 아주 가까이 있음을 실감할 수 있을 것이다.

회의에는 의도적으로 업계·정부·노동계를 이끄는 수십 명의 리더들을 초청하는데, 대부분은 각 나라와 노동조합 혹은 북유럽에 본부를 둔 다국적기업을 대표해 참석하며, 소수는 일본과 미국에서 온다. 언제나 회의에 활기를 불어넣기 위해 몇 사람의 컨설턴트와 학자들이 참여하는데, 내가 초대된 것은 나에게 이스트와 같은 발효제 역할을 기대했기 때문이리라.

이 회의의 공개적인 목적은 서로의 경계를 넘나드는 문제들, 즉 고용 기술이 사회에 미치는 영향, 환경보호와 교육에 관한 문제들을 토론하는 것이다. 해마다 주제를 바꿔 중점적으로 토의하는데, 그 주제라는 것이 사람들로 하여금 이상적인 꿈을 꾸게 만들 정도로 아주 모호하면서도 야심적인 것들이다. 좀더 장기적인 목적은 각자가 가지고 있는 전망에 대해 평가하고, 변화에 영향을 주는 방법에 대한 개인적인 이해를 심화하는 것이다.

토론은 항상 허심탄회하게 진행된다. 회기 마지막 날까지 이야기는 대체로 개인적이고 감상적인 분위기를 띤다. 그런데 1995년에는 전세계에서 나타난 경제·사회적 동향에 대해 토론하던 중 약간 긴장된 순간이 발생했다. 참여자 가운데 한 사람이 근래에 들어 활기를 띠고 있는 사이버자본주의가 어쩌면 아시아와 인도의 수십 억 인구에게는 물질과 의료의 측면에서 풍요를 가져다주겠지만 약 20억 인구가 살고 있는 아프리카와 대부분의 라틴 아메리카에서는 그들의 미래를 포기케 할 것이라는 견해를 피력했던 것이다. 그는 이어 전반적인 상황을 고려해볼 때 이러한 거래가 그다지 나쁜 것은 아니라고, 어떤 경제적 혹은 정치적 체제가 달성한 것보다도 분명 더 낫다고 말했다.

그러자 세계적인 조직을 갖고 있는 한 노동조합의 리더가 천천히 손을 들더니 좌중을 향해 사의를 표하고서 첫 번째 발언자에게 몸을 돌렸다. 그리고 이렇게 말했다.

"여러분도 알다시피, 업무 성격상 우리는 그러한 20억의 사람들을 직접 대합니다. 그것이 우리 일입니다. 그리고 여러분이 그들을 직접 대한다면, 그리고 여러분이 그들을 안다면, 여러분은 결코 그들을 포기할 수 없을 것입니다."

회기 막바지에 이야기를 나누면서, 나는 이런 전체론적인 관점에서 미래를 만들어나간다는 것이 얼마나 어려운 일인가 하고 생각했다. 미래에 대한 전체론적인 관점은, 당신이 이들 광범위한 시스템을 종래의 진부한 방식으로 다루고 있음을 깨닫게 하고 그런 당신의 오만함을 비웃으며 도대체 그렇게나 거대한 시스템을 그런 식으로 다룬다는 게 가능한가 생각하면서 좀더 야심적이 되기를 요청한다.

텔베르크에서 열린 세미나 기간에 자기 앞에 주어진 임무에 크게 당황하는 사람은 없었다. 우리 모두는 물론 새로운 통신기술의 발달에 힘입은 바 크지만 전세계의 사람들과 그리고 기타 여러 존재들과 함께 상상하고 서로 깊이 공감할 수 있는 능력과 함께 환경적·사회적 도전의 시대에 살고 있다는 느낌을 강하게 받았다.

책임에 권위가 따르지 않는 일은 절대 받아들이지 말라는 낡은 격언은 새로운 세계에서는 전혀 설득력이 없다. 당신의 이웃을 부흥시키기 위해 열심히 일하든, 의료 분야에 이바지하려고 애쓰든, 또는 국제연합의, 혹은 유럽공동체의, 혹은 미국 정부의, 혹은 일본 의회의 운명을 되돌리기 위해 노력하든 막중한 리더십을 발휘해야 할 위치에 있는 사람은 누구나 책임감을 갖고 영향력을 행사하기 위한 캠페인을 벌여야 한다. 이러한 도전 가운데 그 어느 것도 그에 걸맞은 권위를 얹어주지는 않는다. 그러한 권위는 수많은 독립적인 참여자들이 네트워크와 공동체 속에서 공진화하고 있는 세계에는 절대 존재하지 않는다.

그러나 문제는 여기서 끝나지 않는다. 그 동안 경영자들의 사고방식을 강력하게 지배해왔고 수많은 직업 분야에서 엄청난 영향력을 행사해왔던 공학적인(engineering) 관점의 절대권위가 스러지고 있다. 첨단기술 분야에는 알란 케이(Alan Kay)가 제록스의 팔로 알토 연구소(Palo Alto Research Lab.)에 수석 과학자로 있을 때 만들어낸 다음과 같은 격언이 있다.

"미래를 예언하는 가장 좋은 방법은 그것을 발명하는 것이다."

다른 사람들처럼 나도 이 단순한 말에 아주 깊은 감명을 받았다. 어떤 의미에서 이 슬로건은 현재 우리 주변에서, 특히 정보 공간과 생명공학 분야에서 일어나고 있는 기술혁명의 밑바탕에 흐르는 정신을 표현하고 있다.

그러나 텔베르크의 세미나에서는 그 슬로건도 진부하다는 생각이 들었다. 그것은 어떤 불가능성을 필요로 하고 있으며 예언에 담긴 어떤 목적을 함축하고 있다. 그것은 우리가 정말로 미래를 발명할 수 있다고 믿기를 바란다. 하지만 우리는 여러 복잡한 시스템에 대한 연구를 통해 어떤 상투적인 의미에서도 예언이란 전혀 불가능함을 알았다. 생물생태계에서는 물론 기업생태계와 사회생태계에서도.

우리가 미래에 영향력을 행사할 수 있다는 것은 확실하다. 미래란 걷잡을 수 없는 방향으로 치닫기도 하고 전혀 예측이 불가능할 정도로 활짝 열려 있으며, 우리가 미래에 대해서 바라는 것뿐만 아니라 우연과 변덕, 예측할 수 없는 사건의 상호작용에 의해서도 형성된다. 이런 의미에서 그것은 정말 우리 아이들 같다. 어쩌면 결국 미래에 대해 예언할 수 있는 것은 미래가 우리의 기대대로 되지는 않으리라는 사실뿐이다. 우리가 어떤 특정한 결과를 이끌어내기 위해 최선을 다한다 해도 결국 마찬가지다.

지난 몇 년 동안, 내 생각에 가장 효과적으로 일하는 많은 경제계 리더들이 눈에 띄지 않게 그들의 입지를 리더십 쪽으로 이동시키기 시작했다. 경영진은 예언과 발명을 단념하고, 경향을 파악하고 예측하며, 공동의 책임과 영향력을 가진 캠페인을 벌이는 일에 매진하고 있다. 이 책 전체를 통해 보았듯이 그들은 여러 차원에서 행동에 착수할 필요가 있으며, 또한 그들의 환경과 그들 생태계에 속한 다른 구성원들의 공진화 역량에 대해 더욱 깊은 관심을 기울여야 한다.

미래를 만들어가고 싶은 우리의 요구, 미래를 만들어가야 한다는 전략적 명령과 그렇게 할 수 있는 능력의 한계에 대한 신중한 태도 사이에서 우리는 어떻게 균형을 잡을 것인가? 이는 소위 리더십이라는, 우리의 '개인생태계'라고 할 수 있는 것에 대한 새로운 접근방식을 요구한다.

개인생태계를 개발한다

분명 경영의 세계는 해가 갈수록 복잡해지고 있다. 우리는 새로운 경영 모델들, 변화하고 있는 경영의 경계들, 기술의 불연속성 그리고 생태계간의 경쟁들로 골머리를 앓고 있다. 이러한 특징들은 우리 기업을 극도로 긴장시킬 뿐만 아니라 우리 모두에게 이에 대처하는 힘겨운 도전을 요구하고 있다. 내가 알고 있는 몇몇 최고 경영자들은—그들은 각자 다른 사업 분야에서 일하고 있다—근래에 아주 어려운 문제 한 가지를 제기했다. 즉 이러한 환경이 앞으로 진정되지 않을 경우 그

환경에 대처하기 위해 개인적인 역량을 어떻게 증대시켜야 하는가? 어떻게 하면 게임의 중심에서 밀려나지 않고 계속해서 개인의 판단과 행동능력을 개선할 수 있을 것인가?

이 질문에 답하기 위해, 나는 머펫의 창조자이며 여러 광범위한 생태계에 다대한 영향을 끼쳤던 인물인 짐 헨슨에게로 되돌아간다. 헨슨은 나에게 개인생태계를 창조하는 것이, 즉 자신의 창조성과 비전에 불을 댕기고 자신의 꿈을 공유할 수 있는 다른 사람들을 주위에 모으는 방법을 찾는 것이 얼마나 중요한가를 가르쳐주었다. 어떤 의미에서 헨슨은 그의 경험과 영향력의 범위를 확장시킨, 동료들로 구성된 비공식 모임인 일종의 '짐 헨슨의 개인생태계'를 창조했던 것이다.

짐 헨슨의 생태계는 세 가지 중요한 역할을 하는 사람들로 구성돼어 있었다. 거기에는 그가 고난과 도전을 함께 나눌 수 있었고 수많은 아이디어를 쏟아냈으며 그것을 진전시키는 방법에 대한 가설을 발전시켰던 믿음직한 친구들과 동료들로 구성된 소위 짐의 '사설 고문단'이 있었다. 구성원들은 들락날락했지만, 세월이 흘러도 그 고문단의 핵심그룹은 변함이 없었다. 이 그룹의 중심에 데이비드 레이저(David Lazer)가 있었다. 그는 IBM에서 경력을 쌓기 시작했으나 초창기에 짐과 합류했다. 데이빗은 성공과 실패의 부침(浮沈)을 조절하고, 여러 가지 대안과 선택을 신중하게 제안하고 때로 갈등이 생겼을 때는 외교관 역할도 하면서 짐과 그 회사에서 일종의 감정적인 중심이 됐다. 또한 짐의 아내인 제인(Jane)과 프랭크 오즈(Frank Oz : 그는 계속해서 개구리 커미트의 상대역인 미스 피기 역을 하면서, 타고난 자질을 발휘하여 영화감독으로 성공하였다), 그리고 짐의 할리우드 매니저인 버니 브릴스테인(Bernie Brillstein)이 여러 해 동안 관계하고 있었다.

중요한 것은 그 회사에서 순수하게 운영책임만을 맡은 사람은 상무이사인 로버트 베이처(Robert Beitcher)뿐이었다는 것이다. 그 사설 고문단의 첫째 목적은 행동을 개시하는 것이 아니라 전망과 반성을 고무하는 것이었다. 그것은 가설을 공식화하기 위한—문제를 올바르게 제기하지만 그렇다고 반드시 답을 내릴 필요는 없는—네트워크였다.

거기에 일종의 분석가들이라고 할 수 있는 그룹이 사설 고문단을 보완했다. 이들은 사내·외의 생산계획, 재무, 법률과 관련된 재능을 발휘하였다. 이들은 가설을 검증하기 위해, 가설에 대한 자세하고 정확한 해결책을 찾기 위해 짐이 의지하는 사람들이었다. 사설 고문단이 고안해낸 흥미있는 아이디어들은 대낮의 밝은 햇살 아래서 검증될 필요가 있었다. 모든 상황에 대한 그리고 모든 세부사항에 대한 엄정성과 객관성, 끊임없는 관심이 이 역할에 필요한 역량들이었다.

마지막으로 에이전트가 있었다. 그러나 이는 단순히 연예인 알선업자라든가 홍보 담당자를 의미하는 것은 아니다. 비록 짐은 이 둘을 모두 이용했고 나 또한 그들을 이러한 범주에 넣기는 했지만. 나는 여기에 짐이 가장 신뢰했던, 능력 있는 관리자들과 개인적인 능력을 가진 사람 모두, 즉 경영진뿐만 아니라 배우, 감독, 디자이너, 음악가, 작곡가 등도 포함시켰다. 이들은 계획에 생기를 불어넣고 그 회사의 비전을 테이프와 영화필름으로 현실화해 궁극적으로는 전세계의 청중들을 기쁘게 해주었던 사람들이다.

이들 세 가지 역할은 모두 짐의 탐색을 지원하는 학습 시스템을 구성했다. 학습 시스템은 아이디어 탐구를 엄밀한 분석과 결합시켰으며, 이 두 측면을 모두 진취적이고 현실적인 행동으로 연결케 했다. 이 시스템의 중심에는 어떤 누구에게도 위임할 수 없는 네 번째 역할, 즉 확실하고 결정적인 선택을 해야 하는 책임이 있었다. 최종적인 분석을 통해 위기일발의 순간들을 넘기고 사람을 선정하고 일의 우선순위를 정하고 최종 결정을 내린 것은 바로 짐이었다.

여러 해가 지나면서 나는 이 모델이 자신의 리더십은 물론 다른 사람의 리더십을 강화하는 데도 유용하다는 것을 알았다. 실태분석을 위해 실습 삼아 여러분의 '개인생태계'에 속한 사람을 한 번 열거해보아도 좋을 것이다. 당신들은 인구가 줄어든 지역을 발견할 수도 있고 멀리 내다보는 데는 약하지만 분석에는 강한, 나무에 가려 숲을 보지 못하는 경영자가 눈에 띄기도 할 것이다. 한편으로는 행동능력이 부족한 사람도 발견될 것이다. 그리고 면밀한 분석이나 확실하고 결정적인 선택을 하는 데 어려움을 겪는 사람들도 있다. 특히 우리는 위계적인 조직에서 지위가 올라가기 때문에, 설사 그것이 새로운 형태의 평면조직이나 네트워크 조직이라 해도 우리의 사설 고문단에 참여할 수도 있었을 개인들과 접촉할 기회가 없다. 우리를 알고, 우리를 염려하며, 우리 생각이 틀렸을 때 거리낌없이 지적하는 친구들을 애써 만들려고 하지 않는다면, 중심에 있으면서도 외로워질 수 있다.

그러나 다행스럽게도 우리는 개인 생태계를 강화할 수 있다. 각자

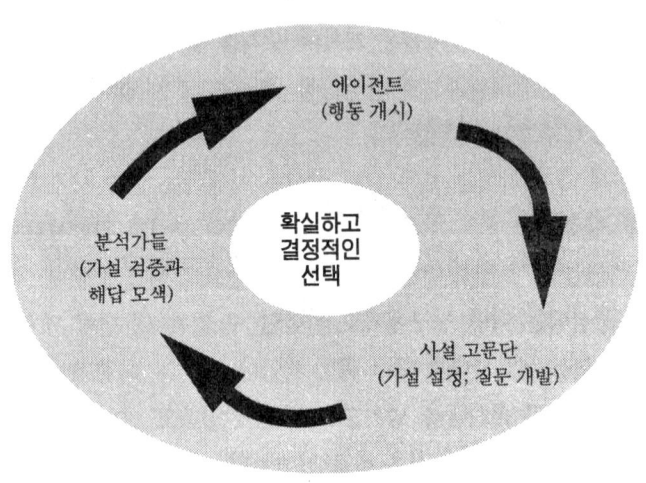

〈도표11-1〉

는 사실상 자신의 개인 기업을 가꾸는 정원사다. 많은 경우 우리의 개인생태계에 아주 소수의 강력한 구성원들만 끌어들여도 효율성을 높일 수 있다. 우리는 그것의 구성과 균형, 그리고 개인적으로나 서로간의 관계에서 우리 동료들을 최대한 활용하는 법에 대해서 실험해볼 수 있다. 이러한 모델의 장점은 우리의 개인 스타일을 반드시 바꿀 필요는 없다는 것이다. 그것은 오히려 우리가 우리 주변에 창조한 광범위한 조직에 초점을 맞춘다. 우리는 지레받침으로 그대로 있고, 우리의 지레 작용이 미치는 범위를 더욱 확장하는 것이다.

이 특수한 형식이 짐 헨슨 생태계에서 가장 두드러지는 특징은 아니다. 두드러진 점은 그가, 그리고 다른 리더들이 자신과 동료들의 영향력을 이용하는 방법을 실험하는 데 개인적인 시간을 투자하고 있다는 것이다. 어떤 의미에서 그들은 그렇게 하지 않을 수 없는 상황에 놓여 있다. 왜냐하면 경영의 복잡성이 어떤 사람도 혼자서 일을 해나갈 수 있는 능력의 한계를 넘어섰기 때문이다. 경영자들은 상황을 면밀하게 조사하고, 충분히 분석하고, 또한 적시에 결정을 내리는 강력한 경영자로서 행동하는 데 어려움을 겪고 있다. 그러나 진부한 위계질서 속에 더 많은 사람을 투입하는 것으로 문제를 해결하려 한다면, 그것은 너무나 둔감하고 너무나 틀에 박힌 그리고 개인과는 무관한 처사다.

우리는 우리 행동과 학습 범위를 확장하는 새로운 모델이 필요하다. 데이비드 패커드는 다음과 같은 좌우명을 가지고 있다고 한다.

"인력 부족보다는 소화불량으로 죽는 회사가 훨씬 많다."

나는 대부분의 회사, 그리고 대부분의 경영진에도 이 말이 똑같이 적용될 것이라고 말하곤 한다. 짐 헨슨의 연예사업 같은 복잡한 환경 속에서는, 자신의 비공식 기업인 개인생태계에 대한 투자가 우리의 효율성과 수명에 상당한 차이를 낳는다.

기업생태계를 더 넓은 상황에 놓는다

당신의 개인적인 학습 시스템에 투자를 하고 문제를 좀더 전체론적으로, 텔베르크 스타일로 경험하기 시작하면 당신의 시야에 변화가 일어난다. 당신이 산업 혹은 경영 모델 사이의 경계보다도 훨씬 근본적인 경계를 넘어서고 있다는 것을 발견할 것이다.

당신이 넘어서는 첫 번째 경계선은 기업과 사회 사이에 가로놓인 것이다. 우리가 꼭 그런 식으로 경험하는 것은 아니지만 기업은 전적으로 사회에 의존하고 있다. 당신이 기업인으로서 관리하지는 않지만 결정적으로 의존하고 있는 두 가지 요소는 고객과 당신이 몸담고 있는 사회의 가치와 정책환경이다.

이 책 전체에 인용된 기업생태계의 7가지 차원이 이 두 가지 차원과 함께 시작하고 그것과 함께 끝난 것은 결코 우연이 아니다. 의료 분야에서부터 월 마트와 인텔까지 포함하여 우리가 다루었던 일화들은 변화하는 사회의 조류와 기업이 고객과 사회적 현실에 영향력을 행사하기 위해 추진했던 주도적인 활동과 관련돼 있다. 월 마트는 지역사회에 진정한 이익이 되는 것을 사업의 출발점으로 삼았는데도 일종의 깡패로 보는 시선이 많았다.

당신이 넘어가는 두 번째 경계는 생태학적 은유와 환경 사이에 놓여 있다. 그 정도는 각각 달라도 모든 기업은 언제나 환경적인 문제에 직면한다. 셸(Shell)은 북해에 석유 굴착용 플랫폼을 가지고 있고, 인텔은 칩 제조의 화학적 부산물을 배출하며, GM과 포드는 화석연료를 고갈시키고 있다.

따라서 여러분은 이제 우리가 기업생태계를 분석하면서 이용했던 생태환경에서 현실로서의 생태환경으로 이동하고 있는 것이다. 경제적 시스템은 생물학적 시스템의 하위 시스템이다. 따라서 모든 경제적 시스템을 제거하더라도 근대 역사가 시작되기 전 수십억 년 동안에도 그러했듯이 여전히 생물학적 시스템은 남을 것이다. 그러나 만약 생물권(biosphere)을 제거한다면, 여러분은 죽은 지구에서 발진한 우주 캡슐 속에서조차 경제활동을 별로 오래 유지할 수 없을 것이다.

지금으로부터 수십 년 후에는 기업의 리더들이 사회적이고 환경적인 문제들을 처리하는 데 훨씬 적극적인 노력을 기울일 것으로 나는 확신한다. 세계는 점점 작아지고 있다. 가속되는 기술혁신과 전지구적인 발전, 그리고 환경적·사회적인 쇠퇴는 우리로 하여금 문제를 조감하도록 요구한다. 기업은 사회적·자연적 환경 속에서 이루어지는 명백히 인간적인 활동, 환경에 속해 있는 하나의 부분집합일 뿐이다. 우리가 앞에서 언급했던 소위 외부적인 것들은 실은 시스템을 하나로 보면 내부적인 것이며, 기업의 리더들은 갈수록 이 문제들을 심도있게 다뤄야 할 것이다. 세계 공동체로서 우리는 모든 것을 포괄하는 이 단일한 틀 안에서 움직이고 있다는 공통의 이해를 가지고 협력해야 한다.

세상을 넓게 바라보면 각각 목적과 지배적인 가치가 독특한 여러 가지 다른 유형의 생태계들이 있다는 것을 깨닫게 된다. 기업은 혁신적인 아이디어를 중심으로 경제적 생태계를 형성하는 데 관심을 기울인다. 기술의 잠재력과 사회의 가치, 그리고 개별적인 고객들의 기호 사이에 이루어지는 환상적인 상호작용은 우리가 기업생태계라고 부르는 것으로 발전하며, 결국에는 관련된 모든 것을 위한 새로운 미래를 형성한다. 기업생태계는 경제활동을 중심으로 투자와 수익의 법칙에 따라 움직이는 가치의 구현체, 고객과 공급자, 사회 및 그 주체들의 가치를 구현하는 실체다.

어떤 사회적 생태계들은 근본적으로 기업이 아니며, 그들의 전반적인 관심사로서 기업의 가치를 반영하지도 않는다. 오히려 그것은 사회

운동, 공동체 및 인간의 발전과 같은 법칙에 따른다. 교회, 비영리단체 및 지역사회는 그들 나름의 가치를 가지고 있으며, 이는 그들이 공동으로 추진하는 여러 가지 계획의 목적과 사람들이 서로 관계를 맺고 있는 방식으로 표현된다. 아마도 이런 것들을 '사회적 생태계'라고 부르는 것이, 이것을 기업과 마찬가지로 서로 협력하고 공진화하지만 이익이나 경제적 혁신보다는 서로에 대한 관심과 상호부조, 인간의 발전과 같은 특성들을 최대한 고양시키려는 참여자들의 집합체로 바라보는 데 도움이 될 것이다. 그러나 이런 종류의 생태계라고 해서 다른 생태계보다 더 도덕적이라든가 혹은 본질적으로 더 고결하다는 것은 아니며, 광범위한 하나의 환경 안에서 함께 춤추는 두 가지 다른 시스템으로 바라봐야 할 것이다.

이와 마찬가지로, 우리 모두는 궁극적으로는 생물학적 환경에 의존하고 있다. 생물학적 환경의 가치는 다양성과 복잡성, 풍부함, 그리고 광범위한 공진화와 협력의 틀 안에서 벌어지는 경쟁에 있다.

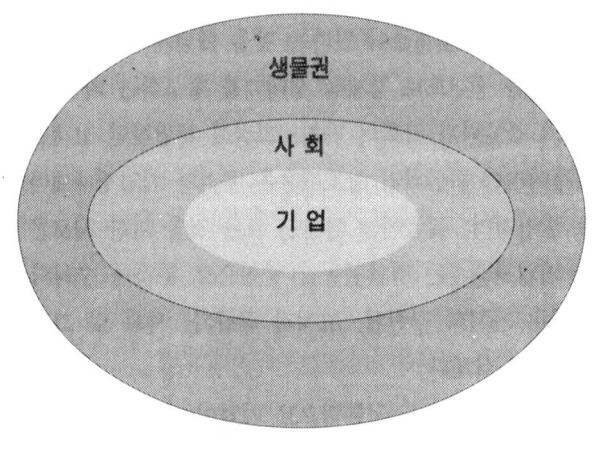

〈도표11-1〉

전반적으로 우리는 이 세 가지 유형의 생태계들을 각각 생물계, 사회, 기업에 무게중심을 두고 복잡하게 뒤얽히면서 서로 간섭하고 영향을 주는 일련의 관계와 행위들로 표현할 수 있을 것이다. 즉 그것들은 각기 다른 현실 영역 속에서 움직이지만 서로 막대한 영향을 끼친다.

우리가 직면하고 있는 중요한 문제 가운데 하나는 기업생태계들이 우리의 사회적·생물학적 생태계들과 어떤 식으로 관계를 맺을 것인가 하는 점이다. 이러한 관계는 특히 이 생태계들이 서로 충돌했을 때, 즉 한 종류의 생태계가 다른 종류의 생태계를 사정없이 파괴했을 때 결정적으로 중요한 문제로 떠오른다. 이러한 충돌은 사회와 밀접한 관계가 있는 의료 분야에 대한 우리의 논의에서 두드러지게 나타나며 또한 월 마트 같은 회사들이 효과적으로 사회적 공동체들에 다대한 영향을 끼치는 방식으로 생태계를 조직할 때 발생하게 된다.

우리는 심화되고 있는 가치 간의 갈등을 어떻게 해소할 것인가? 누가 비경제적인 가치들을 대변할 것인가? 이는 아주 어려운 문제다.

1995년 가을, 각계 전문가들의 의견을 듣기 위해 지난 10년 동안 꾸준히 모임을 가졌던 20명쯤 되는 의사와 그들의 배우자들이 작은 '살롱' 포럼에 나를 초청했다. 나는 그 모임이 어떻게 진행되는지 몰랐기 때문에 약간 당혹스러웠다. 그 모임은 회원들이 돌아가며 자신의 집에 회원들을 초청하는 형식이었다. 각자가 음식을 갖고 와서 저녁을 먹은 다음에 약 1시간 30분 동안 발제와 토론이 이루어졌고, 마지막으로 디저트를 들며 모임을 마쳤다. 나는 그곳에서 아주 중요한 시간을 가졌는데, 그것은 이 책에서 여러분과 함께 나누었던 여러 가지 아이디어에 대한 그들의 생각을 파악하는 데 아주 큰 도움이 되었다.

그 날의 행사 주관자가 그 모임은 이미 의료문제에 대해서는 익히 알고 있으므로 그들의 일상사에서 벗어난 새로운 아이디어들을 찾고 있다면서 내게 의료문제보다는 다른 주제에 초점을 맞춰달라고 제안

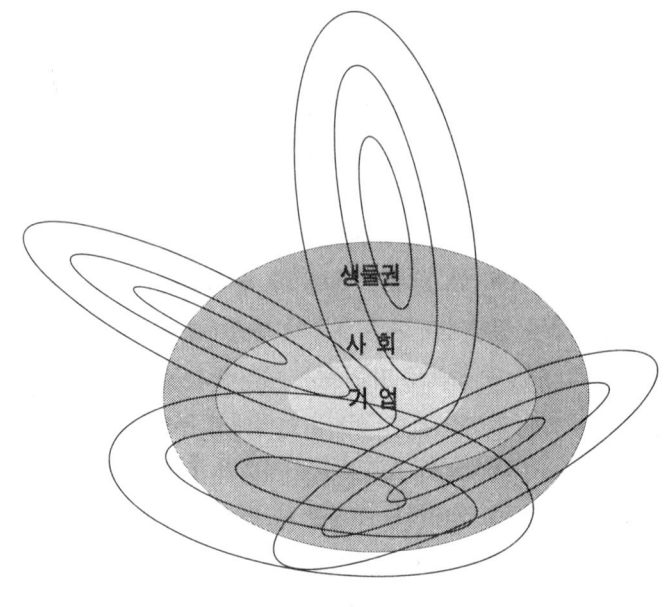

〈도표11-3〉

했을 때, 나는 깊은 감명을 받았다. 그래서 나는 컴퓨터와 통신, 석유, 소매업과 같은 다른 사업 분야에 대한 이야기를 했다.

공통적으로 기업생태계라는 개념이 그들의 흥미를 끌었다. 세계에 대한 나의 설명을.되새겨본 다음 몇몇 회원은 특히 정부가 아직도 철저하게 개혁되지 않았고, 환경운동이 미국 내에서 막강한 영향력을 행사하고 있지 못하며, 시민들이 가장 다루기 힘든 우리의 사회적 문제들에 대한 깊은 관심을 표명하기 꺼리는 현실에, 미래를 형성하는 데 있어서 그 기업 분야가 갖고 있는 상대적인 힘에 관해 관심을 표명했다. 그들 역시 누가 더욱 폭넓은 가치들의 영역에 대해서 목소리를 낼 것인지에 대해 생각했다. 만약 아무도 나서지 않는다면, 우리는 협소한 영역의 가치와 다양성의 폭이 좁은 태도와 경험을 가진 문화를 발전시켜야 할 것인가? 우리는 기업생태계들이 우리의 욕구와 필요를 모두 충족시킬 것으로 기대할 수 있을까?

기업 리더들에게 자신의 영역을 넘어서는 폭넓은 가치를 제공하라고 떠맡기는 것은 공정하지 않다. 어떻게 정부와 비영리단체, 혹은 기타 다른 기존 단체들에 요구할 수 있는 것 이상을 현재의 경제가 제공하리라 기대할 수 있겠는가? 우리는 일정한 영역을 대변하는 다양한 목소리와 그것들 각각에 대해 귀 기울이고, 인정하고, 존중하는 기술이 필요하다. 그러려면 세 가지 주요 범주의 가치들 사이에서 이뤄지는 크로스러프(crossruffs, 역주 : 브리지에서 같은 편끼리 상대에게 없는 패를 번갈아 내 으뜸패로 치게 하는 기법)가 완전히 이해되고, 토론되고, 또한 거래와 상호적인 수용이 이루어질 수 있는, 더 많은 '살롱'과 더 많은 포럼과 정책을 가질 필요가 있다.

헨리 데이비드 소로(Henry David Thoreau, 역주 : 미국의 사상가·저술가)는 그의 개인 신문들 가운데 하나에 이런 메모를 남겼다.

"계시된 법이 아니라 계시하는 법에 따르라."

나는 오랫동안 그 아이디어의 이면을 들춰보고 그 밑바닥에 있는 생각을 파악해볼 가치가 있는, 번뜩이는 착상을 아주 좋아했다. 이 책의 핵심 개념들은, 한편으로는 복잡한 생물생태계와 그 속에 존재하는 수많은 관계들에 대한 연구를 통해 도출한 많은 개념에서도 영감을 받았지만 실질적으로는 자신, 그리고 나의 고객들의 전략적인 도전 및 리더십을 둘러싼 도전들에 맞서 힘겹게 싸우는 진창 속에서 생겨났다.

생태학은 일상생활에서 요구되는 잡다한 것들에 의해 우리가 빠지게 되는 편협한 한계에서 우리의 사고를 해방시키고 우리를 더욱 폭넓고, 더욱 높고, 더욱 호기심을 자아내는 어떤 것으로 이끄는 데 특히 도움이 된다. 그것은 또한 어떤 다른 수단보다도 우리를 한층 다차원적이고 풍부하며 끊임없이 변화하는 성격을 가진 현실과 연결시킨다. 또 하나 마음에 드는 인용구는 알브레히트 폰 할러(Albrecht von Haller)라는 17세기 생물학자의 말이다. 그는 자연의 풍부함과 우리의 정신에 있는 한계에 대해서 이렇게 말했다.

"자연은 자신이 갖고 있는 모든 것을 사슬이 아니라 그물로 연결했다. 그러나 인간은, 그들의 언어가 한꺼번에 여러 가지를 다룰 수 없기 때문에, 사슬에 의해서만 자연의 이치를 따라갈 수 있다."[1]

오늘날과 같은 상황에 이는 아주 본질적인 지적이다. 인류는 언제나 자신의 필요에 따라 환경을 변화시킬 때마다 조금씩 자신을 다른 종들과 분리시켰다. 그러나 우리의 정신은 언제나 상황을 전체적으로 바라보고 우리 행동이 가져올 모든 결과를 이해하지 못하는 제한된 능력만을 보여주었다. 오늘날 세계를 변화시킬 수 있는 우리의 힘은 우리가 세계를 파괴하는 위험을 감행할 정도까지 성장했다. 우리 역량은 그것을 이해하는 재능을 훨씬 앞지르고 있다. 그렇다고 이러한 역량에 등을 돌릴 수도 없다. 그렇다면 우리의 힘을 긍정적인 형태로 이용하는 방법을 찾아야 하고 더 많은 사고를 할 수 있는 방법을 개발해야 한다. 생태학을 공부하는 것은 우리 정신영역을 확장하고, 때에 따라서는 우리가 성공적으로 사슬을 뛰어넘을 수 있도록 도와주는 가장 확실한 방법 가운데 하나다.

후 주

■후주

1장

1. 하와이의 생태적 위기에 대한 더 많은 정보를 얻으려면 엘리자베스 로이트(Elizabeth Royte)의 「하와이에서 사라지고 있는 종들(Hawaii's Vanishing Species)」, 『내셔널 지오그래픽』(National Geographic, 1995년 9월호)을 보라.

2. 하와이의 생태에 대한 좀더 많은 정보는, 비숍(Bishop) 박물관에서 펴낸 『하와이 생태 도감』(Ecological Atlas of Hawaii, 호놀룰루, 비숍 박물관)과 스티브 바스(Steve Barth)의 『천연을 간직한 미국, 태평양의 하와이와 알래스카에 대한 스미스소니언 박물관의 안내서』(The Smithsonian Guides to Natural America, The Pacific: Hawaii and Alaska, 워싱턴 D.C., Smithsonian Books; 뉴욕, Random House, 1995년)를 참고하라.

3. 1995년부터 1996년까지 스위스에 있는 ABB 본사에서 가진 캐나다 ABB 경영진 인터뷰.

4. 생태학적 시스템 안에서의 적응과 진화에 대해 포괄적으로 논의하려면 우선 에드워드 O. 윌슨(Edward O. Wilson)의 『생명의 다양성』(The Diversity of Life, 뉴욕, W.W. Norton, 1992년)을 보라.

5. 나는 '기업생태계'라는 용어를 『하버드 비즈니스 리뷰』(1993년,

5/6월호)에 실린 나의 논문 「약탈자들과 먹이: 경쟁의 새로운 생태학」에서 소개했다.

6. 『정신의 생태학에 접근하기 위한 발판』(Steps to an Ecology of the Mind, 뉴욕, Ballantine Books, 1972년)은 인류생태학에 대한 그리고리 베이트슨(Gregory Bateson)의 핵심적인 책이다. 베이트슨은 『정신과 자연』(Mind and Nature, 뉴욕, Dutton, 1979년)에서 분석의 범위를 확장하고 있다.

7. 리더십과 전략에 대한 초기의 베이트슨 식 접근방법에 대해서는, 칼 E. 윅(Karl E. Weick)의 『조직화의 사회 심리학』 제2판(The Social Psychology of Organizing, 뉴욕, Addison-Wesley, 1979년)을 보라.

8. 앨프리드 D. 챈들러(Alfred D. Chandler)의 『눈에 보이는 손: 미국 기업에서의 경영혁명』(The Visible Hand:The Managerial Revolution in American Business, 케임브리지, 하버드 대학 출판부, Belknap Press, 1977년).

2장

1. 코스타리카의 생태학에 대한 기초지식을 얻고 싶으면, 젠슨(D. H. Janzen)의 『코스타리카의 자연사(Costa Rican Natural History)』(시카고, 시카고 대학 출판부, 1983년)와 크리커(J. C. Kricher)의 『신열대구(新熱帶區)의 반생종(伴生種)』(A Neotropical Companion, 뉴저지 주 프린스턴, 프린스턴 대학 출판부, 1989년)을 보라.

2. 생태학의 정의에 대해서는, 애버크롬비(M. Abercrombie) 등의 공저 『신판 펭귄 생물학 사전』(The New Penguin Dictionary of Biology, 런던, Penguin Books, 1992년)을 보라.

3. 윌슨, 『생명의 다양성』.

4. 1992년부터 1995년까지 선 마이크로시스템과 AT&T의 경영진 인터뷰.

5. 마이클 J. 피오레(Michael J. Piore)와 찰스 F. 세이블(Charles F. Sabel)의 『두번째 산업 분화』(The Second Industrial Divide, 뉴욕, Basic Books, 1984년)에는 세계시장이 어떻게 전문화와 네트워크 조직화를 촉진하는가를 보여주는 뛰어난 분석이 실려 있다. 이 분야에서 흥미를 끄는 또 하나의 책은 후미오 코다마(Fumio Kodama)의 『새롭게 부상하고 있는 혁신의 양상들』(Emerging Patterns of Innovation, 케임브리지, 하버드 경영대학원 출판부, 1995 년)이다.

6. 지난 몇 년 동안 사회현상 분석가들은 사회현상을 생물학적 과 정들 및 진화에 대비시켜 분석해왔다. 이 분야에서 흥미를 끄는 책들 가운데는 리처드 넬슨(Richard Nelson)과 시드니 윈터 (Sidney Winter)의 『경제적 변화의 진화론』(An Evolutionary Theory of Economic Change, 케임브리지, 하버드 대학 출판부, 1982년)과 『경영 아카데미 리뷰』(Academy of Management Review 8:4, 1983 년)에 실린, 애스틀리(W. G. Astley)와 폼브런(C. J. Fombrun)의 「공동 전략: 조직적인 환경들의 사회 생태학(Collective Strategy: Social Ecology of Organizational Environments)」『계간 경영 과학』 (Administrative Science Quarterly 30호, 1985년)의 224~241쪽에 실린 애스틀리의 『두 가지 생태학: 미시진화적 생태학과 거시진 화적 생태학(The Two Ecologies: Microevolutionary and Macroevolutionary)」, 글렌 R. 캐럴(Glenn R. Carroll)의 『조직의 생태학적 모델들』(Ecological Models of Organizations, 케임브리지, Ballinger, 1988년), 『하버드 비즈니스 리뷰』(Harvard Business

Review) 1989년 11/12월호에 실린 브루스 헨더슨(Bruce Henderson)의 「전략의 기원(The Origin of Strategy)」 그리고 마이클 로스차일드(Michael Rothschild)의 『생태학』(Bionomics, 뉴욕, Henry Holt and Co., 1990년)이 있다.

3장

1. 가위개미의 생태학에 대한 기초지식은 횔도블러(B. Hölldobler)와 에드워드 윌슨의 『개미들』(The Ants, 케임브리지, 하버드 대학 출판부, 1990년), 헌트(J. H. Hunt)와 날레파(C. A. Nalepa)가 편집한 『벌레 세계에서의 영양과 진화』(Nourishment and evolution in Insect Societies, 볼더, 콜로., Westview Press, 1994년)의 309~328쪽에 실린 제임스 K. 웨터러(James K. Wetterer)의 「진균류를 재배하는 개미들과 진균류의 영양과 진화(Nourishiment and evolution in fungus-growing ants and their fungi)」를 보라.
2. 적대적인 관계와 상리 공생적인 관계를 깊이 연구하려면 호위(H. F. Howe)와 웨스터리(L. C. Westerley)가 쓴 『식물과 동물의 생태학적 관계들』(Ecological Relationships of Plants and Animals, 뉴욕, 옥스퍼드 대학 출판부, 1988년)을 보라.

4장

1. 도널드 A. 셴(Donald A. Schön)에게서 나는 시스템에 대한 사고와 조직적인 행동에 대한 접근방법에 엄청난 영향을 받았다. 그의 저작에는 『반성적인 실천가: 전문가들은 어떻게 행동 속에서 생각하는가』(The Reflective Practioner: How Professionals Think in

Action, 뉴욕, Basic Books, 1983년)가 있고 크리스 아지리스(Chris Argyris)와 함께 쓴 『조직적인 학습 제2부』(Organizational Learning Part Ⅱ, 뉴욕, Addison Wesley, 1996년)가 있다.

2. 천이(遷移)의 정의를 살펴보기 위해서는, 애버크롬비 등이 편찬한 『신판 펭귄 생물학 사전』을 보라.

5장

1. 제임스 무어와 지오파트너스 연구소의 분석, 1995년.

2. 리처드 노이스타트(Richard Neustadt)와 어니스트 메이(Ernest May)의 『시간 속에서 생각하기: 의사 결정권자들의 역사 이용법』(Thinking in Time: The Uses of History for Decision Makers, 케임브리지, Free Press, 1986년).

3. 자동차 산업의 역사적 분석을 위해서는, 제임스 P. 우맥(James P. Womack)과 대니얼 T. 존스(Daniel T. Jones) 및 대니얼 루스(Daniel Roos)의 『세계를 변화시킨 기계: 린 생산의 연혁』(The Machine That Changed the World: The Story of Lean Production, 뉴욕, HarperPerennial, 1991년)을 보라.

4. 찰스 H. 파인(Charles H. Fine) 교수와 「매사추세츠 기술 연구소, 국제 자동차 프로그램」(Massachusetts Institute of Technology, International Motor Vehicle Program) 교수단의 다른 구성원들은 자동차의 역사에 대해 선구적인 작업을 했다. 파인의 「기술 공급 사슬과 경기순환」(Technology Supply Chains and Business Cyclicality, 슬론 경영학부, MIT, 케임브리지, 매사추세츠, 1994년 10월호를 참고하라.

5. 앨프리드 D. 챈들러의 『규모와 범위: 산업 자본주의의 역동성』

(Scale and Scope: The Dynamics of Industrial Capitalism, 케임브리지, 하버드 대학 출판부, 1990년), 53~61쪽.

6. 1994년부터 1995년에 걸친, 「MIT 국제 자동차 프로그램(MIT International Motor Vehicle Program)」과 미시간 대학 「자동차 수송 연구소(Office of the Study of Automotive Transportation)」 교수단 인터뷰.

7. 데이비드 할버스텀(David Halberstam)의 『예측』(The Reckoning, 뉴욕, Avon, 1987년).

8. 일본의 자동차 재벌 닛산과 도요타를 철저히 연구하려면 마이클 쿠수마노(Michael Cusumano)의 『일본의 자동차 산업: 닛산과 도요타의 기술과 경영』(Technology & Management at Nissan & Toyota, 케임브리지, 하버드 대학 출판부, 동아시아 연구 회의, 1989년)을 보라.

9. 도요타에 대한 더 많은 논의를 위해서는, 마리얀 켈러(Maryann Keller)의 『도요타: 충돌』(Toyota: Collision, 뉴욕, Doubleday, 1993년)을 보라.

10. 자동차 제조업자와 공급자의 관계에 대한 양적인 분석을 위해서는, 진 P. 맥앨린든(Sean P. McAlinden)과 브릿 C. 스미스(Brett C. Smith)의 『미국 자동차 부품 산업의 변화하는 구조』(The Changing Structure of the U.S. Automotive Parts Industry, 미시간 대학 수송연구협회의 자동차수송 연구소, 1993년 2월)를 보라.

11. 크라이슬러에 대한 더 많은 논의를 위해서는, 그리고리 K. 스콧(Gregory K. Scott)의 「IMVP 신제품 개발 시리즈: 크라이슬러 주식회사」(IMVP New Product Development Series: The Chrysler Corporation, MIT의 국제 자동차 프로그램, 매사추세츠, 1994년 4월)를 보라.

12. 1994년 3월 미시간 주 디트로이트에서 열린 포드의 세계 자동 차에 관한 기자회견에서 포드 자동차 알렉산더 트로트먼 (Alexander Trotman)회장이 한 연설. 1994년 포드 자동차와 인터 뷰. 1995년 9월 8일, 매사추세츠 주 보스턴에서 트로트먼이 분 석가들에게 브리핑한 내용에서 얻은 트로트먼의 세계 차 전략에 대한 부가적인 예비 지식.

13. 도요타의 연구개발 전략을 직접적으로 살피려면 도요타의 수석 경영이사 요시로 킴바라(Yoshiro Kimbara)가 쓴 「1991년 뉴욕 정 보 회의에서의 도요타의 연구개발에 대한 킴바라 씨의 단평」을 보라.

14. 『월간 아틀랜틱(The Atlantic Monthly)』 1995년 1월호 75쪽에 실 린 애모리 B. 로빈스(Amory B. Lovins)와 헌터 로빈스(L. Hunter Lovins)의 「자동차의 재발명(Reinventing the Wheels)」.

6장

1. 퍼스널 컴퓨터 업계의 초창기에 대한 가장 뛰어난 연대기를 보 려면, 폴 프라이버거(Paul Freiberger)와 마이클 스웨인(Michael Swaine)의 『골짜기에서 일어난 불꽃』(Fire in the Valley, 뉴욕, Osborn-McGraw Hill, 1984년)을 보라.

2. 지포드 핀초트 3세(Gifford Pinchot Ⅲ)의 『기업 내 기업제도』 (Intrapreneuring, 뉴욕, Harper & Row, 1985년).

3. 스타라이트 통신 경영진 인터뷰(1994년부터 1996년까지).

7장

1. 윌슨, 『생명의 다양성』.

8장

1. 샘 월튼의 산매전략을 깊이 있게 다룬 논의는, 샘 월튼과 존 휴이(John Huey)의 『샘 월튼: 메이드 인 아메리카』(Sam Walton: Made in America, 뉴욕, Doubleday, 1992년)를 보라.

2. 1970년부터 1994년까지의 월 마트 연례 보고서와 1995년의 분기별 보고서에 있는 월 마트의 재무제표.

3. 월튼과 휴이의 『샘 월튼』.

4. 산드라 스트링거 밴스(Sandra Stringer Vance)의 『월 마트, 샘 월튼이 일으킨 산매 돌풍의 역사』(A History of Sam Walton's Retail Phenomenon, 뉴저지 주 올드 타팬., Twayne Publishing, 1994년)에서 구한, 전(前) IPO 월 마트 상점의 역사.

5. 1970년부터 1994년까지 케이마트 연례 보고서와 1995년의 분기별 보고서에 있는 케이마트 재무제표.

6. 아이오와 주립대학에서 특별 강좌를 맡고 있는 경제학자 케니스 E. 스톤(Kenneth E. Stone)에 의한 월 마트의 구매자/공급자 관계 및 산매 산업 연구.

7. 1993년부터 1995년까지 월 마트 경영진 인터뷰를 통해 수집한 월 마트의 공급자 관계들과 재고관리전략에 대한 추가 정보.

8. 1980년부터 1994년까지 월 마트의 연례 보고서 및 1995년의 분기별 보고서.

9. 1970년부터 1994년까지 케이마트의 연례 보고서 및 1995년의 분기별 보고서.

10. 같은 자료.

11. 1980년부터 1994년까지의 월 마트 연례 보고서 및 1995년의 분기별 보고서와 산드라 스트링거 밴스의 『월 마트, 샘 월튼이 일으킨 산매 돌풍의 역사』에서 찾은, 전 IPO 월 마트 상점의 역

사.

12. 시카고, 1994년 9월 시카고에서 열린 제3차 CMP/Gartner Group Commercial Parallel Processing Conference에서 수석 정보담당자인 랜달 모트(Randall Mott)가 했던 월 마트에 대한 기조연설에서. 모트는 여기에서 정보기술에 대한 월 마트의 전략적 투자에 대해 말했다. 모트는 월 마트가 정교한 재고 추적·분배 시스템(inventory tracking/distribution system)에 의해 산매업의 평균 판매비용을 2~3% 절감할 수 있었다고 설명했다.

13. 월 마트와 월 마트의 역량들을 서로 경쟁시키는 전략에 대한 사례 연구를 보려면, 『하버드 비즈니스 리뷰』(1992년 5월호)에 실린, 조지 스토크(George Stalk)와 슐만(L. E. Schulman)의 「역량들의 경쟁: 경영 전략의 새로운 법칙들(Competing on Capabilities: The New Rules on Corporate Strategy)」을 참조하라. 월 마트에 대해 더 자세히 알려면 하버드 경영대학원 판카이 게마와트(Pankaj Ghemawat) 교수의 「월 마트 상점의 할인 경영」(Wal-Mart Strores' Discount Operations, 1989년 3월)을 보라.

9장

1. 리 반 발렌 교수는 그의 레드 퀸 가설을 『진화론』(Evolutionary Theory, 시카고 대학, 1:1, 1973년 7월)에 실린 그의 소논문 「새로운 진화 법칙」(A New Evolutionary Law)에서 소개했다.

2. 지난 몇십 년 동안, 임계량과 공동체 다른 구성원들의 깊은 연관성은 대학의 경제학자들 사이에서 점점 더 많은 관심을 끌어 왔다. 마이클 케이츠(Michael Katz)와 칼 샤피로(Carl Shapiro)가 『아메리칸 이코노믹 리뷰(American Economic Review)』 75호(1985년)

에 쓴 「네트워크의 외부적인 것들: 경쟁과 양립성(Network Extenalities: Competition and Compatibility)」과 『정치경제학 저널(Journal of Political Economics)』 94호(1986년)에 쓴 「네트워크의 외부적인 것들에 대한 기술의 채용」(Technology Adoption in the Presence of Network Externalities), 또 로버트 윌리그(Robert Willig)가 쓴 『규제가 완화된 통신시장의 힘과 비용 배치』(Telecommunications Deregulation Market Power and Cost Allocation, 케임브리지, Ballinger, 1990년)에서 「논쟁의 여지가 있는 시장 이론과 규제의 개혁」(Contestable Market Theory and Regulatory Reform)장을 보라.

3. 「마이크로프로세서 리포트」의 수석 분석가인 제임스 털리(James Turley)는 인텔 마이크로프로세서의 MIPS/달러 분석에 이바지했다.

4. 1989년부터 1994까지 인텔의 연례 보고서에서 입수한 연구개발 및 자본지출에 관한 자료에서.

5. 부분적으로는 1994년부터 1996년까지 인텔의 경영진과 가진 인터뷰에 기초한, 인텔의 전략과 인텔의 아키텍처 연구소(IAL)에 대한 기초 지식에서.

6. 1985년부터 1994년까지의 인텔 연례 보고서 및 1985년부터 1994년까지의 AMD 연례 보고서에서 입수한 인텔과 AMD의 자본 지출에 대한 자료에서.

10장

1. 제임스 무어의 『정보 고속도로에서의 교차로들: 통신과 기술에 나타나는 다양한 수렴 현상』(Crossroads on the Information Highway: Convergence Diversity in Communications and

Technology, 메릴랜드 주 퀸스타운, 애스펀 연구소, 정보 연구소, 1994년), 「기업생태계들의 수렴과 발전」, 67~88쪽.

2. 미 상무부, 경제 통계청 소속 국세조사국 편, 『1994년 미국의 통계 개요(The Statistical Abstract of the United States of 1994)』 및 『1995년 미국의 통계 개요』(the Statistical Abstract of the United States of 1995, 워싱턴 D.C., 미 인쇄국), 1994년 캘리포니아 미니 오파크에서 미래연구소 분석가들을 대상으로 한 의료 정책에 대한 인터뷰, 1993년부터 1995년까지 의료 산업계 경영진 및 분석가들 인터뷰.

3. 의료보험 혜택을 받는 미국인들에 대한 역사적 배경 지식은 미 상무부 경제통계청 소속 국세조사국 편 『미국의 역사적 통계: 식민지 시대부터 1970년까지(Historical Statistics of the United States: Colonial Times to 1970)』와 『1966년 미국의 통계 개요(The Statistical Abstract of The United States of 1966)』, 『1995년 미국의 통계 개요』(워싱턴 D.C., 미인쇄국)에서 발견할 수 있다.

4. 자구책 패러다임에 대한 흥미로운 예를 보려면, 딘 오르니시(Dean Ornish) 박사의 『딘 오르니시 박사의 심장질환 반전을 위한 프로그램』(Dr. Dean Ornish's Program for Reversal of Heart Disease, 뉴욕, Random House, 1990년)을 참조하라.

5. 제임스 무어와 지오파트너스 연구소의 분석, 1995년.

6. 1994년부터 1995년까지 엘리 릴리 주식회사와 PCS 의료 시스템 및 매켄슨 법인 인터뷰; PCS 의료 시스템 자료.

7. 같은 기간 엘리 릴리 주식회사 경영진 인터뷰.

8. 의료 경제학의 역사적 전망을 포괄적으로 보려면 앨레인 C. 엔소븐(Alain C. Enthoven)이 『의료업무의 보충』(Health Affairs Supplement, 1993년)에 쓴 「관리 경쟁의 역사와 원칙들(The

History and Principles of Managed Competition)」을 보라.

9. 관리의료 논쟁의 배경을 상세히 알고 싶으면 스티븐 M. 쇼텔 (Stephen M. Shortell), 앨런 M. 모리슨(Ellen M. Morrison) 및 버나드 프리드먼(Bernard Friedman)의 『미국 병원들의 전략적 선택: 활황기의 의도된 변화』(Strategic Choices for America's Hospitals: Managed Change in Turgent Times, 샌프란시스코, Jossey-Bass, 1992년)와 『뉴 잉글랜드 의학 저널 34호』(New England Journal of Medicine 34) 349~368쪽에 실린, 버위치(D. M. Berwich)의 「의료 분야의 이상인 지속적 개선(Continuous Improvement as an Ideal in Health Care)」을 보라.

10. S-곡선에 대한 연구의 총정리를 위해서는, 리처드 포스터 (Richard Foster)의 『혁신: 공격자의 이점』(Innovation: The Attacker's Advantage, 뉴욕, Summit Books, 1986년)을 보라.

11장

1. 하워드 니메로프(Howard Nemerov)가 번역한 알브레히트 폰 할러의 라틴어 시, 『1973년부터 1975년까지 발표된 시들에 대한 서양식 접근방법』(The Western Approaches Poems 1973~75, 시카고, 시카고 대학 출판부, 1975년), 43쪽에서.